Kohlhammer

Die Herausgeberinnen

Prof. Dr. Meike Munser-Kiefer (Universität Regensburg) lehrt und forscht u. a. zur Gesundheitsförderung in der Grundschule, Prof. Dr. Anja Carlsohn (HAW Hamburg) im Bereich Ernährung und Gesundheit. Eva Göttlein (Projektagentur Göttlein) arbeitet für Kommunen an den Themen Gesundheitsförderung/Prävention und Soziales.

Meike Munser-Kiefer
Anja Carlsohn
Eva Göttlein (Hrsg.)

Gesundheitsförderung in der Grundschule

Grundlagen und Praxisempfehlungen

Verlag W. Kohlhammer

Zur Gesundheitsförderung speziell in der Ganztagsschule sind bei AfG media (www.afg-im-netz.de) zwei Publikationen mit den Titeln »Gesundheitsförderung. Theoretische Grundlagen für die Ganztagsschule« (2017) und »Gesundheitsförderung. Praxis für die Ganztagsschule« (2019) erschienen.

1. Auflage 2023

Alle Rechte vorbehalten
© W. Kohlhammer GmbH, Stuttgart
Gesamtherstellung: W. Kohlhammer GmbH, Stuttgart

Print:
ISBN 978-3-17-034365-8

E-Book-Formate:
pdf: ISBN 978-3-17-034366-5
epub: ISBN 978-3-17-034367-2

Vorwort – Was will dieses Buch und wie arbeite ich damit?

Krankheiten vermeiden. Können Sie es auch nicht mehr hören? Dann lassen Sie uns Gesundheit fördern!

Die Arbeit an diesem Buch war geprägt von pandemiebedingten Einschränkungen und Eindämmungsmaßnahmen. Unser ganzes Verhalten und die Organisation unserer Verhältnisse zielte auf Prävention und das Vermeiden von Krankheiten: Hände waschen, Maske tragen, Abstand halten, nur wenige Menschen treffen, Schwimmbäder, Sportvereine und andere Orte der Freude und Freizeitbeschäftigung schließen, Kommunikation einschränken, Räume nur einzeln betreten, Tische mit Abstand, Plexiglaswände usw.

Zum Schutz vor Krankheit mussten in der Pandemie somit viele Einschränkungen in Kauf genommen werden, die wir sonst für unsere körperliche, psychische und soziale Gesundheit als wichtig erachten. Das führt uns eindrücklich vor Augen, dass akute Maßnahmen der Krankheitsprävention nicht immer mit der Förderung von Gesundheit übereinstimmen.

Anders als Prävention zielt Gesundheitsförderung auf das körperliche, psychische und soziale Wohlbefinden. Sie fördert den Erhalt von Gesundheit durch den Aufbau eines günstigen Lebensstils und gesundheitsförderlicher Verhältnisse. Dabei werden Ressourcen in den Bereichen Körper, Psyche und Soziales gestärkt und zu Schutzfaktoren. Risikofaktoren für lebensstilbezogene Krankheiten wie z. B. Übergewicht, Bewegungsmangel und psychische bzw. soziale Belastungen werden reduziert und durch günstige Verhaltensweisen und Verhältnisse ersetzt.

Gesundheitsförderung ist wichtig, denn lebensstilbezogene Faktoren wie nicht gesundheitsförderliche Ernährung, Bewegungsarmut oder Stress zählen seit Jahrzehnten zu den Hauptursachen für den Verlust von Lebenszeit und/oder gesunden Lebensjahren: Wussten Sie, dass wir seit 1990 durchschnittlich fünf Jahre Lebenserwartung gewonnen haben, aber nur dreieinhalb der »gewonnenen Jahre« gesund verbringen? Gesundheitsförderung will und kann dies ändern, indem sie auf gesundes Verhalten und gesunde Verhältnisse zielt.

Die Grundschule hat besonderes Potenzial für die Gesundheitsförderung:[1] Als erste Schule ist sie Lern- und Lebensraum für Kinder in einer Lebensphase, in der

---

1 Bei AfG media sind zwei Publikationen zur Gesundheitsförderung speziell in der Ganztagsschule mit den Titeln »Gesundheitsförderung. Theoretische Grundlagen für die Ganztagsschule« (2017) und »Gesundheitsförderung. Praxis für die Ganztagsschule« (2019) erschienen.

viele Verhaltensweisen grundgelegt werden und sich ungünstige Verhaltensweisen noch nicht verfestigt haben. Grundschule kann Kinder zu gesundheitsförderlichem Verhalten befähigen und gesundheitsförderliche Verhältnisse gestalten. Sie ist Erfahrungs- und für viele Kinder auch Schutzraum mit einem gesundheitsförderlichen Nahrungs- und Getränkeangebot, Bewegungsmöglichkeiten, günstigen Strukturen für die psychische Entwicklung und Raum für soziales Lernen und soziale Geborgenheit. Als Schule für alle Kinder bietet die Grundschule Lernchancen für alle Schüler*innen und erreicht auch die sonst vermeintlich »schwer erreichbaren« Zielgruppen. Auch hier hat uns die Pandemie die Bedeutung – und Verantwortung! – der Schule für die Förderung der sozialen und gesundheitlichen Chancengleichheit deutlich gemacht.

Grundschule kann das körperliche, psychische und soziale Wohlbefinden aller Kinder stärken und in gesundheitsförderliche Lebensbahnen lenken. Sie als Klassenlehrkraft begleiten Ihre Schüler*innen über einen längeren Zeitraum in ihrer Entwicklung und sind als Grundschullehrkraft Expert*in für die Vielfalt individueller Bedürfnisse und Lebenslagen – das sind beste Voraussetzungen für eine nachhaltige Gesundheitsförderung.

Lassen Sie uns diese Chance nutzen!

Ihre

Prof. Dr. Meike Munser-Kiefer   Prof. Dr. Anja Carlsohn   Eva Göttlein

Inhaltsverzeichnis

I Grundlagen – Was muss ich wissen?

Zur Einführung

Alltagsverständnis und -wissen zu Gesundheit greifen in der Regel zu kurz. Wenn Sie in diesem wichtigen, spannenden und komplexen Bereich fördern wollen, brauchen Sie Grundlagenwissen zu *Gesundheit*, *Gesundheitskompetenz*, *Gesundheitshandeln* und *gesunden Verhältnissen* (▶ Kap. 1) sowie zur *Gesundheitsförderung im Allgemeinen* (▶ Kap. 2) und der *Grundschule im Besonderen* (▶ Kap. 3). Der erste Teil des Buches gibt Ihnen dazu einen Zugang und leitet Sie durch diese Themen.

1 Gesundheit

Meike Munser-Kiefer, Anja Carlsohn & Eva Göttlein

Ziele

- Gesundheit ist ein umfassendes Thema. Kapitel 1.1 stellt Ihnen den Begriff *Gesundheit* in seinen Facetten vor, damit Sie bei der Gestaltung von Fördermaßnahmen alle Bereiche bedenken (▶ Kap. 1.1).
- Gesundheitskompetenz und Gesundheitshandeln sind umfassende Ziele. Kapitel 1.2 zeigt Ihnen, an welchen Facetten der Gesundheitskompetenz Sie mit Ihren Schüler*innen arbeiten sollten, wie Sie Gesundheitshandeln verändern und warum Sie gesunde Verhältnisse schaffen sollten (▶ Kap. 1.2).

1.1 Begriffsbestimmung Gesundheit

1.1.1 Gesundheitsvorstellungen

Gesundheit ist ein Thema, zu dem jeder Mensch viele Erfahrungen und Alltagsvorstellungen mitbringt. Starten wir mit einem Selbsttest zu Ihren eigenen Vorstellungen!

Selbsttest: Was fällt Ihnen zu den Wörtern »gesund, Gesundsein, Gesundheit« ein?

Machen Sie ein Brainstorming und schreiben Sie Ihre spontanen Einfälle auf!

Gesundsein umfasst mehr, als Sie denken!
Wenn man Kinder danach fragt, was Gesundsein bedeutet, bekommt man meistens recht einseitige Antworten (▶ Abb. 1.1).

Für viele Kinder ist Gesundheit die »Abwesenheit von Krankheit« und »körperliche Fitness«. Krankheit ist in ihren Köpfen ein akuter Zustand und bezieht sich auf körperliche Probleme (z. B. Fieber). Außerdem verstehen sie Gesundsein als etwas Absolutes. Denn entweder bin ich gesund und habe nichts oder ich bin krank und habe etwas – egal, ob dies nun ein Schnupfen, Halsschmerzen oder ein schlimmes

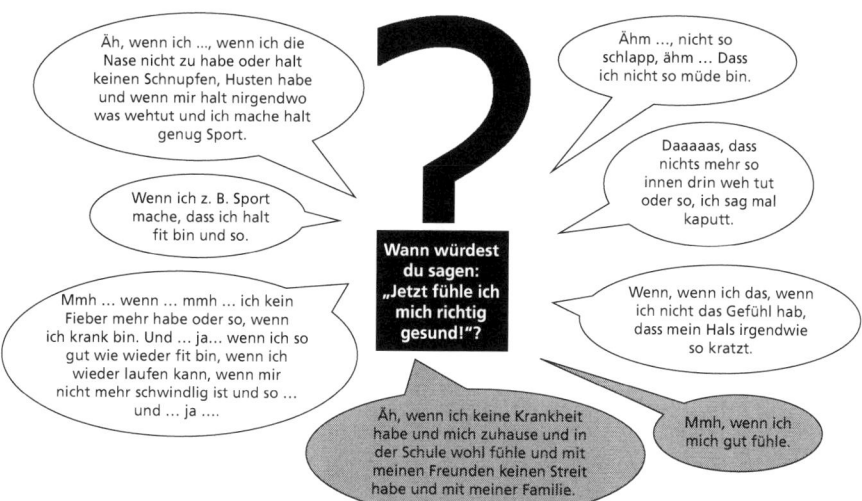

Abb. 1.1: Gesundheitsverständnis von Grundschulkindern (4. Klasse, *n*=25; Munser-Kiefer et al. 2013)

Fieber ist.

Nur einige Kinder bedenken, dass Gesundheit auch psychische oder soziale Komponente hat, wie es die Kinderaussagen in den grauen Sprechblasen zeigen.

Damit haben viele Kinder – ebenso wie viele Erwachsene! – ein enges Verständnis von Gesundheit. Es ähnelt dem *biomedizinischen Modell*, das bis Anfang des 20. Jahrhunderts die Fachwelt dominierte: Gesundheit wird in dieser Modellvorstellung auf den körperlichen Aspekt eingeengt und definiert als das »Fehlen von Krankheiten und Gebrechen«. Krankheiten werden als genetisch oder extern verursacht angesehen (z. B. durch angeborene Defekte wie Herzfehler, durch Verletzungen oder durch Krankheitserreger). Der oder die Kranke als Patient*in (lat. *patiens* »geduldig, aushaltend, ertragend«) wird behandelt und ist dabei passiv. Das Zusammenspiel von Körper und Geist spielt hier noch kaum eine Rolle (zusammenfassend: Knoll, Scholz & Rieckmann 2011).

Dieses enge Gesundheitsverständnis gilt inzwischen als veraltet.

1.1.2 Gesundheit als umfassender Begriff

Aktuell ist ein positives und weites Verständnis, das Gesundheit als Wohlergehen in den Dimensionen Körper, Psyche und Soziales versteht. Gesundheit als umfassender Begriff ist geprägt durch verschiedene Merkmale. Diese sollen Sie sich einerseits bewusst machen und verstanden haben und andererseits sollten Sie wissen, wie Gesundheit entsteht und erhalten bleibt. Denn nur so können Sie in diesem komplexen Bereich zielgerichtet fördern.

Gesundsein als Wohlbefinden in den Dimensionen Körper, Psyche und Soziales

> **Expertise: Weltgesundheitsorganisation von 1946/1948**
>
> Gesundheit ist ein Zustand des vollständigen körperlichen, geistigen und sozialen Wohlergehens und nicht nur das Fehlen von Krankheit oder Gebrechen.

Die Weltgesundheitsorganisation änderte mit ihrer Gründungscharta von 1946 die Sichtweise auf Gesundheit entscheidend. Erstmals wurde Gesundheit positiv als Wohlbefinden definiert. Darüber hinaus wurden verschiedene Dimensionen in den Blick genommen und es wurde anerkannt, dass Menschen im körperlichen (biologischen), im psychischen und im sozialen Bereich gesund bzw. krank sein können: Ein *körperlich gesunder Mensch* hat keine Krankheitssymptome, Verletzungen und angeborene oder erworbene Einschränkungen (z. B. Grippe, Knochenbrüche, Herzfehler). Ein *psychisch gesunder Mensch* hat keine Störungen der Wahrnehmung, des Denkens und Fühlens (z. B. Schizophrenie, Depression). Ein *sozial gesunder Mensch* hat keine Kontakt- und Verhaltensstörungen. Damit wurde das oben beschriebene biomedizinische Modell vom biopsychosozialen Modell abgelöst.

Gesundsein als subjektiv und relativ

Dennoch ist die Definition der Weltgesundheitsorganisation nicht unproblematisch. Das zeigt schon die Formulierung »vollständig«: Denn wer ist schon vollständig gesund? Ist man körperlich krank, weil man ein Hautekzem hat? Ist man psychisch gestört, wenn man Stimmungsschwankungen hat? Ist man sozial gestört, weil man sich mit der Nachbarschaft zerstritten hat?

Gesundheit und Krankheit werden als Enden eines Kontinuums verstanden. Auf diesem Kontinuum kann sich jeder – multidimensional – individuell verorten (Engel 1977), wobei das individuelle Krankheitsempfinden sehr subjektiv ist: Der eine fühlt sich mit einem Schnupfen sehr krank und legt sich hin; für den anderen ist das kein Grund, von Krankheit zu sprechen.

Abb. 1.2: Gesundheit und Krankheit als multidimensionales Kontinuum – bin ich eher gesund oder eher krank?

Ob sich eine Person als eher gesund oder als eher krank einschätzt, ist darüber hinaus relativ zur Gesamtsituation: Eine querschnittsgelähmte Person im Rollstuhl wird sich vermutlich nicht als krank beschreiben; eine Person, die wegen eines akuten

Beinbruchs für eine bestimmte Zeit an den Rollstuhl gefesselt ist, dagegen eher schon.

Gesundheit als Prozess

Ebenso problematisch wie die Formulierung »vollständig« ist die Formulierung »Zustand«. Denn die Gesundheit eines Menschen ist ständig in Veränderung: Obwohl man mit Energie und Tatendrang in den Tag gestartet ist, kommt man mit Rückenschmerzen vom vielen Stehen nach Hause. Obwohl man immer ein psychisch stabiler Mensch war, drückt ein Schicksalsschlag und eine Negativspirale kommt in Gang – bis man sich Hilfe holt und es durch erste positive Erlebnisse wieder aufwärtsgeht. Obwohl man in einer intakten Beziehung lebt, hängt der Haussegen seit Tagen schief, bis ein klärendes Gespräch das soziale Ungleichgewicht wieder ins Lot bringt. Gesundheit muss »in jeder Sekunde des Lebens geschaffen werden« (Egger 2005, S. 6).

Gesundheit als dynamisch und aktiv beeinflussbar

Das biopsychosoziale Modell nimmt nicht nur mehrere Dimensionen der Gesundheit in den Blick. Es beschreibt auch das Wechselspiel der Dimensionen.

Zum einen können sich die Dimensionen – biologisch, psychisch und sozial – gegenseitig beeinflussen und verstärken bzw. abschwächen: Eine körperliche Krankheit kann sich z. B. auf das psychische Wohlbefinden negativ auswirken und durch Rückzug zu sozialer Isolation führen. Eine positive psychische Einstellung kann dagegen helfen, gesundheitsförderliche Maßnahmen zu ergreifen und konsequent zu verfolgen, sodass sich der körperliche Zustand dadurch bessert.

Zum anderen können die Dimensionen sich auch gegenseitig ausgleichen: Ein bettlägeriger Mensch kann z. B. durch seine Familie so gut sozial eingebunden sein, dass er psychisch stabil und im Rahmen seiner (objektiv betrachtet geringen) Möglichkeiten sehr zufrieden ist.

In den Dimensionen biologisch, psychisch und sozial verfügt jeder Mensch über verschiedene Faktoren, die je nach Ausprägung zu Risiko- oder Schutzfaktoren werden und ausgleichend (oder verstärkend) wirken können (▶ Abb. 1.3).

Ziel ist es, mithilfe der Schutzfaktoren den Risikofaktoren gegenzusteuern. Idealerweise überwiegen die Schutzfaktoren oder es herrscht eine Balance zwischen Schutz- und Risikofaktoren, sodass die Gesundheit nicht aus dem Gleichgewicht kommt. So kann ein starkes Immunsystem vor Ansteckung schützen, auch wenn gerade eine Grippe umgeht. Ein Kind aus ungünstigen Verhältnissen kann körperlich und psychisch ungünstige Faktoren haben, aber ein stützendes Umfeld in Form engagierter Lehrer*innen und pädagogischen Fachpersonals wiegt die vorhandenen Risiken wieder auf.

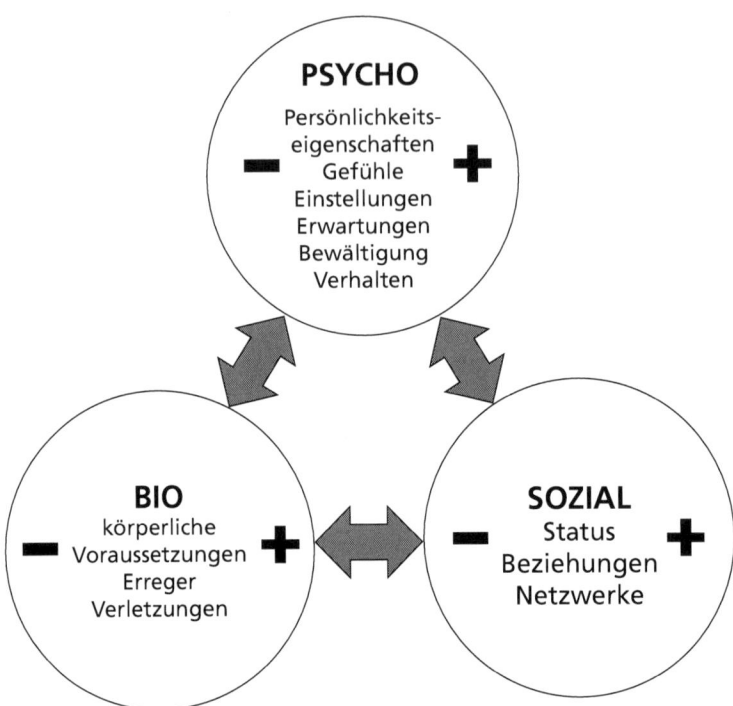

Abb. 1.3: Schutz- und Risikofaktoren im biopsychosozialen Modell (mod. nach Lippke & Renneberg 2006, S. 9)

Wenn Sie Gesundheit fördern wollen, richten Sie Ihren Blick darauf, Ressourcen zu stärken und Risiken auszugleichen.

Viel Beachtung fand und findet in diesem Zusammenhang das *Modell der Salutogenese*, entwickelt vom Medizinsoziologen Aaron Antonovsky (1979; 1997). Der Begriff Salutogenese geht auf das lateinische Wort *salus* = »Gesundheit, Wohlergehen« und das altgriechische Wort *genesis* = »Entstehung« zurück und beschreibt die Entstehung und den Erhalt von Gesundheit mit Blick auf Eigenschaften und Ressourcen. Die zentrale Triebfeder der Salutogenese ist das sogenannte Kohärenzgefühl, mit dessen Hilfe die Welt als versteh- und kontrollierbar sowie als bedeutsam erlebt wird. Mit einem starken Kohärenzgefühl kann sich der Mensch an die Anforderungen seiner Umwelt anpassen: Schutzfaktoren werden genutzt, Risikofaktoren eingedämmt und gesundheitliche Probleme aktiv gelöst.

Expertise: Der »Entdecker« der Salutogenese: Aaron Antonovsky

Antonovsky untersuchte 1970 die körperliche und psychische Gesundheit von Frauen, die zwischen den Jahren 1914 und 1923 in Mitteleuropa geboren wurden. Einige dieser Frauen hatten sich lange Zeit in nationalsozialistischen Kon-

zentrationslagern befunden und zeichneten sich dennoch durch körperliche und psychische Gesundheit aus – ein für Antonovsky erstaunlicher Befund, der ihn zu der Frage brachte, die ihn Zeit seines Lebens beschäftigte:
»Was erhält den Menschen gesund?«

Er entwickelte das Modell der Salutogenese als Gegenbegriff zur Pathogenese, deren Fokus auf dem Entstehen und Behandeln von Krankheiten liegt. Die Salutogenese richtet den Blick stattdessen auf den Erhalt von Gesundheit und fragt, wie Menschen trotz Risiken und Stressoren gesund bleiben können (zusammenfassend: Faltermaier 2017).

Beispiel Gesundheitsförderung bei Übergewicht und Adipositas:
Anstelle betroffene Kinder zu therapieren oder primärpräventive Verhaltensmaßnahmen anzuwenden, werden adipogene Umwelten (z. B. Süßigkeitenautomat, sitzender Unterricht, Schulwege im »Elterntaxi«) vermieden und stattdessen Ressorcen gestärkt (z. B. Wasserspender, bewegte Pause und bewegtes Lernen, Teilnahme am EU Schul(obst)programm, Walkability der Schulwege usw.). Statt der *Vermeidung* von Krankheiten (pathogenetischer Ansatz) wird das Gesundheits-Krankheits-Kontinuum vom Gesundheitspol aus gedacht und Gesundheitskompetenz und -ressourcen werden gezielt gestärkt (► Abb. 1.4).

Das Modell der Salutogenese beschreibt ein komplexes Gefüge von Bedingungen. Diese dienen dem Erhalt von Gesundheit und lassen sich auf einem multidimensionalen Kontinuum zwischen Krankheit und Gesundheit verorten (► Abb. 1.2). Entscheidend ist die Richtung, in der sich die Entwicklung bewegt: Richtung Gesundheit oder Richtung Krankheit.

Antonovsky nimmt äußere und innere Stressoren an, die auf eine Person einwirken und einen Spannungszustand auslösen. Werden die Stressoren bzw. deren Wirkung von der Person als bedeutsam wahrgenommen, folgen in der Regel Bewältigungsversuche. Deren Potenzial ist abhängig von den allgemeinen Widerstandsressourcen: Diese können genetisch, konstitutionell oder psychosozial sein, entstehen in und durch die Lebenswelt (z. B. Familie, Umfeld) und werden vom soziokulturellen und historischen Kontext beeinflusst.

Menschen mit ausgeprägten Widerstandsressourcen machen im Laufe ihres Lebens vielfältig positive Erfahrungen: Sie erleben die Umwelt als konsistent, sind positiv sozialeingebunden und bewältigen Herausforderungen, so dass sie sich weder über- noch unterfordert fühlen. Diese positiven Erfahrungen sind nach Antonovsky die Basis für die tiefe Überzeugung und Zuversicht eines Menschen, dass das Leben sinnhaft, versteh- und bewältigbar ist.

Antonovsky beschreibt dies als Kohärenzgefühl, das aus drei Komponenten besteht: der Verstehbarkeit, der Handhabbarkeit bzw. Machbarkeit und der Bedeutsamkeit (Antonovsky 1979; 1997). Tabelle 1.1 verdeutlicht dies an einem Beispiel.

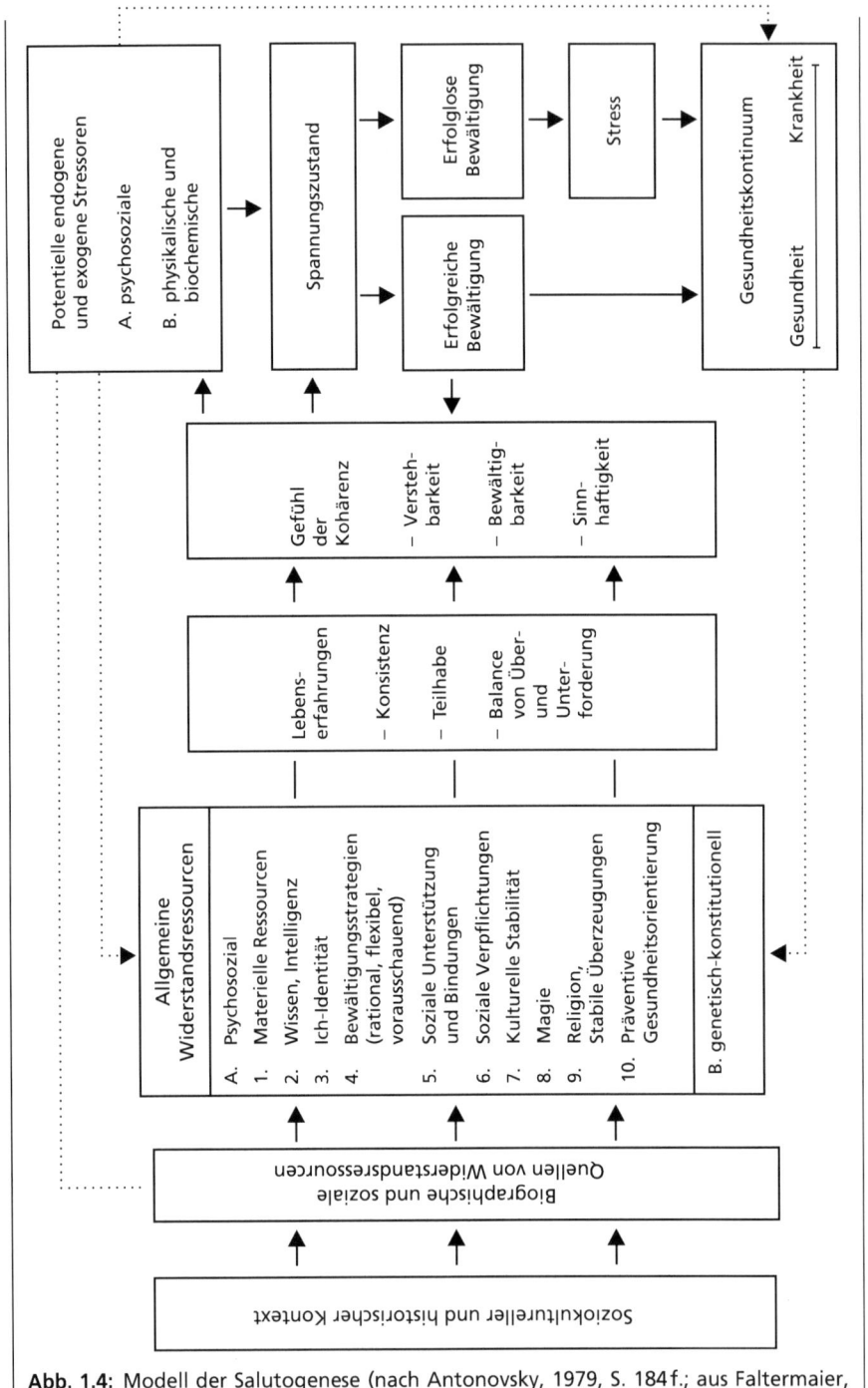

Abb. 1.4: Modell der Salutogenese (nach Antonovsky, 1979, S. 184 f.; aus Faltermaier, 2017, S. 76)

Tab. 1.1: Komponenten des Kohärenzgefühls

		Beispiel: Stellen Sie sich vor, Sie hätten regelmäßig Kopfschmerzen.
Verstehbarkeit	Ich kenne Ursachen und Zusammenhänge und habe die Fähigkeit, auf das Problem zu reagieren.	Vielleicht trinke ich zu wenig Wasser? Vielleicht bin ich verspannt, weil ich zu viel und in schlechter Haltung am Schreibtisch sitze? Vielleicht bin ich verspannt, weil mir Prüfungen oder die Arbeit im »Nacken sitzen«? Vielleicht hat meine Brille nicht mehr die richtige Stärke? Vielleicht sitzt der hartnäckige Schnupfen in den Nebenhöhlen fest?
Handhabbarkeit/Machbarkeit	Ich bin überzeugt, dass ich das Problem mit meinen eigenen Ressourcen lösen kann.	Ich stelle mir eine Wasserflasche auf den Schreibtisch und achte darauf, dass ich sie ausgetrunken habe, wenn ich mit der Arbeit fertig bin. Ich achte auf meine Haltung und mache Gymnastik und Dehnungen für meine Schultermuskulatur. Ich frage jemanden, ob man zusammenarbeiten und sich gegenseitig unterstützen könnte. Ich lasse meine Augen prüfen. Ich inhaliere ein paar Mal und wenn das nichts nützt, gehe ich zum Arzt.
Bedeutsamkeit	Es ist mir wichtig, dass das Problem gelöst wird	Die Kopfschmerzen sind unangenehm. Ich kann mich schlechter konzentrieren, bekomme meine Arbeit nicht fertig und habe keine Lust, mich mit meinen Freund*innen zu treffen oder andere Sachen zu unternehmen. Dabei merke ich, wie gut es mir eigentlich tut, wenn ich einen gemeinsamen Abend mit Freund*innen verbringe. Ich möchte die Kopfschmerzen in den Griff bekommen.

Bengel und Kollegen (1999) fanden in ihrem Review zu Studien Hinweise darauf, dass das Kohärenzgefühl mit dem Alter weniger Schwankungen unterworfen ist und tendenziell ansteigt. Nilsson et al. (2003) konnten in einer Längsschnittstudie zeigen, dass dies jedoch nur für Menschen mit hohem Kohärenzgefühl gilt und Menschen mit niedrigem Kohärenzgefühl anfälliger für Schwankungen sind. Für die Gesundheitsförderung im Allgemeinen und in der Grundschule im Besonderen kann die Stärkung des Kohärenzgefühl ein vielversprechender Ansatz sein (Blättner 2007).

Gesundheit entsteht systemisch

Gesundheit wird von individuellen, sozialen und kontextuellen Faktoren beeinflusst (▶ Tab. 1.2), die zu Schutz- bzw. Risikofaktoren werden können. Einige der Schutz- und Risikofaktoren lassen sich von den Individuen selbst oder von der Umgebung (z. B. Akteur*innen der Gesundheitsförderung, Lehrer*innen, Eltern) beeinflussen, andere sind kaum oder gar nicht beeinflussbar.

Tab. 1.2: Individuelle, soziale und kontextuelle Einflussfaktoren auf die Gesundheit (mod. nach Dür 2011, S. 19)

Einflussfaktoren	Beispiele
individuell	• *Voraussetzungen* (z. B. Intelligenz, Körperbau, Immunsystem, chronische Krankheiten) • *Wissen* (z. B. über Gesundheit, gesundes Leben, Bewältigungsstrategien wie Stressmanagement) • *Verhalten* (z. B. in den Bereichen Ernährung, Körperpflege, Bewegung, Sozialkontakte, Work-Life-Balance) • *Einstellungen* (z. B. Selbstkonzept und Kontrollüberzeugungen, Rollen- und Zielklarheit)
sozial	• sozioökonomischer Status • persönliches Umfeld (z. B. Familie, Freunde, Nachbarn) • berufliches Umfeld (z. B. Schüler, Eltern, Kollegium, Schule)
kontextuell	• *private Rahmenbedingungen* (z. B. Größe, Rückzugsmöglichkeiten, Gestaltung des eigenen Zuhauses) • *berufliche Rahmenbedingungen* (z. B. Schulhaus, Klassenzimmer, Arbeitsplatz) • *Infrastruktur* (z. B. Speisen- und Getränkeangebote, Freizeitangebote, Kranken-, Pflege- und Rehabilitationsangebote) • *Belastungen* (z. B. Umweltverschmutzung und -gifte, Strahlen)

Eine hohe Intelligenz ist z. B. ein wichtiger Schutzfaktor, weil sie dabei hilft, Ursachen und Zusammenhänge zu verstehen und Lösungen zu entwickeln bzw. sich Handlungskompetenzen zu ermöglichen (siehe oben: *Kohärenzgefühl*), kann aber in niedriger Ausprägung zum Risikofaktor werden (Franz et al. 2001). Das persönliche Umfeld ist ein Schutzfaktor, wenn es eine gesunde Lebensweise bereitstellt oder erleichtert, kann aber umgekehrt zum Risikofaktor werden, wenn es nur eingeschränkte Ressourcen bietet oder die persönlichen Ressourcen sogar einschränkt usw.

Wer seine Gesundheit positiv beeinflussen möchte, sollte sich auf die (leicht) veränderbaren Einflussfaktoren bzw. auf ausgleichende Schutzfaktoren konzentrieren. Das setzt ein aktives Suchen und Verändern voraus – getrieben von der eigenen *Einstellung* (z. B. »Es ist mir wichtig, meinem Körper und meiner Psyche Gutes zu tun.«) und dem *Kohärenzgefühl*. Das sind wesentliche Voraussetzungen, um Belastungen und Schutzfaktoren in ein dynamisches Gleichgewicht zu bringen und die eigene Gesundheit auf dem Kontinuum Gesundheit – Krankheit möglichst weit in Richtung des »Gesundheitspols« zu verschieben.

Dabei muss die Initiative nicht nur vom Individuum ausgehen, sondern ist eine systemische Aufgabe aller Akteur*innen in der Lebenswelt. Für die Grundschule sind das z. B. Lehrer*innen, pädagogische Fachkräfte, Sozialarbeiter*innen, Verwaltungspersonal, Hausmeister*innen, Elternvertreter*innen, Schulleiter*innen, aber auch Eltern, Erzieher*innen und andere Personen des außerschulischen Umfeldes. Gemeinsam werden soziale und kontextuelle Bedingungen geschaffen, die den Aufbau und Erhalt von Gesundheit begünstigen. Das können Angebote sein, bei denen sich Kinder mit Freude bewegen, klettern, springen, rennen, den Apfel, das Vollkornbrot oder die Gemüsesticks essen, Wasser trinken oder sich in einer gemütlichen Ecke entspannen können – nicht, weil sie im Kopf haben, dass sie etwas für die Gesundheit tun *müssen*, sondern weil die Umgebung es ihnen gerade anbietet und es ihnen Freude bereitet.

Zusammenfassung

Gesundheit ist ein Thema, das jeden betrifft. Jeder bringt dazu vielfältige Erfahrungen und eigene Vorstellungen (Präkonzepte) mit. Diese Vorstellungen sind jedoch häufig sehr eng gefasst: eingeschränkt auf das Körperliche und fokussiert auf Krankheit, wobei Kranksein und Gesundsein »hop oder top« ist – entweder man ist krank *oder* gesund. Dieses Gesundheitsverständnis gilt heute als veraltet.

Das Gesundheitsverständnis ist heute weit gefasst und beinhaltet mehrere Merkmale:

- mehrere Dimensionen: Gesundheit bezieht sich auf die Dimensionen Körper, Psyche und Soziales.
- subjektiv und relativ: »Vollständige« Gesundheit gibt es meist nicht. Gesundheit und Krankheit sind die Enden eines Kontinuums, auf dem sich jeder subjektiv und in Relation zu seiner Gesamtsituation einordnet.
- Prozess: Gesundheit ist kein Zustand, sondern verändert sich ständig. Schon im Laufe eines Tages kann das Gesundheitsempfinden schwanken von »Ich fühle mich fit« bis »Oh je, mir tut alles weh/bin ich ausgelaugt.«
- dynamisches Gleichgewicht: Die Dimensionen Körper, Psyche und Soziales beeinflussen sich gegenseitig und gleichen sich gegenseitig aus. Die Schutz- und Risikofaktoren sollten dabei in ein dynamisches Gleichgewicht gebracht werden.
- aktive Beeinflussbarkeit: Es gibt individuelle, soziale und kontextuelle Faktoren, die die Gesundheit beeinflussen und über die sich wiederum die eigene Gesundheit aktiv beeinflussen lässt. Unterstützt wird die aktive Einflussnahme durch das Kohärenzgefühl (Modell der Salutogenese) und eine aktive Suchhaltung nach veränderbaren Einflussfaktoren. Denn nicht alles lässt sich gleichermaßen verändern.

Zentral am aktuellen Verständnis von Gesundheit ist der Fokus auf das Positive (Salutogenetische = Gesundheitsstärkende) und das Wohlbefinden. Es geht darum, vorhandene Schutzfaktoren (Ressourcen) und damit das eigene Wohlbefinden im körperlichen, psychischen und sozialen Bereich zu stärken und ein dynamisches Gleichgewicht zu erreichen. Sicher wird man dabei bestrebt sein, Risikofaktoren und Krankheiten zu vermeiden (Prävention).

Dennoch – und das ist wichtig für das Verständnis und die Förderung von Gesundheit – wird man sich selten ausschließlich gesund verhalten:

So gönnt man sich z. B. nach einem besonders anstrengenden Tag vielleicht eine Tafel Schokolade, auch wenn das sicher zu viel des »Guten« ist; aber man tut seiner Psyche etwas Gutes damit und das kann das »Risiko« im körperlichen Bereich ausgleichen. Oder man gönnt sich etwas Besonderes (z. B. vier Folgen der Lieblingsserie am Stück oder Computerspiele ohne Zeitlimit) und tut vielleicht Körper und Psyche etwas Gutes damit, weil man sich ausruht und den Alltag abschaltet – ohne schlechtes Gewissen und Hintergedanken, ob man film- oder spielsüchtig ist. Es kommt darauf an, dass sich die eigene Gesundheit in einem dynamischen Gleichgewicht befindet, und dieses Gleichgewicht kann permanent überprüft und bei Bedarf gesteuert werden.

Aufgaben

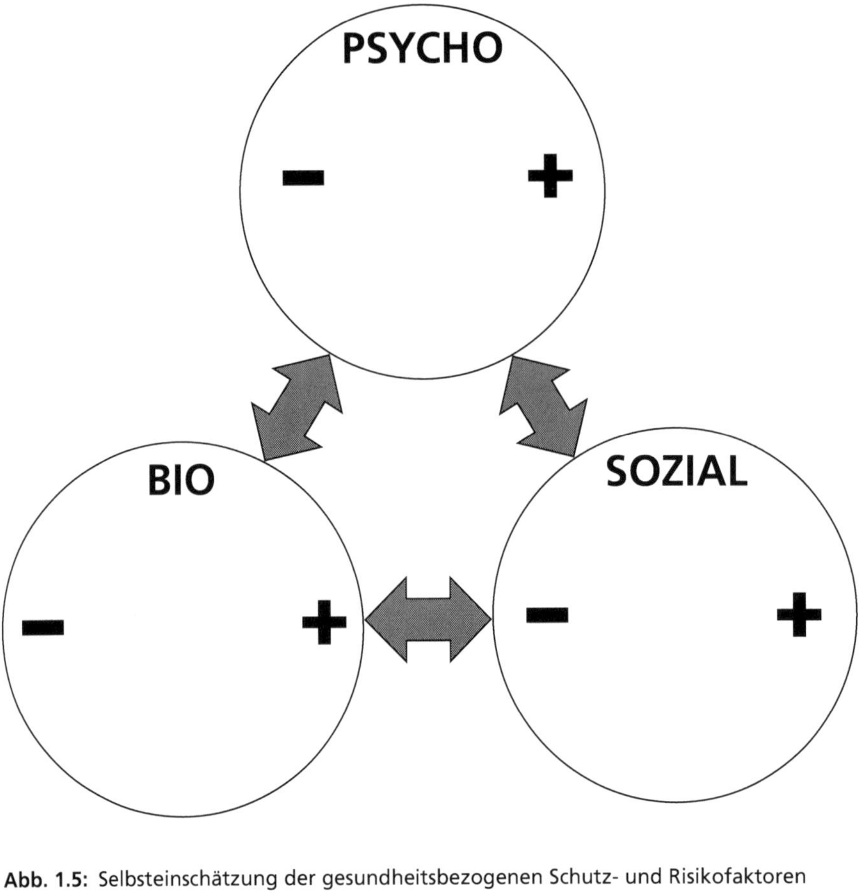

Abb. 1.5: Selbsteinschätzung der gesundheitsbezogenen Schutz- und Risikofaktoren

 1. Mein eigenes Verständnis von Gesundheit
   a. Haben Sie ein weites Verständnis von Gesundheit?
      Werten Sie Ihren Selbsttest aus Kapitel 1.1.1 aus, indem Sie ihre Gedanken zum Thema »gesund, Gesundsein, Gesundheit« den Dimensionen Körper, Psyche und Soziales zuordnen!

b. Wo würden Sie sich aktuell auf dem Kontinuum von gesund – krank einordnen?

c. Welche gesundheitsbezogenen Schutz- und Risikofaktoren haben Sie selbst?

d. Befinden sich Ihre Schutz- und Risikofaktoren in einem dynamischen Gleichgewicht oder hängt Ihre Gesundheit »schief«?

e. Haben Sie Ihre eigene Gesundheit aktiv im Griff? Betrachten Sie die individuellen, sozialen und kontextuellen Einflussfaktoren in Tabelle 1.2 (▶ Tab. 1.2): Welche Faktoren könnten Sie in Ihrem Leben noch beeinflussen, um Ihre Gesundheit zu verbessern?

f. Hand aufs Herz: Sind Sie ein Vorbild? Wenn ja: in welchen Bereichen, und in welchen Bereichen können Sie sich vielleicht von Ihren Schüler*innen etwas abschauen (z. B. bewegte Pause)?

2. Das Gesundheitsverständnis meiner Schüler*innen

a. Führen Sie den Selbsttest mit Ihren Schüler*innen durch! Haben die Kinder bereits alle Dimensionen von Gesundheit im Blick?

b. Wählen Sie Kinder aus Ihrer Klasse/Gruppe aus: Wo sehen Sie Schutz- und Risikofaktoren? Welche Schutzfaktoren könnten Sie zum Ausgleich stärken?

1.2 Gesundheitskompetenz und Gesundheitshandeln

Ein gesundheitsorientierter Mensch versucht mit Wissen und Fähigkeiten, die Gesundheit aktiv zu beeinflussen. Dazu braucht er ein Bündel an Fähigkeiten, das zusammengefasst auch als Gesundheitskompetenz (*Health Literacy*) bezeichnet wird.

Wie viele Begriffe ist auch die Gesundheitskompetenz nicht eindeutig definiert. Für die Gesundheitsförderung ist das Modell der Gesundheitskompetenz von Kriegesmann und Kollegen (2005) hilfreich, das hier an einen im Bildungsbereich weitverbreiteten Kompetenzbegriff (Weinert 2001) angepasst wird. Deshalb finden Sie zunächst eine Erklärung zur Kompetenz im Allgemeinen und dann einen Übertrag auf die Gesundheitskompetenz im Speziellen. Da Gesundheitskompetenz in gesundheitsbezogenes Verhalten überführt werden muss und dieses wiederum in gesunden Verhältnissen entsteht, werden diese wichtigen Voraussetzungen für die Entstehung und den Erhalt von Gesundheit im Anschluss vorgestellt.

1.2.1 Kompetenz im Allgemeinen

Expertise: Kompetenzbegriff nach Franz E. Weinert

Der im Bildungsbereich am weitesten verbreitete Kompetenzbegriff geht in seinen Kernelementen auf die Definition von Weinert (2001) zurück:

> Kompetenzen sind »die bei Individuen verfügbaren oder durch sie erlernbaren kognitiven Fähigkeiten und Fertigkeiten, um bestimmte Probleme zu lösen, sowie die damit verbundenen motivationalen, volitionalen und sozialen Bereitschaften und Fähigkeiten, um die Problemlösungen in variablen Situationen erfolgreich und verantwortungsvoll nutzen zu können.« (S. 27)

Ein Mensch ist kompetent, wenn er in der Lage ist, neue Situationen erfolgreich zu bewältigen. Dafür benötigt er (deklaratives) Faktenwissen und (prozedurales) Anwendungswissen sowie (konditionales) Bedingungswissen, das ihm das Vermögen gibt, das richtige Wissen in der richtigen Situation sinnvoll anzuwenden. Darüber hinaus muss er auch die Bereitschaft (Verhaltensdisposition) haben, sein Wissen zu nutzen und entsprechend anzuwenden. Diese Bereitschaft entsteht aus den Einstellungen (Überzeugungen, subjektive Bewertungen), der Motivation (Antrieb), der Volition (Willenskontrolle) sowie dem Selbstkonzept (Wissen über das eigene Wissen und Können) und den Selbstwirksamkeitserwartungen (Erwartung, sich auch bei größeren Herausforderungen angemessen verhalten zu können) eines Menschen.

1.2.2 Gesundheitskompetenz im Speziellen

Das lässt sich auf die Gesundheitskompetenz übertragen: Ein gesundheitskompetenter Mensch verfügt über Wissen und versteht die Zusammenhänge (z. B. Zugehörigkeit zur Lebensmittelgruppe: Joghurt ist ein Milchprodukt, Nährwertkennzeichnungen wie den Nutri-Score (BMEL 2021) verstehen; *deklaratives Wissen*); er hat Handlungsabläufe im Kopf (z. B. Lebensmittelauswahl: frisches Produkt aus dem Kühlregal, Prüfen der Inhaltsstoffe insbesondere auf Zucker und Fett in den Lebensmittelangaben, Nutzung der Nährwertkennzeichnung für die Kaufentscheidung; *prozedurales Wissen*); er kennt die Bedingungen (z. B. Laktoseunverträglichkeit → laktosefreies Produkt wählen; *konditionales Wissen*).

Er hat Antrieb und Handlungsbereitschaft: Er hat die *Motivation* (z. B. »Ich möchte einen ausgewogenen und vollwertigen Start in den Tag.«); er hat *Einstellungen* (z. B. »Ein gesunder Körper ist mir wichtig.«); er hat ein positives *Selbstkonzept* und kann das eigene Wissen und Können relativ realistisch einschätzen (z. B. »Ich kenne mich gut aus mit Lebensmitteln und weiß, auf was ich achten muss.«); er hat *Selbstwirksamkeitserwartungen* und glaubt, die gesteckten Ziele auch bei Schwierigkeiten mit einem angemessenen Aufwand erreichen zu können (z. B. »Ich kann ausgewogen frühstücken, auch wenn es zeitlich eng ist oder ich unterwegs bin.«).

Ausgerüstet mit diesen Voraussetzungen begibt sich der gesundheitskompetente Mensch auf die Meta-Ebene: Er *überwacht* und *bewertet* seine individuellen und sozialen Lebensbedingungen – mit dem Ziel, sein Verhalten zu *regulieren* und aktiv anzupassen, um seine Gesundheit in ein dynamisches Gleichgewicht zu bringen.

Entsprechend seinem Wissen, seinem Antrieb und den Erkenntnissen der Überwachung und Bewertung handelt er gemäß seinen Handlungsfertigkeiten und -fähigkeiten.

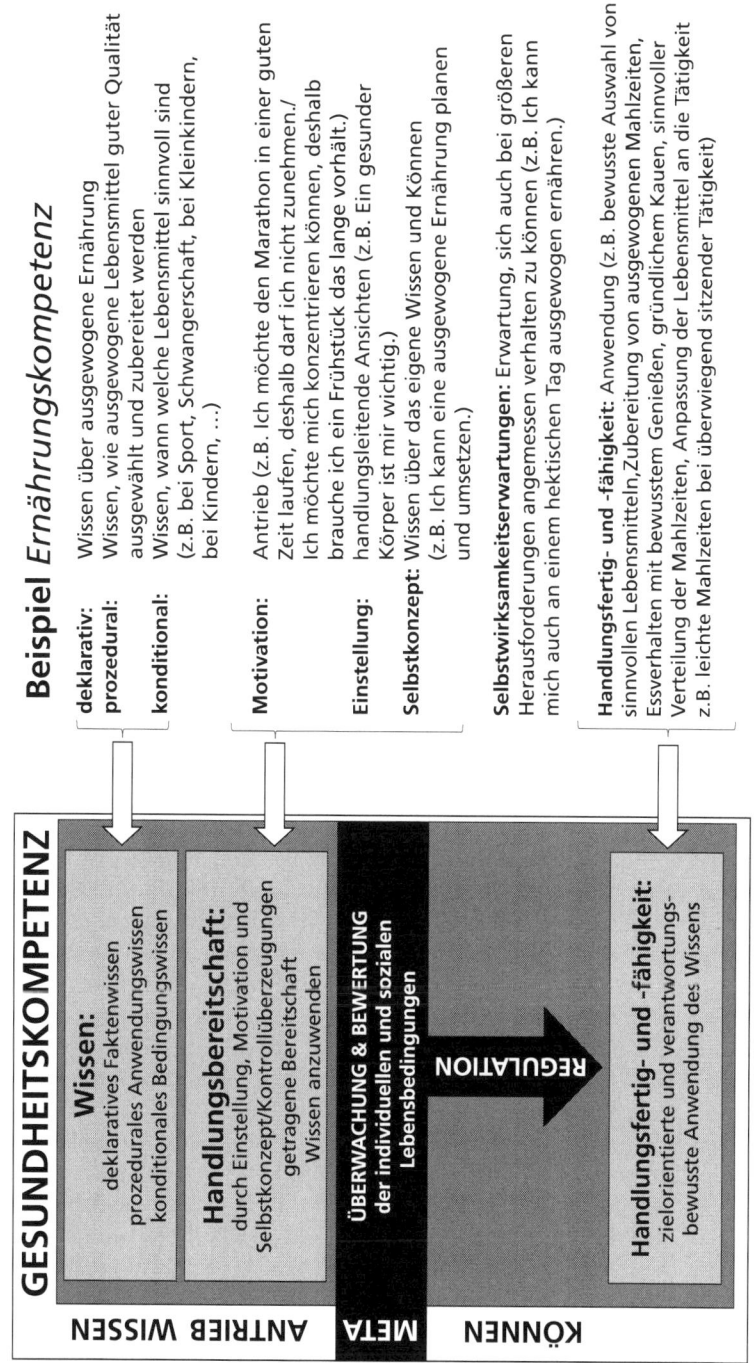

Abb. 1.6: Gesundheitskompetenz (nach Kriegesmann et al. 2005 und Weinert 2001)

Sie sehen: Gesundheitskompetenz ist komplex! Es setzt viel Wissen, Antrieb und Handlungsfertig- und -fähigkeiten, aber auch metakognitive Fähigkeiten voraus, um erfolgreich überwachen, bewerten und regulieren zu können.

Wenn nicht auf allen Ebenen gearbeitet wird, kommen Maßnahmen der Gesundheitsförderung häufig nicht in der Verhaltensebene an. Zusätzlich ist es notwendig, verhaltensbezogene Maßnahmen mit verhältnisbezogenen Maßnahmen zu kombinieren (Phillipsborn et al. 2019). Im o. g. Beispiel könnte das bedeuten, dass Schüler*innen im Unterricht sowie im familialen Umfeld Kompetenzen erworben haben, um selbstbestimmt, reflektiert und begründet eine geeignete Alternative zum gesüßten Joghurt auszuwählen. Die Schulmensa bietet neben Fruchtjoghurt auch Naturjoghurt an und schafft damit die Verhältnisse, in denen Verhalten stattfinden kann.

1.2.3 Von der Gesundheitskompetenz zum Gesundheitshandeln

Gesundheitskompetenz ist eine notwendige, aber nicht hinreichende Voraussetzung für den Erhalt von Gesundheit. Wenn man Gesundheit erhalten oder fördern möchte, kommt es auf das Gesundheitsverhalten bzw. Gesundheitshandeln an, das daraus resultiert. Doch was ist das? Wie entsteht es und wie lässt es sich nachhaltig beeinflussen?

Begriff

Gesundheitsverhalten (*health behavior*) umfasst alle Verhaltensweisen, die nach wissenschaftlichen Erkenntnissen Gesundheit erhalten und fördern sowie Krankheit vermeiden (Faltermaier 2017). Es stellt den Gegenpol zum Risikoverhalten dar. Im Gegensatz zum Risikoverhalten lässt es sich schwerer empirisch belegen, welche Verhaltensweisen in welchem Umfang und in welcher Dauer gesundheitsförderlich sind. Dennoch lassen sich mehrere günstige Verhaltensweisen zu einem gesunden Lebensstil kombinieren. Dies zeigt sich dann allgemein in einer besseren Gesundheit, geringerem Auftreten von Krankheit und niedrigeren Mortalitätsraten (Faltermaier 2017). Für die Gesundheitsförderung stehen besonders die gesundheiterhaltenden Verhaltensweisen im Vordergrund, die sich im sogenannten Gesundheitshandeln (*health action*) äußern. Darunter wird »das subjektiv bedeutsame Handeln von gesunden und kranken Menschen verstanden, das mehr oder weniger bewusst mit dem Ziel der Gesunderhaltung und im alltäglichen sozialen Kontext erfolgt« (Faltermaier 2017, S. 190). Das Gesundheitshandeln geht von einem Kontinuum zwischen Gesundheit und Krankheit aus, unterstellt Menschen ein Gesundheitsmotiv bzw. ein Gesundheitsbewusstsein und macht sie im Sinne der Salutogenese zu aktiven Agent*innen ihrer eigenen Gesundheit. Es verbindet mehrere Verhaltensebenen (z. B. Bewegung, Ernährung, Soziales) zu einer Lebensweise, kann günstige und ungünstige Verhaltensweisen vereinen und ist Veränderungen unterworfen – je nach Kontext und Lebensphase (▶ Kap. 1.1). Das Gesundheitshandeln vereint deshalb – in Abgrenzung zum Gesundheitsverhalten, das wissenschaftlich belegte förderliche bzw. gefährdende Verhaltensweisen beschreibt – subjektive Theorien zur Gesunderhaltung (siehe Box *Subjektive Theorien*).

Exkurs: Subjektive Theorien im Gesundheitsbereich

Jede*r baut im Laufe des Lebens Wissen über sich selbst, die Umwelt und die Welt im Allgemeinen auf. Dieses Wissen wird genutzt, um die Welt versteh- und kontrollierbar zu machen (Birkner & Vlassenko 2015).

Als subjektive Theorie ist dieses Wissen in oft komplexe Argumentationsstrukturen eingebettet, deren Begründungszusammenhänge sowohl explizit als auch implizit sein können. Ähnlich objektiven Theorien sind subjektive Theorien nützlich und mit ihnen können Phänomene erklärt und oft recht treffsicher vorhergesagt werden. Anders als wissenschaftliche Theorien sind sie jedoch oft mit Bewertungen und Emotionen verbunden (Groeben & Scheel 2020).

Entsprechend werden subjektive Theorien oft nur schwer aufgegeben: Sie sind nur in Teilen bewusst, haben sich im Alltag aber vielfach bewährt und sind emotional bzw. im Ziel- und Wertesystem verankert.

Im Gesundheitsbereich wurden z. B. vier Typen von subjektiven Gesundheitstheorien identifiziert: Risikotheorien, Ressourcentheorien, Ausgleichs- und Balancetheorien sowie Schicksalstheorien (Faltermaier, Kühnlein, Burda-Viering 1998). Diese Theorien beziehen sich auf Erwachsene, beim Grundschulkind sind subjektive Theorien erst im Aufbau begriffen, sodass diese für Förderung noch zugänglicher sind.

Gesundheitshandeln findet überwiegend im privaten und sozialen Umfeld statt und wird von diesem unterstützt oder gehemmt, weil das gesundheitsbezogene (ebenso wie das krankheitsbezogene) Verhalten sozial abgestimmt und organisiert wird – vor, während oder nach dem Kontakt mit dem professionellen System.

Gesundheitsförderung, die auch im Alltag Veränderungen anbahnen möchte, muss deshalb das individuelle Gesundheitshandeln der Kinder und deren Familien sowie deren Lebensbedingungen wahrnehmen und daran anknüpfen (Kryspin-Exner & Pintzinger 2010). Dabei sollten neben dem Verhalten (z. B. bei Ernährung, Bewegung, Tagesablauf, Sozialem) auch die Verhältnisse (z. B. Gestaltung der kommunalen Umgebung) in den Blick genommen werden. Denn wenn die Lebenswelt gesundheitsförderlich gestaltet und das am einfachsten verfügbare Angebot gesundheitsförderlich ist, erhöht dies die Wahrscheinlichkeit von Gesundheitsverhalten (Ashe et al. 2011). Wenn diese Anknüpfung an die Lebenswirklichkeit und die tatsächlichen Bedarfe nicht gelingt, laufen die Fördermaßnahmen dagegen Gefahr, an der Schwelle zum Alltag zu verpuffen, denn hier konkurrieren altbewährte, in den Kontext eingebettete Lebensstile mit den neu vermittelten Verhaltensweisen.

31

Entstehung von Gesundheitsverhalten

Die Weichen für gesundheitsbezogene Einstellungen und Verhaltensmuster werden im Kindes- und Jugendalter gestellt: In jungen Jahren ausgebildete Einstellungen und Verhaltensmuster finden sich im Erwachsenenalter oft immer noch wieder (Kuntz et al. 2018). Studien legen nahe, dass die Eltern und das Umfeld wichtige Vorbilder bieten (siehe Box *KiGGS-Studie*).

KiGGS-Studie

Die KiGGS-Studie ist eine Studie zur Gesundheit von Kindern und Jugendlichen in Deutschland und Teil des Gesundheitsmonitorings des Robert-Koch-Instituts (RKI). Sie startete 2003 und ist eine Kombination aus Quer- und Längsschnittstudie mit repräsentativen Daten von Kindern und Jugendlichen im Alter von 0 bis 17 Jahren. Im Fokus stehen dabei Gesundheitszustand, Gesundheitsverhalten, Lebensbedingungen und die gesundheitliche Versorgung.

In der zweiten Welle wurden Eltern und Kinder bzw. Jugendliche befragt und zusätzlich körperliche Untersuchungen gemacht. Es fanden sich Zusammenhänge zwischen der Herkunft und dem Gesundheitsverhalten: Kinder und Jugendliche aus Elternhäusern mit niedrigem sozioökonomischem Status ernährten sich häufiger ungesund, trieben seltener Sport und waren häufiger übergewichtig bzw. adipös – ähnlich ihren Eltern. Zusätzlich finden sich Unterschiede zwischen Mädchen und Jungen (Kuntz et al. 2018).

Je jünger das Kind, desto stärker ist der Einfluss des Elternhauses: Die Eltern schaffen und beeinflussen wichtige Faktoren wie z. B. die Körperhygiene, Ernährung, Bewegung, Tagesrhythmus und soziale Kontakte. Erst Jugendliche bestimmen ihre gesundheitsbezogenen Verhaltensweisen zunehmend selbst. Die Kontrolle und der Einfluss des Elternhauses nehmen dabei ab und der Einfluss des Peerumfeldes zu (Pinquart & Silbereisen 2002).

Die Entstehung von Gesundheitsverhalten wird in Modellen beschrieben, die sich grob in zwei Kategorien teilen lassen: kontinuierliche Prädiktionsmodelle und dynamische Stadienmodelle (zusammenfassend: Knoll, Scholz & Rieckmann 2011). Die kontinuierlichen Prädiktionsmodelle gehen von kognitiven und affektiven Einflussfaktoren aus, die das Auftreten eines gesundheitsbezogenen Verhaltens unterstützen. Zu diesen Faktoren zählen u. a. Selbstwirksamkeit, Handlungswirksamkeit, Motivation und Bedrohungseinschätzung. Je günstiger die Ausprägung dieser Einflussfaktoren ist, desto wahrscheinlicher wird es, dass die Kosten-Nutzen-Abwägung positiv ausfällt und sich eine Person gesundheitsförderlich verhält. Zu den kontinuierlichen Prädiktionsmodellen gehören z. B. das *Health-Belief-Modell* (Schwarzer 2004), *Theorie der Schutzmotivation* (Rogers 1983) und die *Theorie des geplanten Verhaltens* (Ajzen 1991).

Die dynamischen Stadienmodelle gehen dagegen davon aus, dass Personen während einer Verhaltensänderung Stadien durchlaufen. Dies erfolgt Schritt für Schritt und Rückfälle sind möglich. Zu den dynamischen Stadienmodellen zählen

z. B. das *Transtheoretische Modell der Verhaltensänderung* (Prochaska & DiClemente 1991) und das *Sozial-kognitive Prozessmodell des gesundheitlichen Handelns* (Health-Action-Process-Approach, HAPA, Schwarzer 1992, 2016; Zhang et al. 2019), die aufgrund ihrer Praxisrelevanz im Folgenden beschrieben werden.

Das Transtheoretische Modell (TTM) (Prochaska & DiClemente 1983, Proschaska & Velicer 1997) der Verhaltensänderung wurde ursprünglich zur Rauchentwöhnung entwickelt, wird aber mittlerweile in vielen Bereichen des Gesundheitsverhaltens eingesetzt (Scholz & Schwarzer 2005). Zentral sind hier die Stufen der Verhaltensänderung. Das TTM hat eine hohe Praxisrelevanz, denn es ermöglicht eine passgenaue – auf das jeweilige Stadium zugeschnittene – Unterstützung der Schüler*innen. Es unterscheidet die Phasen von der Absichtslosigkeit, der Absichtsbildung, Vorbereitung und Umsetzung bis hin zur Aufrechterhaltung.

Transtheoretisches Modell der Verhaltensänderung

Fallbeispiel für eine Änderung des Sozialverhaltens zur Verbesserung der sozialen Eingebundenheit:

- Absichtslosigkeit: Ein Kind hat kaum Freunde in der Klasse, denkt aber nicht darüber nach, dies zu ändern.
- Absichtsbildung: Das Kind ist immer öfter traurig über diesen Zustand und überlegt, ob es sich Freunde suchen sollte.
- Vorbereitung: Das Kind hat sich fest vorgenommen, Freundschaften mit anderen Kindern in der Klasse zu schließen, und bereitet (evtl. mithilfe der Eltern und Lehrkräfte) Maßnahmen vor (z. B. Pausenspiel, Geburtstagsfeier, Ausflug, Einladung nach Hause).
- Umsetzung/Handlung: Das Kind versucht, aktiv mit anderen in Kontakt zu kommen.
- Aufrechterhaltung: Das Kind setzt erfolgreiche Strategien zum Aufbau und Erhalt von Freundschaften wiederholt ein, bis sich die sozialen Kontakte stabilisieren.

Es gibt Prozesse, die den Wechsel von einem Stadium in das nächste unterstützen können. Diese lassen sich einteilen in kognitiv-affektive Prozesse und verhaltensorientierte Prozesse (Scholz & Schwarzer 2005).

Kognitiv-affektiv

- Wahrnehmung von Ursachen, Konsequenzen und möglichen Lösungswegen
- Bewertung des Selbstbilds und eigener Verhaltensweisen
- Wahrnehmung des eigenen Einflusses
- bewusste Wahrnehmung der eigenen Gefühle und der emotionalen Erleichterung durch die Verhaltensänderung

---

Verhaltensorientiert

- Gestaltung einer gesundheitsförderlichen Umwelt
- Belohnung für Fortschritte (eventuell Bestrafung für Rückfälle)
- (proaktiv) Unterstützung nutzen
- Verhaltensweisen bewusst durch Alternativen ersetzen
- Selbstverpflichtung
- Vermeidung von Situationen, die ungünstige Verhaltensweisen auslösen

Das *Sozial-kognitive Prozessmodell des Gesundheitsverhaltens* (Schwarzer 1992) unterscheidet zwischen *präintentionalen Motivationsprozessen* (»Was setzt mich in Bewegung?« z. B. Selbstwirksamkeitserwartungen, Handlungsergebniserwartung und Risikowahrnehmung) und *postintentionalen Volitionsprozessen* (»Wie steuere ich mein Verhalten willentlich?« z. B. Initiative, Aufrechterhaltung, Wiederherstellung), die durch eine Selbstregulationskomponente verstärkt werden. Das nächste Stadium wird jeweils nach Abschluss der vorhergehenden Stufe und bei ausreichender Selbstwirksamkeitserwartung erreicht (siehe Box *Sozial-kognitives Prozessmodell*).

Sozial-kognitives Prozessmodell des gesundheitlichen Handelns

(Health Action Process Approach, HAPA, Schwarzer 1992)

In der ersten Phase, der Motivationsphase, erfolgt eine Risikowahrnehmung (Schweregrad des Risikos, eigene Verwundbarkeit). Diese setzt eine Kosten-Nutzen-Abwägung in Gang: Positive und negative Handlungsergebniserwartungen werden unter Einbezug der Selbstwirksamkeitserwartungen gegeneinander abgewogen. Damit sich eine Absicht (Intention) zur Verhaltensänderung ausbildet, die dann in der Zielsetzung mündet, sollten die positiven Konsequenzerwartungen überwiegen und eine hohe Selbstwirksamkeitserwartung vorliegen. Auch für die Folgestadien sind diese beiden Bedingungen zentral, während Risikowahrnehmung und Handlungsergebniserwartungen vor allem zu Beginn der Intentionsbildung wichtig sind.

Nach der Intentionsbildung – also postinteional – beginnt die Volitionsphase. Diese Phase lässt sich in eine *präaktionale* (Planung und Initiative), eine *aktionale* (Handlungsausführung und Aufrechterhaltung) und eine *postaktionale Phase* (Wiederherstellung oder Disengangement nach Misserfolg) gliedern. In der präaktionalen Phase können verschiedene Handlungsalternativen entwickelt werden. In der aktionalen und der postaktionalen Phase sind metakognitive Prozesse zentral: Die Handlungsausführung wird überwacht, bewertet und bei Bedarf reguliert, damit man nicht vom Ziel abkommt und/oder die Handlung nicht abbricht; nach der Handlungsausführung wird das Gelingen bzw. Misslingen bewertet und erklärt (Attribution, Vier-Felder-Schema, Weiner 2010). Diese Erklärungen nehmen entscheidenden Einfluss, ob die Handlungen wiederholt werden oder ob es postaktional zur Zielentbindung (Disengangement) kommt. Der Abbruch eines Ziels geht häufig auf einen Mangel an Willensstärke oder Selbstregulationsdefizite zurück (Scholz & Schwarzer 2005).

Fallbeispiel für eine Änderung des Sozialverhaltens zur Verbesserung der sozialen Eingebundenheit (siehe oben):

Motivationsphase: Um in der Klasse Kontakt zu Mitschüler*innen aufzunehmen, sucht ein Kind stark die körperliche Nähe und stupst/schubst andere. Lehrer*innen, Erzieher*innen und Eltern sind besorgt, dass das Kind immer mehr ins soziale Abseits gerät. Auch das Kind belastet die Situation des wiederkehrenden Aneckens und Ausgeschlossenseins (*Risikowahrnehmung*).

Das pädagogische Umfeld sieht die Notwendigkeit, aber auch die Möglichkeit, dem Kind bei der Verhaltensänderung zu helfen, indem alle zusammenarbeiten und weitere professionelle Unterstützung hinzugezogen wird (*Handlungsergebniserwartung*). Die Eltern sprechen mit dem Kind und fühlen schon einmal mit Vorschlägen für Verhaltensalternativen vor. Doch das Kind ist der Meinung, dass die anderen Kinder nicht darauf eingehen werden (*fehlende Selbstwirksamkeitserwartung*). Lehrer*innen, Erzieher*innen und Eltern beschließen, aktiv zu werden.

Volitionsphase: Alle Beteiligten sprechen untereinander Unterstützungsmöglichkeiten ab: Die Lehrer*innen geben zusätzliche Strukturierungshilfen und versuchen das Kind über Tutor*innen und Klassendienste positiv in die Klasse einzubinden. Zusätzlich soll die Stopp-Hand in der gesamten Klasse eingeführt werden, sodass auch die Schüler*innen einfach umsetzbare Handlungsmöglichkeiten haben und das Verhalten in der gesamten Klasse reflektiert werden kann. Die Erzieher*innen im Hort teilen den Tag in kleine Einheiten (Mittagessen, Hausaufgaben, gemeinsame Phase, freie Spielzeit) und arbeiten mit einer Smiley-Ampel als Tokensystem, an die eine Klammer gesteckt wird (z. B. auf grün, um positives Verhalten zu verstärken). Zusätzlich planen sie, Situationen zu entlasten, indem bereits vor der Eskalation eingegriffen wird und dem Kind in den jeweiligen Situationen Pausen, Auszeiten und Handlungsalternativen zur Hand gegeben werden. Die Eltern planen ein Gespräch mit der Kinderärztin und klären weitere Diagnose- und Unterstützungsmöglichkeiten ab. Zusätzlich unterstützen sie das Kind, indem bewusst auch privat Kinder aus Schule und Hort zum Spielen eingeladen werden, um positive Sozialkontakte im vertrauten Umfeld aufzubauen (*Planungsphase*).

Alle Beteiligten führen die geplanten Maßnahmen durch (*Handlung*). Es erfolgt ein regelmäßiger Austausch zur Wirkung, wobei manche Maßnahmen nachgebessert werden müssen und andere in dieser Form beibehalten werden können (*Regulation*). Auch mit dem Kind werden regelmäßig Reflexionsphasen durchgeführt und erfolgreiche bzw. nicht erfolgreiche Verhaltensweisen besprochen (*Aufrechterhaltung/Adaption bzw. Wiederherstellung*).

Allmählich verbessert sich die Situation und dem Kind gelingt es immer besser, konfliktfrei Kontakt zu anderen Kindern aufzunehmen und diesen zu erhalten (*Verstetigung/Gewohnheitsbildung*).

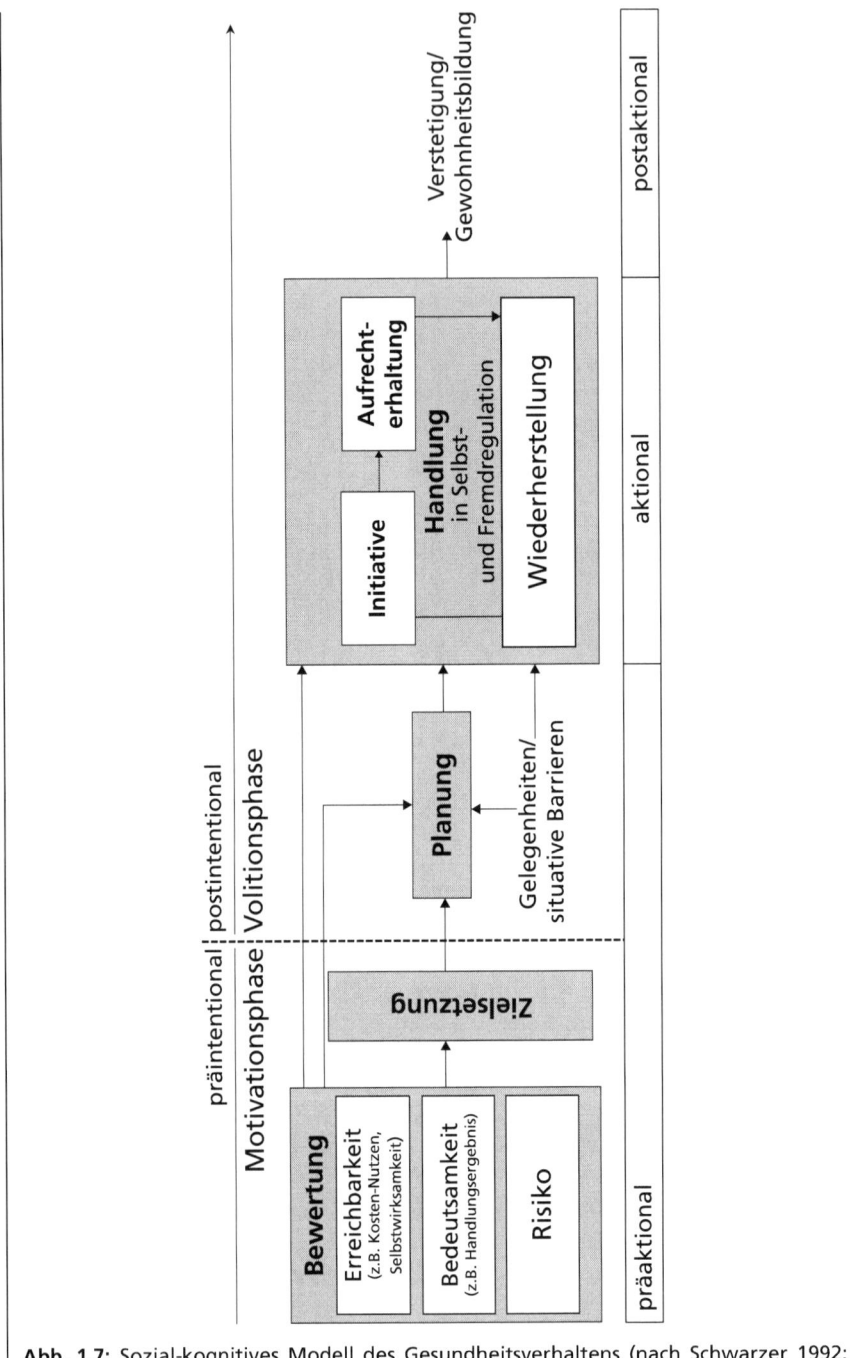

Abb. 1.7: Sozial-kognitives Modell des Gesundheitsverhaltens (nach Schwarzer 1992; mod. nach Scholz & Schwarzer 2005, S. 15)

Auch bei diesem Beispiel wird am Verhalten (*Aufbau und Verstärkung günstiger Verhaltensweisen*), aber auch an den Verhältnissen gearbeitet (*Schaffung gesundheitsförderlicher – hier: sozialer – Situationen, Abbau situativer Barrieren*).

Die Verstetigung von gesundheitsbezogenem Verhalten und Handeln hat auch mit Gewohnheitsbildung zu tun. Gewohnheiten zeichnen sich durch regelmäßige Wiederholung und automatische Initiierung ohne bewusste Zielorientierung in einem stabilen Kontext aus (Verplanken & Aarts 1999). Dadurch entlasten sie das Alltagsleben, denn über Gewohnheiten muss nicht nachgedacht werden. Sie werden durch bekannte Situationen ausgelöst und können schnell abgerufen werden; dagegen ist es viel anstrengender, bewusste Entscheidungen zu treffen und ein Verhalten nach einem neuen Plan umzusetzen. Unterstützen lässt sich Gewohnheitsbildung bei Gesundheitsverhalten bzw. -handeln entsprechend durch die Schaffung einer gesundheitsförderlichen Umgebung und von Verhaltensroutinen.

1.2.4 Gesundheitsverhalten in gesunden Verhältnissen

Gesundes Verhalten (▶ Kap. 1.2) entsteht und erhält sich leichter in gesunden Verhältnissen. Die Wahrnehmung der eigenen Situation, erlerntes Wissen, konkretes Gesundheitshandeln und die Lebenswelt sind in gesunden Verhältnissen stimmig und ergänzen einander in der Wirksamkeit (Philipsborn et al. 2019): Stimmig wird die Lebenswelt Grundschule z. B., wenn die Kinder am eigenen Körper erfahren können, dass regelmäßiges Wassertrinken ihnen guttut, ihr Wohlbefinden und die Konzentrationsfähigkeit steigert. Gleichzeitig gibt es in der Schule einen Wasserspender und die Kinder dürfen auch im Unterricht trinken. Vielleicht werden die Themen Trinken, Wasserbedarf und natürlicher Wasserkreislauf zusätzlich im Unterricht bearbeitet. In gesunden Verhältnissen ist das Naheliegende gesundheitsförderlich, die gesundheitsförderliche Wahl wird zur einfacheren: »*Make the healthy choice the easier choice*« (WHO 1986). Wenn z. B. der kostenfreie Trinkwasserspender in jedem Gang steht und der einzige Automat mit den kostenpflichtigen Süßgetränken im Keller, steigt die Chance, dass zum gesünderen Trinkwasser gegriffen wird, denn Kinder sind – wie viele Erwachsene auch – bequem. Die Bedeutung gesunder Verhältnisse beschreibt auch die Ottawa-Charta (WHO 1986), wenn sie betont, dass die alltägliche Umwelt gesundheitsförderliche Verhaltensweisen begünstigt und verstetigt.

Expertise: Ottawa-Charta (WHO 1986, S. 5)

»Gesundheit wird von Menschen in ihrer alltäglichen Umwelt geschaffen und gelebt: dort, wo sie spielen, lernen, arbeiten und lieben. Gesundheit entsteht dadurch, dass man sich um sich selbst und für andere sorgt, dass man in die Lage versetzt ist, selber Entscheidungen zu fällen und eine Kontrolle über die eigenen Lebensumstände auszuüben sowie dadurch, dass die Gesellschaft, in der man lebt, Bedingungen herstellt, die all ihren Bürgern Gesundheit ermöglichen.«

Gesunde Verhältnisse beziehen sich auf die gesamte Lebenswelt eines Menschen: die Familie als zentrale Produzentin von Gesundheit (Brockmann 2012), aber auch Städte, Kommunen und Regionen, Schulen, Betriebe usw. (Altgeld 2011).

Die Familie ist vor allem in den ersten Lebensjahren besonders bildungsrelevant, weil die »Bildungs-, Betreuungs- und Erziehungsprozesse permanent ineinander übergehen« (BMFSJ 2006, S. 123). Bereits Bourdieu (1982) ging davon aus, dass die Familie das Verhalten, die Denkmuster und Handlungsweisen maßgeblich beeinflusst. Sie schafft genauso wie die städtische, kommunale und regionale Umwelt sowie die eingebundenen Institutionen den Rahmen und die Lebensbedingungen, in die das Gesundheitsverhalten – körperlich, psychisch und sozial – eingebettet ist.

Der familiäre Rahmen, die kommunalen und institutionellen Bedingungen können z. B. den natürlichen Bewegungsdrang von Kindern fördern oder behindern. In der Tendenz finden sich hier zunehmend Einschränkungen der Bewegung: Der Bewegungsraum im Alltag verlagert sich immer stärker von außen in die Wohnung oder das Haus; auch im Kindergarten nehmen sitzende Beschäftigungen zu und in der Schule wird spontane Bewegung jenseits der Sportstunden seltener usw. (Ravens-Sieberer, Wille & Settertobulte 2007). Abhilfe kann hier verhältnisorientiert auf vielfältige Weise geschaffen werden: Das Freizeitverhalten in Familien kann durch die Umgebung und das Angebot unterstützt werden, sodass es vielfältiger und bewegungsorientierter wird; die Gefahren durch Straßenverkehr oder Gewalt können reduziert werden und der Aufenthalt draußen wird auch für kleinere Kinder einfacher; leicht zugängliche Bewegungsangebote im Umfeld wie Spielplätze, Bolzplätze, Gelände mit Bäumen zum Klettern und Brachflächen, auf denen sich Kinder freibewegen können, erleichtern Spiele mit Bewegung (Göttlein & Munser-Kiefer 2021).

Entsprechend der unterschiedlichen Bedingungen in Familie und Lebenswelt gibt es hier große Unterschiede zwischen den Kindern. Deutlich wird dies z. B. im Freizeitverhalten, das in der World Vision Studie (2018) in drei Kategorien geteilt wird (▶ Abb. 1.8a): vielseitige Kids, normale Freizeitler*innen und Medienkonsument*innen.

In jeder Altersgruppe finden sich sowohl bei Mädchen als auch bei Jungen alle Freizeittypen wieder, wobei tendenziell eher die Mädchen zu den vielseitigen Kids und die Jungen zu den Medienkonsumenten gehören. Mit dem Alter nimmt der Anteil der vielseitigen Kids ab und der der Medienkonsumenten zu. Unterschiede finden sich auch nach den sozioökonomischen Verhältnissen, in denen die Kinder aufwachsen: So gehören z. B. 39 % der Kinder aus der »Oberschicht« zur Kategorie der vielseitigen Kids, aber nur 9 % der »unteren Schicht«. Das wiederum hängt an den Verhältnissen, die das Angebot steuern und Nachfrage bzw. Nutzung erst ermöglichen: Wenn Spiel- und Bastelsachen, Sportgeräte, Hörbücher und Bücher sowie Instrumente in der Umwelt zur Verfügung stehen, können sie genutzt werden – oder eben nicht, wenn das Angebot fehlt. Ein Beispiel dafür ist auch die Teilnahme an Vereinen oder außerschulischen Gruppen: Aus der Oberschicht hat mit 96 % fast jedes Kind eine solche Gelegenheit, aus der unteren Schicht trifft dies nur 37 % der Kinder. Dies hängt auch eng mit der sozialen Integration zusammen: 41 % der Grundschulkinder in einem Verein gaben an, zehn oder mehr Freunde zu haben;

»Nun zum Thema Freizeit und Freunde. Welche von den Dingen, die ich Dir jetzt gleich vorlese, machst Du in Deiner Freizeit nie oder fast nie, welche manchmal und welche sehr oft?«

Basis: Kinder im Alter von 6 bis 11 Jahren in Deutschland (Angaben in %)

Jeweils »sehr oft«	Vielseitige Kids	Normale Freizeitler	Medien-konsumenten
Mit Spielzeug spielen	59	54	45
Freunde treffen	60	53	50
Sport treiben (Schwimmen, Fußball ...)	55	53	52
Fernsehen, Youtube, Filme schauen	12	44	89
Radfahren/Inlineskaten/Skateboardfahren	46	40	37
Basteln/Malen/Zeichnen	66	35	15
Draußen auf der Straße spielen	26	33	35
Mit Natur oder Tieren beschäftigen	52	30	17
Mit Lego/Playmobil spielen	27	29	30
Hörspiele/Geschichten hören	41	28	14
Bücher/Zeitschriften lesen	60	28	8
Etwas mit der Familie machen	47	26	18
Instrument spielen/Musik machen	42	19	6
Spiele PC/Konsole/Internet	2	16	65
Theater/Tanzen/Ballett	34	9	1
Mit Werkzeug bauen	8	9	7

Abb. 1.8a: Freizeittypen und Freizeitaktivitäten (World Vision Studie 2018, S. 100 f)

Basis: Kinder im Alter von 6 bis 11 Jahren in Deutschland (Angaben in %)

%-Angaben (pro Zeile)	Vielseitige Kids	Normale Freizeitler	Medienkonsumenten
Gesamt	25	48	27
Geschlecht			
Mädchen	**41**	48	11
Jungen	10	**49**	**41**
Alter			
6–7 Jahre	**31**	48	21
8–9 Jahre	24	**53**	23
10–11 Jahre	21	44	**35**

Abb. 1.8b: Freizeittypen und Freizeitaktivitäten (World Vision Studie 2018, S. 100 f)

von gleichaltrigen Kindern, die in keinem Verein waren, waren dies nur 20 % (World Vision 2018).

Auch bei der Ernährung beeinflusst die Umgebung das gesundheitsbezogene Verhalten. In der Familie sind dies z. B. gemeinsame Mahlzeiten, das Nahrungsangebot und seine Reglementierung (z. B. Begrenzung des Zugangs zu Speisen und des Süßigkeitenkonsums) (Ravens-Sieberer, Wille & Settertobulte 2007). In der Institution Grundschule können dies z. B. regelmäßige gemeinsame Mahlzeiten und Snackpausen mit Regeln zum gemeinsamen Verzehr, eine DGE-zertifizierte Schulverpflegung, gesunde Snacks und Trinkwasserspender zur kostenlosen Verfügung usw. sein (Lührmann & Carlsohn 2019).

Bei der psychischen Gesundheit erweisen sich familiäre Verhältnisse als Risiko- oder Schutzfaktoren: Häufige familiäre oder partnerschaftliche Konflikte zählen zu den Risikofaktoren; umgekehrt werden eine hohe Selbstwirksamkeitserwartung, Optimismus, ein positives Familienklima und ein hohes Maß an sozialer Unterstützung zu Schutzfaktoren (Ravens-Sieberer, Wille & Settertobulte 2007). Die Familienform hat darauf keinen Einfluss (z. B. Kernfamilie, Patchwork-Familie, Alleinerziehende): Kinder aus traditionellen Kernfamiliensituationen sind nicht gesünder als Kinder aus anderen Familienformen (Brockmann 2012). Stattdessen spielen die Verhältnisse und Rahmenbedingungen, die dahinterliegen, eine Rolle. Auch hier findet sich ein Zusammenhang mit der sozioökonomischen Situation der Familien und Kinder, denn diese prägen die sozialen und räumlichen Verhältnisse. So haben z. B. Kinder im Grundschulalter mit konkretem Armutserleben häufiger Furcht vor aggressiven Jugendlichen und Erwachsenen aus der Nachbarschaft als Kinder ohne Armutserleben (32 % zu 16 %; World Vision Studie 2018). Auch das Wohlbefinden der Grundschulkinder unterscheidet sich je nach familiärem Hintergrund: Während 71 % aus der »Oberschicht« angaben, sehr zufrieden mit ihrem Leben zu sein, waren dies nur 30 % aus der »Unterschicht«; umgekehrt schätzten 28 % aus sozioökonomisch ungünstigen Verhältnissen ihr eigenes Wohlbefinden als neutral bis sehr negativ ein, während dies nur 5 % der Kinder aus günstigen sozioökonomischen Verhältnissen taten (World Vision 2013).

Wissenschaftler*innen des Zukunftsforums Public Health betonen die Bedeutung der gesunden Verhältnisse (De Bock et al. 2017): Die wissenschaftliche Datenlage lege nahe, dass »eine großflächige Verbesserung der Gesundheit aller in Deutschland […] vor allem durch Änderung der Verhältnisse zu erwarten sei« (ebd., S. 1). So gibt es inzwischen hinreichend wissenschaftliche Evidenz dafür, dass das individuelle Gesundheitsverhalten durch (reine) Wissensvermittlung nur mit geringer Effektivität das Gesundheitsverhalten verändere und dabei zudem häufig nur die ohnehin veränderungswillige Bevölkerung erreiche (ebd.). Individuelle verhaltenspräventive Maßnahmen (z. B. ausreichend Sport und Bewegung) können eher in sozioökonomisch stärkeren Bevölkerungsgruppen umgesetzt werden. Kann sich eine Familie beispielsweise die Kosten für eine Vereinsmitgliedschaft im Fußballverein, die dazugehörige Ausstattung und Fahrtkosten zu Turnieren oder Trainingscamps nicht leisten, hilft die bloße Forderung eines gesundheitsförderlicheren Bewegungsverhaltens wenig. Verhaltenspräventive Maßnahmen können die gesundheitliche Chancenungleichheit sogar noch verstärken (»Präventionsdilemma«). Daher werden durch das sogenannte Präventionsgesetz (2015) verhältnispräventive Maßnahmen gefördert, z. B. eine effektive und nachhaltige Veränderung sozialer, baulicher und kultureller Verhältnisse in den verschiedenen Lebenswelten. Ziel der Verhältnisprävention ist es, Gesundheitsbelastungen aus dem Lebensumfeld zu minimieren und gleichzeitig Gesundheitsressourcen in der Lebenswelt auszubauen. Verhältnispräventive Maßnahmen sind insbesondere für vulnerable Bevölkerungsgruppen, die ihr Verhalten nur eingeschränkt aktiv selbst beeinflussen können (z. B. Kinder), Teil der gesellschaftlichen Fürsorgepflicht (De Bock et al. 2017).

Zusammenfassung

Gesundheitskompetenz oder auch *Health Literacy* umfasst verschiedene Bereiche: Wissen (deklaratives Faktenwissen, prozedurales Anwendungswissen, konditionales Bedingungswissen), Antrieb (Handlungsbereitschaft durch Einstellung, Motivation, Selbstkonzept/Kontrollüberzeugungen) und Können (Handlungsfertigkeit und -fähigkeit).

Mithilfe von metakognitiven Prozessen werden gesundheitsbezogene Prozesse zunächst überwacht und bewertet, um schließlich bei Bedarf steuernd einzugreifen – mit dem Ziel, das gesundheitsbezogene Verhalten optimal an die jeweilige Situation anzupassen.

Für eine nachhaltige Gesundheitsförderung kommt es auf das Gesundheitsverhalten bzw. das Gesundheitshandeln, basierend auf der Gesundheitskompetenz, an, das auch Eingang in den Alltag findet. Gesundheitsverhalten besteht aus Verhaltensweisen, die wissenschaftlich nachweisbar die Gesundheit erhalten bzw. fördern. Gesundheitshandeln bezieht sich dagegen auf das subjektiv bedeutsame, durch subjektive Theorien gesteuerte Handeln im Alltag, das mehrere Verhaltensebenen zu einer günstigen oder ungünstigen Lebensweise vereint und vom sozialen Kontext und Lebensumfeld gestützt wird. Gesundheitsbezogene Verhaltensmuster bilden sich in jungen Jahren aus und finden sich oft noch im Erwachsenenalter wieder.

Für die Praxis nützlich sind Modelle, die das Entstehen von Gesundheitsverhalten bzw. -handeln beschreiben. Neben den kontinuierlichen Prädiktionsmodellen, die auf wichtige Einflussfaktoren hinweisen, sind hier die dynamischen Stadienmodelle zentral: Sie beschreiben den Aufbau oder die Änderung von Verhaltensmustern als Phasen, auf denen jeweils andere Fördermaßnahmen greifen. Auf diese Weise ist es möglich, passgenaue Förderangebote zu machen, je nachdem, in welchem Stadium sich das Kind befindet.

Gesunde (oder krankmachende) Verhältnisse finden sich in der gesamten sozialen und räumlichen Lebenswelt (Familie, Stadt bzw. Kommune und Region, Institutionen usw.). Sie können sich je nach familiärer Situation und Umfeld enorm unterscheiden. Verhältnisse tragen wesentlich zum Entstehen und Erhalt von Gesundheitsverhalten bei, denn sie ermöglichen, erleichtern oder erschweren gesundheitsbezogenes Verhalten. Wissenschaftliche Befunde zeigen, dass eine Veränderung des gesundheitsbezogenen Verhaltens unwahrscheinlich ist, wenn sich die Verhältnisse nicht ändern.

Aufgaben

1. Facetten der Gesundheitskompetenz
    a. Lesen Sie sich bitte das Beispiel Ernährungskompetenz (▶ Abb. 1.5) durch!
    b. Versuchen Sie bitte Wissen, Antrieb und Können für einen anderen Bereich der Gesundheitsförderung (z. B. Bewegung, psychische Gesundheit, sozioemotionale Gesundheit, Sucht, ▶ Kap. 4, Kap. 6, Kap. 7, Kap. 8) zu konkretisieren und mit Beispielen zu füllen! Die Praxismodule helfen Ihnen dabei.

Tab. 1.3: Einschätzungsbogen zur eigenen Gesundheitskompetenz

	sehr gut	gut	eher nicht gut	schlecht
Kompetenz in Bewegung				
Wissen				
Können				
Antrieb				
Kompetenz in Ernährung				
Wissen				
Können				
Antrieb				
Kompetenz in psychischer Gesundheit				
Wissen				
Können				
Antrieb				
Kompetenz in sozio-emotionaler Gesundheit				
Wissen				
Können				
Antrieb				

2. Ihre Gesundheitskompetenz
   a. Versuchen Sie bitte, Ihre eigene Gesundheitskompetenz einzuschätzen (► Tab. 1.3).
   b. Diskutieren Sie Ihr persönliches Verbesserungspotenzial mit einem oder einer Partner*in!
3. Ihr Gesundheitsverhalten bzw. -handeln
   a. Welche gesundheitsförderlichen Verhaltensweisen bestimmen Ihren Alltag? Denken Sie dabei multidimensional in den Bereichen Körper, Psyche und Soziales.
   b. Wann haben Sie Ihr persönliches Gesundheitshandeln geändert? Versuchen Sie den Prozess in die Phasen des TTM (Transtheoretisches Modell der Verhaltensänderung) einzuordnen!
4. Gesundheitsverhalten in der Schule ändern
   a. Suchen Sie ein Beispiel für eine Verhaltensänderung in der Schule aus dem Bereich Ernährung, Bewegung, Psyche oder Soziales aus und spielen Sie die Phasen des TTM und des HAPA-Modells durch!

b. Verhaltensänderung wird erleichtert durch eine Veränderung der Verhältnisse. Wie können Sie Schule gesundheitsförderlich gestalten, damit die gesunde Wahl die einfachere Wahl ist?

5. Gesunde Verhältnisse

a. Betrachten Sie Ihre eigene soziale und räumliche Lebenswelt: Welche Verhältnisse tragen dazu bei, dass Sie körperlich, psychisch und sozial gesund (oder krank) werden?

b. Betrachten Sie die soziale und räumliche Lebenswelt der Kinder Ihrer Schule bzw. Ihrer Stadt bzw. Kommune: Welche Verhältnisse unterstützen die körperliche, psychische und soziale Gesundheit der Kinder, welche könnten verbessert werden?

Literatur

Ajzen, I. (1991). The Theory of Planned Behavior. Organizational Behavior and Human Decision Processes. Elsevier Inc. Massachuttes: University at Armherst.

Altgeld, T. (2011). Gesundheit gemeinsam fördern – Konzepte und Strategien der Gesundheitsförderung. In: W. Dür & R. Felder-Puig (Hrsg.), Lehrbuch schulische Gesundheitsförderung. Göttingen: Hogrefe AG, 52–62.

Andresen, S., Neumann, S. & Deutschland, K. P. (2018). Kinder in Deutschland 2018. 4. World Vision Kinderstudie.

Ashe, M., Graff, S. & Spector, C. (2011). Changing places: Policies to make a healthy choice the easy choice. Public Health, 125, 889–895.

Bengel, J., Strittmatter, R. & Willmann, H. (1999). Was erhält Menschen gesund?. Antonovskys Modell der Salutogenese – Diskussionstand und Stellenwert. Köln: BZgA.

Birkner, K. & Vlassenko, I. (2015). Subjektive Theorien zu Krankheit und Gesundheit. In: A. Busch (Hrsg.), Handbuch Sprache in der Medizin. Berlin (u. a.): de Gruyter.

Bourdieu, P. (1982). Die feinen Unterschiede. Kritik der gesellschaftlichen Urteilskraft. Frankfurt am Main: Suhrkamp.

Brockmann, H. (2012). Ungesunde Verhältnisse? Eine Längsschnittanalyse zur Gesundheit von Kindern in zusammen- und getrenntlebenden Familien. SOEPpapers on Multidisciplinary Panel Data Research. Online verfügbar unter: http://hdl.handle.net/10419/68165.

Bundesministerium für Ernährung und Landwirtschaft (2021). Der Nutri-Score kommt nach Deutschland. Online verfügbar unter: www.bmel.de/DE/themen/ernaehrung/lebensmittelkennzeichnung/freiwillige-angaben-und-label/nutri-score/nutri-score_node.html.

Bundesministerium für Familie, Senioren, Frauen und Jugend (2006). Zwölfter Kinder und Jugendbericht. Bericht über die Lebenssituation junger Menschen und die Leistungen der Kinder- und Jugendhilfe in Deutschland. Online verfügbar unter: https://www.bmfsfj.de/resource/blob/112224/7376e6055bbcaf822ec30fc6ff72b287/12-kinder-und-jugendbericht-data.pdf.

De Bock, F., Geene, R., Hoffmann, W. & Stang, A. (2017). Vorrang für Verhältnisprävention. Handreichung der Steuerungsgruppe des Zukunftsforums Public Health für alle mit Prävention in Praxis und Politik befassten Akteure. Zukunftsforum Public Health. Online verfügbar unter: https://zukunftsforum-public-health.de/publikationen/2018-2/vorrang-fuer-verhaeltnis praevention/.

Dür, W. (2011). Was ist Gesundheit? In: W. Dür, R. Felder-Puig (Hrsg.), Lehrbuch schulische Gesundheitsförderung. Bern: Hans Huber Verlag. 12–20.

Egger, J. W. (2005). Das biopsychosoziale Krankheitsmodell. In: Psychologische Medizin, 16. Jg., Nummer 2, 6.

Engel, G. L. (1977). The need for a new medical model: A challenge for biomedicine, American Journal of Psychiatry, 196, 129–136.

Faltermaier, T. (2017). Gesundheitspsychologie, 2., überarbeitete und erweiterte Auflage. Stuttgart: Kohlhammer.

Faltermeier T., Kühnlein, I. & Burda-Viering, M. (1998). Subjektive Gesundheitstheorien: Inhalt, Dynamik und ihre Bedeutung für das Gesundheitshandeln im Alltag. Zeitschrift für Gesundheitswissenschaften = Journal of public health 6, 309–326.

Felder-Puig (2011). Lehrbuch schulische Gesundheitsförderung. Bern: Hans Huber Verlag, 52–62.

Göttlein, E. & Munser-Kiefer, M. (2021). Gesundheitsförderung und Prävention. In: D. Bär, R. Roth & F. Csaki (Hrsg.), Handbuch kinderfreundliche Kommunen. Kinderrechte kommunal verwirklichen. Frankfurt am Main: Debus Pädagogik, 372–391.

Groeben, N. & Scheele, B. (2020). Forschungsprogramm Subjektive Theorien. In: G. Mey & K. Mruck (Hrsg.), Handbuch qualitative Forschung in der Psychologie. Wiesbaden: Springer, 185–202.

Knoll, N., Scholz, U. & Rieckmann, N. (2011). Einführung Gesundheitspsychologie, 2. aktualisierte Auflage. München, Basel: Ernst Reinhardt Verlag.

Kriegesmann, B., Kottmann, M, Masurek, L. & Nowak, U. (2005). Kompetenz für eine nachhaltige Beschäftigungsfähigkeit. Schriftenreihe der Bundesanstalt für Arbeitsschutz und Arbeitsmedizin. Bremerhaven: Wirtschaftsverlag NW.

Kryspin-Exner, I. & Pintzinger, N. (2010. Theorien der Krankheitsprävention und des Gesundheitsverhaltens. In: K. Hurrelmann, T. Klotz & J. Haisch (Hrsg.), Lehrbuch Prävention und Gesundheitsförderung, 4., vollständig überarbeitete Auflage. Bern: Hans Huber Verlag, 25–35.

Kuntz, B., Waldhauer, J., Zeihner, J., Funger, J. D. & Lampert, T. (2018). Soziale Unterschiede im Gesundheitsverhalten von Kindern und Jugendlichen in Deutschland – Querschnittergebnisse aus KiGGS Welle 2. In: Journal of Health Monitoring. Berlin: Robert Koch-Institut, 50–52.

Lippke, S. & Renneberg, B. (2006). Konzepte von Gesundheit und Krankheit. In: B. Renneberg & P. Hammelstein (Hrsg.), Gesundheitspsychologie. Heidelberg: Springer Medizin Verlag, 7–12.

Lührmann, P. & Carlsohn, A. (2019). Ernährung und Ernährungsverhalten – ein wichtiges Feld der Prävention und Gesundheitsförderung. In: M. Tiemann, M. Mohokum (Hrsg.), Prävention und Gesundheitsförderung. Springer Reference Pflege – Therapie – Gesundheit. Berlin, Heidelberg: Springer, 537–561.

Nilsson, B., Holmgren, L., Stegmayr, B. & Westman, G. (2003). Sense of coherence-stability over time and relation to health, disease, and psychosocial changes in a general population: a longitudinal study. Scand J Public Health 31, 297–304.

Pinquart, M. & Silbereisen, R. K. (2002). Gesundheitsverhalten im Kindes- und Jugendalter – Entwicklungspsychologische Erklärungsansätze. In: Bundesgesundheitsblatt – Gesundheitsforschung – Gesundheitsschutz, 45, 873–878.

Prochaska, J. O. & Velicer, W. F. (1997). The transtheoretical model of health behavior change. American Journal of Health Promotion, 12; 38–48.

Prochaska, J.O. & DiClemente, C. C. (1983). Stages and processes of self-change of smoking: Toward an integrative model of chance. Journal of Consulting and Clinical Psychology, 51, 390–395.

Rapp, I. & Klein, T. (2020). Lebensstil und Gesundheit. In: P. Kirwy & M. Jungbauer-Gans (Hrsg.), Handbuch Gesundheitssoziologie. Wiesbaden: Springer, 193–211.

Ravens-Sieberer, U., Wille, N. & Settertobulte, W. (2007). Was fördert das gesunde Aufwachsen von Kindern in Familien. Eine qualitative Studie im Auftrag der AOK-Die Gesundheitskasse und des Stern durchgeführt von der Gesellschaft für angewandte Sozialforschung, Gütersloh.

Rogers, R. W. (1983). Cognitive and physiological processes in fear appeals and attitude change: A revised theory of protection motivation, in J. R. Cacioppo & R. E. Petty (eds.). Social psychology. A sourcebook. New York: Guilford Press, 153–176.

Scholz, U. & Schwarzer, R. (2005). Modelle der Gesundheitsverhaltensänderung. In: R. Schwarzer (Hrsg.), Gesundheitspsychologie. Göttingen: Hogrefe, 389–405.

Schwarzer, R. (2004). Psychologie des Gesundheitsverhaltens: Einführung in die Gesundheitspsychologie. Göttingen: Hogrefe.

Schwarzer, R. (1992, 2016). Health Action Process Approach (HAPA) as a theoretical framework to understand behavior change. In: Actualidades en Psicología, 30 (121), 119–130. https://doi.org/10.15517/ap.v30i121.23458.

Verplanken, B. & Aarts, H. (1999). Habit, attitude, and planned behaviour: is habit an empty construct or an interesting case of goal-directed automaticity?. European review of social psychology, 10(1), S. 101–134.

von Philipsborn, P., Stratil, J. M., Burns, J., Busert, L. K., Pfadenhauer, L. M., Polus, S., Holzapfel, C., Hauner, H. & Rehfuess, E. (2019). Environmental interventions to reduce the consumption of sugar-sweetened beverages and their effects on health. Cochrane Database of Systematic Reviews, Issue 6. Art. No.: CD012292. doi: 10.1002/14651858.CD012292.pub2.

Weiner, B. (2010). Attribution theory. The Corsini encyclopedia of psychology. Online verfügbar unter: https://onlinelibrary.wiley.com/doi/abs/10.1002/9780470479216.corpsy0098.

Weinert, F. E. (Hrsg.) (2002). Leistungsmessungen in Schulen. 2. Auflage. Weinheim, Basel: Beltz.

World Health Organization (WHO) (1986). Ottawa Charta for Health Promotion. Online verfügbar unter: www.euro.who.int/de/publications/policy-documents/ottawa-charter-for-health-promotion,-1986.

Zhang, C.Q., Zhang, R., Schwarzer, R. & Hagger, M. S. (2019). A meta-analysis of the health action process approach. Health Psychol, 38, 623–637.

2 Gesundheitsförderung als Konzeption

Anja Carlsohn, Meike Munser-Kiefer & Eva Göttlein

Ziele

- Gesundheitsförderung stellt die Gesundheit und das Wohlbefinden der Menschen in den Vordergrund und unterscheidet sich durch den salutogenetischen Ansatz von anderen (z. B. präventiven, therapeutischen oder pflegerischen) Perspektiven auf Gesundheit. Kapitel 2.1 fasst Ziele und Leitgedanken der Gesundheitsförderung zusammen.
- Kapitel 2.2 definiert mit Settingansatz, Partizipation und Empowerment zentrale Leitbegriffe der Gesundheitsförderung (▶ Kap. 2.2).
- Erforderliche Fachkompetenzen in den Handlungsfeldern *Bewegung*, *Ernährung*, *Stressmanagement* und *Suchtprävention* sowie Kernkompetenzen der Gesundheitsförderung werden in Kapitel 2.3 beschrieben (▶ Kap. 2.3).
- In Kapitel 2.4 finden Sie Hintergründe über die Notwendigkeit der Verankerung von Gesundheitsförderung in den Leitbildern von Grundschulen sowie Bildungsplänen (▶ Kap. 2.4).
- Eine Übersicht über Akteur*innen der Gesundheitsförderung auf Bundes-, Länder- und kommunaler Ebene ebenso wie im Setting Grundschule ist in Kapitel 2.5 dargestellt (▶ Kap. 2.5).
- Kapitel 2.6 widmet sich den Kriterien der guten Praxis soziallagenbezogener Gesundheitsförderung und der Qualitätssicherung von Maßnahmen der Gesundheitsförderung (▶ Kap. 2.6).

2.1 Leitgedanke und Ziele der Gesundheitsförderung

Gesundheitsförderung und Prävention unterscheiden sich hinsichtlich des Ansatzpunktes auf dem Gesundheits-Krankheitskontinuum sowie der Methodik und Kernkompetenzen (siehe Expertise *Abgrenzung*). Dennoch werden sie oft unscharf voneinander getrennt und manchmal – im allgemeinen Sprachgebrauch – sogar nebeneinander oder synonym verwendet.

Expertise: Abgrenzung von Prävention und Gesundheitsförderung

Prävention
»Prävention ist der allgemeine Oberbegriff für alle Interventionen, die zur Vermeidung oder Verringerung des Auftretens, der Ausbreitung und der negativen Auswirkungen von Krankheiten oder Gesundheitsstörungen beitragen. Prävention wirkt durch Ausschaltung von Krankheitsursachen, durch Früherkennung und Frühbehandlung von Krankheitsrisiken oder durch die Vermeidung des Fortschreitens einer bestehenden Krankheit. [...] Wissenschaftlich präziser und auch strukturell eindeutiger ist der Begriff der Krankheitsprävention. Krankheitsprävention zielt in erster Linie auf Risikogruppen mit erwartbaren, erkennbaren oder bereits im Ansatz eingetretenen Anzeichen von Gesundheitsstörungen und Krankheiten« (Franzkowiak 2018, o. S.).

Gesundheitsförderung
Dagegen ist »Gesundheitsförderung« (in der Ottawa-Charta zur Gesundheitsförderung 1986) definiert als Prozess, allen Menschen ein höheres Maß an Selbstbestimmung über ihre Gesundheit zu ermöglichen und sie dadurch zur Stärkung ihrer Gesundheit zu befähigen. Diese Definition ist in der Jakarta-Erklärung zur Gesundheitsförderung für das 21. Jahrhundert (1997) weiterentwickelt worden: Gesundheitsförderung ist ein Prozess, der Menschen befähigen soll, mehr Kontrolle über ihre Gesundheit zu erlangen und sie zu verbessern durch Beeinflussung der Determinanten für Gesundheit« (Kaba-Schönstein 2018, o. S.).

Gesundheitsförderung grenzt sich durch den salutogenetischen Ansatz von der Medizin und Prävention ab. Im Vordergrund der Gesundheitsförderung stehen die Stärkung von Ressourcen, der Gesundheitskompetenz und des individuellen Gesundheitsbefindens sowie Schaffung gesundheitsförderlicher Verhältnisse.

Expertise: Modell der Salutogenese als Grundlage der Gesundheitsförderung

»Das Modell der Salutogenese erklärt weder, wie Krankheit vermieden werden kann, noch wie Gesundheitsverhalten entsteht und taugt insofern nicht als theoretische Basis für einen präventiven Ansatz. Es liefert dagegen die Basis für die Gesundheitsförderung, die unabhängig vom Krankheitsstatut eines Menschen möglich ist.« (Blättner 2007, S. 72)

Gesundheitsförderung liegt im Verantwortungsbereich aller Akteur*innen: Politik (z. B. Bildungsminister*in, Gesundheitsminister*in), Region (z. B. Kommune), Institution (z. B. Schulleitung, Lehrer*innen, Schulpersonal, Architekt*innen). Alle sollten Gesundheitsförderung mitdenken, bei Bedarf durch gesundheitspolitische

Regelungen. Man spricht hier auch von »*Health in all policies*«. Gesundheitsförderung in diesem Sinne ist unabhängig vom sozioökonomischen Status und kann zur gesundheitlichen Chancengleichheit beitragen, denn diese Bereiche bzw. Verhältnisse können bei jedem und jeder gefördert oder verbessert werden. Eine wichtige Voraussetzung für die Wirksamkeit ist jedoch, dass Gesundheitsförderung zielgruppenspezifisch, partizipativ, nachhaltig und soziallagenbezogen gestaltet wird.

Gesundheitsförderung in der Grundschule fördert vorrangig das physische, psychische und soziale Wohlbefinden von Kindern, indem Ressourcen gestärkt und Belastungen reduziert werden. Entsprechend sollen Kinder einerseits zu gesundheitsförderlichem Verhalten (Verhaltensebene) befähigt werden, zum anderen gilt es, gesundheitsgerechte Rahmenbedingungen (Verhältnisebene) zu schaffen (Richter-Kornweitz, 2015, vgl. auch ▶ Abb. 2.1). Getragen werden gesundheitsgerechte Rahmenbedingungen z. B. durch »angemessene Gestaltung der Gebäude, Einrichtungen/Möblierung, Spielflächen, Schulmahlzeiten, Sicherheitsmaßnahmen« (Leitfaden Prävention 2020, S. 48). Die Schulleitung und -verwaltung haben die Aufgabe, das Schulpersonal zu unterstützen, z. B. durch »Maßnahmen der betrieblichen Gesundheitsförderung« (ebd.).

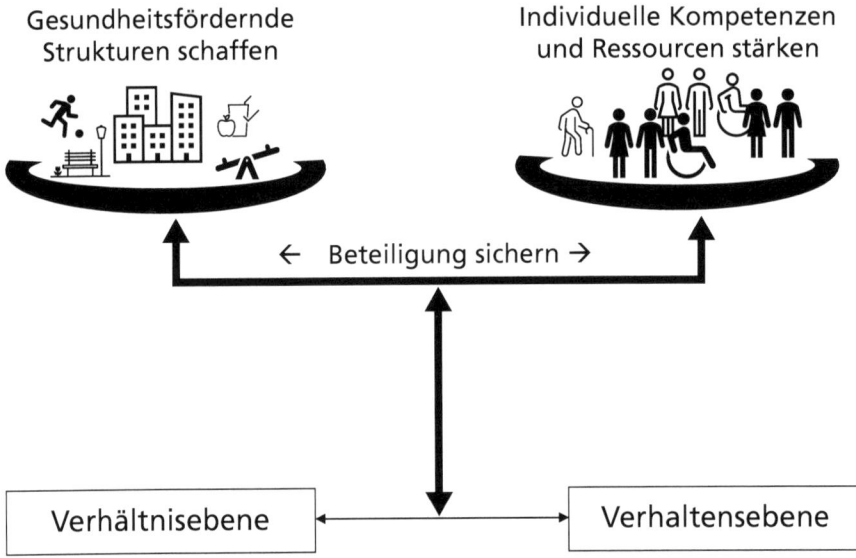

Abb. 2.1: Gesundheitsförderung auf Verhaltens- und Verhältnisebene (nach Kooperationsverbund gesundheitliche Chancengleichheit 2017, S. 15)

Richtungsweisend sind die »Empfehlungen zur Gesundheitsförderung und Prävention in der Schule« nach Beschluss der Kultusministerkonferenz vom 15.11.2012.

Expertise: Empfehlungen zur Gesundheitsförderung und Prävention in der Schule

(Beschluss der Kultusministerkonferenz vom 15.11.2012)

Ziele
Gesundheitsförderung und Prävention

- werden als grundlegende Aufgaben schulischer und außerschulischer Arbeit wahrgenommen,
- greifen aktuelle bildungspolitische Entwicklungen auf (z. B. Selbstständige Schule, Ganztag, Inklusion, Integration, gendersensible Pädagogik, Bildung für nachhaltige Entwicklung),
- eröffnen Schüler*innen, Lehrer*innen und dem sonstigen pädagogischen Personal die Möglichkeiten, Kompetenzen zu gesunden Lebensweisen und zu einer gesundheitsfördernden Gestaltung ihrer Umwelt zu erwerben,
- berücksichtigen aktuelle gesundheitliche Belastungen, z. B. Beeinträchtigungen der psychischen Gesundheit,
- beziehen die Einstellungen sowie die lebensweltlichen und sozialräumlichen Voraussetzungen der Kinder und Jugendlichen und ihrer Familien mit ein.

Allgemeine Grundsätze
Gesundheitsförderung und Prävention sind integrale Bestandteile von Schulentwicklung. Sie stellen keine Zusatzaufgaben der Schulen dar, sondern gehören zum Kern eines jeden Schulentwicklungsprozesses.
Die Qualität von Schule wird wesentlich von Schulklima und Lernkultur bestimmt. Respekt und Wertschätzung, Beteiligung und Verantwortung sind prägende Elemente einer gesundheitsförderlichen Schulkultur.
Ganztagsschulen eröffnen zusätzliche Handlungsräume, um Themen und Projekte aus dem Bereich der Gesundheit aufzugreifen.

2.2 Leitbegriffe der Gesundheitsförderung

2.2.1 Settingansatz

Der Settingansatz in der Gesundheitsförderung ist eine Antwort auf sehr eingeschränkte Erfolge traditioneller Gesundheitserziehung oder Einzelkampagnen, die sich mit Informationen und Appellen an Individuen und ihr Verhalten wenden (Hartung & Rosenbrock 2015).

Als Setting oder Lebenswelt bezeichnet man einen »Sozialzusammenhang, in dem Menschen sich in ihrem Alltag aufhalten und der Einfluss auf ihre Gesundheit hat« (Hartung & Rosenbrock 2015, S. 497). Dieser soziale Zusammenhang ist dauerhaft und drückt sich beispielsweise durch eine formale Organisation (z. B. Kita, Grundschule, Betrieb, Verein), regionale Zusammenhänge (z. B. Kommune, Quartier) oder ähnliche Lebenslagen (z. B. Grundschulalter, Rentner*innen, Alleinerziehende), religiöse oder andere Zugehörigkeiten aus. Ein Setting oder eine Lebenswelt umfasst daher ein abgegrenztes Sozialsystem, das zum Zwecke einer Intervention definiert wird und Ziel potenziell wirksamer Maßnahmen ist (Hartung & Rosenbrock 2015). Maßnahmen der Gesundheitsförderung im Settingansatz nehmen die Lebenswelt und somit die Rahmenbedingungen der Menschen, in denen sie leben, lieben, lernen, arbeiten, konsumieren und spielen, in den Blick.

Expertise: Bedeutung der Lebenswelt *Grundschule* im Rahmen des Settingansatzes der Gesundheitsförderung

»Für Kinder und Eltern stellt der Übergang von der Kita in die Grundschule eine besonders sensible Phase dar. Die Wahrnehmung der gesetzlich verankerten kostenlosen Früherkennungsuntersuchungen im Kindesalter nimmt ab und daher reduziert sich der intensive und regelmäßige Kontakt zu Kinderärzten. Daten zeigen, dass bestimmte gesundheitliche Risiken bei Grundschulkindern wie z. B. Übergewicht im Vergleich zum Vorschulalter jedoch steigen. Angebote zur lebensweltorientierten Gesundheitsförderung und Prävention in der Grundschule als Bestandteil des schulischen Bildungs- und Erziehungsauftrags sowie einer umfassenden Schulentwicklung sind daher elementar wichtig. Auch vor dem Hintergrund, dass immer mehr Grundschulen eine zusätzliche Nachmittagsbetreuung für die Schülerinnen und Schüler anbieten. Mittlerweile werden in vielen Bundesländern zahlreiche Programme der Gesundheitsförderung und Prävention in Grundschulen umgesetzt. Als besonders nachhaltig erweisen sich dabei solche Ansätze, die in eine umfassende Schulentwicklung eingebunden sind.« (Ergebnisse Expertenrunde Grundschule im Forum Gesundheitsförderung und Prävention bei Kindern und Jugendlichen, Berlin 2017, o. S.)

Die Grundschule als Lebenswelt der Kinder eignet sich aus verschiedenen Gründen besonders für Maßnahmen der Gesundheitsförderung:

- Im Kindesalter bilden sich gesundheitsrelevante Einflussfaktoren aus, die eine hohe Stabilität im Lebenslauf erreichen. Je später Förderung ansetzt, umso schwieriger lassen sich gesundheitlich nachteilige Verhaltensweisen ändern (Fuchs, Göhner & Seelig 2007).
- Während des Übergangs von Kita zur Schule sowie im Grundschulalter verschlechtern sich zahlreiche gesundheitsrelevante Verhaltensweisen.
- Aufgrund der gesetzlichen Schulpflicht können mit gesundheitsförderlichen Maßnahmen in der Grundschule nahezu alle Kinder erreicht werden.

- Gesundheitsförderliche Interventionen lassen sich an Grundschulen organisatorisch relativ einfach durchführen (Kolip 2017).

Viele Ziele der Gesundheitsförderung wie beispielsweise Bewegungsförderung, gesundheitsförderliches Essverhalten, psychische Gesundheit und soziales Wohlbefinden können in der Grundschule durch eine Kombination von formalem Lernen (z. B. im Unterricht oder Projektwochen), informellem Lernen und Lernen durch Nachahmen (z. B. Bewegungsangebote auf dem Pausenhof, gemeinsame Nutzung einer gesundheitsförderlichen Mittagsverpflegung von Schüler*innen und Schulpersonal) erreicht werden. In der Grundschule können gesundheitsförderliche Rahmenbedingungen geschaffen, Bewegungsförderung, Entspannung und Ernährungsbildung von einem gesundheitsförderlichen Verpflegungs- und Bewegungsangebot sowie präventiven Maßnahmen flankiert und als gemeinschaftliches Erlebnis gestaltet werden.

Gesundheitschancen und Krankheitsrisiken sind in Deutschland sozial ungleich verteilt – sozioökonomisch benachteiligte Personen sind oftmals auch gesundheitlich benachteiligt (RKI 2015). Verschiedene Studien zeigen z. B., dass Menschen mit geringer Bildung, geringem Berufsstatus und/oder niedrigem Einkommen häufiger von Übergewicht und Adipositas betroffen sind als Personen mit hohem sozioökonomischem Status (SES) (Kuntz & Lampert 2010).

Diese gesundheitliche Chancenungleichheit ist in Deutschland bereits im Kindesalter zu beobachten. So zeigt beispielsweise die KiGGS-Studie (► Kap. 1.2), dass Kinder und Jugendliche aus Familien mit niedrigem sozioökonomischem Hintergrund eine höhere Prävalenz an Adipositas aufweisen als Kinder aus Familien mit hohem (4 % versus 1 % bei den Drei- bis Sechsjährigen; 10 % versus 3 % bei den Sieben- bis Zehnjährigen; 12 % versus 4 % bei den Elf- bis 13-jährigen und 14 % versus 5 % bei den 14- bis 17-Jährigen) (Kurth & Schaffrath-Rosario 2007). Damit haben Kinder aus Familien mit niedrigem sozioökonomischem Hintergrund insgesamt ein 2,8-fach erhöhtes Risiko für Übergewicht und Adipositas (RKI 2015). Betrachtet man das Verzehrverhalten von Kindern und Jugendlichen, so zeigt sich, dass Kinder aus Familien mit niedrigem sozioökonomischem Hintergrund weniger Obst, Gemüse, Vollkornprodukte und Rohkost verzehren als Kinder aus Familien mit hohem sozioökonomischem Hintergrund. Dagegen ist der Konsum von Limonaden, Süßwaren, Wurst, Fleisch und Fastfood bei Kindern und Jugendlichen aus Familien mit niedrigem sozioökonomischem Hintergrund erhöht (RKI 2015).

Mit vorrangig verhaltensbezogenen Maßnahmen wie Informationskampagnen, Wissensvermittlung oder Appellen werden häufig Menschen erreicht, die ohnehin bereits ein hohes Interesse und entsprechende Ressourcen für gesundheitsrelevante Themen (z. B. Sport und Bewegung, gesunde Ernährung) aufweisen. Ein solches Nichterreichen der Zielgruppen wird auch als »Präventionsdilemma« bezeichnet (► Kap. 1.2). Dagegen sind gesundheitspolitische Maßnahmen, die auch die Verhältnisse ändern, häufiger auch in den eigentlichen Zielgruppen wirksam (z. B. hinsichtlich der Gesundheitschancen benachteiligte Personen und/oder Personen mit erhöhten Gesundheitsrisiken) (von Philipsborn 2019).

Hier zeigen sich Chancen der Gesundheitsförderung im Setting Grundschule: Aufgrund der gesetzlichen Schulpflicht lassen sich vor allem durch verhältnispräventive Maßnahmen, d. h. Schaffung gesundheitsförderlicher Rahmenbedingungen wie Teilnahme am EU-Schulprogramm, Angebot einer warmen Mittagsmahlzeit entsprechend des DGE-Qualitätsstandard für die Schulverpflegung, Angebote zur Bewegungsförderung, »Walkability« der Schulumgebung/Schulwege und wertschätzende Kommunikation, nahezu alle Kinder erreichen. Um das »Präventionsdilemma« zu reduzieren und auch der Gesundheitsförderung schwer zugängliche Kinder zu erreichen, ist eine soziallagenbezogene Gesundheitsförderung (▶ Kap. 2.6) sinnvoll. Langfristig in den Grundschulalltag integrierte, soziallagenbezogene bzw. zielgruppenspezifische Maßnahmen der Gesundheitsförderung sind wirksam und führen zu einem gesundheitsförderlicheren Verhalten der Kinder (Kolip 2017).

Expertise: Gesundheitliche Chancengleichheit

»Zuerst standen die sozioökonomischen Ungleichheiten im Vordergrund, die Menschen über ihren niedrigeren sozioökonomischen Status (Bildung, Einkommen und berufliche Stellung) sozial und gesundheitlich benachteiligen. Es wurde immer deutlicher, dass neben dieser vertikalen auch die horizontale Ungleichheit mit Faktoren wie Alter, Geschlecht, Ethnizität/Kultur, sexuelle Identität, Behinderung etc. die Gesundheit beeinflusst. Dabei verknüpfen sich die unterschiedlichen Faktoren der Ungleichheit zu möglicher Mehrfach-Diskriminierung und müssen in diesen Wechselwirkungen berücksichtigt werden (Intersektionalität). Das gilt für alle Menschen, große und kleine, länger ansässig oder neu zugewandert, also auch für geflüchtete Kinder und Jugendliche.« (Kaba-Schönstein 2021, o. S.)

2.2.2 Partizipation und Empowerment

Partizipation (Teilhabe, Beteiligung, Mitentscheidung) und Empowerment (Befähigung) zählen neben dem Settingansatz zu den Kernstrategien der Gesundheitsförderung.

Expertise: Selbstbestimmung und Befähigung (WHO 1986)

»Gesundheitsförderung zielt auf einen Prozess, allen Menschen ein höheres Maß an Selbstbestimmung über ihre Gesundheit zu ermöglichen und sie damit zur Stärkung ihrer Gesundheit zu befähigen. Um ein umfassendes körperliches, seelisches und soziales Wohlbefinden zu erlangen, ist es notwendig, dass sowohl Einzelne als auch Gruppen ihre Bedürfnisse befriedigen, ihre Wünsche und Hoffnungen wahrnehmen und verwirklichen sowie ihre Umwelt meistern bzw. sie verändern können.« (S. 1)

Dabei ist zwischen verschiedenen Stufen der Partizipation zu unterscheiden (▶ Tab. 2.1). Echte Partizipation geht weit über »Information, Anhörung und Einbeziehung« hinaus und beinhaltet Mitbestimmung, Entscheidungskompetenz und Entscheidungsmacht (Wright 2020). Unter Partizipation in der Gesundheitsförderung versteht man nicht, Kinder darüber zu informieren, dass ein Wasserspender angeschafft werden soll, und Ideen anzuhören, wo dieser aufgestellt werden könnte. Vielmehr sollten die Adressat*innen (Grundschüler*innen, Lehrer*innen, Personal, Elternvertreter*innen u. a. m.) mitbestimmen und letztlich entscheiden können, ob ein Wasserspender an ihrer Schule eine sinnvolle Investition ist und wann, wo und in welcher Ausstattung dieser betrieben wird.

Tab. 2.1: Stufen der Partizipation (Wright, Block & Unger 2010, vgl. Wright 2020, S. 42).

Nicht-Partizipation	Instrumentalisierung
	Anweisung
Vorstufen der Partizipation	Information
	Anhörung
	Einbeziehung
Partizipation	Mitbestimmung
	Teilweise Entscheidungskompetenz
	Entscheidungsmacht
über Partizipation hinaus	Selbstorganisation

Expertise: Stufen der Partizipation

Mitbestimmung: »Die Entscheidungsträgerinnen und Entscheidungsträger halten Rücksprache mit Vertreterinnen und Vertretern der Zielgruppe, um wesentliche Aspekte einer Maßnahme mit ihnen abzustimmen. Es kann zu Verhandlungen zwischen der Zielgruppenvertretung und Entscheidungsträgerinnen und Entscheidungsträgern zu wichtigen Fragen kommen. Die Zielgruppenmitglieder haben ein Mitspracherecht, jedoch keine alleinige Entscheidungsbefugnis.«

Teilweise Übertragung von Entscheidungskompetenz: »Ein Beteiligungsrecht stellt sicher, dass die Zielgruppe bestimmte Aspekte einer Maßnahme selbst bestimmen können [sic]. Die Verantwortung für die Maßnahme liegt jedoch in den Händen von anderen, z. B. bei den Fachkräften einer Einrichtung.«

Entscheidungsmacht: »Die Zielgruppenmitglieder bestimmen alle wesentlichen Aspekte einer Maßnahme selbst. Dies geschieht im Rahmen einer gleichberechtigten Partnerschaft mit einer Einrichtung oder anderen Akteurinnen und Akteuren. Menschen (z. B. Fachkräfte) außerhalb der Zielgruppe sind an wesentlichen Entscheidungen über Methoden zur Entwicklung einer partizipativen

Praxis beteiligt, sie spielen jedoch keine bestimmende, sondern eine begleitende oder unterstützende Rolle.«

Selbstorganisation: »Eine Maßnahme bzw. ein Projekt wird von Mitgliedern der Zielgruppe selbst initiiert und durchgeführt. Häufig entsteht diese Initiative aus eigener Betroffenheit. Entscheidungen trifft die Zielgruppe eigenständig. Die Verantwortung für die Maßnahme liegt bei der Zielgruppe. Alle Entscheidungsträgerinnen und Entscheidungsträger sind Mitglieder der Zielgruppe. Diese Stufe schließt alle Formen von Initiativen ein, die von Menschen aus der Zielgruppe selbst konzipiert und durchgeführt werden. Diese können formell (z. B. als Verein) oder informell als (spontane) Aktion gleichgesinnter Menschen organisiert werden.« (Wright 2020, o. S.)

Die höchste Stufe geht über die Partizipation hinaus und entspricht der Selbstorganisation. Diese wiederum setzt ein hohes Maß an Befähigung zur Selbstorganisation (Empowerment) voraus. Unter Empowerment versteht man den Ausbau der vorhandenen Stärken und Ressourcen und hier der Lebens- und Gesundheitskompetenzen. »Fachkräfte für Gesundheitsförderung können für die Entdeckung von Empowermentprozessen im Alltag sensibel werden und sie gezielt fördern durch:

- Bereitstellung von instrumentellen Hilfen (Räume, Finanzen etc.),
- Befähigung zur Reflexion von Problemen, Bedürfnissen und Ressourcen,
- Aufzeigen oder Schaffen von Handlungsspielräumen,
- Anbieten von Orientierungshilfen und Erschließen von Informationsquellen,
- Unterstützung bei der Erarbeitung von Entscheidungen, Lösungen und Zielen,
- Unterstützung von Selbstorganisation und Selbsthilfe,
- Mediation und
- sozialpolitische Einflussnahme.« (Brandes & Stark 2016, o. S.)

Expertise: Empowerment in der Gesundheitsförderung

»Empowerment zielt darauf ab, dass Menschen die Fähigkeit entwickeln und verbessern, ihre soziale Lebenswelt und ihr Leben selbst zu gestalten und sich nicht gestalten zu lassen […]. Dies gilt für Menschen mit und ohne eingeschränkte(n) Möglichkeiten, für Erwachsene ebenso wie für Kinder. Empowerment beschreibt Prozesse von Einzelnen, Gruppen und Strukturen, die zu größerer gemeinschaftlicher Stärke und Handlungsfähigkeit führen […]. Die jeweiligen Rahmenbedingungen der Zielgruppe (das soziale und politische Umfeld) müssen stets mitgedacht werden, da diese das Vorhandensein und die Entwicklung von Ressourcen mitbestimmen. Die Förderung von Partizipation/ Teilhabe und Gemeinschaftsbildung sind wesentliche Strategien des Empowermentprozesses.« (Brandes & Stark 2016, o. S.)

2.3 Handlungsfelder und Kernkompetenzen der Gesundheitsförderung und Prävention

2.3.1 Handlungsfelder

Geprägt vom Präventionsgesetz (2015) und den Präventionsmaßnahmen der Krankenkassen, wo oftmals nicht klar zwischen Gesundheitsförderung und Prävention unterschieden wird (siehe oben), werden häufig vier zentrale Handlungsfelder von Gesundheitsförderung und Prävention genannt: Bewegung, Ernährung, Stressmanagement und Suchtprävention. Im Praxisteil des Buchs werden diese Handlungsfelder in Teilen als Grobstruktur aufgegriffen und durch das Handlungsfeld der sozio-emotionalen Gesundheit ergänzt. Hier werden erste Zugänge zu diesen Handlungsfeldern sowie zur finanziellen Förderung verschiedener Maßnahmen dargestellt.

Ziele von Gesundheitsförderung und Prävention in den Handlungsfeldern sind (Leitfaden Prävention, § 20 Abs. 2 SGBV):

Bewegung: Stärkung physischer Gesundheitsressourcen, Verminderung von Risikofaktoren, Aufbau von Bindung an gesundheitssportliche Aktivität, Verbesserung der Bewegungsverhältnisse, gesundheitsförderndes Bewegungsverhalten, Verbesserung des Körperbewusstseins, des Selbstbewusstseins und des Selbstwertgefühls

Ernährung: Stärkung der Motivation und Handlungskompetenzen zu einer nachhaltigen und eigenverantwortlichen Umstellung auf bedarfsgerechte Ernährung, gesundheitsförderndes Ernährungsverhalten, Konstanthaltung des Körpergewichts bei gleichzeitigem Längenwachstum (ggf. Gewichtsreduktion, Vermeidung von Adipositas und adipositas-assoziierten Erkrankungen), Verbesserung des Körperbewusstseins, des Selbstbewusstseins und des Selbstwertgefühls

Stressmanagement: Vermeidung von negativen Folgen für die körperliche und psychische Gesundheit aufgrund von chronischen Stresserfahrungen, Stärkung der individuellen Bewältigungskompetenzen, breites Bewältigungsrepertoire, hohe Flexibilität im Umgang mit Stressbelastungen, Vorbeugung und Reduktion von physischen und psychischen Spannungszuständen

Suchtmittelkonsum: Beendigung des Tabakkonsums, Förderung des Nichtraucherschutzes, Stärkung der Motivation für den gesundheitsbewussten Umgang mit Alkohol, Information, Hilfe bei der Entwicklung individueller Strategien zur Reduzierung des Alkoholkonsums, Analyse der eigenen Belastungssituation und Problemlösungsstrategien, Stärkung der Kompetenzen und Ressourcen

Expertise: Regelung der Gesundheitsförderung durch die Krankenkassen

»(1) Die Krankenkasse sieht in der Satzung Leistungen zur Verhinderung und Verminderung von Krankheitsrisiken (primäre Prävention) sowie zur Förderung des selbstbestimmten gesundheitsorientierten Handelns der Versicherten (Gesundheitsförderung) vor. [...]
(2) Der Spitzenverband Bund der Krankenkassen legt [...] einheitliche Handlungsfelder und Kriterien für die Leistungen nach Absatz 1 fest, insbesondere hinsichtlich Bedarf, Zielgruppen, Zugangswegen, Inhalt, Methodik, Qualität, intersektoraler Zusammenarbeit, wissenschaftlicher Evaluation und der Messung der Erreichung der mit den Leistungen verfolgten Ziele. [...]«
(Sozialgesetzbuch V, § 20 Primäre Prävention und Gesundheitsförderung)

Expertise: Leitfaden Prävention (2020)

Mit Gesundheitsförderungsmaßnahmen in z. B. Kitas und Schulen sowie in Betrieben (Setting-Ansatz) werden die Menschen in ihrem unmittelbaren Lebensumfeld angesprochen und in ihrem Gesundheitshandeln erreicht (Verhaltensprävention). Außerdem wird dieses Lebensumfeld selbst zum Gegenstand gesundheitsförderlicher Veränderungen (Verhältnisprävention). Bei Maßnahmen nach dem Setting-Ansatz werden verhaltens- und verhältnispräventive Elemente miteinander verknüpft. Die Leistungen der betrieblichen Gesundheitsförderung nach § 20a Abs. 2 SGB V sind dem Setting-Ansatz zuzuordnen.

Die Projekte, für die Leistungen der Krankenkassen nach dem Setting-Ansatz beantragt werden, müssen grundsätzlich die nachstehenden Bedingungen erfüllen:

- »Bedarfsermittlung: Für die geplanten Aktivitäten wird ein Bedarf nachgewiesen.
- Zielgruppenbestimmung: Die Zielgruppen werden unter besonderer Berücksichtigung der sozallagenbezogenen Gesundheitsförderung definiert.
- Vielfalt/Diversität: Die Vielfalt/Diversität der Zielgruppen wird berücksichtigt.
- Partnerschaften: Vorhandene Strukturen, Einrichtungen, Netzwerke und Akteure, Finanzierungsträger (Drittmittel) im Setting werden ermittelt und möglichst genutzt bzw. eingebunden. Ressortübergreifende Strukturen werden gefördert.
- Partizipation: In den gesamten Gesundheitsförderungsprozess sind die Zielgruppen aktiv einbezogen.
- Zieldefinition: Die Zieldefinition erfolgt möglichst operationalisiert; dabei sind der Verhältnis- und der Verhaltensbezug beachtet.
- Finanzierungskonzept: Ein Finanzierungskonzept liegt vor, welches die Aktivitäten in allen Phasen des Gesundheitsförderungsprozesses umfasst. Insbesondere die für das Setting zuständigen Träger bringen einen angemessenen

Anteil an Mitteln – auch in Form geldwerter Leistungen – in die Aktivitäten ein.

- Transparenz: Die Partnerinnen und Partner informieren sich gegenseitig laufend über den jeweils aktuellen Sachstand.
- Ausrichtung der Interventionen: Die geplanten Aktivitäten stärken über die Krankheitsvermeidung hinaus die gesundheitsfördernden und -schützenden Ressourcen Einzelner und verbessern die Rahmenbedingungen.
- Nachhaltigkeit: Ein Nachhaltigkeitskonzept (z. B. zur Verstetigung des Prozesses, zur Strukturbildung) liegt vor.
- Qualitätssicherung: Die im bzw. für das Setting Verantwortlichen verpflichten sich zur Teilnahme an Qualitätssicherungsmaßnahmen.« (Leitfaden Prävention 2020, S. 31)

»Zur Sicherstellung einer hohen Effektivität (Ergebnisqualität) sind die Leistungen von Anbieterinnen und Anbietern mit geeigneter fachlicher und pädagogischer Qualifikation (Strukturqualität), auf Basis erprobter und evaluierter Konzepte (Konzept- und Planungsqualität) und unter angemessenen organisatorischen Durchführungsbedingungen (Prozessqualität) zu erbringen.« (ebd., S. 57)

Die Kriterien für eine Förderung durch die Krankenkassen sind im *Leitfaden Prävention* ausführlich formuliert. Sie beziehen sich u. a. auf die Gruppengröße, die Zielgruppe, Umfang/Frequenz, Räumlichkeiten, Kursmanual, Teilnehmer*innenunterlagen, Wirksamkeitsnachweis und vor allem auf die Qualifizierung der Kursleitung bzw. des Personals – denn gerade, wenn es um Prävention und damit auch um die Ausrichtung auf Risikofaktoren geht, ist speziell ausgebildetes Personal sinnvoll und wichtig, um negative Effekte zu vermeiden (▶ Kap. 3; Beelmann 2006).

Im Rahmen der Primärprävention werden von den Krankenkassen nur befristete Maßnahmen in Form von Projekten gefördert. Eine kontinuierliche Inanspruchnahme von Maßnahmen ist von der Förderung ausgeschlossen.

2.3.2 Kernkompetenzen

Die *International Union for Health Promotion and Education* (IUHPE) hat auf Grundlage internationaler Fachliteratur Kernkompetenzen als Grundlagen der professionellen Gesundheitsförderung zusammengestellt. Zentral sind dabei das fachliche Grundlagenwissen zur Gesundheitsförderung sowie die Orientierung an ethischen Werten.

Zudem stehen die Kompetenzen, Zielgruppen zu befähigen, zu vermitteln und für die Zielgruppen und ihre gesundheitliche Chancengleichheit einzustehen (*Empowerment, Mediation, Advocacy*), im Vordergrund. Führungs- und Kommunikationskompetenzen sind ebenso erforderlich wie die Umsetzung des *Public Health Action Cycle* (Göpel 2017). Dieser sichert die Qualität und Wirksamkeit gesundheitsförderlicher Maßnahmen und besteht aus den folgenden Schritten:

1. Assessment/Bedarfsanalyse (z. B. Gibt es überhaupt Kinder, die ohne Frühstück in die Schule kommen? Durchführung einer diesbezüglichen Erhebung)
2. Planung (z. B. Planung einer Intervention zur Verbesserung der Frühstückssituation aller Schüler*innen der Schule)
3. Umsetzung (z. B. Teilnahme am EU-Schulprogramm oder Umsetzung eines gemeinschaftlichen Frühstücks in der Schule)
4. Evaluation und Forschung (Dokumentation, Evaluation und Begleitforschung: Hat sich die Frühstückssituation der Schüler*innen verbessert? Haben wir die Kinder erreicht, die wir am dringlichsten erreichen wollten? Was können wir noch verändern, um die Wirksamkeit der Maßnahme auszubauen und zu verstetigen?)

Diese Vorgehensweise unterstützt dabei, Gesundheitsförderung zielgruppenorientiert zu planen und effektiv zu gestalten (Thomas 2020).

2.4 Verankerung in Leitbildern und Bildungsplänen der Grundschulen

Gesundheitsförderung und Prävention sollte integraler Bestandteil der Schulentwicklung sein und in der Schulkonzeption verankert werden (Sekretariat der Ständigen Konferenz der Kultusminister der Länder 2012). Es ist gut belegt, dass eine Verankerung von Aspekten der Gesundheitsförderung in den Leitbildern von Schulen maßgeblich zur Schulentwicklung und Umsetzung verhaltens- und verhältnispräventiver Maßnahmen beitragen kann (KMK 2012; Högger 2017).

Allerdings findet sich eine solche Verankerung nur in Teilen: In einer aktuellen, beispielhaften Analyse zur Verankerung von Aspekten der Gesundheitsförderung an Hamburger Grundschulen (N = 155) zeigte sich, dass nur 40 % der analysierten Grundschulleitbilder Aussagen zur Bewegung und Bewegungsförderung enthielten. Dabei wurden Angebote für Bewegungsanlässe (27 % aller untersuchten Leitbilder), Bewegungsförderung außerhalb des Sportunterrichts (24 %), außerschulische Bewegungsangebote (21 %) und das bewegte Lernen (12 %) am häufigsten genannt. Lediglich 17 % der Hamburger Grundschulen verankerten Aspekte der gesundheitsförderlichen Ernährung in ihrem Leitbild. Insgesamt 12 % beabsichtigten eine ausgewogene Verpflegung, 5 % verankerten Ernährungsbildung im Leitbild und 2 % orientierten sich gemäß Leitbild an Qualitätsstandards für die Schulverpflegung (Wiese, Pfannes & Carlsohn 2021). Auch wenn psychische und sozio-emotionale Aspekte hier nicht betrachtet wurden, ist derzeit von einer noch unzureichenden Verankerung von Gesundheitsförderung in den Leitbildern der Grundschulen auszugehen.

Eine wichtige Voraussetzung für die Aufnahme von Gesundheitsförderung in die Leitbilder und Konzeptionen von Schule und in die Planung von Unterricht ist die

Verankerung in gesetzlichen Verordnungen und Lehrplänen. Hier finden sich zum Teil Themen der Gesundheitsförderung in einzelnen Fächern bzw. Fachbereichen; zum Teil findet auch eine Verankerung in den Präambeln bzw. Leitlinien oder in den übergeordneten Bildungs- und Erziehungszielen statt. Richtungsweisend integrierte Baden-Württemberg 2016 Gesundheitsförderung und Prävention als fächerübergreifende Leitperspektive in seinen Bildungsplänen. Ziel der Leitperspektiven ist, Schüler*innen in zentralen Bereichen auf die Anforderungen der Zukunft vorzubereiten. Leitperspektiven verkörpern dabei handlungsleitende Themen, die nicht einem einzigen Fach zugeordnet, sondern übergreifend in verschiedenen Fächern behandelt werden sollten. Sie werden jeweils im Vorwort, der Einführung und den Leitgedanken zu jedem Fach genannt und konkret in den Fachplänen verankert.

Die Lern- und Handlungsfelder der Leitperspektive Gesundheitsförderung und Prävention können in die verschiedenen Unterrichtsfächer (z. B. Deutsch, Mathematik, Englisch, Sport oder den Sachunterricht) integriert werden. Für die Grundschule wurden Unterrichtsentwürfe und Kompetenzziele für verschiedene Unterrichtsfächern entwickelt.

Tipp: Unterrichtsbeispiele

Sehen Sie sich die Unterrichtsbeispiele aus dem Bildungsplan für die Grundschule aus Baden-Württemberg an: www.bildungsplaene-bw.de/,Lde/Startseite/ BP2016BW_ALLG/BP2016BW_ALLG_LP_PG

2.5 Akteur*innen der Gesundheitsförderung

Das gesundheitsbezogene Verhalten entsteht systemisch und wird durch verschiedene Akteur*innen initiiert, verstärkt und getragen (▶ Abb. 2.2): Zunächst prägen die Familie sowie das soziale und räumliche Umfeld (Wohnung und Wohnumgebung; Stadt bzw. Gemeinde) das gesundheitsbezogene Verhalten. Mit zunehmendem Alter werden Freunde und Peers im Vergleich zur Familie immer wichtiger. Die institutionelle Beschulung und Erziehung in Kita, Schule und pädagogischen Einrichtungen informieren und trainieren günstige Verhaltensweisen und schaffen durch den »Lebensraum Grundschule« auch ein Anwendungsfeld. Hier wirken Schulleitung, Lehrer*innen, pädagogische Fachkräfte und das Personal der pädagogischen Einrichtung (z. B. Hausmeister*innen, Hauswirtschafter*innen) zusammen – idealerweise in Zusammenarbeit mit externen Unterstützern in Stadt bzw. Gemeinde. Um ein Setting gesundheitsförderlich zu gestalten, ist es hilfreich, möglichst viele oder alle Akteur*innen des Systems miteinzubeziehen. Für das Setting Grundschule ist dies beispielhaft in Abbildung 2.2 dargestellt (Munser-Kiefer & Göttlein 2017).

Erziehungsberechtigte: Bei Maßnahmen ohne Einbezug der Familie besteht die Gefahr, dass die Kinder und Jugendlichen das neu entdeckte Verhalten in ihrem Alltag nicht umsetzen können. Daher sind die Eltern nach Möglichkeit in die Gesundheitsprojekte mit einzubeziehen. Hier geht es vor allem um die Informationen über die geplanten Projekte und die umgesetzten Inhalte. Eine gute Plattform der Informationsweitergabe sind die Elternabende, die auch für die Einbeziehung der Eltern gut geeignet sind. Eine besondere Rolle spielt auch der Elternbeirat – durch dessen Einbezug kann sowohl im Vorfeld einer Maßnahme als auch bei deren Umsetzung die Information an und Mitwirkungsbereitschaft durch die Eltern gestärkt werden.

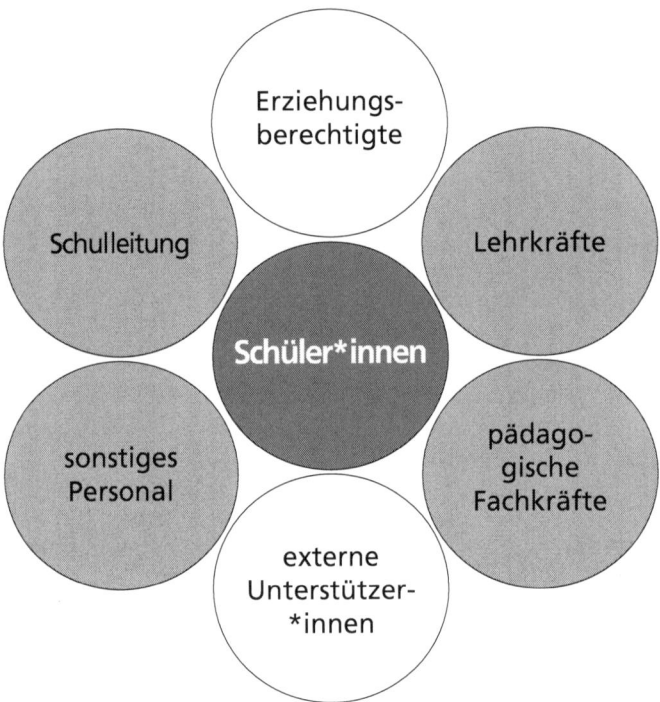

Abb. 2.2: Akteur*innen der Gesundheitsförderung und ihre Rolle in der Schule

Lehrkräfte: Bei den Lehrkräften liegt die zentrale Aufgabe, die Maßnahmen zur Gesundheitsförderung in Unterricht und Schulalltag umzusetzen. Dabei sollten sie nicht nur über das entsprechende gesundheitsförderliche Wissen verfügen, sondern sich selbst nach Möglichkeit auch gesundheitsbewusst verhalten (Vorbildwirkung). Deshalb ist es günstig, sich auch mit seinem eigenen Gesundheitsverhalten auseinanderzusetzen und bei Bedarf Verhaltensänderungen anzustreben. Die nachhaltige Wirkung gesundheitsfördernder Maßnahmen werden gestärkt, wenn die Personen, die sie umsetzen in ihrem Tun authentisch und glaubwürdig sind. Wenn man Schüler*innen erzählt, sie sollten keine gesüßten Getränke trinken und selbst die Limo-Flasche auf dem Tisch stehen hat, ist das nicht der Fall.

Im Rahmen eines partizipativen Ansatzes ist es Aufgabe der Lehrkräfte, einen Raum zu öffnen und zu halten, in dem sich die Schüler*innen mit ihren Ideen und Bedürfnissen einbringen können. Gesundheitsförderung wird nicht von oben verordnet, sondern in einem gemeinsamen Entwicklungsprozess ko-kreativ gestaltet.

Pädagogische Fachkräfte: Pädagogische Fachkräfte kooperieren mit den Lehrkräften, greifen deren Maßnahmen der Gesundheitsförderung auf, vertiefen sie und unterstützen, in dem sie auch im Schulalltag »gelebt« werden (z. B. im Rahmen von Bewegungsspielen, Entspannungsphasen, bewusst gestalteter Schulverpflegung und Essenskultur).

Sie führen selbst Maßnahmen der Gesundheitsförderung im Rahmen von AGs und Wahlkursen, Pausenangeboten o. ä. durch. Speziell ausgebildete Fachkräfte wie z. B. Sportkräfte oder Hauswirtschaftslehrer*innen können im Rahmen eines Gesundheitsprojektes Sonderfunktionen (z. B. fachliche Ausgestaltung des Projektes) übernehmen. Jedoch sollte ihnen die Umsetzung der Maßnahmen nicht alleine übertragen werden. Gesundheitsförderung sollte als Gemeinschaftsprojekt und Querschnittsaufgabe verstanden werden und daher von der gesamten Lehrerschaft mit getragen werden.

*Externe Unterstützer*innen:* Für die Umsetzung der Gesundheitsprojekte bietet sich eine Unterstützung durch externe Fachkräfte an. Diese Unterstützung kann sich auf die Prozessbegleitung beziehen, d. h. die Beratung zu den einzelnen Schritten, die im Gesundheitsprojekt anstehen: Planung der Maßnahme, Umsetzung, Erfolgsbewertung. Externe fachlich spezialisierte Fachkräfte können bei der Umsetzung der Maßnahmen (z. B. Vorträge und Kurse) mit einbezogen werden. Falls man eine Kostenerstattung durch die Krankenkassen anstrebt, sollte man dabei die Qualifikation der Trainer*innen und Dozent*innen beachten.

Sonstiges Personal: Auch weitere Personen können in die Umsetzung der Gesundheitsprojekte mit einbezogen werden. Vom Verwaltungspersonal kann z. B. die Organisation der Maßnahmen übernommen werden. Hausmeister*innen und hauswirtschaftliches Personal können bei der Umsetzung mitwirken.

Schulleitung: »Schulleitungen nehmen in der guten gesunden Schule einen zentralen Stellenwert ein. Als ›Change‹-Agent sind sie zuständig für die Initiierung, Aufrechterhaltung und Stabilisierung von gesundheitsbezogenen Veränderungs- und Entwicklungsprozessen. Darüber hinaus haben sie im Rahmen des Gesundheitsmanagements Aufgaben der Organisations-, Unterrichts- und Personalentwicklung umzusetzen. Schließlich ist die Qualität des Führungshandelns von hoher Bedeutung, wobei sich diese an den Prinzipien der Salutogenese orientieren sollte.« (Dadczynski & Paulus 2011, S. 176)

Unter dem Einbezug verschiedener Akteur*innen sollen Gesundheitsförderung und Prävention in Form von ineinandergreifenden Präventionsketten über den Lebenszyklus und in verschiedenen Lebenswelten ermöglicht werden.

Expertise: Anschlussfähige Bildungsprozesse durch Präventionsketten

Die sogenannten Präventionsketten beruhen auf einem gesamtstrategischen integrierten kommunalen Konzept für Kindheit, Jugend, Gesundheit, Soziales,

Bildung und Nachbarschaftsentwicklung. Sie beschreiben einen lebenslaufbezogenen Ansatz und die systematische und lückenlose Sicherung von positiven Entwicklungsbedingungen für alle, insbesondere für Kinder und Familien in besonders belastenden und schwierigen Lebenslagen. In den Präventionsketten werden Ansätze aus Gesundheitsförderung und Prävention, Frühförderung, Frühen Hilfen, Jugendhilfe und Bildung vereinigt. Nachhaltige Unterstützungsangebote sollen ineinander übergreifend und nahtlos den gesamten Prozess des Aufwachsens positiv beeinflussen (vgl. Richter-Kornweitz, o. J., S. 16).

Das Modell der Präventionskette beschreibt den Aufbau eines Netzwerks für Kinder von Eltern, pädagogischen Fachkräften (z. B. Erzieher*innen) und Lehrer*innen, um die Übergänge zwischen den einzelnen Lebenswelten gelingend und fließend zu gestalten. Präventionsketten sind biografisch auf Kinder fokussiert, praxisnah, partizipativ und an den Lebenswelten orientiert.

Im Baustein *Kita* (Alter zwischen drei und sechs Jahren) geht es um die Bedürfnisse und Bedarfe von Kindern in ihrer Familie und Kindertagesstätte. Der Baustein *Grundschule* (Alter zwischen sechs und zehn Jahren) beschreibt die Bedürfnisse von Kindern in ihrer Familie und in der Grundschule, aber auch mit Peers und Freund*innen. Im Baustein *Weiterführende Schule* (Alter zwischen elf und 18 Jahren) rücken die Bedürfnisse der Heranwachsenden in ihren Lebenswelten Peers, Familie, Schule in den Mittelpunkt.

Den Phasen des Übergangs kommt eine besondere Bedeutung zu, denn ein Übergang bedeutet immer Anpassungsleistungen in der Entwicklung und damit verbunden besondere Anforderungen an die Zielgruppe und ihre Eltern, die u. U. durch Akteur*innen der Gesundheitsförderung unterstützt werden sollten. Der Übergang von der Kita zur Grundschule trägt in besonderem Maße zum Gelingen eines guten Starts in der Schullaufbahn bei. Um allen Kindern gerechte Bildungschancen zu ermöglichen, sollte dieser Übergang mit einer verbindlichen Struktur und einer breiten und paritätischen Zusammenarbeit aller Beteiligten begleitet werden. Der Übergang von Grundschule zur weiterführenden Schule braucht eine verlässliche Begleitung der Kinder durch die Lehrer*innen und das pädagogische Personal der Grundschule in engem Austausch mit den Eltern bzw. Erziehungsberechtigten. Die Entscheidung, welche weiterführende Schulart die geeignete für das jeweilige Kind ist, sollte von allen Beteiligten unter partizipativer Einbeziehung der Bedürfnisse des Kindes getroffen werden.

In Deutschland hat sich auf Bundes-, Länder- und kommunaler Ebene eine Infrastruktur aus staatlichen, halbstaatlichen und nichtstaatlichen Akteur*innen der Gesundheitsförderung etabliert (siehe https://leitbegriffe.bzga.de/alphabetisches-verzeichnis/akteure-und-strukturen-der-gesundheitsfoerderung-und-praevention/).

Im Fokus stehen die Weiterführung vorschulischer Lernprozesse und Förderungen der Kinder. Das Expert*innenwissen der Erzieher*innen ist ebenso von Bedeutung wie das Einschulungsprofil und die Zusammensetzung der Klassen, was Lehrer*innen und Schulleitungen obliegt. Die Eltern erfahren dadurch eine Zusammenarbeit auf Augenhöhe zwischen Kita und Schule (Richter-Kornweitz 2015).

2.6 Kriterien für gute Praxis der Gesundheitsförderung und Qualitätssicherung

Die Bundeszentrale für gesundheitliche Aufklärung veröffentlichte einen Leitfaden Qualitätskriterien für die Planung, Umsetzung und Bewertung von gesundheitsförderlichen Maßnahmen mit dem Fokus auf Bewegung, Ernährung und den Umgang mit Stress (BZgA 2012, S. 2). Diese Qualitätskriterien sind als sich wiederholende Schleife bzw. als Prozess zu verstehen und können von Akteur*innen der Gesundheitsförderung in den verschiedenen Settings angewendet werden.

Die Qualitätsmerkmale und Prozesse des *Public Health Action Cycle* (▶ Kap. 2.3, Bedarfsermittlung – Planung – Umsetzung – Evaluation) werden hier erweitert um Prozesse der Entwicklung des gemeinsamen Verständnisses von Gesundheit und Gesundheitsförderung, der Zielgruppenbestimmung und Zielsetzung und Verstetigung und Optimierung erfolgreicher Maßnahmen.

Der Einbezug der Zielgruppe schon bei der Fragestellung (≙ Problemstellung) taucht auch im Zusammenhang mit der Problematik der gesundheitlichen Chancen(un-)gleichheit und des sogenannten Präventionsdilemmas auf, die durch nichtsoziallagenbezogene Maßnahmen begünstigt werden können. Der Kooperationsverbund Gesundheitliche Chancengleichheit (2017) entwickelte einen Kriterienkatalog für »Gute Praxis der soziallagenbezogenen Gesundheitsförderung«, der zusätzlich zur Qualitätssteigerung und -sicherung dienen kann.

Diese Kriterien guter Praxis soziallagenbezogener Gesundheitsförderung sind (mod. nach Kooperationsverbund Gesundheitliche Chancengleichheit 2017):

- Konzeption gesundheitsförderlicher Maßnahmen
  Die Konzeption der Maßnahme hat einen klaren Bezug zur Gesundheitsförderung oder Prävention und stellt dar, an welche (benachteiligte) Zielgruppe sich die Maßnahme wendet. In der Konzeption sind der Handlungsbedarf, die Methoden und die überprüfbaren Ziele der Maßnahme nachvollziehbar beschrieben. Die Konzeption enthält einen Kosten- und Zeitplan.
- Zielgruppenbezug
  Die Zielgruppe (Adressat*innen) einer Maßnahme ist klar definiert; Probleme und Schwierigkeiten, die sich aus der Lebenswelt und/oder der sozialen Lage/sozialen Benachteiligung ergeben sind genau beschrieben. Die gesundheitsfördernden Aktivitäten sind darauf ausgerichtet, individuelle Bewältigungsmöglichkeiten und die gesundheitsrelevanten Lebensbedingungen der Zielgruppe/Adressat*innen nachhaltig zu verbessern. Die Maßnahme berücksichtigt die Bedarfslage und Möglichkeiten der Zielgruppe/Adressat*innen und ist niederschwellig angelegt.
- Settingansatz
  Der Settingansatz nimmt die Lebenswelten und Bedingungen von Menschen in den Blick, unter denen sie spielen, lernen, arbeiten und wohnen. Gesundheitsförderung nach dem Settingansatz gestaltet die Lebensbedingungen gesund-

heitsgerecht und stärkt die individuellen sowie gemeinschaftlichen Fähigkeiten und Ressourcen der Menschen im Setting. Gesundheitsförderung nach dem Settingansatz ist also mehr als eine Maßnahme in einer Lebenswelt (z. B. Informationsveranstaltung in der Schule). Vielmehr werden unter aktiver Beteiligung der unmittelbar Betroffenen gesunde Lebenswelten gestaltet, z. B. durch ein gesundheitsorientiertes Programm der Schulentwicklung. Der Settingansatz orientiert sich dabei an den Konzepten der Organisationsentwicklung.

- Multiplikator*innenkonzept
  Multiplikator*innen vermitteln gesundheitsförderliche Inhalte und Botschaften an die Zielgruppe/Adressat*innen. Multiplikator*innen können sowohl Fachkräfte der Gesundheitsförderung und Prävention als auch akzeptierte und glaubwürdige Peers der Zielgruppe sein. Das Multiplikator*innenkonzept legt fest, welche Personen(gruppen) mit welcher Methodik systematisch in die Umsetzung einer Maßnahme eingebunden und für diese Aufgabe qualifiziert werden.

- Nachhaltigkeit
  Nachhaltige Maßnahmen der Gesundheitsförderung streben dauerhafte und nachweisbare (wirksame) Veränderungen in den adressierten Zielgruppen und Settings an. Voraussetzung für nachhaltige Wirksamkeit sind verlässliche und zeitstabile Angebotestrukturen und möglichst auch die Verankerung in (kommunalen) Strukturen.

- Niedrigschwellige Arbeitsweise
  Die Maßnahmen sollten unter Berücksichtigung der Zugangshürden aus Perspektive der Zielgruppe/Adressat*innen entwickelt werden. Zugangshürden (z. B. Tageszeit, Ort, Kostenbeteiligung für die Maßnahme, fehlende gender- und kultursensible Vermittlung, (unfreiwillige) Stigmatisierung) sollten möglichst vermieden oder so klein wie möglich gehalten werden. Voraussetzung für niedrigschwellige Angebote sind Verständnis und Wissen über den Alltag und die Lebenssituation der Zielgruppe.

- Partizipation
  Im Sinne der Partizipation (▶ Kap. 2.2) werden die Zielgruppen/Adressat*innen in allen Phasen der Gesundheitsförderung (Bedarfserhebung, Planung, Umsetzung, Evaluation) beteiligt. Partizipation ist hierbei ein Entwicklungsprozess, in dem die Mitglieder der Zielgruppen zunehmend Kompetenzen gewinnen, um aktiv Einfluss auf Entscheidungen nehmen zu können.

- Empowerment
  Akteur*innen der Gesundheitsförderung schaffen die Bedingungen dafür, dass die Mitglieder der Zielgruppe ihre individuellen ebenso wie gemeinschaftlichen Ressourcen entdecken, weiterentwickeln und in praktische Handlungsstrategien überführen können (▶ Kap. 2.2). Ein wesentliches Ziel von Empowerment ist es, die Abhängigkeit von Unterstützungsangeboten nach und nach zu verringern.

- Integriertes Handlungskonzept und Vernetzung
  Integrierte Handlungskonzepte sind wichtige Steuerungs- und Koordinierungsinstrumente der Gesundheitsförderung. Für eine settingübergreifende Stadt- und Gemeindeentwicklung sind verschiedene Handlungsebenen von Bund, Ländern und Kommunen und deren Akteur*innen einzubinden (▶ Kap. 2.2). Ein um-

fassender Gesundheitsbegriff (▸ Kap. 1) sowie Ressourcenbündelung sind ebenfalls wichtige Bestandteile von Vernetzung und integrierter Handlungskonzepte.

- Qualitätsmanagement
  Qualitätssicherung, -entwicklung und -management sind notwendig, um Maßnahmen der Gesundheitsförderung bedarfs- und fachgerecht sowie partizipativ und zielgruppengerecht zu planen, gestalten, umzusetzen, sie kontinuierlich weiterzuentwickeln und immer besser am Bedarf auszurichten.
- Dokumentation und Evaluation
  Dokumentation und Evaluation sind zentrale Elemente des Qualitätsmanagements und dienen dazu, die Erreichung der formulierten Ziele zu prüfen und Arbeitsabläufe/Maßnahmen anzupassen.
- Erfassung des Kosten-Wirksamkeitsverhältnisses
  Ein positives Kostenwirksamkeitsverhältnis ist erreicht, wenn die Maßnahme die Zielsetzung erreicht und die Wirksamkeit in angemessenem Verhältnis zu den Kosten steht. Sowohl Kosten als auch Wirksamkeit sind daher zu erheben und zu bewerten (→ Dokumentation und Evaluation).
(zur Unterrichtsentwicklung: ▸ Kap. 3; zur Schulentwicklung: ▸ Kap. 9)

Zusammenfassung

In der Gesundheitsförderung in der Grundschule geht es vor allem um das Miteinander, die Teilhabe und das partizipative Auseinandersetzen mit den Handlungsfeldern, Zielen und Akteur*innen.

- Die vier übergeordneten Handlungsfelder in der Gesundheitsförderung sind durch den Leitfaden Prävention näher bestimmt: Ernährung, Bewegung, Stressmanagement und Sucht. Dazu gehören aber auch seelische bzw. psychische Gesundheit, Entspannung, Aktivierung und Begleitung.
- Die Zielgruppen und die Akteur*innen sollten nicht isoliert betrachtet werden, sondern müssen immer in einen Konsens gesetzt werden. Alle beteiligten Personen einer Schule müssen in der gesundheitsfördernden Schule miteinbezogen werden: die Schüler*innen, Schulleitung, Lehrer*innen, pädagogisches und nicht-pädagogisches Personal, die Eltern und Multiplikator*innen bzw. externe Unterstützer*innen. Um alle gleichberechtigt mit ins Boot zu holen, sollten optimalerweise partizipative Methoden angewandt werden.
- Die Zielgruppenerreichbarkeit ist im Setting Grundschule gut umzusetzen, die Schüler*innen sind im Rahmen der Unterrichtseinheiten greifbar und können in gesundheitsförderliche Maßnahmen eingebunden werden.
- Maßnahmen der Gesundheitsförderung sollten zielgruppenspezifisch und soziallagenbezogen sein und verhältnis- und verhaltenspräventive Maßnahmen kombinieren. Der Veränderung der Verhältnisse ist der Vorrang zu geben.
- Es sind zahlreiche Akteur*innen, Institutionen und Handreichungen verfügbar, die bei der Bedarfsermittlung, Planung, Umsetzung und Evaluation im Sinne des *Public Health Action Cycle* von gesundheitsförderlichen Maßnahmen unterstützen.

Der Leitgedanke bei allen Handlungsfeldern ist: »Make the healthy choice the easier choice«. Die Kinder sollen Lust bekommen, sich mit ihrer Ernährung und ihrem Körper zu beschäftigen, mit Genuss zu essen und zu trinken. Bewegung muss Spaß machen, sonst bewegt sich niemand gerne. Die Kinder sollen Freude bei Entspannung und Ausgleich empfinden und wissen, wann sie eine Auszeit brauchen und sich dann in geeignete Räumlichkeiten zurückziehen können. Zudem soll es ihnen Spaß machen, sich in sozialen Kontakten mit ihrer Peergroup auseinanderzusetzen und Freundschaften aufzubauen und zu pflegen.

Last but not least: Die Grundschule ist nicht nur Lebenswelt der Schüler*innen, sondern auch der Lehrer*innen und weiterer Personals. Eine gesundheitsförderliche Grundschule kommt somit auch den Erwachsenen (z. B. im Sinne der Lehrer*innengesundheit) zugute.

Aufgaben

1. Ziele: Begründen Sie, warum die Ziele der Gesundheitsförderung integraler Bestandteil der Schulentwicklung sein sollten.
2. Handlungsfelder: Testen Sie Ihre Schule: Welche der gesundheitsfördernden Handlungsfelder werden bereits gut umgesetzt, wo ist noch Bedarf und welche Handlungsfelder fehlen völlig?
3. Akteur*innen: Beschreiben Sie die Zusammenhänge der verschiedenen Akteur*innen und erläutern Sie, warum das gesundheitsbezogene Verhalten der Schüler*innen durch viele Akteur*innen getragen werden muss.

Literatur

Beelmann, W. (2006). Normative Übergänge im Kindesalter: Anpassungsprobleme beim Eintritt in den Kindergarten, in die Grundschule und in die weiterführende Schule. Hamburg: Kovac.

Bundeszentrale für gesundheitliche Aufklärung (BZgA) (2012). Leitfaden Qualitätskriterien für die Planung, Umsetzung und Bewertung von gesundheitsförderlichen Maßnahmen mit dem Fokus auf Bewegung, Ernährung und dem Umgang mit Stress Online verfügbar unter: www.bzga.de/infomaterialien/ernaehrung-bewegung-stressregulation/leitfaden-qualitaets kriterien-fuer-planung-umsetzung-und-bewertung-von-massnahmen-mit-dem-fokus-auf-be/.

Expertenrunde Grundschule im Forum Gesundheitsförderung und Prävention bei Kindern und Jugendlichen. (2017). Online verfügbar unter: www.bzga.de/fileadmin/user_upload/ PDF/themenschwerpunkte/kindergesundheit/forum_ kindergesundheit/dokumentation/er gebnisse-gespraechsrunden/fazit_gespraechsrunde_grundschule--1d4894a115c0c7cdc8e336 eac2e7df1f.pdf.

Franzkowiak, P. (2018). Prävention und Krankheitsprävention. In: BZgA (Hrsg.), Leitbegriffe der Gesundheitsförderung. doi :10.17623/BZGA:224-i091–2.0.

Fuchs, R., Göhner, W. & Seelig, H. (2007). Aufbau eines körperlich-aktiven Lebensstils. Göttingen: Hogrefe.

Göpel, E. (2017). Kernkompetenzen professioneller Gesundheitsförderung. Aus: Leitbegriffe der Gesundheitsförderung. doi: 10.17623/BZGA:224-i057–1.0.

Hartung, S. & Rosenbrock R. (2015). Settingansatz/Lebensweltansatz. In: BZgA (Hrsg.), Leitbegriffe der Gesundheitsförderung. doi: 10.17623/BZGA:224-i106–1.0.

Högger, D. (2017). Gesundheitsförderung in der Schule. Orientierungsraster für die Schulentwicklung und Schulevaluation an den Volksschulen des Kantons Aargau. Online verfügbar unter: https://irf.fhnw.ch/bitstream/handle/11654/25522/Orientierungsraster%20Gesundheit.pdf?sequence=1&isAllowed=y.

Kaba-Schönstein, L. (2018). GKV Bündnis für Gesundheit. Niemanden zurücklassen! Unser Blick auf Vielfältigkeit in der Kommune: Gemeinsam Orte für ein gutes und gesundes Aufwachsen aller Menschen gestalten. Handreichung der Koordinierungsstelle Gesundheitliche Chancengleichheit Brandenburg. Online verfügbar unter: www.gesundheitliche-chancengleichheit.de/brandenburg/publikationen-und-materialien.

Kaba-Schönstein, L. (2021). Leitbegriffe der Gesundheitsförderung. Gesundheitsförderung 1 – Grundlagen. Online verfügbar unter: www.leitbegriffe.bzga.de/alphabetisches-verzeichnis/gesundheitsfoerderung-1-grundlagen/.

KMK (Sekretariat der ständigen Konferenz der Kultusminister der Länder in der Bundesrepublik Deutschland) (2012). Empfehlung zur Gesundheitsförderung und Prävention in der Schule (Beschluss der Kultusministerkonferenz vom 15. 11. 2012). Online verfügbar unter: www.kmk.org/fileadmin/Dateien/veroeffentlichungen_beschluesse/2012/2012_11_15-Gesundheitsempfehlung.pdf.

Kolip, P. (2017). Wirkt Gesundheitsförderung in der Grundschule? Eine randomisierte Wartekontrollgruppenstudie zum Programm Klasse2000. Präv Gesundheitsf, 12, 211–217.

Kooperationsverbund Gesundheitliche Chancengleichheit (2017). Kriterien für gute Praxis der soziallagenbezogenen Gesundheitsförderung. Online verfügbar unter: www.gesundheitliche-chancengleichheit.de/good-practice/.

Kuntz, B. & Lampert, T. (2010). Socioeconomic factors and obesity. Deutsches Ärzteblatt, 107, 517–522.

Kuntz, B., Waldhauer J., Zeihner J., Funger, J. D. & Lampert, T. (2018). Soziale Unterschiede im Gesundheitsverhalten von Kindern und Jugendlichen in Deutschland – Querschnittergebnisse aus KiGGS Welle 2. In: Journal of Health Monitoring. Berlin: Robert Koch-Institut, 50–52.

Kurth, B. M. & Schaffrath-Rosario, A. (2007). Die Verbreitung von Übergewicht und Adipositas bei Kindern und Jugendlichen in Deutschland. Ergebnisse des bundesweiten Kinder- und Jugendgesundheitssurveys (KiGGS). Bundesgesundheitsbl Gesundheitsforsch Gesundheitsschutz, 50, 736–743.

Lohaus, A. & Ball, J. (2006). Gesundheit und Krankheit aus der Sicht von Kindern. Göttingen: Hogrefe Verlag.

Munser-Kiefer, M. & Göttlein E. (2017). Gesundheitsförderung. Theoretische Grundlagen für die Ganztagsschule. Hilpoltstein: AfG media.

Richter-Kornweitz A. (2015). Gesundheitsförderung im Kindesalter. In: BZgA (Hrsg.), Leitbegriffe der Gesundheitsförderung. Online verfügbar unter: https://leitbegriffe.bzga.de/systematisches-verzeichnis/strukturen-settings-und zielgruppen/gesundheitsfoerderung-im-kindesalter/, 395–400.

Richter-Kornweitz A. (o. J.). Werkbuch Präventionskette. Herausforderungen und Chancen beim Aufbau von Präventionsketten in Kommunen. Online verfügbar unter: https://www.praeventionsketten-nds.de/fileadmin/media/downloads/Werkbuch-Praeventionskette_Doppelseite.pdf.

Robert Koch-Institut (2015). Gesundheit in Deutschland. Gesundheitsberichterstattung des Bundes. Gemeinsam getragen von RKI und Destatis. Berlin: Robert Koch-Institut.

Thomas, M., Bruland, D. & Bollweg, T. M. (2020). Im Dialog: Gesundheitliche Bildung, Gesundheitskompetenz und gesundheitsfördernde Schulen. In: T. Bollweg, J. Bröder & P. Pinheiro P. (Hrsg.), Health Literacy im Kindes- und Jugendalter. Gesundheit und Gesellschaft. Wiesbaden: Springer VS.

von Philipsborn, P., Stratil, J. M., Burns, J., Busert, L. K., Pfadenhauer, L. M., Polus, S., Holzapfel, C., Hauner, H. & Rehfuess, E. (2019). Environmental interventions to reduce the consumption of sugar-sweetened beverages and their effects on health. Cochrane Database of Systematic Reviews 2019, Issue 6.

Wiese, O., Pfannes, U. & Carlsohn, A. (2021). Verankerung von Bewegungsförderung und gesundheitsförderlicher Ernährung in den Leitbildern Hamburger Grundschulen. Deutsche Zeitschrift für Sportmedizin, in press.

World Health Organization (WHO) (1986). Ottawa Charta for Health Promotion. Online verfügbar unter:_www.euro.who.int/de/publications/policy-documents/ottawa-charter-for-health-promotion,-1986

Wright, M. T., von Unger, H. & Block, M. (2010). Partizipation der Zielgruppe in der Gesundheitsförderung und Prävention. Partizipative Qualitätsentwicklung in der Gesundheitsförderung und Prävention. Bern: Hans Huber Verlag, 35–52.

Wright, M.T. (2020). Leitbegriffe der Gesundheitsförderung. Partizipation. Online verfügbar unter: www.leitbegriffe.bzga.de/alphabetisches-verzeichnis/partizipation-mitentscheidung-der-buergerinnen-und-buerger/).

3 Gesundheitsförderung in der Grundschule

Meike Munser-Kiefer, Anja Carlsohn & Eva Göttlein

Ziele

- Kapitel 3.1 fasst die zentralen Herausforderungen der Gesundheitsförderung aus Kapitel 1 und 2 zusammen und zeigt Ihnen, was das für die Gesundheitsförderung in der Grundschule bedeutet.
- Gesundheitspädagogik kann verschiedene Formen annehmen. Kapitel 3.2 gibt Ihnen einen Überblick und zeigt Ihnen, auf was Sie in Ihrer Gesundheitsförderung fokussieren sollen (▶ Kap. 3.2).
- Gesundheitsförderung in der Grundschule sollte Grundlagen beachten. Kapitel 3.3 stellt Grundlagen zu Lernen, Motivation und Konzeption der Gesundheitsförderung vor und leitet didaktische Prinzipien als praktische Handlungsempfehlungen daraus ab (▶ Kap. 3.3).

3.1 Herausforderung Gesundheitsförderung

In Kapitel 1 und 2 haben Sie die Grundlagen der Gesundheitsförderung kennengelernt, aus denen nun Konsequenzen für die Gesundheitsförderung in der Grundschule abgeleitet werden.

Gesundheit ist ein komplexes Konstrukt

Gesundheit ist ein komplexes, mehrdimensionales (körperlich/biologisch, psychisch, sozial) Konstrukt, das relativ zur Gesamtsituation und subjektiv auf einem Kontinuum von gesund zu krank zu verstehen ist. Sie entsteht systemisch durch individuelle, soziale und kontextuelle Einflussfaktoren, ist in einem ständigen Veränderungsprozess und lässt sich aktiv beeinflussen – im Idealfall im Bestreben, ein dynamisches Verhältnis von Schutz- und Risikofaktoren herzustellen.

Für eine zeitgemäße Gesundheitsförderung ist es wichtig, all diese Aspekte in den Blick zu nehmen, denn es sollte kein veraltetes Gesundheitsverständnis weitergegeben werden, das körperliche Krankheiten und deren Vermeidung fokussiert.

Gesundheitskompetenzen sind komplex

Sie haben auch gesehen, dass Gesundheitskompetenzen komplex sind: Sie bestehen aus *Wissen*, der *Handlungsbereitschaft* (= Antrieb) sowie *Handlungsfertig- und -fähigkeit* (= Anwendung/Verhalten). Darüber hinaus bedarf es sogenannter *metakognitiver Prozesse* der Überwachung, Bewertung und Regulation. Denn dies macht es erst möglich, die eigene Gesundheit aktiv zu beeinflussen und Schutz- und Risikofaktoren in ein dynamisches Gleichgewicht zu bringen.

Für die Gesundheitsförderung ist es wichtig, an allen Kompetenzfacetten zu arbeiten.

Beispiel: Umfassende Ernährungsförderung

Beim Thema *Ernährung* sollte z. B. nicht nur Wissen über ausgewogene Ernährung vermittelt werden. Es muss auch eine Handlungsbereitschaft angebahnt werden, z. B. indem die Schüler*innen die Vorteile und das Genusspotenzial einer ausgewogenen Ernährung selbst erfahren (und nicht nur »hören«). Außerdem müssen Handlungsfertig- und -fähigkeit z. B. in der Auswahl und Zubereitung ausgewogener Speisen geübt werden. Denn wenn ich gutes Essen vorgesetzt bekomme, heißt das nicht, dass ich mir später auch gutes Essen zubereiten kann. Darüber hinaus müssen ungünstige schulische und außerschulische Gewohnheiten bewusstgemacht, aufgebrochen und im Idealfall durch günstigere ersetzt werden.

Darüber hinaus bezieht sich Ernährung nicht nur auf die biologische Dimension; sie hat auch eine psychische Dimension: So dient Ernährung dem psychischen Wohlbefinden, wenn man z. B. nach einem anstrengenden Arbeitstag etwas besonders Leckeres isst. Vielleicht schafft man dabei eine Wohlfühlatmosphäre mit Kerzenlicht? Vielleicht gönnt man sich einmal einen Film vor dem Fernseher beim Essen, ohne ein schlechtes Gewissen zu haben, dass darunter vielleicht die »Bewusstheit« des Essens leidet? Oder man gönnt sich bei der Geburtstagsfeier des Bruders einen zusätzlichen Nachtisch, ebenfalls ohne schlechtes Gewissen, dass das ernährungsphysiologisch nicht ideal ist?

Auch die soziale Dimension der Ernährung ist wichtig, denn gemeinsame Mahlzeiten haben viel mit Sozialpflege zu tun. Dazu gehört z. B. auch eine Wohlfühlatmosphäre mit (zwangloser) Tischkultur.

Gesundheitsbezogene Verhaltensweisen sind stabil

Gesundheitsförderung zielt auf den Erhalt oder die Förderung von günstigem gesundheitsbezogenem Verhalten, dem sogenannten Gesundheitshandeln. Verhaltensänderungen sind möglich, aber nicht einfach (Beelmann, Pfost & Schmitt 2014). Das liegt daran, dass Verhaltensweisen (z. B. Ernährungs- und Bewegungsverhalten, Umgang mit Herausforderungen und Belastungen) viel mit Gewohnheiten zu tun haben, die sich über die Jahre hinweg eingeschliffen haben. Zudem werden diese Verhaltensweisen durch das Umfeld (Familie, Freunde, Umgebung) initiiert, gefördert und verstärkt.

Fallbeispiel: Entstehung und Erhalt stabiler Verhaltensweisen

Kai wächst in einer Familie auf, in der das Familien- und Freizeitleben in erster Linie auf dem Sofa vor dem Fernseher stattfindet. So lernt Kai von frühester Kindheit an ein Freizeitverhalten kennen, das wenig aktiv ist. Auch die Freunde sitzen lieber vor der Spielekonsole, als Fahrrad zu fahren oder Fußball zu spielen. So entwickelt sich Kai mehr und mehr zu einem Bewegungsmuffel.

Die Wahrscheinlichkeit, dass Kai sich einem sportlichen oder anderweitig aktiven Freundeskreis anschließt (oder anschließen kann?), ist gering und wird mit den Jahren vermutlich immer geringer.

Ein Teufelskreislauf!

Ein*e Stubenhocker*in trifft kaum auf andere und ein eingefleischter Bewegungsmuffel hat wenig Antrieb, etwas zu ändern. Es gab bisher kaum positive Erfahrungen mit Bewegung und Sport: Es ist anstrengend, man hat keine Erfolgserlebnisse und bei Mannschaften ist man immer der oder die Letzte, der bzw. die »gewählt« wird. Warum soll dieses Kind, diese*r Jugendliche, diese*r junge Erwachsene in Bewegung kommen?

Hinzu kommt, dass im Kindes- und Jugendalter in der Regel keine akuten Gesundheitsprobleme durch Bewegungsmangel zu erwarten sind. Entsprechend ist auch die Sorge um die Gesundheit kein Antrieb, das Verhalten zu ändern. Ein Appell an die Vernunft hilft wenig – denn was interessieren heute die kaputten Gelenke oder die Herzkreislaufkrankheiten in 40 Jahren?

Hilfreiche Hinweise für Ansatzpunkte von Gesundheitsförderung geben die Modelle des Gesundheitsverhaltens: Die kontinuierlichen Prädiktionsmodelle haben z. B. Selbstwirksamkeit und das Erleben von Handlungswirksamkeit als wichtige Faktoren für die Entstehung von Gesundheitsverhalten identifiziert. Die dynamischen Stadienmodelle helfen dagegen, das Entwicklungsstadium beim Aufbau bzw. der Veränderung einer Verhaltensweise festzustellen: Je nach Stadium – von Absichtslosigkeit, Absichtsbildung, Vorbereitung, Umsetzung bis hin zur Aufrechterhaltung und Verstetigung einer Handlung (vgl. Transtheoretisches Modell der Verhaltensänderung, ▶ Kap. 1.2.3) – bieten sich andere Fördermaßnahmen an. Eine besondere Herausforderung stellt das Stadium vor der Verstetigung eines Verhaltens dar: Hier ist eine bewusste und willentliche Steuerung erforderlich. Dies erfordert Gesundheitsbewusstheit und metakognitive Kompetenzen der Überwachung, Bewertung und Regulation.

Willentliche Steuerung des Gesundheitshandelns ist abstrakt und komplex

Überwachung, Bewertung und Regulation erfordern Wissen und Handlungsfähigkeit sowie das parallele Ablaufen kognitiver und motivationaler Prozesse. Gerade für Grundschulkinder ist das abstrakt und wenig greifbar: Viele dieser Prozesse laufen unbewusst, entziehen sich der direkten Beobachtung und die Folgen werden erst verzögert bzw. durch die Reaktionen des Umfeldes sichtbar.

Fallbeispiel: Willentliche Steuerung des gesundheitlichen Handelns

(vgl. Sozial-kognitives Modell des Gesundheitsverhalten, ▶ Kap. 1.2.3)

Patrick ist ein aufgeschlossenes Kind mit viel Energie. Im Unterricht ist er jedoch sehr dominant und will bestimmen, andere Kinder kommen kaum zum Zug. Die Kinder arbeiten inzwischen ungern mit ihm zusammen, er ist sozial wenig in die Klasse eingebunden und sein soziales Wohlbefinden in der Klasse nimmt immer mehr ab. Seine Eltern berichten, dass Patrick zu Hause schlecht schläft, oft jammernd aufwacht und nicht mehr in die Schule gehen will.

Gemeinsam mit Patrick beschließen Eltern und Lehrkraft, etwas zu ändern (*Zielsetzung*). Sie vereinbaren kleine, schaffbare Ziele und planen deren Umsetzung (*Planung*). Das erste Ziel ist Teilen und Abwechseln in der Zusammenarbeit.

Patrick weiß, was zu tun ist. Allerdings merkt er oft gar nicht, dass er mit seinem Verhalten andere übergeht. Er ist in seinem Handeln auf Unterstützung durch die Lehrkraft angewiesen (*Fremdregulation*). Um günstige Verhaltensweisen zu initiieren und aufrechtzuerhalten (*aktionale Phase*), plant die Lehrkraft, Kooperationsskripte in der Gruppenarbeit einzusetzen. Diese verteilen klare Rollen und regeln, wann diese gewechselt werden. Um Patrick nicht zu stigmatisieren, richtet sich das Angebot an die ganze Klasse und bindet alle ein. Zusätzlich hat die Lehrkraft ein Auge auf Patrick und gibt Hinweise in Form von Tipps, wenn Patrick die Rolle bzw. den Rollenwechsel nicht beachtet. Nach einiger Zeit gelingt es Patrick immer besser. Die Lehrkraft ersetzt die Hinweise durch kurze Reflexionsphasen nach der Gruppenarbeit, bei denen sich die Kinder passende Emojis aussuchen dürfen. Die Fremdregulation nimmt ab und die Selbstregulation nimmt zu, während sich das erwünschte Verhalten während der Gruppenarbeit – Teilen und Abwechseln – verstetigt (*Gewohnheitsbildung*).

Gesundes Verhalten erfordert gesunde Verhältnisse

Gesundheitsverhalten bzw. Gesundheitshandeln entsteht in gesunden Verhältnissen. Diese liegen oft im Verantwortungsbereich von Akteur*innen aus Politik, Region und Institution und entziehen sich in Teilen dem Einflussbereich der einzelnen Lehrkraft.

Dennoch erfordert eine wirksame Gesundheitsförderung auch die gesundheitsförderliche Gestaltung der Rahmenbedingungen auf räumlicher (z. B. Gestaltung des Klassenraumes mit Rückzugsmöglichkeiten, Arbeitsecken mit verschiedenen Sitzgelegenheiten) und organisatorischer Ebene (z. B. psychohygienische Rhythmisierung des Unterrichtstages und gesundheitsförderliche Gestaltung des Pausenangebots).

Schule ist nur ein Teil des Lebens und des Lebensumfeldes des Kindes

Schule ist ein Teil der kindlichen Lebenswelt. Familie, Nachbarschaft und Umgebung, Peergroup und Freunde bilden den anderen Teil. Gesundheitsförderung in der Schule kann bei Kindern günstiges Gesundheitshandeln anstoßen. Parallel wirken jedoch andere Kräfte, die die bisherigen Verhaltensweisen aufrechterhalten.

Der Settingansatz, der die Lebenswelt und das Umfeld einbezieht, ist deshalb für die Gesundheitsförderung in der Schule von großer Bedeutung. Auch die Anpassung der gesundheitsförderlichen Maßnahmen an die Bedarfe der Zielgruppe und der frühzeitige Einbezug der Zielgruppe bereits bei der Zielsetzung gelten als »Goldstandard« für (Präventions- und) Gesundheitsförderprogramme (Altgeld & Kolip 2010, S. 47). Denn so ziehen alle am gleichen Strang und die Gesundheitsförderung kann in den Alltag hineinwirken.

Gesundheit entwickelt sich kontinuierlich

Gesundheitsförderung erfordert anschlussfähige Bildungsprozesse über die Lebensphasen und Bildungsetappen hinweg. Diese Phasen werden in den sogenannten Präventionsketten abgegrenzt (▶ Kap. 2.5): Jede Phase zeichnet sich durch Eigenheiten aus. Zusätzlich sind die Übergänge zwischen Phasen von Bedeutung, denn Übergänge stellen Entwicklungsaufgaben dar, die zur Chance oder zum Risiko werden können (Munser-Kiefer & Martschinke 2018). Anschlussfähige Bildungsprozesse im Gesundheitsbereich unterstützen den systematischen und lückenlosen Aufbau von günstigem Gesundheitsverhalten und die Gestaltung gesundheitsförderlicher Lebensbedingungen. Gerade im Übergang von der Kita zur Grundschule verändern sich viele gesundheitsrelevante Verhaltensweisen: Die Ernährung wird weniger ausgewogen (Borrmann & Mensink 2015), die Bewegung nimmt ab (Manz et al. 2014), ebenso die Ausgewogenheit des Freizeitverhaltens (Word Vision 2018), und psychische Belastungen wie das Einknicken des Selbstkonzepts (Kammermeyer & Martschinke 2006), Leistungsdruck u. a. im Übergang (Sirsch 2001) und das Auftreten von Verhaltensauffälligkeiten nehmen zu (Kuntz et al. 2018).

Gesundheit zu fördern ist entsprechend kein einfaches Unterfangen und selbst umfangreiche Bemühungen haben häufig nicht die erhoffte Wirkung auf der Verhaltensebene. Sie steigern die Chancen, das gesundheitsbezogene Verhalten Ihrer Schüler*innen zu verändern, indem Sie einerseits Schule als Lebenswelt gesundheitsförderlich gestalten und andererseits passende Formen der Gesundheitspädagogik auswählen, Ihre Maßnahmen sowohl inhaltlich als auch lern- und motivationspsychologisch an die Bedürfnisse Ihrer Schüler*innen anpassen und indem Sie didaktische Prinzipien beachten.

3.2 Formen von Gesundheitsförderung in der Grundschule

Rund um die Förderung von Gesundheit gibt es viele Begriffe, die zum Teil synonym verwendet werden, sich teilweise aber auch stark voneinander unterscheiden. Manche Formen sind für die Grundschule gut geeignet; manche sind Expert*innen vorbehalten und bei manchen ist sogar Vorsicht geboten. Tabelle 3.1 gibt Ihnen einen Überblick (Hurrelmann, Klotz & Haisch 2010; Wulfhorst & Hurrelmann 2009).

Tab. 3.1: Formen der Gesundheitspädagogik

Form	Erklärung
Gesundheitsberatung	…wird in der Regel von Expert*innen zu einem ausgewählten Thema durchgeführt. In Anspruch genommen wird Gesundheitsberatung in der Regel freiwillig, zeitlich begrenzt und im Hinblick auf ein spezielles Problem. z. B. Zahngesundheit, Umgang mit digitalen Medien
Gesundheitsaufklärung	…informiert und vermittelt Wissen über Gesundheit und Krankheit. Wichtig ist, dass die Aufklärungsangebote von der Zielgruppe überhaupt wahrgenommen werden. Die Forschung zeigt, dass zu milde und zu intensive Reize als demotivierend erlebt werden, sodass z. B. reine »Angstkampagnen« nicht zum Ziel führen. Die Gesundheitsaufklärung hat Erfolge vorzuweisen z. B. bei Anti-Raucherkampagnen und bei AIDS. Dennoch wird ihr Ertrag eher unbefriedigend eingeschätzt, da Wissen zwar eine wichtige Voraussetzung ist, aber nicht zwingend zu Verhaltensänderungen führt. z. B. Elternabend zu gesundem Pausenfrühstück oder Spielsucht
Krankheitsprävention/ Prophylaxe	…zielt darauf, Krankheiten zu vermeiden. Ausgehend von möglichen Gefahren für die Gesundheit gilt es, diesen bereits im Vorfeld zu begegnen. Unter dem Begriff »Prävention« werden deshalb Maßnahmen gebündelt, die Risikofaktoren für das Auftreten und die Ausbreitung von Krankheiten minimieren wollen. Man unterscheidet zwischen Primärprävention (bevor die Krankheitssymptome auftreten), Sekundärprävention (nachdem erste Krankheitssymptome auftraten) und Tertiärprävention (Verringerung manifester Krankheitssymptome). z. B. Präventive Aktionen in Verkehrserziehung und Sexualpädagogik; Impfungen und Vorsorgeuntersuchungen, Hygienemaßnahmen wie Abstandhalten, Niesen in Armbeugen und Händewaschen
Empowerment	…bedeutet Befähigung, Ermöglichung, Stärkung des einzelnen Menschen. Im Sinne eines »Empowerments« kann ein Entwicklungsprozess in Gang gesetzt werden, in dem die eigenen Stärken (Ressourcen, Schutzfaktoren) entdeckt und gezielt genutzt werden. Dazu

Tab. 3.1: Formen der Gesundheitspädagogik – Fortsetzung

Form	Erklärung
	müssen Kontrollüberzeugungen aufgebaut werden. Ziel ist es, die eigene Lebenswelt zugunsten des eigenen Wohlbefindens zu beeinflussen, ohne das Wohlbefinden anderer aus dem Blick zu verlieren. z. B. Starkwerden gegen Hänseln, Trau-dich-was-Training, Zubereitungskompetenzen stärken
Gesundheitsförderung	...zielt darauf, die Gesundheit zu stärken. Unter dem Begriff »Gesundheitsförderung« werden Maßnahmen gebündelt, die einzelnen helfen, das eigene Gesundheitspotenzial über die individuellen, kontextuellen und sozialen Ressourcen bestmöglich auszuschöpfen. Empowerment ist dabei ein wichtiger Teil der Gesundheitsförderung, denn Ziel ist der selbstbestimmte Mensch, der seine eigene Gesundheit aktiv beeinflusst. z. B. Klasse 2000, Komm mit ins gesunde Boot
Gesundheitserziehung	...wird häufig synonym zur Gesundheitsförderung verwendet. Dennoch wird die Gesundheitserziehung heute eher kritisch betrachtet: Beim Wort »erziehen« denkt man eher an das »Belehren eines Zöglings« durch Expert*innen als an aktive Schüler*innen, die ihr Leben selbst in die Hand nehmen. Dies birgt die Gefahr, einseitig Risikofaktoren in den Blick zu nehmen. Es wird vernachlässigt, dass die Erhaltung von Gesundheit bzw. das Entstehen von Krankheit immer von vielen Faktoren (z. B. körperlichen, psychischen, sozialen und umweltbedingten) beeinflusst werden (Sabo 2003). Eine moderne Form der Gesundheitserziehung sollte diese Einseitigkeiten überwunden haben. Dennoch wird heute der Begriff der Gesundheitsförderung bevorzugt.
Gesundheitsbildung	...bezeichnet den Aufbau von Gesundheitskompetenz. Dazu müssen zum einen gesundheitsbezogenes Wissen (deklaratives Faktenwissen, prozedurales Anwendungswissen und konditionales Bedingungswissen) und Können (Handlungsfertigkeiten und -fähigkeiten) vermittelt werden; zum anderen muss Handlungsbereitschaft (Motivation, Einstellungen, Selbstkonzept und Kontrollüberzeugungen) geschaffen werden. Darüber hinaus kann ein gesundheitsgebildeter Mensch auf der Metaebene reflektieren (überwachen und bewerten) und das Verhalten steuern (regulieren). So wird das Verhalten bei Bedarf an die individuellen und sozialen Lebensbedingungen angepasst und die eigene Gesundheit – wenn möglich – in einem dynamischen Gleichgewicht gehalten (▶ Kap. 1.2 Gesundheit als Kompetenz). z. B. Kompetenzen in Bewegung, Ernährungs- und Verbraucherbildung

Gesundheitsberatung wird in der Grundschule in der Regel nicht stattfinden, weil sie sich eher auf das Coaching individueller Problemlagen bezieht und ausgewiesene Expert*innen im jeweiligen Bereich erfordert. Gesundheitsaufklärung kann in der Grundschule eingesetzt werden – idealerweise auch, indem Expert*innen eingeladen werden. Da Aufklären allein bei den wenigsten Menschen zu einer nachhaltigen

Verhaltensänderung führt, kann und sollte das jedoch ein Startpunkt für weitere verhaltens- und verhältnisorientierte Maßnahmen sein.

Krankheitsprävention ist im Bereich der primären Prävention vor dem Auftreten von Krankheitssymptomen auch in der Grundschule denkbar. Die Vermeidung von Krankheiten in Form von Prävention und die Förderung von Schutzfaktoren und günstigem Verhalten in Form von Gesundheitsförderung sind sich ergänzende Ansätze. Dennoch ist bei Prävention Vorsicht geboten, vor allem, wenn sie von nicht speziell dafür ausgebildetem Personal durchgeführt wird.

Expertise: Prävention

»Prävention kann substanzielle Wirkungen erzielen, ist aber nicht immer von Erfolg gekrönt. Manchmal können Präventionsmaßnahmen sogar kontraproduktiv sein [...]. Ganz entscheidend ist, dass die betreuenden Personen gut ausgebildet sind, über fundiertes Wissen zum Präventionskonzept verfügen und das Programm insgesamt als sinnvoll erachten. Das sind Voraussetzungen, die leider oft nicht gegeben sind, etwa wenn Präventions- oder Förderprogramme in Schulen von Lehrern durchgeführt werden, die nicht dafür ausgebildet sind oder das Programm von außen aufgetragen wurde. [...] Hinzu kommt, dass während des Schuljahres meist nur ein sehr eng begrenzter zeitlicher Rahmen für solche Projekte zur Verfügung steht, was ein konzepttreues Arbeiten erheblich erschwert.« (Beelmann, Pfost & Schmitt 2014)

Prävention wird häufig universell auf ganze Klassen oder Gruppen angewendet und nicht nur speziell auf Risikogruppen. Damit konfrontiert man viele Kinder mit Themen, die sie gar nicht betreffen. Im günstigsten Fall werden die vermittelten Inhalte zu trägem Wissen (das vorhanden ist, aber nicht angewendet wird); im ungünstigen Fall wirkt es sich negativ aus, z. B. wenn mit Einheiten zu Essstörungen »Probleme« (»Bin ich zu dick? Ich muss unbedingt abnehmen.«) erst bewusstgemacht werden oder im Rahmen der Drogenprävention die Neugier geweckt wird – ein Effekt, der nicht selten ist (Beelmann, Pfost & Schmitt 2014). Verstärkt wird dies dadurch, dass pädagogischen Fachkräften in diesem Bereich häufig die spezielle Ausbildung und auch die Zeit fehlen, wirksame Programme vollständig durchzuführen. Prävention mit Fokus auf Risikofaktoren sollte deshalb sehr vorsichtig und im Zweifelsfalle gar nicht eingesetzt werden. Allerdings kann Prävention auch die Schutzfaktoren stärken und so Krankheiten vermeiden (z. B. Förderung von Ich-Stärke zur Vermeidung von Essstörungen und Drogenproblemen) – hier kann auch mit kleineren Maßnahmen unterstützend angesetzt werden.

Gut geeignet für den Einsatz in der Grundschule sind Maßnahmen der Gesundheitsförderung. Sie fokussieren im Gegensatz zur Prävention das Positive und wollen das Wohlergeben stärken. Ziel ist zum einen der Aufbau von Gesundheitskompetenz und günstigem Gesundheitsverhalten bzw. Gesundheitshandeln und zum anderen die Stärkung des bzw. der einzelnen (Empowerment), damit er oder sie in der Lage ist, selbstbestimmt und aktiv die eigene Gesundheit zu gestalten (Gesundheitsbildung).

> Der Schwerpunkt dieses Buches liegt auf der Gesundheitsförderung mit dem Fokus auf das Positive und dem (Fern-)Ziel der Gesundheitskompetenz und des günstigen Gesundheitshandelns.

3.3 Didaktik der Gesundheitsförderung

In diesem Kapitel werden lern- und motivationspsychologische Grundlagen und konzeptionelle Hinweise zu einer zeit- und kindgemäßen Gesundheitsförderung in der Grundschule gegeben. Didaktische Prinzipien fassen dies zusammen und geben Handlungsempfehlungen für die Gestaltung von Gesundheitsförderung in Schule und Unterricht.

3.3.1 Grundlagen der Didaktik der Gesundheitsförderung

Lernen

Wissensaufbau und Konzeptwechsel

Schüler*innen werden als aktive Schüler*innen gesehen, die ihr Wissen konstruktiv und selbstgesteuert, in sozialer Interaktion und situiert im Kontext erwerben (im Überblick: Möller 2001). Dabei bauen die Schüler*innen ein Wissensnetz auf, das zunehmend ausdifferenziert wird. Für die Gesundheitsförderung in der Grundschule ist dies von besonderer Bedeutung, denn sie setzt nicht am Nullpunkt gesundheitsbezogener Lernprozesse an. Ausgangspunkt sind die Lernerfahrungen aus Familie, Umfeld und Kindertagesstätte.
Wie lässt sich dieses oft stabile, im Alltag bewährte und vom Alltag unterstützte Wissen verändern?

Beim Lernen wird neues Wissen in Beziehung zu bereits vorhandenen Vorstellungen, den sogenannten (Prä-)Konzepten, gesetzt. Wird etwas Neues gelernt, wird dieses neue Wissen aktiv in die bestehende Wissensstruktur eingebaut: Das Wissensnetz wird selbstgesteuert konstruiert. Unterstützt wird dieser Wissensaufbau durch soziale Interaktion, bei der Wissen gemeinsam ausgehandelt – ko-konstruiert – wird. Die Anwendbarkeit des neuen Wissens wird erleichtert, wenn situiert gelernt wird: Dabei wird ein Lebenswelt- bzw. Anwendungsbezug hergestellt und direkt an den tatsächlichen Verhaltensweisen der Schüler*innen angeknüpft. Der Lerninhalt bekommt so im Idealfall auch eine subjektive Bedeutung, weil Schüler*innen merken, wofür das Wissen nützlich ist. Anwendungsmöglichkeiten in Schule und Alltag erleichtern das schwierige Aufbrechen alter Gewohnheiten und den Aufbau neuer, gesundheitsförderlicher(er) Verhaltensweisen.

Dies gelingt leichter, wenn das neue Wissen stimmig zur Lebenswelt und zu den bisherigen Vorstellungen bzw. Konzepten passt (Philipsborn et al. 2019). Wenn z. B. ein Kind in seiner Familie ausgewogene Ernährung kennengelernt hat und dies auch in seinem Essverhalten umsetzt, hat es bereits eine Vorstellung und kann neues Wissen leichter in bestehendes einbauen und sein Verhaltensrepertoire ausdifferenzieren. Andersherum hat es ein Kind schwer, wenn in der Familie keine ausgewogene Ernährungsweise gelebt wird. Dieses Kind muss zunächst eine Vorstellung aufbauen. Zudem muss es bestehende Wissenselemente und Verhaltensweisen »löschen« und durch Neues ersetzen – es müsste ein sogenannter Konzeptwechsel stattfinden.

Konzeptwechsel misslingen häufig, weil bestehende Konzepte relativ stabil sind. Dafür gibt es verschiedene Gründe (zusammenfassend: Möller 2015):

- *Die Konzepte haben sich im Alltag oft als nützlich erwiesen.*
  Wenn die riesige Portion Spaghetti z. B. lange satt gemacht hat – warum sollte man die Nudeln durch Vollkornnudeln ersetzen?
- *Konzepte, Vorstellungen und Verhaltensweisen sind situativ (und passend) in das Umfeld eingebettet und werden durch das Umfeld gestützt.*
  Jeder Mensch passt sein Verhalten seinem Umfeld an bzw. sein Umfeld seinem Verhalten. Ein eher träges Kind sucht sich Freunde, die auch wenig körperlich aktiv sind. Wie soll sich das Kind aktivere Freizeitbeschäftigungen suchen, wenn kein Freund bereit ist, mitzumachen? Wie soll sich ein Kind ausgewogen ernähren, wenn der Kühlschrank voller Fertigprodukte ist und sich in der Familie niemand Zeit nimmt, Mahlzeiten selbst zuzubereiten? Wie sollen Entspannungsphasen in einen Tag passen, der schon übervoll ist mit Schule, Hort, Fußballtraining und Klavierunterricht?
- *Verhaltensweisen sind häufig Gewohnheiten; neue Verhaltensweisen kosten viel Energie.*
  Wiederkehrende Situationen lösen Gewohnheiten aus und können schnell – oft ohne besondere Bewusstheit – abgerufen werden. Gewohnheiten entlasten deshalb das Alltagsleben. Etwa 45 % unseres Alltagsverhaltens wird nahezu täglich, in Teilen sogar am selben Ort wiederholt (Wood, Quinn & Kashy 2002).

Die Konzeptwechseltheorie beschreibt Bedingungen, die einen Konzeptwechsel begünstigen (Poser, Strike, Hewson & Gertzog 1982): Zunächst sollte der oder die Schüler*innen unzufrieden mit bisherigen Vorstellungen sein (Bedingung: *Unzufriedenheit*), das angebotene Wissen muss logisch nachvollziehbar und plausibel sein (Bedingungen: *Nachvollziehbarkeit*, *Plausibilität*) und es muss ein Nutzen erkennbar werden (Bedingung: *Fruchtbarkeit*).

Fallbeispiel: Förderung des Konzeptwechsels

Eine Lerngruppe wirkt sehr unruhig und es kommt schnell zu Konflikten. Immer häufiger beschweren sich die Schüler*innen bei der Lehrkraft – sie sind nicht zufrieden mit der Situation und möchten die schlechte Arbeitsatmosphäre und die geladene Stimmung ändern (Bedingung: *Unzufriedenheit*).

In einem Gespräch wird klar, dass viele Schüler*innen die zahlreichen schulischen und häuslichen Aufgaben als Belastung oder gar Stress erleben: Prüfungen in der Schule, Hausaufgaben, zusätzliche Aktivitäten wie Klavierunterricht oder Reiten. Die Lehrkraft verdeutlicht den Kindern, dass Entspannung wichtig ist, um ausgeglichen und zufrieden zu sein (Bedingungen: *Nachvollziehbarkeit, Plausibilität*).

Sie erarbeitet mit den Schüler*innen verschiedene Entspannungstechniken. Gemeinsam werden verschiedene Bewegungsspiele erprobt:

- Pferderennen: Die Kinder sitzen auf ihrem Stuhl und trampeln mit den Füßen auf der Stelle, beschleunigen und springen auf Kommando, legen sich in die Kurven und überwinden imaginäre Hindernisse.
- Sitzboogie: Zu einem gemeinsamen Lied werden Bewegungen ausgeführt, wobei das Lied und die Bewegungen immer schneller und am Schluss wieder langsamer werden.
- Bewegungs-Rap: »Hannes in der Knopf-Fabrik« Text mit Bewegungen: Hey, ich bin der Hannes und ich arbeite in einer Knopffabrik. Eines Tages kam mein Chef und sagte: Hannes, dreh den Knopf mit der rechten Hand, … der linken Hand, … dem rechten Fuß, … dem linken Fuß, … dem Kopf.
- Hindernislauf mit Bobbycars (alternativ: Rollbrettern)
- Zimmerbasketball: Alle Schüler*innen versuchen, mit einem zerknüllten Schmierpapier in einen Papierkorb zu treffen; schwierigere Variante: den Ball mit den Füßen packen und werfen.

Auch mit meditativen Spielen wird experimentiert:

- »Finger zupfen«: Einige Kinder werden ausgewählt und stellen sich leise vor die Tafel. Alle anderen schließen die Augen und legen den Kopf auf die Arme, ein Daumen wird hochgestreckt. Die Kinder vor der Tafel gehen herum und »zupfen« jeweils an einem Daumen. Danach müssen die Kinder die »Daumenzupfer*innen« erraten.
- Stiller-Champion: Alle Kinder liegen still und bewegungslos auf dem Boden. Gewonnen hat, wer es am längsten schafft, nicht zu sprechen und sich nicht zu bewegen.
- Fantasiereisen: Zu einer erzählten Geschichte geht man in Gedanken auf eine Reise und stellt sich alles ganz intensiv vor.
- Progressive Muskelentspannung nach Jakobson: Einzelne Muskelgruppen werden kräftig angespannt und wieder lockergelassen. Das Gefühl der Entspannung wird bewusst wahrgenommen.

Die Kinder schätzen ihr Wohlbefinden vorher und nachher ein, indem sie z. B. eine Wäscheklammer an ein Stimmungsbarometer hängen (Klassen- oder Individualebene). Jedes Kind wählt für sich aus diesen Möglichkeiten etwas und probiert es im Alltag zu Hause aus.

Eine spätere Zusammenschau in der Gruppe zeigt, dass es den Kindern guttut, bewusst Phasen der Entspannung in der Schule integrieren (Bedingung: *Frucht-*

barkeit), dass es zu Hause aber schwierig ist, die Gewohnheiten zu verändern (*Stabilität von Präkonzepten/Verhaltensweisen*).

Vor allem die »Fruchtbarkeitserfahrungen« sind für die Gesundheitsförderung ein Problem: Kinder haben in der Regel noch keine Gesundheitsprobleme und die Konsequenzen ungünstigen Verhaltens werden oft erst viele Jahre später sichtbar (z. B. zu süßes und fettes Essen führt im Kindes- und Jugendalter nicht unbedingt zu Übergewicht, übergewichtige Kinder haben noch keine Gelenkprobleme; Stress führt nicht zum Herzinfarkt). Deshalb ist es für die Gesundheitsförderung besonders wichtig, nicht nur an der Kognition, sondern auch der Motivation anzusetzen: Ernährung, Bewegung, Entspannung und Soziales werden bewusst genossen. Der Spaß steht im Vordergrund und hilft dabei, neue Verhaltensweisen aufrechtzuerhalten und einzuschleifen. Auch die Schaffung gesundheitsförderlicher Verhältnisse in der Lern- und Lebenswelt ist hier wichtig: Make the healthy choice the easier choice.

Modelllernen

Für den Aufbau von gesundheitsbezogenem Verhalten kann auch das Modelllernen genutzt werden. Modelllernen bezeichnet Lernvorgänge, die auf der Beobachtung von Verhalten basieren. Nach Bandura & Kober (1976) unterteilt sich Modelllernen in zwei Phasen: eine Phase, in der das Modell beobachtet wird (*Aneignungsphase*) und eine Phase, in der die Kompetenzen gezielt geübt werden (*Ausübungsphase*). Ein erfolgreicher und nachhaltiger Lernprozess braucht in der Regel beide Phasen. Für die Gesundheitsförderung kann Modelllernen in Form von Vorbildern genutzt werden, z. B. indem Lehrer*innen beim gemeinsamen Essen dabei sind und mit den Schüler*innen die Mahlzeit einnehmen.

Motivation

Motivation als Kosten-Nutzen-Abwägung

Der Begriff *Motivation* stammt vom Lateinischen *movere* (= bewegen) und beschreibt die Gründe, die einen Menschen in Bewegung setzen, um ein Ziel zu erreichen. Ein Mensch handelt vor allem dann, wenn das Ergebnis einer Handlung subjektiv bedeutsam und mit den eigenen Ressourcen in einem sinnvollen Kosten-Nutzen-Verhältnis erreichbar ist (Heckhausen & Rheinberg 1980).

Fallbeispiel: Kosten-Nutzen-Verhältnis

Karim ist insgesamt eher unsportlich und hat keine sportlichen Hobbys. Im Sommer geht er aber gerne mit seinen Freunden an den Badesee. Um dort ohne Eltern hinzukommen, brauchen die Jungen ihre Fahrräder. Karim beschließt, regelmäßig mit dem Fahrrad in die Schule zu fahren, um ein bisschen zu trainieren. Das ist ihm wichtig: Einerseits will er unbedingt mit seinen Freunden an den Badesee und andererseits will er nicht die Tempobremse sein.

Würden die Freunde statt zum Badesee zu fahren beim Stadtfahrradrennen mitmachen wollen, würde das vermutlich anders aussehen: Die »Kosten« für das Training wären Karim zu hoch und der »Nutzen« des Stadtfahrradrennens nicht wichtig.

Selbstkonzept, Selbstwertgefühl und Kontrollüberzeugungen als Antrieb

Auch das Selbstkonzept, das Selbstwertgefühl und die Selbstwirksamkeitserwartungen sind ein wichtiger Motor für das gesundheitsbezogene Verhalten:

Tab. 3.2: Selbstkonzept, Selbstwertgefühl und Kontrollüberzeugungen in Bezug auf Gesundheit

	Definition	Beispiel
Selbstkonzept	Bewusstsein und die Einschätzung der eigenen Fähigkeiten	• Ich ernähre mich ausgewogen. • Mein Körper ist beweglich und hat Ausdauer.
Selbstwert-gefühl	emotionale Komponente und subjektive Bedeutung	• Ein gesunder Körper ist mir wichtig. • Ich möchte fit sein.
Selbstwirksam-keitserwartun-gen	Überzeugung, das eigene Leben und Handeln im Griff zu haben und auch in schwierigen Situationen aktiv beeinflussen zu können	• Auch wenn ich unterwegs bin, schaffe ich es, mich ausgewogen zu ernähren. • Auch wenn ich extremen Stress habe, schaffe ich es, mich in kurzen Ruhephasen gut zu entspannen.

Selbstkonzept, Selbstwertgefühl und Selbstwirksamkeitserwartungen können positiv, neutral oder negativ ausgeprägt sein – wobei die Ausprägung unser Verhalten entscheidend prägt.

Fallbeispiel: Selbstkonzept und Kontrollüberzeugungen

Melania ist schon seit ihrer frühen Kindheit stark übergewichtig – wie auch der Rest ihrer Familie. Dass sie in ihrer Freizeit nahezu keine körperlichen Aktivitäten macht, verstärkt dies von Jahr zu Jahr.

Sie ist überzeugt, dass ihr Übergewicht nicht auf ihre Ernährungs- und Bewegungsgewohnheiten (Selbstkonzept: »Ich bin dick, obwohl ich mich normal ernähre und bewege.«), sondern auf familiäre Veranlagung zurückzuführen ist und dass es nahezu unmöglich ist, daran etwas zu ändern (Selbstwirksamkeitserwartung: »Auch wenn ich mich noch so sehr anstrenge, werde ich übergewichtig bleiben.«). Entsprechend versucht sie erst gar nicht, etwas zu ändern.

81

Mit einem realistischeren Selbstkonzept und positiven Selbstwirksamkeitserwartungen würde sich Melania vermutlich anders verhalten: Mit dem Selbstkonzept »Ich ernähre mich zu süß und zu fettig./Ich bewege mich zu wenig.« und der Selbstwirksamkeitserwartung »Wenn ich mich ausgewogener ernähre und mehr bewege, werde ich bestimmt abnehmen.« könnte sie ihr Übergewicht eher in den Griff bekommen.

Selbstkonzept und Selbstwirksamkeitserwartungen entstehen durch Wissen, Verstehen und die Rückmeldung durch das soziale Umfeld und die eigenen Erfahrungen. Als günstig gelten ein realistisches bis leicht überhöhtes Selbstkonzept und hohe Kontrollüberzeugungen (Helmke 1998): Diese ermöglichen zum einen das Erkennen von Schwierigkeiten und Veränderungsbedarf sowie das Aktivieren relevanter Wissensbereiche und Verhaltensweisen (*Selbstkonzept*); zum anderen treiben sie unser Verhalten an durch die subjektive Bedeutsamkeit (*Selbstwertgefühl*) und die Überzeugung, das Ziel mit der entsprechenden Anstrengung erreichen zu können (*Selbstwirksamkeitserwartungen*) (Helmke 1998).

Das Kohärenzgefühl, das Antonovsky (1979, 1997) im Modell der Salutogenese (▶ Kap. 1.1) beschreibt, ist der Trias Selbstkonzept (*Verstehbarkeit*), Selbstwertgefühl (*subjektive Bedeutsamkeit*) und Kontrollüberzeugungen (*Handhabbarkeit*) sehr nah.

Intrinsische und extrinsische Motivation

In der Psychologie wird zwischen intrinsischer und extrinsischer Motivation unterschieden: Intrinsisch motivierte Menschen handeln im Bestreben, eine Sache um der Sache willen möglichst gut zu machen (z. B. Ich möchte ein*e gute*r Fußballer*in sein, denn Fußball ist mir wichtig./Ich möchte ein entspannter und ausgeglichener Mensch sein.). Extrinsisch motivierte Menschen handeln aufgrund äußerer Anreize (z. B. Ich trainiere, um eine gute Note im Sportunterricht zu bekommen./Ich trainiere, um vor meinen Freunden gut dazustehen; siehe Fallbeispiel *Kosten-Nutzen-Verhältnis*).

Die intrinsische Motivation ist die pädagogisch wertvollere, weil sie uns dauerhafter und intensiver antreibt. Die extrinsische Motivation ist kurzfristiger: Entfällt der Anreiz, entfällt oft auch der Antrieb und das Verhalten wird eingestellt.

Aus der Forschung wissen wir, dass extrinsische Motivation die intrinsische überlagern und abschwächen kann – ein ungünstiger Effekt, der vermieden werden sollte. Es ist allerdings auch bekannt, dass extrinsische Motivation gerade im Verhaltensbereich zu günstigen Veränderungen führen kann – vorausgesetzt, die extrinsischen Anreize (z. B. Sammeln von Punkten oder Belohnungssternchen) werden mit der Zeit gezielt abgebaut (Hartinger 2007).

Psychologische Grundbedürfnisse (basic human needs)

In der Psychologie nimmt man an, dass drei Grundbedürfnisse erfüllt sein müssen, damit die menschliche Psyche optimal funktioniert und der Mensch zufrieden ist (Deci & Ryan 1993). Diese Grundbedürfnisse sind das Bedürfnis nach Kompetenzerleben (Bestreben, sich kompetent, handlungsfähig und selbstwirksam zu erleben), das Bedürfnis nach Autonomie (Bestreben, Ziele und Vorgehensweisen des eigenen Tuns selbst bestimmen zu können) und das Bedürfnis nach sozialer Eingebundenheit (Bestreben, von persönlich wichtigen anderen Menschen anerkannt zu werden). Die psychologischen Grundbedürfnisse spielen eine zentrale Rolle bei der Entwicklung und Steuerung des Verhaltens. Das kommt in der Gesundheitsförderung insbesondere bei Empowerment und partizipativen Maßnahmen zum Tragen.

Konzeption

Gesundheitsförderung in einem und durch ein gesundheitsförderndes Setting

Der Setting-Ansatz (▶ Kap. 2) gab wichtige Impulse für die Weiterentwicklung von »Gesundheitsförderung in der Schule« zur »Gesundheitsfördernden Schule« (Dadaczynski & Paulus 2011).

Expertise: Gesundheitsfördernde Schule

»Die Gesundheitsfördernde Schule macht Gesundheit zu ihrem Thema [,] indem sie einen Schulentwicklungsprozess mit dem Ziel einleitet, ein Setting Schule zu schaffen, das zum einen zur Stärkung der gesundheitsbezogenen Lebenstüchtigkeit der Schülerinnen und Schüler beiträgt und das zum anderen die auf den Arbeits- und Lernplatz Schule bezogene Gesundheit aller an der Schule Beteiligten fördert. Übergeordnetes Ziel ist die Steigerung der Erziehungs- und Bildungsqualität der Schule.« (Paulus o.J., S. 2)

Die »Gesundheitsfördernde Schule« ist sowohl verhaltens- als auch verhältnisorientiert: Sie möchte mit Verhaltensorientierung gesundheitsförderliche Verhaltensweisen bei den Schüler*innen anbahnen und mit Verhältnisorientierung gesundheitsfördernde Rahmenbedingungen schaffen. Dazu gehört zum einen, dass die Schüler*innen ebenso wie alle anderen Akteur*innen in die Schulentwicklung und Schulgemeinde einbezogen werden und an den Aufgaben in der Schule aktiv partizipieren. Hinter Partizipation in der Schule steht eine demokratisch-emanzipatorische Grundhaltung, die Schüler*innen befähigen möchte, ihr Leben selbstbestimmt gesundheitsförderlich zu gestalten (Empowerment). Zum anderen gehört dazu, dass sich gesundheitsförderliche Maßnahmen an der Lebenswelt der Schüler*innen orientieren.

Die Orientierung am Setting bzw. an der Lebenswelt der Schüler*innen birgt die Chancen, passende Lernangebote zu machen, schwer erreichbare Zielgruppen (»*hard to reach parents*«) niedrigschwellig zu erreichen und ein Übungsfeld nahe bzw. in der Lebenswelt zu schaffen.

Gesundheitsförderung als Lehrplan

Komplexe Aufgaben wie Gesundheitsförderung sollten in ein systematisches Curriculum – eine Art »Lehrplan der Gesundheitsförderung« – eingebettet sein. Regelmäßig wiederkehrend können gesundheitsbezogene Themen über viele Schuljahre hinweg auf immer höherem Niveau weiterbearbeitet werden (Spiralcurriculum) und so zum systematischen Aufbau von Gesundheitskompetenz beitragen. Gesundheitsförderung taucht in allgemeinen Lehrplänen zum Teil explizit als Unterrichtsthema, aber auch implizit als Leitperspektive oder fächerübergreifende Bildungsaufgabe auf. Für die Förderung bieten sich deshalb direkte und indirekte Formen an, die im Idealfall miteinander verknüpft werden.

Gesundheitsförderung mit direkten Maßnahmen

Direkte Fördermaßnahmen greifen ein Thema explizit (z. B. im Unterricht, als Arbeitsgemeinschaft, als Projekt) auf. Die Schüler*innen durchlaufen dabei einen intensiven Lernprozess, indem bewusst deklaratives Faktenwissen, prozedurales Anwendungswissen und konditionales Bedingungswissen aufgebaut und die Anwendung geübt werden (▶ Kap. 1.2 Gesundheit als Kompetenz). Diese expliziten Einheiten und Programme gliedern sich in Phasen (▶ Tab. 3.3), für die jeweils ausreichend Zeit eingeplant werden sollte (Munser-Kiefer 2014):

Tab. 3.3: Phasen bei direkten Fördermaßnahmen

I. Aktivierung von Vorwissen & Anknüpfen an die Lebenswelt	• **Was wissen die Schüler*innen bereits?** z. B. Vorkenntnisse aus dem Alltag bzw. anderen Bildungseinrichtungen/Klassen
	• **Hat das Thema eine Bedeutung für die Schüler*innen in ihrem Leben oder kommt es (noch) gar nicht vor?** z. B. Alltagssüchte, Entspannungsmethoden im Schul- und Familienalltag: Besteht überhaupt Bedarf?
	• **Interessiert die Schüler*innen das Thema und hat es eine subjektive Bedeutsamkeit?** z. B. Haben sich die Schüler*innen von sich aus schon mit dem Thema beschäftigt? Haben sie Lust, sich damit auseinanderzusetzen?
	• **Welche Verhaltensweisen und Gewohnheiten haben die Schüler*innen in diesem Bereich?** z. B. Welche Ernährungs- und Trinkgewohnheiten bzw. Bewegungsgewohnheiten bestehen bereits?
	• **Bietet die Schule ein gesundheitsförderliches Setting für das Thema?** z. B. Wie ist die Schulverpflegung gestaltet (ausgewogenes Essens- und Getränkeangebot, Wohlfühlatmosphäre im Mensa-Raum, Pausen für Zwischenmahlzeiten, Trinkpausen, Bewegungs- und Entspannungspausen, Rückzugsecken, Spielmöglichkeiten)?
II. Vermittlung neuen Wissens	(▶ Kap. 3.3.2)

Tab. 3.3: Phasen bei direkten Fördermaßnahmen – Fortsetzung

und Kön-nens			
III. Einüben und Automatisieren	• **Können die Schüler*innen das Wissen ohne Mühen abrufen und anwenden?** Je mehr Konzentration und Anstrengung erforderlich sind, umso unwahrscheinlicher kommen neue Verhaltensweisen zum Einsatz. • **Werden neue Verhaltensweisen in den Schulalltag (und in den außerschulischen Alltag) eingebaut?** Idealerweise werden Verhaltensweisen zur Regel und so zur Gewohnheit (z. B. Trinkpausen, in denen immer Leitungswasser mit Obst, Gemüse oder Kräutern »verzaubert« wird; Bewegungsspiele zwischen den Unterrichtseinheiten; zusätzliche Bewegungseinheiten, indem bewusst der Weg in ein neues Klassenzimmer über ein anderes Stockwerk genommen wird).	Parallel: Transferübungen • **Wo lassen sich das neue Wissen bzw. die neuen Verhaltensweisen in der Schule bzw. im außerschulischen Alltag verwenden?** Sie sollten bewusst nach Anwendungsmöglichkeiten suchen. Die Anwendung im außerschulischen Alltag sollte bewusst thematisiert werden. Denn es ist mehr als unwahrscheinlich, dass sich eingeschliffene und vom Umfeld gestützte Gewohnheiten von selbst ändern, nur weil sie in der Schule behandelt worden sind.	
IV. Regelmäßige Reflexionsphasen	• **Was wissen die Schüler*innen? Können sie es anwenden? Wissen sie, wann sie es anwenden?** Reflexionsphasen sind Nachdenkphasen (z. B. mündlich im Gesprächskreis oder schriftlich im Lerntagebuch), in denen über Wissen und Anwendung gesprochen wird. Dabei kann Gutes betont und Verbesserungswürdiges verdeutlicht werden (z. B. die Lebensmittelauswahl in der Koch-AG ist schon sehr ausgewogen, aber die Herkunft der ausgewählten Lebensmittel nicht nachhaltig und/oder die Zubereitung ungünstig.) – mit dem Ziel, die Fähigkeiten zu verbessern und weiterzuentwickeln. Darüber hinaus können in diesen Phasen Vorteile bewusst gemacht werden – mit dem Ziel, das neue Wissen bzw. Verhalten als »fruchtbar« zu empfinden.		

Nicht selten werden in der Schulpraxis einzelne Phasen vernachlässigt oder weggelassen – mit fatalen Auswirkungen: Denn was nützt uns Wissen, das wir nicht oder nur schlecht anwenden können? Was nützt uns Anwendung ohne Verständnis, sodass das Verhalten nicht an die Situation und den Bedarf angepasst werden kann? Was nützt Wissen, von dem wir keine Idee haben, wo wir es im »echten« Leben brauchen können? Was nützt Wissen und das Beherrschen von Verhaltensweisen, wenn wir das nicht als nützlich und fruchtbar empfinden?

Gesundheitsförderung mit indirekten Maßnahmen

Eine wichtige ergänzende Maßnahme zu expliziten Fördereinheiten ist die indirekte Förderung. Häufig finden indirekte Maßnahmen flankierend zum *normalen Unterricht* statt (z. B. Arbeit mit Texten zur ausgewogenen Ernährung; Aufwärmspiele im Sportunterricht, die sich auch als Bewegungspause eignen, oder Dehnübungen, die sich auch für Entspannungsphasen anbieten). Eine weitere Möglichkeit ist, indirekte Fördermaßnahmen in Form von Ritualen regelmäßig in den *Schulalltag* einzubauen (z. B. Regeln zur Tischkultur, Zwischenmahlzeiten und Trinkpausen, Bewegungspausen, Entspannungsphasen und Rückzugsecken). Hier ist das Modellverhalten von Lehrer*innen und Schulpersonal ein wichtiges Vorbild (vgl. Modelllernen, ▶ Kap. 3.3).

Gesundheitsförderung fächerübergreifend im Querschnitt

Gesundheitsförderung findet dabei als fächerübergreifendes Querschnittsthema statt: Es wird in verschiedenen Fächern aufgegriffen und im Schulalltag eingebaut. Tabelle 3.4 verdeutlicht das beispielhaft:

Tab. 3.4: Beispiele aus der Ernährungsbildung als fächerübergreifendes Querschnittsthema in Unterricht und Schulalltag

Fach	Unterrichtsthemen
Sachunterricht	• ausgewogene Ernährung • Fett- und Zuckerfallen identifizieren und nachweisen • Nachhaltigkeit: Transportwege und Transportmittel, Abgasbelastung, Umweltverschmutzung, energiesparende Verarbeitung der Lebensmittel, heimisches Obst und Gemüse • Gerichte aus verschiedenen Zeiten und anderen Kulturen kennen lernen sowie an die eigenen Vorlieben und Bedürfnisse anpassen (z. B. Erdbeer-Lassi statt dem indischen Original mit Mango) • Kosten für Schulverpflegung
Deutsch	• Informationstexte zum Thema Ernährung • Rezepte lesen und schreiben • Essen und Trinken in Lesetexten (z. B. in Märchen)
Mathematik	• Erstellen von Graphiken zum (eigenen) Ernährungsverhalten • Lesen von Graphiken wie dem Nutriscore • Erarbeiten von Größen und einer Vorstellung von Mengen mit Nahrungsmittel (z. B. Wie viel wiegt meine Handportion?) • Anwendung von Grundrechenarten z. B. durch Anpassung von Rezepten für zwei Personen auf vier Personen
Sport	• Bewegung als körperlicher und psychischer Ausgleich zwischen den Stunden und in der Mittagspause • Ernährung abgestimmt auf das Sport- und Bewegungsverhalten • Thematisierung gesunden Trinkverhaltens nach dem Sportunterricht
Schulalltag	• Gestaltung der Frühstückspause • bewusste Trinkpausen

Tab. 3.4: Beispiele aus der Ernährungsbildung als fächerübergreifendes Querschnittsthema in Unterricht und Schulalltag – Fortsetzung

Fach	Unterrichtsthemen
	• Trinkbrunnen, »verzaubertes« Wasser • Zwischenmahlzeiten mit Obst und Gemüse • Koch-AG • gepflegte Tischkultur • Geburtstagsfeiern mit kulinarischen Mottos • Ernährungstagebücher • Sport- und Bewegungsspaß-AGs • Bewegungspausen und -spiele für Zwischendurch • Schüler-Café • nachhaltiger Pausenverkauf
...	• ...

3.3.2 Didaktische Grundprinzipien

Aus den Herausforderungen der Gesundheitsförderung sowie aus den Grundlagen Lernen, Motivation und Konzeption lassen sich didaktische Prinzipien für eine gesundheitsförderliche Gestaltung von Unterricht, Angebot, Schulalltag und Setting ableiten.

- *Stellen Sie einen Bezug zur außerschulischen Lebenswelt Ihrer Schüler*innen her!*
  Es ist wichtig, die Bedürfnisse sowie das gesundheitsbezogene Verhalten der Schüler*innen zu kennen. Das ermöglicht Ihnen, passende Angebote zu machen, die nicht über die Köpfe der Kinder hinweggehen. So wird es wahrscheinlicher, dass die Inhalte in das Verhaltensrepertoire übergehen.
- *Stellen Sie fest, ob das Thema Ihre Schüler*innen interessiert!*
  Mit Interesse setzen sich Schüler*innen intrinsisch motiviert intensiver mit einem Thema auseinander. Wenn kein Interesse vorhanden ist, können Sie situationales Interesse wecken (z. B. durch verblüffende Versuche, durch lustige Bewegungsspiele oder erstaunliche Entspannungstechniken). Unterstützend kann Partizipation sein: Beziehen Sie Ihre Schüler*innen ein, lassen Sie sie teilhaben und übergeben Sie mit etwas »Vertrauensvorschuss« Verantwortung (z. B. für die Gestaltung des Mittagstisches)! Für viele Menschen ist die Übernahme von Verantwortung ein Entwicklungsimpuls, der sie voranbringt.
- *Prüfen Sie die Bedingungen in der schulischen Lebenswelt der Schüler*innen!*
  Das Setting Schule sollte gesundheitsförderlich sein und die Inhalte Ihrer gesundheitsförderlichen Maßnahmen sollten sich in der Organisation der Schule widerspiegeln und nicht dazu im Widerspruch stehen (z. B. Kennenlernen von Entspannungsmaßnahmen ↔ keinerlei Rückzugsorte im Klassenzimmer und Schulhaus für die Kinder, um diese anzuwenden; Ernährungsbildung ↔ Pausenverkauf bzw. Mittagsangebot ohne ausgewogenes Angebot).
- *Beziehen Sie außerschulische Akteur*innen der Stadt bzw. Kommune mit ein!*
  Viele Städte und Kommunen bieten Programme bzw. Unterstützung bei Pro-

jekten zur Gesundheitsförderung an. Es lohnt sich, das kommunale Angebot zu prüfen, denn dieses hat – im Gegensatz zu Bundesprogrammen – immer einen Bezug zur Lebenswelt der Schüler*innen.

- *Stellen Sie einen Bezug zum Vorwissen her!*
Sie sollten herausfinden, was Ihre Schüler*innen bereits zu dem Thema wissen (z. B. durch Fragebögen, Tests, Gespräche mit den Schüler*innen, Eltern, Lehrer*innen/Erzieher*innen aus Kita bzw. dem Hort und der Mittagsbetreuung). Denn so können Sie an das Vorwissen anknüpfen, wirklich neues Wissen bieten und vielleicht fehlerhafte Vorstellungen korrigieren.

- *Aktivieren Sie Ihre Schüler*innen!*
Dazu eigenen sich alle Formen, in denen gehandelt wird: Lassen Sie Ihre Schüler*innen Experimente durchführen (z. B. Blindverkostungen, Abdruck von Lebensmitteln auf saugfähigem Papier für den Fettgehalt) und Dinge selbst erproben (z. B. verschiedene Entspannungstechniken, Zubereitung von Mahlzeiten, Gestalten festlicher Tischdekorationen)!
Aktiv kann aber auch geistig aktiv (*kognitiv aktiviert*) sein: Lassen Sie Ihre Schüler*innen mitdenken und Aufgaben auch einmal allein bewältigen, bevor sie in der Klasse besprochen werden (z. B. Jedes Mitglied der Koch-AG entwirft einen ausgewogenen Ernährungsplan, der dann gegenseitig vorgestellt wird, um daraus einen gemeinsamen Plan zusammenzustellen.)

- *Planen Sie die Partizipation Ihrer Schüler*innen!*
Je nach Schulstufe und Kompetenzgrad Ihrer Schüler*innen ist Partizipation in unterschiedlichem Ausmaß möglich. Häufig ist es sinnvoll, mit Vorstufen der Partizipation einzusteigen und die Entscheidungsmacht schrittweise an die Schüler*innen zu übergeben (vgl. Expertise *Partizipation*).
Partizipation kann vielfältig umgesetzt werden: z. B. im Rahmen eines Schüler*innenparlamentes (gewählter Schüler*innenbürgermeister*in und Schüler*innenrät*innen, evtl. mit Anhörungsrecht im Gemeinderat/Stadtrat bei Themen, die die Kinder betreffen), der Schüler*innenmitverwaltung (SMV), der Beteiligung der Schüler*innen bei der Schulhausgestaltung als Lebens- und Arbeitsraum, bei der Schulverpflegung, bei Schulfesten, …
Partizipation eignet sich hervorragend, um das menschliche Grundbedürfnis nach sozialer Eingebundenheit zu befriedigen. Denn Partizipation ist handeln in der Gruppe und handeln für die Gruppe, sodass die Schüler*innen Anerkennung durch andere erfahren (z. B. wenn die Koch-AG einen spontanen Applaus für eine gelungene Beilage oder in der täglichen Einschätzung viele »Sterne« in den Kategorien *Genuss!*, *Ausgewogen!* und *Nachhaltig!* erhält).

- *Setzen Sie kooperative Arbeits- und Gesprächsformen ein!*
In sozialer Interaktion erklären die Schüler*innen ihr Wissen, diskutieren Lösungsmöglichkeiten und handeln so ein gemeinsames Verständnis aus. Dazu eignen sich verschiedene Formen der Partner*innen- und Gruppenarbeit (z. B. Partner*innengespräch, Lerntempoduett, Placemat, Gruppenpuzzle, Fishbowl, Schwarz-Weiß-Diskussionen, Klassenrat, Debatte usw.).
Eine vorbereitende Einzelarbeit zu kooperativen Arbeitsformen kann Schüler*innen unterstützen, sich in der gemeinsamen Arbeitsphase aktiv zu beteiligen – denn Gruppenarbeiten sind immer ein Handeln unter Druck und nur die

Schnellsten kommen zum Zug (Munser-Kiefer 2014). Da hilft es manchen Schüler*innen, vorab schon im eigenen Tempo über das Thema nachgedacht zu haben.

Soziale Interaktion unterstützt den Lernprozess aufgrund der kognitiven Aktivierung, der kognitiven Vielfalt der Gruppe und der sozialen Ko-Konstruktion. Zusätzlich birgt sie die Chance, das psychologische Grundbedürfnis nach sozialer Eingebundenheit zu befriedigen.

- *Räumen Sie Ihren Schüler*innen Entscheidungsspielräume ein und lassen Sie verschiedene Lernwege zu!*

Sie befriedigen damit das psychologische Grundbedürfnis nach Autonomie und werden der Unterschiedlichkeit (Heterogenität) der Schüler*innen in Vorwissen, Fähigkeiten, aber auch in Lebenswelt und gesundheitsbezogenen Verhaltensweisen gerecht. Denn gerade im Bereich Gesundheit hat jede*r einzelne unterschiedliche Schutz- und Risikofaktoren, Stärken und Schwächen, Vorlieben und Abneigungen – hier gibt es keine Musterlösung (z. B. in ausgewogener Ernährung, Bewegungsverhalten, Umgang mit Anspannung und Entspannung). Günstige Lösungen sind so verschieden wie die Menschen.

- *Ermöglichen Sie Ihren Schüler*innen, sich als kompetent zu erleben!*

Sie befriedigen damit das psychologische Grundbedürfnis nach Kompetenzerleben. Erleichtert wird das, wenn Sie am Vorwissen und der Lebenswelt der Schüler*innen ansetzen und gemeinsam erreichbare Ziele stecken (bzw. bei Bedarf mit auch mit einzelnen Schüler*innen oder Schüler*innengruppen) – denn so kann jede*r mitreden und dazu lernen, weil das gesetzte Ziel nicht in unerreichbarer Ferne liegt, sondern mit den eigenen Fähigkeiten mit angemessener Anstrengung erreichbar erscheint (Kosten-Nutzen-Verhältnis).

Sie stärken damit auch das Selbstkonzept und die Kontrollüberzeugungen Ihrer Schüler*innen und unterstützen damit das Kohärenzgefühl (vgl. Modell der Salutogenese, ▶ Kap. 1.1).

- *Schaffen Sie eine Mischung aus direkten und indirekten Fördermaßnahmen!*

Erarbeiten Sie Themen direkt im Unterricht und üben Sie diese fächerübergreifend und indirekt im Schulalltag ein!

Gemeinsam im Team können Ideen für eine gesundheitsfördernde Schule entwickelt werden, die alle mittragen: Planen Sie z. B. gemeinsam mit pädagogischen Fachkräften, Lehrer*innen und Schulleitung eine sinnvolle Rhythmisierung des Schulalltags (Verhältnisorientierung)! Führen Sie in Absprache Rituale über längere Zeiträume ein, mit deren Hilfe günstige Verhaltensweisen trainiert werden können (Verhaltensorientierung) (z. B. Trinkbrunnen mit »verzaubertem Wasser« in jedem Flur für kurze Trink- und Bewegungspausen)! Durch Absprachen können gesundheitsförderliche Maßnahmen im Schulalltag Breite erreichen.

- *Nehmen Sie die Gesundheitskompetenz mit all ihren Facetten in den Blick!*

Kompetenz umfasst Wissen, Können, Handlungsbereitschaft und die Fähigkeit, das eigene Verhalten zu überwachen, zu bewerten und zu regulieren (Metakognition). Arbeiten Sie mit Ihren Schüler*innen in allen Facetten, sonst laufen Sie Gefahr, dass die vermittelten Inhalte zu trägem Wissen werden!

Gesundheitskompetenz ist vielschichtig und umfasst den biologischen, psychischen und sozialen Bereich.

- *Suchen Sie bewusst nach Anwendungsmöglichkeiten in der Schule und im außerschulischen Alltag!*

Dazu bietet es sich an, dass Sie Ankerpunkte im Schulalltag für einen regelmäßigen Austausch (Reflexionsphasen) schaffen (z. B. Abschlussrunde im Stuhlkreis am Ende der Woche).

Auf der Suche nach Anwendungsmöglichkeiten (Transfer) bieten sich manchmal extrinsische Verstärkerpläne an (z. B. Wer die besprochenen Entspannungstechniken zu Hause anwendet, kann für jedes Mal ein Smiley sammeln und sich ab einer bestimmten Anzahl ein Entspannungsspiel in der Schule wünschen./Wer ein Mindestmaß an Schritten oder Höhenmetern pro Tag erreicht, darf sich ein Spiel im Sportunterricht wünschen.).

Verstärkerpläne müssen nicht mit allen Kindern durchgeführt werden – mit pädagogischem Geschick können Sie das auch nur mit einzelnen machen (z. B. Ernennen Sie Beauftragte, die etwas zu Hause ausprobieren, und lassen Sie diese berichten! Wechseln Sie die Beauftragten! Nutzen Sie Arbeitsgruppen und lassen Sie die Kinder gemeinsam nach Anwendungsmöglichkeiten suchen und etwas gemeinsam erproben!)

Achten Sie darauf, extrinsische Verstärker mit Bedacht einzusetzen: Setzen Sie keine extrinsischen Verstärker ein, wenn sich Schüler*innen ohne motivieren lassen bzw. intrinsisch motiviert sind! Schleichen Sie extrinsische Verstärker nach Möglichkeit wieder aus!

Wichtig ist auch, dass Sie den Schüler*innen den Nutzen neuer Verhaltensweisen bewusstmachen und Fruchtbarkeitserfahrungen ermöglichen. Das kann einerseits im Rahmen von Reflexions- und Austauschphasen besprochen werden; andererseits bietet sich hier auch eine Vorher-Nachher-Einschätzung an (z. B. Wäscheklammer auf Stimmungsbarometer hängen).

- *Unterstützen Sie das Aufbrechen von Gewohnheiten und den Transfer in den außerschulischen Alltag durch den Einbezug der Eltern!*

Durch Anknüpfen an der Lebenswelt wählen Sie Themen aus, die für die Kinder (und deren Familien) von Bedeutung sind. Rituale im Schulalltag helfen, neue Verhaltensweisen zu Gewohnheiten werden zu lassen.

Für den Transfer in den Alltag ist es hilfreich, wenn das neue Verhalten bewusst geplant wird und wenn sich die bisherigen situativen Umstände ändern (Holland, Aarts & Langendam 2006), denn Gesundheitshandeln entsteht in gesunden Verhältnissen. Dazu ist der Einbezug der Eltern wichtig: Informieren Sie die Eltern über den Schultag ihrer Kinder (z. B. Elternbrief, Elternabend, Einladung zu einem Event gemeinsam mit den Schüler*innen)! Schaffen Sie Gelegenheiten zum Austausch und geben Sie Eltern die Möglichkeit, Wünsche und Vorschläge einzubringen! Geben Sie auch Eltern die Chance, sich aktiv an der Gestaltung der gesundheitsfördernden Schule zu beteiligen (z. B. durch Beteiligung an AG-Angeboten)!

Expertise: »Schwer erreichbare Eltern«

Gesundheitsförderung sollte systemisch angelegt sein und im Idealfall alle Akteur*innen einbeziehen (▶ Kap. 2.5). Entscheidend sind hier vor allem die Eltern der Schüler*innen, denn sie prägen die gesundheitsbezogenen Verhaltensweisen seit der frühen Kindheit und halten diese durch die Rahmenbedingungen im privaten Umfeld aufrecht.

Dilemma der Gesundheitsförderung: Die Elternbildung erreicht vor allem Eltern mit Bildungshintergrund und gutem finanziellen Hintergrund. Die Eltern von vermeintlichen Risikokindern dagegen sind häufig sozial benachteiligt und nehmen die Angebote nicht wahr (Lösel 2006).

Hinderungsgründe: Kostenaufwand, Kurszeit und -ort ungünstig, fehlende Kinderbetreuung, Terminkoordination und Alltagsorganisation, unterschiedliche Lebenswelten, Resignation und Skepsis, Angst und Scham, sprachliche Hürden.

Es gibt keine Musterlösung, um die sogenannten schwererreichbaren Eltern zu aktivieren, aber hilfreiche Handlungsempfehlungen.

Die Broschüre »Elternarbeit in der Gesundheitsförderung – Angebote und Zugangswege unter besonderer Berücksichtigung der Zielgruppe ›schwer erreichbare Eltern‹« vermittelt den theoretischen Hintergrund und den Stand der Forschung, gibt einen systematischen Überblick über Projekte der Zusammenarbeit in der Gesundheitsforschung und formuliert Handlungsempfehlungen. Kostenloser Download unter: https://www.gesundheitsamt-bw.de/lga/DE/Fachin formationen/Fachpublikationen/Seiten/Gesundheitsfoerderung.aspx

Hinweis: Auch Maßnahmen der Gesundheitsförderung sind anfällig, Menschen individuell und/oder strukturell zu diskriminieren und benachteiligen. Eine kritische Auseinandersetzung finden Sie im Praxisteil (▶ Vorüberlegung 2).

- *Versuchen Sie, selbst ein Vorbild zu sein, und nutzen Sie das Vorbild der Schüler*innen!* Als Lehrkraft können Sie die »gesundheitsfördernde Schule« mitgestalten und als Vorbild am Schulleben teilnehmen. Dies bietet sich z. B. bei Mahlzeiten und Entspannungs- und Bewegungspausen der Schüler*innen an.

Selbstverständlich sollten Sie dabei authentisch bleiben – Schüler*innen können davon profitieren, wenn Lehrer*innen offen Stärken und Schwächen kommunizieren und »mitkämpfen« (z. B. wenn Sie das Schritte-Mindestmaß nicht erreichen oder dem Schokoladenheißhunger nicht widerstehen konnten).

Verstärken Sie erwünschtes Verhalten Ihrer Schüler*innen durch Lob (z. B. »Toll, Lara, du hast heute so ein abwechslungsreiches und originelles Frühstück dabei!«)! Wenn Sie damit keine unerreichbaren Ziele für andere Kinder stecken, können Sie das auch öffentlich tun – Sie zeigen Ihren Schüler*innen damit, was gut ist und was sie selbst auch versuchen könnten. Um ein Lob der Lehrkraft zu bekommen, investieren Kinder häufig viel.

Zusammenfassung

Es ist nicht einfach, die Gesundheit zu fördern:

- Gesundheit ist ein komplexes Konstrukt.
- Gesundheitskompetenzen sind komplex.
- Gesundheitsbezogene Verhaltensweisen sind stabil.
- Willentliche Steuerung des Gesundheitshandelns ist abstrakt und komplex.
- Gesundes Verhalten erfordert gesunde Verhältnisse.
- Schule ist nur ein Teil des Lebens und des Lebensumfeldes des Kindes.
- Gesundheit entwickelt sich kontinuierlich und braucht anschlussfähige Bildungsprozesse.

Es gibt verschiedene Formen der Gesundheitsförderung: Gesundheitsberatung, Gesundheitsaufklärung, Krankheitsprävention/Prophylaxe, Empowerment, Gesundheitsförderung, Gesundheitserziehung, Gesundheitsbildung.

Für den Einsatz in der Grundschule sind vor allem Maßnahmen der Gesundheitsförderung geeignet, die das Positive fokussieren und das Wohlergeben stärken. Ziel ist zum einen der Aufbau von Gesundheitskompetenz und zum anderen die Stärkung des und der einzelnen (Empowerment), damit er bzw. sie in der Lage ist, selbstbestimmt und aktiv die eigene Gesundheit zu gestalten (Gesundheitsbildung).

Sowohl didaktische Prinzipien der Gesundheitsförderung, die auf lern- und motivationspsychologischen Grundlagen basieren, als auch konzeptionelle Hinweise aus der Gesundheitspädagogik sind hier hilfreich.

Tab. 3.5: Grundlagen der Didaktik der Gesundheitsförderung aus den Bereichen Lernen, Motivation und Konzeption

Lernpsychologische Grundlagen	Motivationspsychologische Grundlagen	Konzeptionelle Grundlagen
- Lernen ist aktiv, konstruktiv, selbstgesteuert, findet in sozialer Interaktion und situiert im Anwendungskontext statt. - Lernen ist ein Auf-, Aus- oder Umbau von Vorwissen (Präkonzepten). Dieses Vorwissen beeinflusst und behindert oft den Aufbau von neuem Wissen. Deshalb muss der sogenannte Konzeptwechsel begleitet werden und es ist hilfreich, wenn der oder die Schüler*innen mit den bisherigen Verhaltensweisen unzufrieden ist und die neuen	- Ob ein Verhalten gezeigt wird, ist abhängig von Kosten-Nutzen-Abwägungen. - Selbstkonzept, Selbstwertgefühl und Kontrollüberzeugungen sind ein wichtiger Antrieb. Sie entstehen durch Rückmeldungen und eigene Erfahrungen (vgl. auch Kohärenzgefühl der Salutogenese, ▶ Kap. 1.1). - Intrinsisch motivierte Menschen handeln um der Sache Willen, extrinsisch motivierte Menschen um eines äußeren Anreizes Willen. Die intrinsische	- Gesundheitsförderung sollte in einem und durch ein gesundheitsförderndes Setting stattfinden. Dieses ist verhaltens- und verhältnisorientiert, bezieht alle Akteur*innen aktiv ein (Partizipation) und stärkt sie (Empowerment). - Gesundheitsförderung sollte in ein Spiralcurriculum eingebettet sein. - Es gibt direkte Fördermaßnahmen (Unterricht, Zusatzangebote). Diese sollten in Phasen gegliedert sein (Aktivierung von Vorwissen und Anknüp-

Tab. 3.5: Grundlagen der Didaktik der Gesundheitsförderung aus den Bereichen Lernen, Motivation und Konzeption – Fortsetzung

Lernpsychologische Grundlagen	Motivationspsychologische Grundlagen	Konzeptionelle Grundlagen
nachvollziehbar und plausibel sind und vor allem als nützlicher erlebt werden. • Lernen findet häufig statt, wenn ein Vorbild (Modell) beobachtet (Aneignungsphase) und die Verhaltensweise danach eingeübt wird (Ausübungsphase). Es ist wichtig, dass die Beziehung zum Modell positiv bzw. dass das Modell sozial anerkannt ist.	Motivation ist tragfähiger und pädagogisch wertvoller. Mit extrinsischen Belohnungen können Verhaltensweisen aufgebaut werden. Da sie der intrinsischen Motivation schaden können, sollten sie mit Bedacht eingesetzt werden. • Es gibt psychologische Grundbedürfnisse: das Bedürfnis nach Kompetenzerleben, Autonomie und sozialer Eingebundenheit. Für psychisches Wohlergehen sollten diese Grundbedürfnisse befriedigt werden.	fen an die Lebenswelt, Vermittlung, Einüben und Automatisieren, Reflexions- und Transferübungen). • Ergänzend gibt es indirekte Fördermaßnahmen (z. B. Schulleben, Rituale), die dabei helfen, alte Gewohnheiten aufzubrechen und neue aufzubauen. • Gesundheitsförderung findet fächerübergreifend im Querschnitt statt.

Aus diesen Grundlagen lassen sich didaktische Prinzipien ableiten (▶ Kap. 3.3.2), die dabei unterstützen, Gesundheitsförderung in der Grundschule zu nachhaltiger Bildung werden zu lassen.

Aufgaben

Gesundheitsförderung an Ihrer Schule
1. Notieren Sie sich bitte alle Maßnahmen der Gesundheitsförderung, die Sie in Ihrer eigenen Schulzeit erlebt haben bzw. die in Ihrer Klasse bzw. Schule stattfinden!
2. Welcher Form der Gesundheitspädagogik würden Sie diese Maßnahmen zuordnen? Kreisen Sie geeignete Formen ein und kennzeichnen Sie eventuell ungünstige Formen!
3. Wählen Sie eine Maßnahme aus und machen Sie den »Didaktische-Prinzipien-Check«: Gibt es Prinzipien, die besonders gut umgesetzt werden? Gibt es Prinzipien, die nicht beachtet werden?

Literatur

Altgeld, T. & Kolip, P. (2010). Konzepte und Strategien der Gesundheitsförderung. In: K. Hurrelmann, Th. Klotz, J. Haisch (Hrsg.), Lehrbuch Prävention und Gesundheitsförderung. 3., vollständig überarbeitete und erweiterte Auflage. Bern: Hans Huber Verlag, 45–56.
Antonovsky, A. (1979). Health, Stress and Coping. New Perspectives on Mental and Physical Well-Being. San Francisco, London: Jossey-Bass.

Antonovsky, A. (1997). Salutogenese. Zur Entmystifizierung der Gesundheit. Deutsch erweiterte Herausgabe von Alexa Franke. Tübingen: DGTV-Verlag.

Bandura, A. & Kober, H. (1976). Lernen am Modell: Ansätze zu einer sozial-kognitiven Lerntheorie. Stuttgart: Klett.

Beelmann, A., Pfost, M. & Schmitt, C. (2014). Prävention und Gesundheitsförderung bei Kindern und Jugendlichen. Eine Meta-Analyse der deutschsprachigen Wirksamkeitsforschung, Zeitschrift für Gesundheitspsychologie.

Borrmann, A. & Mensink, G. B. (2015). Obst- und Gemüsekonsum von Kindern und Jugendlichen in Deutschland. Bundesgesundheitsblatt-Gesundheitsforschung-Gesundheitsschutz, 58(9), 1005–1014.

Dadaczynski, K. & Paulus, P. (2011). Gesundheitsmanagement in der guten gesunden Schule: Handlungsfelder, Prinzipien und Rolle der Schulleitung. In: W. Dür, R. Felder-Puig (Hrsg.), Lehrbuch Schulische Gesundheitsförderung. Bern: Verlag Hans Huber, 164–178.

Deci, E. L. & Ryan, R. M. (1993). Die Selbstbestimmungstheorie der Motivation und ihre Bedeutung für die Pädagogik. Zeitschrift für Pädagogik, 39, 223–238.

Hartinger, A. (2007). Interessen entwickeln. In: J. Kahlert, M. Fölling-Albers, M. Götz, A. Hartinger, D. Hartinger, D. von Reeken & S. Wittkowske (Hrsg.), Handbuch Didaktik des Sachunterrichts. Bad Heilbrunn: Klinkhardt, 118–122.

Heckhausen, H. & Rheinberg, F. (1980). Lernmotivation im Unterricht, erneut betrachtet. Unterrichtswissenschaft, 8 (1), 7–47.

Helmke, A. (1998). Vom Optimisten zum Realisten? Zur Entwicklung des Fähigkeitsselbstkonzepts vom Kindergarten bis zur sechsten Klassenstufe. In: F. E. Weinert (Hrsg.), Entwicklung im Kindesalter. Weinheim: Beltz Psychologie Verlags Union, 115–132.

Helsper, W. & Hummrich, M. (2008). Familien. In: T. Coelen & H. Otto, (Hrsg.), Grundbegriffe Ganztagsbildung. Das Handbuch. Wiesbaden: VS, 371–381.

Holland, R. W., Aarts, H. & Langendam, D. (2006). Breaking and creating habits on the working floor: A field-experiment on the power of implementation intensions. Journal of Experimental Social Psychology, 42, 776–783.

Hölling H., Erhart M., Ravens-Sieberer U. & Schlack R. (2007). Verhaltensauffälligkeiten bei Kindern und Jugendlichen. Erste Ergebnisse aus dem Kinder- und Jugendgesundheitssurvey (KiGGS). Bundesgesundheitsbl. – Gesundheitsforsch – Gesundheitsschutz, 50, 784–793.

Hurrelmann, K., Klotz, T. & Haisch, J. (2010). Krankheitsprävention und Gesundheitsförderung. In: K. Hurrelmann, T. Klotz, J. Haisch, Hrsg., Lehrbuch Prävention und Gesundheitsförderung. Bern: Hans Huber Verlag, 13–24.

Hurrelmann, K., Klotz, T. & Haisch, J. (2010). Lehrbuch. Prävention und Gesundheitsförderung. Bern: Huber Verlag.

Kammermeyer, G. & Martschinke, S. (2006). Selbstkonzept- und Leistungsentwicklung in der Grundschule. Ergebnisse aus der KILIA-Studie. Unterrichtswissenschaft, 20, 245–259.

Lösel, F. (2006). Bestandsaufnahme und Evaluation von Angeboten im Bereich der Elternbildung. Materialien des BMFSFJ.

Merkens, H. & Schründer-Lenzen, A. (2010). Lernförderung unter den Bedingungen des Ganztags im Grundschulbereich. Münster: Waxmann.

Möller, K. (2001). Konstruktivistische Sichtweisen auf das Lernen in der Grundschule. In: H.-G. Roßbach. K. Nölle & K: Czerwenka (Hrsg.), Forschungen zu Lehr- und Lernkonzepten für die Grundschule. Jahrbuch Grundschulforschung. Opladen: Leske + Budrich, 16–31.

Möller, K. (2015). Handlungsorientierung im Sachunterricht. In: J. Kahlert, M. Fölling-Albers, M. Götz, A. Hartinger, S. Miller & S. Wittkowske (Hrsg.), Handbuch Didaktik des Sachunterrichts. Bad Heilbrunn: Klinkhardt, 403–407.

Munser-Kiefer, M. & Martschinke, S. (2018). Der Übergang in die weiterführenden Schulen – Beschreibung, Bedeutung, Bewältigung. In: R. Porsch (Hrsg.), Der Übergang von der Grundschule auf weiterführende Schulen. Grundlagen für die Lehrerausbildung und Praxis. Stuttgart: UTB.

Munser-Kiefer, M. (2014). Leseförderung im Leseteam in der Grundschule. Eine Interventionsstudie zur Förderung von basaler Lesefertigkeit und (meta-)kognitiven Lesestrategien. Band 40. Münster: Waxmann Verlag, Reihe »Empirische Erziehungswissenschaft«.

Paulus, P. (o. J.). Schulische Gesundheitsförderung – vom Kopf auf die Füße gestellt. Bildungsserver Berlin-Brandenburg: https://bildungsserver.berlin-brandenburg.de/fileadmin/bbb/themen/Gesundheitsfoerderung/Lehrkraeftegesundheit/Vom_Kopf_auf_die_Fuesse.pdf. Zuletzt aufgerufen am 28. 04. 2022.

Posner, G. J., Strike, K. A., Hewson, P. W. & Gertzog, W. A. (1982). Accommodation of a scientific conception: Toward a theory of conceptual change. Science Education, 2, 211–227.

Sabo, P. (2003). Gesundheitserziehung, In: Bundeszentrale für gesundheitliche Aufklärung (BZgA) (Hrsg.), Leitbegriffe der Gesundheitsförderung. Glossar zu Konzepten, Strategien und Methoden der Gesundheitsförderung. Schwabenheim a. d. Selz: Fachverlag Peter Sabo, 71–63.

Sirsch, U. (2000). Probleme beim Schulwechsel: die subjektive Bedeutung des bevorstehenden Wechsels von der Grundschule in die weiterführende Schule. Waxmann.

von Philipsborn, P., Stratil, J. M., Burns, J., Busert, L. K., Pfadenhauer, L. M., Polus, S., Holzapfel, C., Hauner, H. & Rehfuess, E. (2019). Environmental interventions to reduce the consumption of sugar-sweetened beverages and their effects on health. Cochrane Database of Systematic Reviews 2019, Issue 6.

Wood, W., Quinn, J. M. & Kashy, D. A. (2002). Habits in everyday life: thought, emotion, and action. Journal of personality and social psychology, 83(6), 1281.

Wulfhorst, B. & Hurrelmann, K. (2009). Handbuch Gesundheitserziehung. Bern: Hans Huber Verlag.

II Praxisempfehlungen – Was kann ich tun?

Zur Einführung

Nach Vorüberlegungen zu Grundsätzen und Zielgruppe werden Ihnen die Handlungsfelder der Gesundheitsförderung in fünf Modulen vorgestellt: Modul *Bewegung* (▶ Kap. 4), Modul *Ernährung* (▶ Kap. 5), Modul *Psyche* (▶ Kap. 6), Modul *Sozio-Emotionales* (▶ Kap. 7) und Modul *(Alltags-)Sucht* (▶ Kap. 8).

In den Modul-Kapiteln erwerben Sie Basiswissen, lernen Kompetenzziele kennen und bekommen Förderempfehlungen.

Sie können diese Module einzeln als Informationsquelle und Anregung verwenden oder sie miteinander verzahnen und in ein Konzept für die gesundheitsförderliche Klasse oder Schule einbinden.

Das Konzeption-Kapitel (▶ Kap. 9) gibt Ihnen Ideen, wie Sie die Schulentwicklung zur gesundheitsförderlichen Schule anstoßen können.

Vorüberlegungen

Meike Munser-Kiefer, Anja Carlsohn & Eva Göttlein

Ziele

- Eine nachhaltige Gesundheitsförderung sollte systematisch in Unterricht und Schulalltag verankert sein. Kapitel Vorüberlegung 1 zeigt Ihnen die Grundsätze, nach denen Sie Ihre Gesundheitsförderung gestalten können.
- Gesundheitsförderung geht oft an den Kindern und deren Alltag vorbei. Kapitel Vorüberlegung 2 zeigt Ihnen, wie Sie Ihre Schüler*innen erreichen können.

Vorüberlegung 1: Was sind meine Grundsätze?

Grundsatz: Schulzeit zur Gesundheitsförderung nutzen

Schule ist für Schüler*innen Lern- und Lebenswelt. Hier finden Bildungsprozesse auf Leistungs- und Persönlichkeitsebene statt, bei denen zum einen Gesundheitswissen erworben und zum anderen gesundheitsbezogene Handlungskompetenz und -bereitschaft aufgebaut werden kann.

Für die Gesundheitsförderung liegt einerseits Potenzial in speziellen *Unterrichtseinheiten*, *Intensivierungsphasen*, *Partizipations-* und *Projektzeiten*, die sich direkt mit Inhalten der Gesundheitsförderung auseinandersetzen und durch Verzahnung vertiefen (z. B. Unterricht ↔ interessen- oder bedarfsorientierte Intensivierung ↔ Partizipation wie Mitgestaltung in AGs). Andererseits liegt Potenzial in der Gestaltung und Rhythmisierung des Schultages, denn dadurch werden gesundheitsförderliche Verhältnisse geschaffen, in denen günstiges Gesundheitsverhalten miteinander gelebt und indirekt eingeübt werden kann (▶ Kap. 3). Hier bieten sich z. B. *Snack-*, *Entspannungs-* und *Bewegungspausen* bzw. *Sport(spiel-)angebote* an, die Anspannung und Entspannung in ein ausgewogenes Verhältnis bringen und Raum geben für die Pflege und Stärkung von Ressourcen und Schutzfaktoren von Körper, Psyche und Sozialem. Freie und/oder gebundene *Pausenangebote* geben Struktur und können soziale Interaktion der Kinder untereinander steuern sowie Ausgrenzung oder Kumulation von Problemlagen entgegenwirken (Willems et al. 2013). Abbildung II.1 illustriert beispielhaft einen gesundheitsförderlich rhythmisierten Tagesablauf in der Halbtagsgrundschule (links) bzw. der Ganztagsgrundschule (rechts).

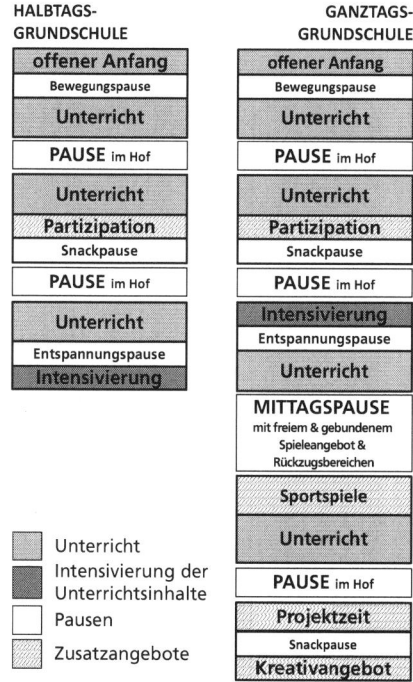

Abb. II.1: Gesundheitsförderliche Rhythmisierung in Halbtags- und Ganztagsgrundschule

Zur gesundheitsförderlichen Rhythmisierung können auch *Wahlangebote* beitragen, die von verschiedenen Lehrer*innen klassenübergreifend angeboten werden. Ergänzend können außerschulische Kooperationspartner*innen eingebunden werden (siehe Box *Wahlangebote*).

Tipp: Wahlangebote durch außerschulische Kooperationspartner*innen

Außerschulische Kooperationspartner*innen können aus verschiedenen Bereichen kommen wie z. B. der Freizeit- und Erlebnispädagogik, der Sportpädagogik, der Kunstpädagogik, der Musikpädagogik oder der Ernährungs- und Verbraucherbildung usw. (Koltermann 2016, S.153):

- *Freie Anbieter*innen*
  Wohlfahrtsverbände, Jugendverbände, Sport-, Kultur-, Musik- und sonstige Vereine, Initiativen, Kirchengemeinden usw.
- *Gewerbliche Anbieter*innen*
  kommerzielle Sportanbieter*innen, Musik- und Kunstschulen, Industrie, sonstige Dienstleister*innen, Einzelanbieter*innen

- *Öffentliche Anbieter*innen*
  Einrichtungen des Bundes und der Länder, überörtliche und örtliche Träger*innen (z. B. Jugendamt, Polizei, Stadtbibliotheken, Museen)
- *Lernpartner*innen*
  Lernpartnerschaften im Rahmen von Netzwerken (z. B. mit anderen Schulen, Bildung lokaler Bildungslandschaften)
- *Finanzierungspartner*innen, Sponsor*innen*
  Schulförderverein, Gemeinde, Firmen

Rhythmisierung ist gerade für die Grundschule von besonderer Bedeutung, denn die wiederkehrenden Angebote geben Sicherheit (Wulf 2008). Zudem unterstützt dies dabei, gesundheitsbezogene Verhaltensweisen zu Gewohnheiten werden zu lassen (Wood, Quinn & Kashy 2002).

Grundsatz: Schulraum zur Gesundheitsförderung nutzen

Darüber hinaus sollte auch der Lebensraum *Grundschule* gesundheitsfördernd gestaltet sein (▶ Kap. 9). Dazu dienen z. B. *Essensräume* mit Wohlfühlatmosphäre (z. B. Schalldämpfung, abgeteilte Sitzgruppen, Séparées, Sofaecken zum Unterhalten), *Ruhezonen*, in die sich die Schüler*innen zurückzuziehen können (z. B. Liegewiese zum Ausruhen bei leiser Musik oder mit einem (Bilder-)Buch; Silentium-Lernräume, in denen nicht gesprochen wird), *Klassenzimmer* oder *Lernlandschaften* mit Unterteilung (z. B. innerhalb eines Raumes mit Funktionsbereichen oder geöffnet mit festen oder flexiblen Lernzonen; Munser-Kiefer, Mehlich & Böhme 2021), *AG-Räume* (z. B. Schulküche, Werkstatt) sowie *Sportplätze*, *Turnräume* und *Bolzplätze* zum Auspowern und Toben.

Tipp: Improvisation ist das halbe Leben

Gerade die gesundheitsfördernde Gestaltung einer Schule erfordert nicht selten bauliche Maßnahmen und entsprechend finanzielle Ressourcen, die nicht vorhanden sind.

Mit etwas Kreativität lassen sich aber auch kleine Lösungen finden:

- Die Schüler*innen dürfen im Essensraum die Tische umstellen und eine eigene Sitzordnung schaffen; die Kunst-AG kümmert sich um Abtrennwände und Schallisolierung (Achtung: Brandschutz!).
- Die dicken Matten in der Turnhalle dürfen in der Pause zur Liegewiese werden.
- Ausgemusterte wasserdichte Gartenmöbel unter den Bäumen werden zur Lounge.
- Feste Tipis im Pausenhof bieten einen Rückzugsort für Kleingruppen.

- Die Klassen dürfen in der Partizipationszeit abwechselnd einen Bewegungsparcours im Pausenhof gestalten oder themenbezogen Spielekisten zusammenstellen.
- Zwei Klassen behandeln den gleichen Lernstoff zur gleichen Zeit und ein Klassenzimmer wird zum Gruppenraum und einer zum Silentium-Raum für konzentriertes Arbeiten.
- usw.

Grundsatz: Ein weites und dynamisches Gesundheitsverständnis fördern

Kinder haben oft – ebenso wie viele Erwachsene – ein eingeschränktes Verständnis von Gesundheit: Sie denken an körperliche Krankheiten und Probleme und haben die Vorstellung, man müsse sich »gesund« verhalten, um den Zustand des vollständigen Krankseins zu vermeiden (Lohhaus & Ball 2006; Munser-Kiefer et al. 2013). Heute geht man davon aus, dass Menschen in den Dimensionen *Körper*, *Psyche* und *Soziales* gesund sein können. Diese Dimensionen sollten bei einem gesunden Menschen in einem ausgewogenen Verhältnis zueinanderstehen, denn sie beeinflussen sich gegenseitig und können einander auch ausgleichen (▶ Kap. 1.1). Es gibt Hinweise, dass ein weites und dynamisches Gesundheitsverständnis bereits in der Grundschule förderbar ist (Munser-Kiefer 2013).

Exkurs: Studie Rundum gesund? Die Mischung macht's! (Munser-Kiefer 2013)

Intervention (fünf Doppelstunden):
bio	Ernährung
bio	Bewegung
sozial	Freunde
psycho	Entspannung
dynamisch	Alltagssüchte

Die Studie hatte zum Ziel, das Gesundheitsverständnis von Grundschulkindern zu erfassen und zu prüfen, ob sich dieses durch eine Intervention ausdifferenzieren lässt.

Die Stichprobe (N = 243, zwölf Klassen des 4. Schuljahres) umfasste eine Trainings- und eine Wartegruppe. Die Trainingsgruppe nahm an einer Gesundheitsfördermaßnahme über fünf Doppelstunden teil. Deren Ziel war nicht die Vermittlung vertiefter Inhalte, sondern das Gesundheitsverständnis der Schüler*innen zu weiten und ein Verständnis dafür aufzubauen, dass es auf das Zusammenspiel der Dimensionen Körper, Psyche und Soziales ankommt, die in einem dynamischen Verhältnis zueinanderstehen. In einem offenen Fragebogenformat wurden die Kinder vor und nach der Intervention gebeten, ihre Assoziationen zu den Begriffen *gesund/Gesundsein/Gesundheit* aufzuschreiben. Es wurden Kategorien gebildet (deduktiv, strukturierende Inhaltsanalyse nach Mayring 2008) und es wurde deutlich, dass die Mehrheit der Nennungen auf die körperliche Dimension von Gesundheit bezogen waren. Wurde das Abrufen der Informationen mit Fragen in einem geschlossenen Antwortformat gestützt (*Zum Gesundsein wichtig oder nicht wichtig?*, dichotom: ja oder nein), zeigten viele Kinder passiv bereits eine recht ausdifferenzierte Vorstellung von Gesundheit. Analysiert man diesen Fragebogen nach Subgruppen (Prozentsatz korrekter Antworten im Gesamtscore zu Messzeitpunkt 1: Gruppe 3: ≥70 %, Gruppe 2: ≥50 %; Gruppe 1: <50 %), war die biologische Dimension, zu der in der Schule mit *Ernährung* und *Bewegung* besonders viele Lernangebote gemacht werden, in allen Gruppen die ausdifferenzierteste (▸ Abb. II.2, links). Man sieht jedoch auch, dass ein nicht unbeträchtlicher Anteil von 25 % (Gruppe 1: »Risikokinder«) eine wenig ausdifferenzierte Vorstellung von Gesundheit hatte, die sogar im biologischen Bereich noch deutliche Schwächen zeigte (▸ Abb. II.2, links).

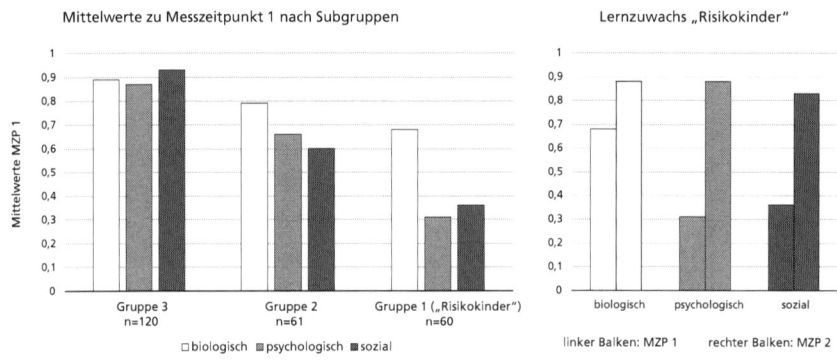

Abb. II.2: Gesundheitsverständnis in den Dimensionen biologisch, psychisch und sozial vor und nach der Intervention (Munser-Kiefer 2013)

Die Gruppe »Risikokinder« zeigte jedoch deutliche Zuwächse durch die Fördermaßnahme mit mittleren bis hohen Effektstärken (d_{BIO} = 0.67; d_{PSY} = 1.35; d_{SOZ} = 1.32), sodass auch diese Kinder nach der Intervention über ein ausdifferenziertes Gesundheitsverständnis verfügten.

Diese Befunde liegen auf einer reinen Wissensebene und es können keine Rückschlüsse auf die Nachhaltigkeit des Wissens oder auf das Gesundheitshandeln gezogen werden. Dennoch ist es ein Hinweis, dass es auch am Ende der Grundschulzeit nicht selbstverständlich ist, dass alle Schüler*innen bei Gesundheit an Körperliches *sowie* an Psychisches und Soziales denken. Allerdings konnte gezeigt werden, dass bereits eine kurze Intervention das Gesundheitsverständnis bei allen Schüler*innen ausdifferenzieren konnte. Dies könnte eine fruchtbare Basis für die weitere Gesundheitsförderung sein.

Dynamik und Ausgewogenheit in den verschiedenen Dimensionen ist für die Gesundheitsförderung ein wichtiger Grundsatz, denn es kommt nicht darauf an, sich ausschließlich »gesund« zu verhalten (Beispiele *Stichwort: Ausgewogen!*).

> **Beispiel: Stichwort: Ausgewogen!**
>
> *Was leert meinen Kelch und was füllt ihn auf?*
> Jedem Menschen tut etwas anderes gut. Das können auch »ungesunde« Dinge sein – solange sie nicht überhandnehmen und vielleicht in einem anderen Bereich »den Kelch auffüllen«, ist das in Ordnung.
>
> *Wichtig: Die Mischung muss stimmen!*
>
> Beispiel: Nach einem stressigen Tag
>
> - fährt Samira mit ihren Freundinnen mit dem Fahrrad zum Pizzastand und isst dort.
> - gönnt sich Kim manchmal eine Tafel Schokolade allein bei Musik auf dem Sofa und genießt die Ruhe.
> - geht Alex zum Kicken in den Stadtpark.
> - trifft sich Mateo am liebsten mit vielen Freunden auf dem belebten Platz in der Innenstadt.
> - taucht Danilo am liebsten für eine Stunde in ein Computerspiel ab, bevor er mit seinem Freund zum Training geht.

Dadurch können auch Einseitigkeiten vermieden und auf eine ausgewogene Lebens- und Freizeitgestaltung hingewirkt werden – ein wichtiger Baustein für die (Alltags-)Suchtprävention (▶ Kap. 8).

Grundsatz: Bedarfe erkennen, Gewohnheiten ändern

Gesundheitsförderung zielt auf gesundheitsbewusstes Verhalten innerhalb und außerhalb der Schule. Allerdings ist es schwer, Verhalten zu ändern – ganz besonders, wenn es um seit frühen Kindheitstagen eingeschliffene, vom Umfeld gestützte Gewohnheiten geht, die Kinder noch klein sind und auf viele Bereiche nur wenig Einfluss haben (▶ Kap. 1.2). Umso wichtiger ist es für die Gesundheitsförderung, an der Lebenswelt der Schüler*innen anzusetzen, (ungünstige) Gewohnheiten und den tatsächlichen Bedarf zu erkennen. Die Bedarfsanalyse (Diagnose) kann sich dabei an die Kinder und das Umfeld (Eltern, Stadtteil bzw. Kommune) richten. Sie kann informell (z. B. in Gesprächen) oder formell-intentional (z. B. mit Fragebögen, Programmvorstellung und -diskussion an Elternabenden) stattfinden.

Grundsatz: Gesundheitsförderung mit Spaß verbinden

Gesundheitsförderung macht gesundheitsförderliche Verhaltensweisen zum Thema (▶ Kap. 1.2). Dennoch sollte Gesundheitsförderung nicht nur über einen rein rationalen Zugang erfolgen oder sich zu stark präventiv ausrichten. Gerade für Kinder sind die negativen Folgen (z. B. Herz-Kreislauf-Probleme, geschädigte Gelenke, Herzinfarkt und Burnout, Mobbing und fehlendes Netz »realer« Sozialkontakte) nicht überschaubar bzw. weit weg. Das Vermittelte bleibt träges Wissen (Carlsohn, Reschke & Mayer 2014) und der erhobene Zeigefinger löst nicht selten das Gegenteil aus (Castelluci 2013). Nicht zuletzt deshalb sollte Gesundheitsförderung immer unter dem Motto »Gesundheit macht Spaß« stattfinden. Das kann sehr gut gelingen: Genießen ausgewogener Mahlzeiten, Erproben origineller Getränke (z. B. verzaubertes Wasser), lustige Bewegungs- und Kooperationsspiele, ausgleichende Musik- oder Kunstangebote usw.

Fazit: Gesundheitsförderung mit Ziel und Konzept!

> »Gesundheit ist nicht alles, aber ohne Gesundheit ist alles nichts!« (Schopenhauer)

Gesundheit ist ein wichtiges Gut. Als Lehrkraft einer Grundschule tragen Sie hier gemeinsam mit Eltern und anderen Akteur*innen (z. B. Kommune, Vereine) eine große Verantwortung, denn die Grundschule bzw. die Grundschulzeit setzt Grundsteine für das gesundheitsbezogene Verhalten. Gesundheitsförderung im Kleinen und mit Konzept im Großen kann gezielt eingeplant und systematisch in den Alltag auf Klassen- und Schulebene integriert werden. Eine gesundheitsförderliche Schule mit Ziel und Konzept unterstützt und schützt – Schüler*innen beim Lernen und Lehrer*innen bei ihrer Arbeit.

Zusammenfassung

Gesundheitsförderung mit Ziel und Konzept sollte folgende Grundsätze berücksichtigen:

- Grundsatz: Schulzeit zur Gesundheitsförderung nutzen
- Grundsatz: Schulraum zur Gesundheitsförderung nutzen
- Grundsatz: Ein weites und dynamisches Gesundheitsverständnis fördern
- Grundsatz: Bedarfe erkennen, Gewohnheiten ändern
- Grundsatz: Gesundheitsförderung mit Spaß verbinden

Literatur

Carlsohn A, Reschke A, Mayer F. Evaluation eines Modells zur Ernährungsbildung in Sekundarstufe I an ›Eliteschulen des Sports‹. Aktuel Ernaehrungsmed 2014; 39:191.
Koltermann, S. (2016). Außerunterrichtliche Angebote. In: Kamski, I., Rhythmisierung in Ganztagsschulen, Erprobte Praxis – funktionierende Modelle, 2. Auflage, Schwalbach.

Lohaus, A. & Ball, J. (2006). Gesundheit und Krankheit aus der Sicht von Kindern. Hogrefe Verlag.

Munser-Kiefer, M. (2014). Adaptives Lernen in der Grundschule – Konzepte, Forschung, Anwendung. Vortrag an der LMU am 10.12.2014.

Munser-Kiefer, M., Mehlich, A. & Böhme, R. (2021). Unterricht in inklusiven Klassen. In: Rank, A., Frey, A. & Munser-Kiefer, M., Professionalisierung für ein inklusives Schulsystem. Bad Heilbrunn: Klinkhardt.

Munser-Kiefer, M., Rupprecht, A., Rupprecht, M., Seifried, Y. & Thiel, F. (2013). Gesundheitsförderung in der Grundschule. Abschlussbericht zur Interventionsstudie ›Rundum gesund? Die Mischung macht's!‹ Berichte und Arbeiten aus dem Institut für Grundschulforschung, FAU Erlangen-Nürnberg.

Willems, A., Jarsinski, S., Holtappels, H. & Rollett, W. (2013). Schulische Qualitätsmerkmale von Ganztagsgrundschulen aus Sicht der Lehrkräfte. Zur Bedeutung der sozialen Komposition der Schülerschaft. Zeitschrift für Grundschulforschung, 6, 69–84.

Wood, W., Quinn, J. M. & Kashy, D. A. (2002). Habits in everyday life: thought, emotion, and action, In: Journal of personality and social psychology, 83 (6), 1281–1297.

Wulf, C. (2008). Rituale im Grundschulalter: Performativität, Mimesis und Interkulturalität. In: Zeitschrift für Erziehungswissenschaft, 11(1), 67–83.

Vorüberlegung 2: Wie erreiche ich meine Schüler*innen?

Die Grundschule als Schule für alle Kinder hat großes Potenzial, alle Schüler*innen zu erreichen, einschließlich der als »schwer zugänglich« geltenden Zielgruppen (Lampert, Hoebel & Kroll 2019). Doch was sind Zielgruppen und was muss beachtet werden, um wirklich alle Kinder zu erreichen – ohne zu benachteiligen und zu diskriminieren?

Expertise: Zielgruppen und zielgruppenorientierte bzw. adressat*innenenspezifische Arbeit

Zielgruppe bezeichnet einen »Teil der Bevölkerung bzw. eine Gruppe von Personen, die gezielt mit bestimmten Angeboten erreicht werden soll [...]. Im Hinblick auf die Planung, Durchführung und Evaluation von zielgruppenorientierter Arbeit in der Gesundheitsförderung kann eine weitere Differenzierung nach

- Zielgruppen (bei wem werden Veränderungen angestrebt, z. B. Kita- oder Grundschulkinder[1]),
- Adressat*innen (wer muss dafür angesprochen werden, z. B. Lehrer*innen, Eltern und Erzieher*innen),
- Empfänger*innen (wer wird mit einer Maßnahme tatsächlich erreicht, z. B. Mütter mit einem bestimmten Bildungshintergrund) wichtig sein.

Alle drei Gruppen können, müssen aber nicht identisch sein.« (Lehmann & Blümel 2015.; o. S.; [1]Grundschulkinder ergänzt durch Autorinnen)

Der Begriff der Zielgruppe ist für die Gesundheitsförderung eher ungünstig: Er suggeriert, dass auf die zu erreichenden Personen gezielt wird, ohne dass sich diese aktiv einbringen. Gesundheit braucht jedoch nicht Patient*innen, die *passiv* behandelt werden, sondern Aktient*innen, die *aktiv* ihre Gesundheit gestalten und erhalten (▶ Kap. 1.1.2). Gesundheitsförderung setzt deshalb auf Empowerment und Partizipation. Häufig wird daher auch der Begriff »Adressat*innen« statt »Zielgruppe« verwendet.

Grundschulpädagogisch ist zudem die Annahme *einer* Zielgruppe in der Klasse nicht unproblematisch: Als Schule für alle Kinder können die Adressat*innen in der Grundschule sehr verschieden sein (z. B. Heinzel & Prengel 2002). Die Wirksamkeit von Gesundheitsförderung ist jedoch stark von der Passung abhängig (zusammenfassend in: Schnabel 2010), sodass es zur Herausforderung wird, alle Schüler*innen in der Vielfalt ihrer individuellen und kontextuellen Lebenslagen zu erreichen.

Exkurs: Herausforderung Heterogenität in der Gesundheitsförderung der Grundschule

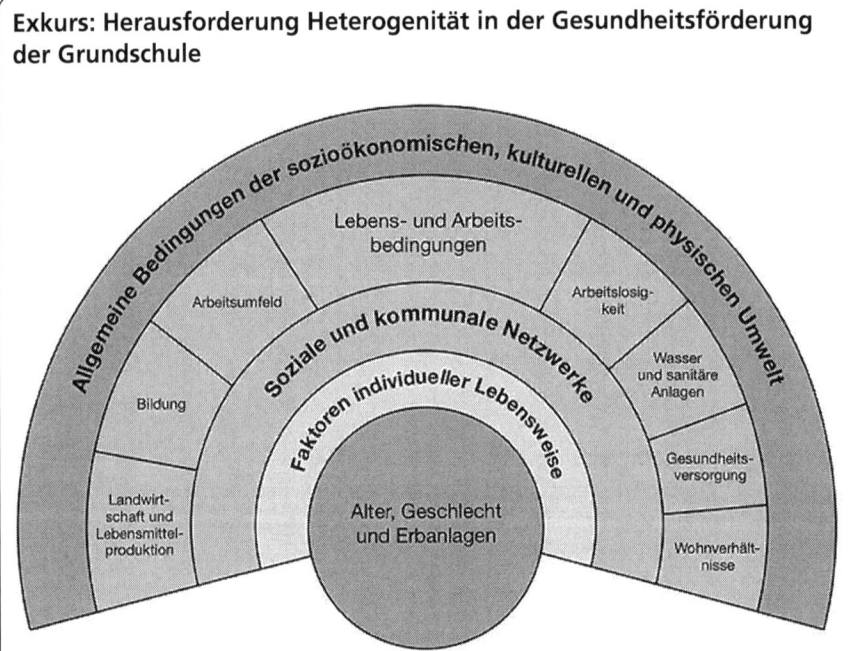

Abb. II.3: Determinanten der Gesundheit (Dahlgren & Whitehead 1991, aus: Hurrelmann & Richter 2018, o. S.)

Die Heterogenität in einer Grundschulklasse bezieht sich auf Unterschiede in den Merkmalen auf Individual- und auf Gruppenebene: Auf der Individualebene ist jedes Kind einzigartig und unterscheidet sich von seinen Klassenkamerad*innen durch Merkmale, die im Kind selbst liegen, und durch Merkmale, die in der Lebenswelt des Kindes liegen. Auf der Gruppenebene unterscheiden sich die Kinder untereinander.

Die Merkmalskombinationen auf Ebene des Kindes können vielfältig sein: von der körperlichen Konstitution über die psychische Stabilität und die Temperamentseigenschaften bis hin zu den sozialen Fähigkeiten. Manche dieser Merkmale beeinflussen die Gesundheit, manche sind erst ab einer bestimmten Ausprägung oder in einer bestimmten Kombination oder in einem bestimmten Kontext entscheidend, andere beeinflussen die Gesundheit nicht. So hat jedes Kind seine eigenen Gesundheitsressourcen und »Gesundheitsbaustellen«, die auf körperlicher, psychischer und sozialer Ebene liegen können.

Auch in der Ebene der Lebenswelt können sich die Determinanten von Gesundheit deutlich unterscheiden: von der individuellen Lebensweise über die sozialen und kommunalen Netzwerke hin zu den allgemeinen Bedingungen der sozioökonomischen, kulturellen und physischen Lebenswelt.

Legt man die sogenannten »Milieus« – kategorisiert nach der sozialen Lage und der Grundorientierung – des Sinus-Instituts zugrunde (www.sinus-institut.de), wird deutlich, dass nur ein kleiner Anteil an Menschen jeweils dem gleichen »Milieu« angehört.

Dies trifft dementsprechend auch auf Grundschulkinder und deren Familien zu. Je nach Lebenslage können sich die Determinanten der Gesundheit (▶ Abb. II.3) stark unterscheiden und verschiedene Schwerpunkte sowie Maßnahmen der Gesundheitsförderung notwendig machen. Denn gesundheitsbezogene Einstellungen variieren in Abhängigkeit der Gruppenzugehörigkeit (»Milieu«) erheblich: So verstehen Personen der oberen Soziallagen Gesundheit eher als Ressource, betreiben häufiger aktive Vorsorge und betrachten die eigene Gesundheit als Verantwortung, während Personen aus anderen sozialen Lagen häufiger ein geringeres Gesundheitsbewusstsein haben, Gesundheitsrisiken verdrängen oder versuchen, persönlich »robuster« gegenüber gesundheitlichen Beschwerden oder Risiken zu werden (Wippermann 2009). Eine adressat*innenbezogene Gesundheitsförderung erfordert entsprechend Wissen über die jeweiligen Lebenslagen und Empathie für die Bedürfnisse der Adressat*innen.

Jedoch entstammen Grundschullehrer*innen in Deutschland überwiegend dem »liberal-intellektuellem Milieu« mit mittlerem bis hohem sozioökonomischen Status (Schumacher 2002). Das erschwert es, die individuellen Einflussfaktoren auf die Gesundheit und soziale Gesundheitsdeterminanten der Schüler*innen in hinreichendem Maß identifizieren und vor allem adressieren zu können. Fraglich ist demnach, ob die »Verursacher*innen« des Präventionsdilemmas (▶ Kap. 1.2, ▶ Kap. 2.2.1) tatsächlich die »hard to reach subjects« sind – also die Personen, die auf Angebote der Gesundheitsförderung nicht ansprechen. Möglicherweise verstärken Akteur*innen der Gesundheitsförderung das Präventionsdilemma, wenn sie die Adressat*innen ungenau definieren und deren Lebenslagen, Ressourcen und Interessen sowie Risikofaktoren unzureichend kennen oder antizipieren können und das Angebot zu wenig Passung hat.

> **Expertise: Diskriminierung als Ursache des Präventionsdilemmas?**
>
> »Ganze Bevölkerungsgruppen können so als ›unkooperativ‹, ›fatalistisch‹, ›misstrauisch‹ gegenüber Institutionen und Handelnden in der Gesundheitsförderung und damit als ›schwer erreichbar‹ diskriminiert werden. Dabei wird übersehen, dass letztendlich die Erreichbarkeit von der angewandten Zugangsmethodik, dem Setting sowie von den Kommunikations- und Zugangskompetenzen der Wissenschaftler bzw. Wissenschaftlerinnen und der Gesundheitsfachkräfte abhängt.« (Lehmann & Blümel 2015, o. S.)

Um individueller und struktureller Diskriminierung entgegenzuwirken (z. B. Karst 2020; Preuß 2020), bedarf es der Reflexion der eigenen Situation und Privilegiertheit (Messerschmidt 2016, Steinbach 2016). Zudem ist es erforderlich, die Zielgruppe, ihre soziale Lage sowie die Ziele der gesundheitsförderlichen Maßnahme sorgfältig zu definieren und soziale Determinanten der Gesundheitsförderung zu berücksichtigen (Wettstein 2016). Die Stufen des Zielgruppenbezugs (▶ Abb. II.4) beschreiben die Niveaus dieser Eingrenzung.

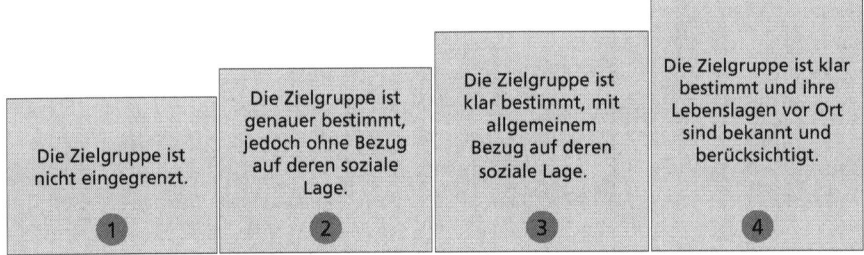

Abb. II.4: Stufen des Zielgruppenbezugs (Kooperationsverbund Gesundheitliche Chancengleichheit 2021, S. 13)

Als Goldstandard der Gesundheitsförderung gilt es darüber hinaus, die Ziel- bzw. – besser – die Adressat*innengruppe bereits bei der Problemdefinition einzubeziehen (Altgeld & Kolip 2010) und dadurch zu Akteur*innen des eigenen Gesundheitshandelns zu machen. Die partizipative Einbindung von Multiplikator*innen aus der Peergruppe (▶ Kap. 2) kann einen Beitrag zur besseren Erreichbarkeit von »hard to reach subjects« leisten. Aufgrund der unterschiedlichen Problemlagen bieten sich darüber hinaus auch differenzierte Angebote der Gesundheitsförderung an, die die individuellen Ressourcen von Kindern bedarfsorientiert stärken. Ein Angebot für alle Kinder kann – wie so oft im Grundschulbereich – an den Bedürfnissen vieler

Kinder vorbeigehen und so ist die Stärke der Grundschullehrer*innen, den Blick auf das individuelle Kind zu richten, eine große Chance für die Gesundheitsförderung.

Zusammenfassung

Die Grundschule als Schule für alle Kinder hat großes Potenzial, alle und damit auch als »schwer zugänglich« geltende Zielgruppen zu erreichen. Gesundheitsförderung erfordert jedoch eine Anpassung an die individuellen Bedarfe, um wirksam zu werden. Die Unterschiede in den sozialen Lagen ebenso wie andere Determinanten von Gesundheit sollten deshalb bei der Planung von Maßnahmen der Gesundheitsförderung immer berücksichtigt werden. Gelingt es Akteur*innen nicht, Gesundheitsrisiken und -ressourcen der Adressat*innen zu antizipieren, fühlen sich diese möglicherweise von den Maßnahmen nicht angesprochen. Es erfordert daher Einfühlungsvermögen sowie das Verständnis für gesundheitsbezogene Einstellungen und Prioritäten, die möglicherweise von den eigenen abweichen. Die Adressat*innen bei der Zielsetzung und Maßnahmenplanung einzubeziehen, könnte ein vielversprechender Ansatzpunkt sein. Die Kompetenz der Grundschullehrer*innen, den Blick auf das individuelle Kind zu richten, ist dabei eine große Chance für die Gesundheitsförderung.

Literatur

Altgeld, T. & Kolip, P. (2010). Konzepte und Strategien der Gesundheitsförderung. In: K. Hurrelmann, Th. Klotz, J. Haisch (Hrsg.), Lehrbuch Prävention und Gesundheitsförderung. 3., vollständig überarbeitete und erweiterte Auflage (S. 45–56). Bern: Verlag Hans Huber.

Heinzel, F. & Prengel, A. (Hrsg.) (2002). Heterogenität, Integration und Differenzierung in der Primarstufe. Jahrbuch Grundschulforschung, Band 6. Wiesbaden: VS Verlag für Sozialwissenschaften.

Hurrelmann, K. & Richter, M. D. (2018). Determinanten von Gesundheit. Aus: Leitbegriffe der Gesundheitsförderung, BZgA. doi: 10.17623/BZGA:224-i008–1.0. Verfügbar unter: www.leitbegriffe.bzga.de/alphabetisches-verzeichnis/determinanten-von-gesundheit/.

Karst, K. (2020). Stereotype, Urteile und Urteilsakkuratheit von Lehrkräften: Eine Zusammenschau im Rahmen des Heterogenitätsdiskurses. In: S. Glock & H. Keen (Hrsg.), Stereotype in der Schule (S. 281–308). Heidelberg: Springer-Verlag.

Kooperationsverbund Gesundheitliche Chancengleichheit (2021). Kriterien für gute Praxis der soziallagenbezogenen Gesundheitsförderung des Kooperationsverbundes gesundheitliche Chancengleichheit. Verfügbar unter: www.gesundheitliche-chancengleichheit.de/materialien/publikationen_des_verbundes/.

Lampert, T., Hoebel, J. & Kroll, L. E. (2019). Soziale Unterschiede in der Mortalität und Lebenserwartung in Deutschland – Aktuelle Situation und Trends. Journal of Health Monitoring, 4 (1). doi: 10.25646/5868.

Lehmann, F. & Blümel, S. (2015). Zielgruppen, Multiplikatorinnen und Multiplikatoren. Aus: Leitbegriffe der Gesundheitsförderung, BZgA. doi:10.17623/BZGA:224-i128–1.0. Verfügbar: www.leitbegriffe.bzga.de/alphabetisches-verzeichnis/zielgruppen-multiplikatorinnen-und-multiplikatoren/.

Messerschmidt, A. (2016). Involviert in Machtverhältnisse. Rassismuskritische Professionalisierungen für die Pädagogik in der Migrationsgesellschaft. In: Doğmuş, A., Karakaşoğlu, Y., Mecheril, P. (Hrsg.), Pädagogisches Können in der Migrationsgesellschaft, Wiesbaden 2016, S. 59–70.

Preuß, M. (2020). Elias' Etablierte und Außenseiter. Eine quantitativ-empirische Modellierung am Beispiel der deutschen Migrationsgesellschaft. Transcript 2020.

Schnabel, P.E. (2010). Prävention und Gesundheitsförderung in Familien und Schulen. In: K. Hurrelmann, T. Klotz & J. Haisch (Hrsg.), Lehrbuch Prävention und Gesundheitsförderung, 3., überarb. Aufl., S. 312–323. Bern: Verlag Hans Huber.

Schumacher, E. (2002). Die soziale Ungleichheit der Lehrer/innen – oder: Gibt es eine Milieuspezifität pädagogischen Handelns? In: J. Mägdefrau, J. & E. Schumacher (Hrsg.), Pädagogik und soziale Ungleichheit: aktuelle Beiträge – neue Herausforderungen (S. 253–270). Bad Heilbrunn: Klinkhardt.

Steinbach, A. (2016). Thematisierung migrationsgesellschaftlicher Differenz- und Machverhältnisse in der universitären Lehramtsausbildung. In: Doğmuş, A., Karakaşoğlu, Y., Mecheril, P. (Hrsg.), Pädagogisches Können in der Migrationsgesellschaft (S. 279–301). Wiesbaden: Springer Verlag.

Wettstein, F. (2016). Wie berücksichtigt Gesundheitsförderung die sozialen Determinanten? Bioethica Forum, 9 (4), 136–142.

Wippermann, C. (2009). Lebensstile und Milieus: Einflüsse auf die Gesundheit. In: V. Schumpelik, B. Vogel (Hrsg.), Volkskrankheiten. Gesundheitliche Herausforderungen in der Wohlstandsgesellschaft (S. 143–156). Berlin: Verlag Herder.

4 Modul Bewegung

Dennis Dreiskämper & Roland Naul

Fallbeispiel

Das Referendariat gerade erfolgreich gemeistert, folgt die erste Bewährungsprobe: Erste Unterrichtsstunde in Klasse 3. Kein Problem, man ist schließlich vorbereitet. Die Unterrichtsreihe zu verschiedenen Wurfspielarten ist geplant und entspricht dem, was in den Lehrbüchern der einzelnen Sportarten und Bewegungsfelder empfohlen wird. Die Inhaltsbereiche und/oder Kompetenzbereiche des Lehrplans sind in alle Bestandteile der Unterrichtsreihe integriert. Doch als ich das erste Mal mit der versammelten Klasse von 29 Kindern in der (viel zu) kleinen Sporthalle stehe, stelle ich fest: Puh, da sind aber mindestens die Hälfte eher Bewegungsmuffel auf den ersten Blick. In der anderen Hallenhälfte spielen schon die überaktiven Jungs mit einem selbst mitgebrachten Fußball, während die Letzten gerade erst langsam aus der Umkleidekabine reinschlendern. Das ist ganz schön bunt gemischt! Ob ich das bei all meinen Übungen bedacht habe? Und dabei habe ich noch gar nicht berücksichtigt, dass ich ja auch noch zwei geflüchtete Kinder in der Klasse habe, die sicher nicht alles verstehen werden, was ich vorhabe. Und was mache ich eigentlich mit den beiden Kindern mit besonderem Förderbedarf?

Fazit: Bevor es richtig los geht, ist mir schon eins klar: Spielsportvermittlung, wie sie in der Theorie beschrieben wird, sieht in der Praxis der Umgebungsfaktoren und der Ansprüche an sowie der Heterogenität von Sportunterricht anders aus! Aber wie kann ich eigentlich möglichst allen Kindern gerecht werden, um ihre körperliche Aktivität nicht nur in den zwei bis drei Unterrichtseinheiten zu fördern, sondern sie auch für einen gesunden und aktiven Lebensstil zu begeistern? Eine Formel, die für alle gilt, gibt es sicher nicht.

Wie das Fallbeispiel verdeutlicht, ist die Bewegungsförderung im Grundschulalter eine komplexe und gleichzeitig wichtige Aufgabe für Lehrer*innen bzw. insbesondere Sportlehrer*innen. Dieses Kapitel beschäftigt sich deswegen mit Ansätzen der Bewegungsförderung in der Grundschule. Bewegung wird von vielen als wichtiger Baustein für eine gelingende und gesunde Entwicklung im Kindesalter angesehen und kann somit als bedeutender Bestandteil von Gesundheitsförderung im Kindesalter betrachtet werden.

Das vorliegende Kapitel gliedert sich wie folgt: Es wird zunächst auf die Empfehlungen zu täglichen Bewegungszeiten der Bundeszentrale für gesundheitliche Aufklärung (BZgA) eingegangen. Danach wird vor dem Hintergrund dieser Empfehlungen für das Grundschulalter der Status Quo in Deutschland sowie weltweit thematisiert. Ansätze zur Bewegungsförderung beziehen sich auf mindestens zwei Ebenen des Aufwachsens: zum einen auf individuelle Faktoren wie Fitness, motorische Fertigkeiten und Koordination sowie auf Motivation und Selbstkonzept, zum anderen auf Umweltfaktoren, die sich in direkte Bezugsfaktoren wie Eltern und Peers sowie in Umgebungsfaktoren wie Schule, Kommune oder Sportverein unterteilen lassen. Diese werden hinsichtlich ihrer Notwendigkeit und ihres Einflusses vorgestellt und diskutiert. Darauf aufbauend sollen Interventionsansätze zur Förderung täglicher Bewegungszeit vorgestellt werden. Abschließend werden Ableitungen und Handlungsempfehlungen zur Bewegungsförderung in der Grundschule vorgestellt.

4.1 Basiswissen

4.1.1 Ausgangslage

In den von Alfred Rütten und Klaus Pfeifer im Jahr 2017 neu herausgegebenen nationalen Empfehlungen für Bewegung und Bewegungsförderung der BZgA wird für das Grundschulalter eine empfohlene tägliche Bewegungszeit von 90 Minuten in moderater und hoher Intensität formuliert (Rütten & Pfeifer 2017). Moderate Bewegung meint dabei beispielsweise das Spielen auf dem Spielplatz oder im Garten, aber auch den Schulweg mit dem Fahrrad oder zu Fuß. Von intensiver Bewegung wird gesprochen, wenn es sich z. B. um Ball- oder Mannschaftsspiele oder um Sporttreiben im eigentlichen Sinne handelt. Die Empfehlungen konstatieren, dass in einem normalen Tagesablauf rund 60 Minuten dieser Bewegungszeit durch Alltagsbewegungen abgedeckt werden könnten. Anders ausgedrückt würde dieses Bewegungsvolumen ca. 12.000 Schritten pro Tag entsprechen (wobei dies eine ungenaue Annäherung ist, da Sporttreiben wie Klettern oder Schwimmen dabei nicht eingerechnet werden könnten). Spezifisch für das Grundschulalter ist darüber hinaus, dass es sich um eine sensible Entwicklungsphase handelt (▶ Kap. 2). Deswegen werden in den neuen Handlungsempfehlungen über die eigentliche Quantität der Bewegung hinaus auch Empfehlungen zu spezifischen Belastungen gegeben: So sollen vor allem kraftintensive und die Ausdauer beanspruchende Bewegungsformen an mindestens zwei bis drei Tagen pro Woche im Tagesablauf von Kindern etabliert werden. Die Empfehlungen gehen auch darauf ein, dass besonders in diesem Alter unterschiedliche Grundvoraussetzungen im Level der Sportlichkeit, in der Motivation und in der Erfahrung der Kinder vorliegen, die bei der Gestaltung von Bewegungszeiten berücksichtigt werden sollten (Rütten & Pfeifer 2017). Deswegen beschäftigt sich dieses Kapitel auch mit den individuellen Faktoren wie Fitness, motorischen Fertigkeiten, Motivation und Selbstkonzept.

Die Handlungsempfehlungen aus dem Jahr 2017 sind weder neu noch einzigartig. Die Grundformel von 90 Minuten Bewegungszeit für diese Altersspanne gilt für Deutschland schon sehr viel länger und ist auch international anerkannt (Graf et al. 2013). In der größten deutschen Panelstudie zum Gesundheitsstatus von Kindern und Jugendlichen, der KiGGS-Studie des Robert Koch-Instituts, wurden für einen gesunden täglichen Lebensstil von Kindern konservativere Parameter in Form von 60 Minuten körperlicher Bewegung zugrunde gelegt (Finger et al. 2018). Die Ergebnisse der in 2018 veröffentlichten zweiten Erhebungswelle zur körperlichen Aktivität mit einer repräsentativen deutschlandweiten Gesamtstichprobe von ca. 13.000 Kindern zeigen, dass unter den drei- bis 17-jährigen Kindern und Jugendlichen nur 22,4 % der Mädchen und 29,4 % der Jungen diese tägliche Bewegungszeit erreichen (Finger et al. 2018, S. 26). Für das Grundschulalter (sieben bis zehn Jahre) sehen die Werte zwar etwas besser aus (Mädchen 22,8 %, Jungen 30,0 %), dennoch zeigt sich, dass nicht einmal jedes dritte Grundschulkind die täglichen Empfehlungen erreicht. Wie Finger und Kollegen (2018) verdeutlichen, ist dieser Prävalenzwert unabhängig vom sozioökonomischen Status der Kinder. Allerdings konnte in der KiGGS-Studie auch gezeigt werden, dass bereits rund 5,7 % der Mädchen und 4,4 % der Jungen im Grundschulalter weniger als zwei Mal pro Woche die täglichen Empfehlungen erreichen. In diesem Fall zeigen sozioökonomische Unterschiede in der Gesamtansicht aller Kinder und Jugendlichen, dass die Zahl der sehr inaktiven Kinder bei Elternhäusern aus niedrigen sozioökonomischen Verhältnissen deutlich erhöht ist.

Insgesamt scheint das Grundschulalter ein sensibles Alter für Veränderungsprozesse in der Entwicklung von Kindern darzustellen: Während im Kindergartenalter noch beinahe jedes zweite Kind (43,8 % Mädchen, 48,9 % Jungen) die täglichen Bewegungszeiten erfüllt, nimmt diese Zahl über das Grundschulalter kontinuierlich ab – ein Trend, der in der Sekundarstufe nicht mehr gestoppt zu werden scheint und sich noch weiter verfestigt. Von den 14- bis 17-jährigen Mädchen erreichen nur noch 7,5 % die täglichen nationalen Empfehlungen. Gerade deswegen wird das Grundschulalter und hier insbesondere die Schwelle des Übergangs zwischen Kindergarten und Grundschule als besonders sensible und wichtige Phase identifiziert. Dies macht eine gezielte und fundierte Bewegungsförderung im Grundschulalter absolut notwendig. Gestützt wird diese Notwendigkeit durch die ebenfalls in der KiGGS-Studie vorliegenden Daten zu Übergewicht und Adipositas im Kindes- und Jugendalter. Wie Schienkiewitz und Kollegen (2018) berichten, liegen die Prävalenzwerte für Adipositas und Übergewicht auf einem für deutsche Kinder und Jugendliche konstant hohen Niveau. In den aktuellsten Querschnittsbefunden der KiGGS-Studie zeigen sich für das Grundschulalter (sieben bis zehn Jahre) Raten von 14,9 % Übergewicht für Mädchen und 16,1 % für Jungen (Adipositas mit inbegriffen, auf Basis der Richtwerte von Kromeyer-Hausschild et al. 2015) bei einer repräsentativen Stichprobe von rund 3.500 Kindern (Schienkiewitz et al. 2018b). Die Prävalenzraten für Adipositas, also ein Wert über dem Perzentilrang 97, betrug für Mädchen dieser von 2014 bis 2017 erhobenen Stichprobe 4,7 %, für Jungen 6,8 % (ebd.). Dies ist deswegen von besonderer Bedeutung, da Längsschnittdaten aus der Kohorte der Grundschulkinder der ersten KiGGS-Welle (2003–2006) zeigen, dass rund 65 % der Kinder, die in diesem Zeitraum adipös waren, dies auch rund zwölf Jahre später als Jugendliche immer noch waren. Die Verbleibequoten für Grundschulkinder, die adipös sind, werden in dieser Stufe des gefährlichen Übergewichts sogar noch deutlich höher geschätzt.

Insgesamt lässt sich konstatieren, dass bereits in der Grundschule nicht einmal jedes dritte Kind den von der WHO empfohlenen Schwellenwert von 60 Minuten täglicher Bewegungszeit erreicht und gleichzeitig rund jedes sechste Kind im Grundschulalter bereits übergewichtig ist. Für die Zahl der übergewichtigen Kinder werden je nach Erhebungsart, Messkriterium (so werden neben den Referenzwerten von Kromeyer-Hausschild et al. 2015 auch häufiger die progressiveren, international anerkannten Normwerte der WHO (Cole et al. 2004) angewendet) und Erhebungsraum deutlich höhere Prävalenzwerte für Übergewicht und Adipositas ermittelt (Kurth & Schaffrath-Rosario 2010). Da beide Gesundheitsindikatoren in Zusammenhang zueinander zu stehen scheinen, werden sie in Interventionen und theoretischen Ansätzen aus der Sportwissenschaft zu Bedingungsfaktoren für gesundes Aufwachsen im Kindesalter oft nur gemeinsam betrachtet. In einem viel beachteten systematischen Review zeigen Poitras und Kollegen, dass körperliche Aktivität im Kindesalter einerseits positive Effekte auf physische, psychische und soziale Gesundheitsfaktoren hat (Poitras et al. 2016). Zum anderen belegen sie auch, dass es im Kindesalter nicht unbedingt entscheidend ist, welche Form von Aktivität wie lange ausgeübt wird, sondern dass es generell zu regelmäßiger körperlicher Betätigung kommt und dass hierfür auch Möglichkeiten geschaffen werden. Im Folgenden sollen daher zunächst wichtige Grundbausteine und ihre Bedeutung für körperliche Aktivität dargestellt werden, bevor dann unterschiedliche Ansätze der Bewegungsförderung, die alle auf diesen Bausteinen beruhen, vorgestellt werden.

4.1.2 Motorische Entwicklung

Biologisch und entwicklungspsychologisch betrachtet ist das Grundschulalter eine Zeit, in der Kinder gleich mehrere *Entwicklungsphasen und Meilensteine* in ihrer körperlich-motorischen, psycho-sozialen und geistigen (kognitiven) Entwicklung im Eiltempo zurücklegen.

Expertise: Meilensteine

Unter Meilensteinen der Bewegung versteht die Weltgesundheits-Organisation (WHO):

- »Sitzen ohne Unterstützung
- Krabbeln auf Händen und Knien
- Stehen mit Festhalten
- Gehen mit Festhalten
- freies Stehen und
- freies Gehen.« (zit. nach ifp 2016, S. 15)

Einen Überblick über die Entwicklung dieser Stufen findet man unter: http://www.ifp.bayern.de/imperia/md/content/stmas/ifp/projektbericht_meilensteine_nr_28.pdf

Im Kindes- und Jugendalter werden weitere Bewegungsformen erlernt, die ebenfalls meilensteinartig zu bewerten sind. Hierunter fallen Fortbewegungsarten wie Laufen, Rennen, Springen, Hüpfen und kombinatorische Aufgaben wie das Fangen eines Balles, das Prellen eines Balles, aber auch Seilspringen oder Rollbewegungen.

Einen Überblick bieten Schott und Munzert (2010) in ihrem Buch »Motorische Entwicklung«.

Dabei ist es üblich, dass nicht jedes Kind diese Entwicklungsphasen in der gleichen Reihenfolge durchläuft und zeitgleich mit allen anderen Kindern die Meilensteine der Entwicklung erreicht. Zwar bestimmen automatische (endogene) Wachstumsprozesse in diesen beiden Lebensphasen der Kindheit weitgehend die Dynamik und den Gestaltwandel (Körperproportionen von Kopf, Rumpf, Extremitäten) in der Entwicklung. Diese Entwicklungsprozesse werden jedoch von den *Bewegungsangeboten und Übungsgelegenheiten* im Elternhaus, in der Schule, im Lebens- und Wohnumfeld der Kinder unterschiedlich gut, z. B. durch geringe, altersübliche oder starke Förderung beeinflusst. Gerade der *Gestaltwandel* zwischen dem 5. und 7. Lebensjahr beeinflusst die körperlich-motorische Entwicklung in ihren Grundlagen. Ein gutes Beispiel hierfür sind z. B. *Körpergröße und Gewicht:* Wer bei einer Messung des Body Mass Index (BMI) in der Schuleingangsuntersuchung vor Beginn der Einschulung noch übergewichtig erscheint, kann drei Monate später schon ein Normalgewicht haben, weil der Längenwachstumsschub etwas später einsetzt. Genauso kann aber auch ein Kind vorübergehend als übergewichtig eingeschätzt werden, weil dieser Wachstumsschub erst Wochen später erfolgt. Diese plötzlichen Wechsel sind nicht ungewöhnlich im Kindesalter zwischen sechs und elf Jahren.

Für die Kinder selbst stellen diese Veränderungsprozesse in ihrer kindlichen *Bewegungsentwicklung* eine große Herausforderung dar: Die motorischen Bedingungen ändern sich schnell und die Kinder passen sich durch ihren individuellen Gestaltwandel und durch die Interaktion in Spiel und Sport immer wieder neu an (Rollen- und Regelspiele). Diese Veränderungen in der körperlich-motorischen Bewegung können aus zwei Perspektiven näher betrachtet werden: zum einen, welche *motorischen Fertigkeiten* (Laufen, Hüpfen, Springen, Werfen, Fangen, …) wann und wie gut beherrscht werden; zum anderen, wie sich die *motorischen Fähigkeiten* (Koordination, Kraft, Schnelligkeit, Ausdauer, Beweglichkeit) als gesundheitsbezogene Fitness im Grundschulalter (6–10. Lebensjahr) weiterentwickeln und schließlich im Jugendalter festigen und spezifizieren (z. B. durch das Ausüben einer bestimmten Sportart).

4.1.3 Motorische Fertigkeiten

Der Begriff »Motorische Fertigkeiten« beschreibt grundlegende motorische Handlungen, die von Kindern im Laufe ihrer Entwicklung unterschiedlich gut und schnell erlernt werden. Sie sind lebensphasen- und sportartübergreifende Anforderungen: So stellen die ersten Meilensteine wie Sitzen, Gehen, Laufen, aber auch Greifen und Fangen als Auge-Hand-Koordination *fundamentale Bewegungsformen* dar. Für diese grundlegenden motorischen Fertigkeiten kann man relativ genau abschätzen, ab welchem Lebensabschnitt Kinder diese Fertigkeiten unterschiedlich präzise ausführen können (Haywood & Getchell 2009).

Man unterscheidet hierbei zwischen *feinmotorischen Fertigkeiten* (z. B. Malen und Schreiben, Gebrauch einer Schere) und *grobmotorischen Fertigkeiten* (z. B. verschiedene Arten der Fortbewegung, Werfen und Fangen).

Aus sportlicher Perspektive sind die grobmotorischen Fertigkeiten zentral. Die fundamentalen grobmotorischen Fertigkeiten werden unterteilt in *Lokomotion* (Fortbewegung wie Laufen, Rennen, Hopserlauf oder Hüpfen – alles mit den unteren Extremitäten) und *Objekt-Kontrolle* der Extremitäten (Werfen, Fangen, Prellen mit den Händen, Passen, Annehmen, Schießen mit den Füßen; Stodden & Holfelder 2013).

Dazu kommen noch *komplexere Bewegungsformen* von Rumpf, Armen und Beinen. Damit sind Roll- und Drehbewegungen des Rumpfs gemeint, z. B. Rolle vorwärts und rückwärts, sowie das Antäuschen, Verzögern und der Richtungswechsel beim Laufen, Spielen oder Werfen des Balles. Diese Bewegungsformen werden in mehreren Sportarten benötigt und sind daher für den Sport insgesamt fundamental.

Um den Entwicklungsstand der fundamentalen Bewegungsformen in der kindlichen Entwicklung zu überprüfen, gibt es verschiedene Testbatterien. Sie zeigen, wie gut Kinder für ihr Alter bestimmte Aufgaben bereits beherrschen und wo Entwicklungsverzögerungen zu erkennen sind. Der bekannteste Test ist der *Test of Gross Motor Development* (TGMD-3, Ullrich 2018), der anhand von 13 Aufgaben die Facetten *der Lokomotion und der Objektkontrolle* für Kinder im Alter von vier bis zwölf Jahren testet. Bei jeder Aufgabe des Tests werden vier bis fünf Bewegungskriterien beobachtet und die grundlegenden grobmotorischen Fertigkeiten des Kindes bestimmt. Beim Werfen eines Balles sind dies z. B. die richtige Schrittstellung, die Oberkörperverwringung von Schulter und Hüfte, die Position des Balles in Relation zum Ellenbogen sowie die Flugbahn des Balles selbst. Welche motorischen Fertigkeiten wie gut von Kindern beherrscht werden, ist auch ein wichtiger Anhaltspunkt dafür, ob Kinder überhaupt in ihrer Freizeit oder in einem Verein Sport treiben oder nicht. Wer in seiner Kindheit eine altersgemäße und breite Entwicklung in den motorischen Fertigkeiten erhält bzw. sich dafür interessiert, wer Spaß am Können und Freude an der Bewegung entwickelt, der ist sehr oft im Jugendalter immer noch aktiv (Barnett et al. 2015). Die Ursache hierfür liegt auf der Hand: Ein Kind, das sich gerne bewegt und Erfolgserlebnisse durch sein motorisches Können erfährt und/oder das Aufmerksamkeit und Anerkennung in seiner Gruppe durch sein motorisches Können bekommt, verstärkt sein Selbstkonzept, seine Selbstwirksamkeitserwartungen sowie seine Motivation, Bewegung, Spiel und Sport als wichtige Lebenselemente beizubehalten.

4.1.4 Motorische Fähigkeiten und gesundheitsbezogene Fitness

Der Begriff »motorische Fähigkeiten« beschreibt einzelne, miteinander verbundene Aspekte der motorischen Leistungsfähigkeit. Zusammengenommen werden sie gemeinhin auch als gesundheitsbezogene Fitness beschrieben. Die Aspekte der gesundheitsbezogenen Fitness sind somit einzeln trainierbar und stellen in ihrem Zusammenwirken generelle Eigenschaften des Kindes bzw. des Körpers dar. Im Gegensatz zu den Fertigkeiten sind die Fähigkeiten also komplexer, da sie miteinander kombinierbar sind.

Bös und Mechling (1983) nennen als Hauptaspekte der gesundheitsbezogenen Fitness Kraft, Ausdauer, Schnelligkeit und Beweglichkeit sowie die für das Grundschulalter besonders wichtige Koordination. Während Kraft, Schnelligkeit und Ausdauer durch den Körperbau maßgeblich bestimmt werden (energetisch determiniert), hängt die Koordinationsleistung davon ab, wie Kinder sich und ihre Umwelt wahrnehmen und welche Informationen sie verarbeiten können (informationsorientiert).

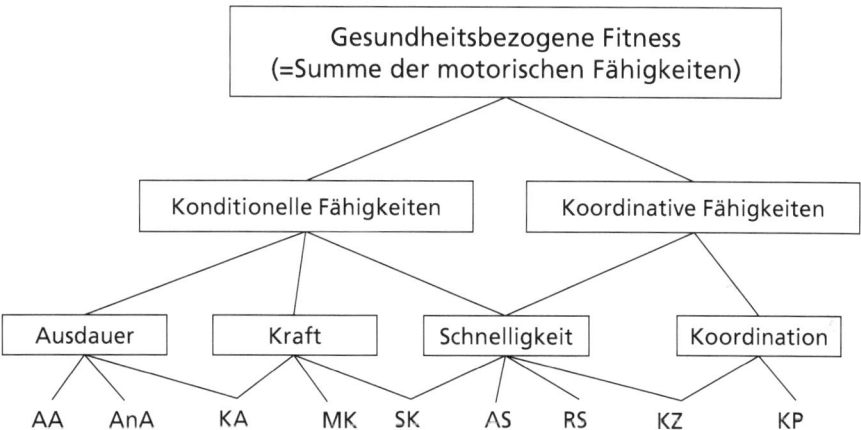

Abb. 4.1: Motorische Fähigkeiten vereinfacht (angelehnt an Bös 1987, S. 94)
Anmerkung:
AA Aerobe Ausdauer, AnA Anaerobe Ausdauer, KA Kraftausdauer, MK Maximalkraft, SK Schnellkraft, AS Aktionsschnelligkeit, RS Reaktionsschnelligkeit, KZ Koordination unter Zeitdruck, KP Koordination unter Präzisionsdruck

Kraft, Ausdauer und Schnelligkeit stehen in einem wechselseitigen Verhältnis und können in verschiedenen Kombinationen auftreten (z. B. Schnellkraft oder Kraftausdauer). *Beweglichkeit* wird als passiver Part verstanden, der in einem bestimmten Ausprägungsgrad vorhanden ist (z. B. geringe oder hohe Beweglichkeit).

Beweglichkeit ist im Kleinkindalter bei jedem Kind sehr gut ausgeprägt. Mit zunehmendem Alter nimmt die Beweglichkeit jedoch oft ab: So kann z. B. jedes Baby seinen Fuß in den Mund nehmen, aber bei weitem nicht mehr jede*r Viertklässler*in.

Ziel ist es, diese Bewegungsfähigkeit in den ersten Lebensjahren einschließlich des Vorschulalters möglichst stabil zu halten. Ausdauer, Kraft und Schnelligkeit hingegen können vor allem im späteren Kindesalter durch Übung und Training gefördert werden – vorausgesetzt, dass keine muskulären Probleme auftreten und einzelne Muskelgruppen zu schwach entwickelt sind.

Die *Koordination* wiederum ist sehr komplex. Sie kann nach Bös und Mechling (1983) zweifach unterteilt werden:

- Koordination unter Zeitdruck (z. B. bei der Aufgabe »Seitliches Hin- und Herspringen«, bei der ein Kind bzw. ein*e Jugendliche*r zwischen zwei Kästchen hin und her springen und dabei in 15 Sekunden möglichst viele Versuche schaffen muss) und
- Koordination unter Präzisionsdruck (z. B. beim Balancieren auf geraden Linien oder schmalen Balken).

Andere Autor*innen (z. B. Hirtz 1985) unterscheiden noch weitere Koordinationsarten:

- *kinästhetische Differenzierungsfähigkeit* = Wie muss ich welche Teile meines Körpers für eine Bewegung einsetzen?
- *räumliche Orientierungsfähigkeit* = Wo im Sportspiel befinde ich mich, wo meine Mitspieler*innen, wo das Tor?
- *Reaktionsfähigkeit* = z. B. ein Ball kommt auf mich zu, wie schnell kann ich die Arme hochreißen, um ihn zu fangen?
- *Rhythmusfähigkeit* = das gleichmäßige Laufen über eine Hürde, aber auch der richtige Anlauf zu einem Sprung
- *Gleichgewichtsfähigkeit* = z. B. auf einem Schwebebalken oder beim Klettern

Für die Messung der Fitness im Kindes- und Jugendalter liegen unterschiedliche Tests vor. Der bekannteste Test ist der »Deutsche Motorik-Test« (DMT 6–18; Bös et al. 2009), der aus insgesamt acht Testaufgaben besteht (20 m Sprint – Antrittsschnelligkeit; 6-Minuten-Lauf – aerobe Ausdauer; Seitliches Hin- und Herspringen und Balancieren rückwärts – als zwei Koordinationsvarianten, Stand and Reach-Test – Beweglichkeit; Liegestütz und Sit-Ups – Kraftausdauer; Standweitsprung – Schnellkraft). Ein weiterer, anerkannter und häufig eingesetzter Test, der nur die Facetten der Koordination umfasst, ist der Körperkoordinations-Test für Kinder (Kiphard & Schilling 1978; 2015). Dieser beinhaltet neben dem seitlichen Hin- und Herspringen (Koordination unter Zeitdruck) und dem Balancieren rückwärts (Koordination unter Präzisionsdruck) noch die Aufgaben des seitlichen Umsetzens (Hand-Auge-Koordination) und des monopedalen Überhüpfens (Koordination bei maximalem Krafteinsatz, Rhythmus). Dieser Test eignet sich in besonderem Maße, um Kinder mit speziellem Förderbedarf zu identifizieren.

Beide Facetten – Motorische Fertigkeiten und Fitness – sind die Basisbausteine für körperliche Aktivität: Ohne ausreichende Fitness und Fertigkeiten ist körperliche

Aktivität kaum oder nicht möglich, ohne Aktivität werden beide Faktoren nicht ausreichend gefördert.

4.1.5   Selbstwahrnehmung und Selbsteinschätzung (physisches Selbstkonzept)

Die gesundheitsbezogene Fitness ist vielschichtig und für Kinder schwer zu überblicken. Dagegen können Kinder schon in frühen Jahren ihre motorischen Fertigkeiten gut einschätzen (z. B. ob sie gut im Fangen oder Werfen sind). Diese *Selbstwahrnehmung* der eigenen motorischen Fertigkeiten und eigenen Fähigkeiten stellt eine zentrale Rolle für die körperliche Aktivität im Kindesalter dar.

Ob Kinder sportlich aktiv sind, hängt nicht nur davon ab, ob sie Bewegungsaufgaben erlernt haben und erfolgreich zeigen können. Wichtig ist auch, dass sie sich dessen bewusst sind. Sie müssen eine Vorstellung davon haben, wie gut oder schlecht sie hinsichtlich einer bestimmten Aufgabe oder hinsichtlich einer bestimmten motorischen Fähigkeit oder Fertigkeit (im Vergleich zu Gleichaltrigen) sind (Barnett et al. 2016; Dreiskämper et al. 2015). Die Selbsteinschätzung der eigenen Fähigkeiten und Fertigkeiten wird nach Shavelson, Hubner und Stanton (1976) dem *Selbstkonzept* zugeschrieben. Hiernach differenziert sich das globale Selbstkonzept über die Kindheit und das Jugendalter weiter in Facetten wie z. B. dem akademischen und nicht-akademischen Selbstkonzept aus. Einen wichtigen Teilaspekt des globalen Selbstkonzepts stellt das *körperliche bzw. physische Selbstkonzept* dar. Diese nicht-akademische Facette des Selbstkonzepts beinhaltet zunächst die Wahrnehmung der eigenen Sportlichkeit und später auch die Wahrnehmung des eigenen Körpers (Marsh & Redmayne 1994).

Kinder sollten lernen, sowohl ihre Fertigkeiten (Harter 1988) als auch ihre eigenen Fähigkeiten und ihre Fitness einschätzen zu können (Dreiskämper et al. 2015). Ob sie dies können, kann man schon im Kindesalter (bis zur 2. Grundschulklasse) durch Bilderverfahren testen. Dabei ordnen sich Kinder vorgegebenen Ausführungsmerkmalen zu (Barnett et al. 2015).

Ab der 3. Schulklasse kann das körperliche bzw. physische Selbstkonzept relativ stabil durch kindgerechte Fragebögen erhoben werden (Dreiskämper et al. 2015). Hierbei kann für das Kindesalter auf der Grundlage von Forschungsergebnissen festgehalten werden, dass

- Kinder sich generell leicht überschätzen.
- diese Überschätzung, solange sie nicht dramatisch abweicht, eher positiv für die sportliche Aktivität ist (Alfermann 2003).
- Jungen sich besser einschätzen als Mädchen.
- im frühen Kindesalter Fertigkeiten besser eingeschätzt werden können als Fitnessaspekte, die jedoch über die Zeit, spätestens im Jugendalter, den größeren Einfluss auf das globale Selbstkonzept aufweisen.
- das körperliche bzw. physische Selbstkonzept einen Einfluss auf die allgemeine Vorstellung von sich selbst (globales Selbstkonzept) und das Wohlbefinden hat

und dass beides durch aktives Bewegungsverhalten positiv beeinflusst werden kann (Dreiskämper & Naul 2014).

Entsprechend geht es bei einer Bewegungsförderung nicht nur darum, Kinder fit zu machen. Es geht zentral auch darum, sie für ihre eigenen Stärken und Schwächen zu sensibilisieren und ihnen dementsprechend auch richtiges Feedback zu ihrem Sporttreiben zu geben. Dies stellt sicherlich einen besonderen Anspruch dar, kann jedoch auch mit weitreichenden gesundheitlichen Konsequenzen verbunden sein.

4.1.6 Motivation und Sportfreude

Das Selbstkonzept kann zudem als handlungsleitend betrachtet werden. Die Selbsteinschätzung bedingt daher z. B. die Motivation zur körperlichen Aktivität und zur Freude an bestimmten Bewegungen, Sportarten oder Aktivitäten. Diese beiden Facetten, Motivation (als kognitiver Prozess) und Freude an der Bewegung (als affektiver Prozess), sind auch im Kindesalter zu berücksichtigen, wenn es darum geht, einen gesunden, aktiven Lebensstil zu fördern.

Die Sportpsychologie unterteilt grundlegend zwei handlungsleitende Facetten. Zum einen sind dies kognitive Prozesse, die dazu führen, dass man sich zu einer körperlichen Aktivität motiviert oder motiviert fühlt. Motivation wird dabei als Gesamtheit der Beweggründe beschrieben, die dazu führen, dass Menschen nach Zielen streben (hier Sport oder körperliche Aktivität) (Heckhausen & Rheinberg 1980). Diese Motive zum Sporttreiben können im Kindesalter sehr unterschiedlich sein. Manche Kinder suchen im Sport vielleicht eher Abwechslung und Zerstreuung, andere suchen den Wettkampf und das Messen mit anderen. Wieder andere Kinder sind eher anschlussorientiert und schätzen die körperliche Betätigung, wenn sie im Team mit anderen stattfindet. Entsprechend formulieren Decy und Ryan (1985) in ihrer Selbstbestimmungstheorie (Self-Determination Theory, SDT), dass es weniger darum geht, Kinder zu etwas zu motivieren, sondern vielmehr darum, ein Umfeld zu schaffen, in dem die Kinder von sich aus (intrinsisch) motiviert sind, aktiv zu sein. Diese auch für den Sport und das Sporttreiben von Kindern valide Annahme (Sebire et al. 2013; Beck & Dreiskämper 2018) bedeutet für Bewegungsangebote für Kinder in der Grundschule, dass verschiedene Anreize geschaffen und Motive durch die Angebote angesprochen werden müssen. Decy und Ryan (1985) unterstreichen, dass es dabei vor allem auf drei Grundbedürfnisse ankommt, die Angebote erfüllen müssen: Erstens müssen Kinder ein Kompetenzerleben spüren können. Das heißt, dass sie durch das körperlich aktiv Sein Erfolgserlebnisse sammeln können und diese auch als solche interpretieren. Hierfür müssen realistische Anreize geschaffen werden, Übungen und Aufgaben dürfen weder zu einfach noch zu schwer sein. Zweitens bedarf es eines gewissen Maßes an sozialer Eingebundenheit: Kinder sollten sich in der Rolle des/der Sporttreibenden wohlfühlen, z. B. weil sie Teil eines Teams sind oder weil sie durch die Bewegungsangebote soziale Unterstützung erfahren oder Verantwortungsübernahme lernen können. Drittens definieren Decy und Ryan (1985) als zentrales Grundbedürfnis das Erleben von Autonomie. Kinder sollten selbst an Entscheidungsprozessen, z. B. bei der Aufgabenauswahl, bei der Ergänzung und Änderung von Spielregeln, aber auch bei der generellen Wahl ihrer sportlichen Aktivität mitentscheiden und mitgestalten können. Eigenes Autonomieerleben führt demnach zu mehr Identifikation mit der Aufgabe, also dem Bewegungsangebot, der Sportstunde etc. und somit zu höherer Motivation und Zufriedenheit.

Eng verbunden mit der Motivation aber auf einer psychologisch betrachteten Ebene steht die Freude und Emotion, die mit Sporttreiben und Bewegung verbunden ist. Brand und Ekkekakis (2018) formulieren hierzu eine »affektiv-reaktive Theorie zu physischer Inaktivität und Sport«. Diese besagt, dass die direkt mit Sporttreiben assoziierte Emotion oder erste Gefühlsreaktion einen starken Einfluss darauf hat, ob Kinder sich sportlich betätigen oder nicht. So können verschiedene negative emotionale Reaktionen wie Scham, Ekel, Frustration oder Angst dazu führen, dass Kinder Bewegungsangebote meiden oder verweigern. Hier ist es von besonderer Bedeutung zu erkennen, welche Form von negativer Emotion vorliegt und womit genau dieser Gefühlszustand zusammenhängt. Nur eine Reflexion dessen, was genau Ursache der oftmals psychisch wie physisch sich darlegenden Abneigung ist, kann dazu führen, die Angebote so anzupassen, dass auch Kinder, die negativ auf Bewegungsangebote reagieren, diese ausprobieren und dauerhaft daran Spaß haben. Anders ausgedrückt: Das Vermeiden dieser negativen Emotionen gelingt dann eher, wenn die Motive der Kinder für Bewegung angesprochen werden und nicht negativ assoziierte Motive das Sportangebot beherrschen.

Diese affektive Komponente geht also den zuvor genannten motivationalen Entscheidungsprozessen voraus. Einfachere Fragebögen zur Sportfreude liegen für das Kindesalter beispielsweise von Engels und Freund (2018) vor. Diese können erste Hinweise auf die Ab- oder Zuneigung zu sportlicher Betätigung von Kindern liefern und Ausgangspunkt für die Anpassung des eigenen Angebots oder Unterrichts sein.

Zusammenfassung

- Kinder erlernen über die Lebensspanne zahlreiche Fertigkeiten, beginnend mit Sitzen und Krabbeln bis hin zu koordinativ anspruchsvollen Aufgaben wie Fangen oder Prellen.
- Damit sie diese erlernen, ist nicht nur ein gewisses Maß an sportlicher Aktivität pro Tag erforderlich, sondern auch Freude an Bewegung und eigene Motivation zum Sporttreiben.
- Ein wichtiger Faktor hierfür ist, dass Kinder lernen, sich selbst einzuschätzen. Eine realistische bis leicht überschätzende Selbsteinschätzung (das Selbstkonzept) ist für die Bewegungsfreude förderlich.
- Bewegung kann dann nicht nur auf die physische Gesundheit (z. B. die Fitness oder das Gewicht) einen positiven Einfluss haben, sondern auch auf psychische Gesundheit (wie das Wohlbefinden) oder die soziale Gesundheit (z. B. das Eingebundensein in einer Gruppe).

4.1.7 Ein Entwicklungsmodell der Bewegung im Kindesalter

Denkt man an motorische Fertigkeiten, Fähigkeiten und Fitness in Bezug auf Gesundheit, so fällt oftmals als erstes der Blick auf die körperliche bzw. *physische Gesundheit* und hier auf den wachsenden Anteil übergewichtiger Kinder. Stodden und Kollegen (2008) sprechen von einer möglichen *Abwärtsspirale,* die zu Übergewicht und Adipositas führen kann, wenn Kinder nicht täglich ausreichend bewegungsaktiv sind. Wie zu Beginn des Kapitels berichtet, gibt es auch für deutsche Kinder nachhaltige Empfehlungen von Ärzt*innen sowie Pädagog*innen, die besagen, dass Grundschulkinder mindestens 90 Minuten am Tag (oder 12.000 Schritte) moderat aktiv sein sollen, Jugendliche mindestens 60 Minuten, wobei in beiden Fällen mindestens 20 Minuten ohne Unterbrechung eine anstrengende Tätigkeit (ins Schwitzen kommen) erfolgen soll (Rütten & Pfeifer 2018). Das positive Zusammenspiel von sportlicher Aktivität, motorischen Fertigkeiten, Fitness und die subjektive Wahrnehmung dieser Aspekte hat, wie Abbildung 4.5 verdeutlicht, Einfluss auf weitere Gesundheitsparameter (Erweiterung des Entwicklungsmodells von Stodden et al. 2008):

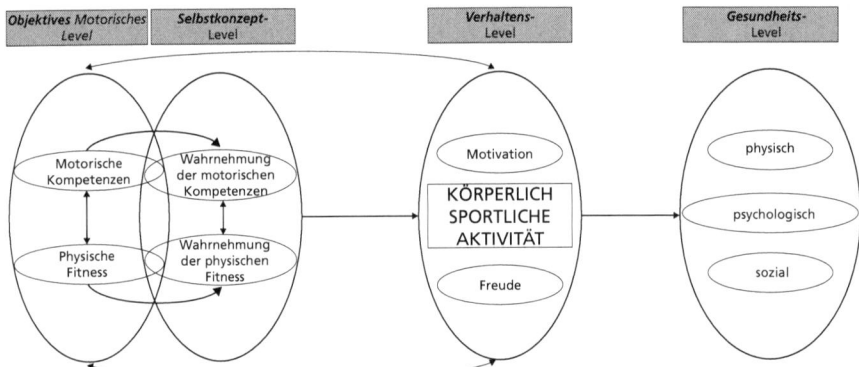

Abb. 4.2: Entwicklungsmodell sportlicher Aktivität (vgl. Stodden et al. 2008; Erweiterung nach Dreiskämper, Tietjens & Utesch 2018)

Unter mentaler Gesundheit sind Aspekte wie das Wohlbefinden (*well-being*, Ravens-Sieberer & Bullinger 1998) oder der allgemeine bzw. globale Selbstwert (Eccles & Wigfield 2002) zu nennen, die von der sportlichen Aktivität abhängig sein können. Genauso zeigen Befunde, dass die Wahrnehmung des Schulklimas (z. B., wie sich ein Kind in seiner Klasse von den Mitschüler*innen akzeptiert fühlt, oder das allgemeine Klassenklima der Schüler*innen untereinander) mit sportlicher Aktivität oder sportlichem Können von Kindern zusammenhängt (Dreiskämper & Naul 2013). Mit einem aktiven oder passiven Bewegungsverhalten können demnach unterschiedliche gesundheitliche Konsequenzen verbunden sein, die wiederum mit anderen Komponenten in der Persönlichkeitsentwicklung positiv oder negativ in Verbindung stehen. Das bedeutet nicht automatisch, dass jedes sportliche Kind bzw. jede*r sportliche Jugendliche keine gesundheitlichen Probleme hat. Jedoch stellt der

Sport eine Chance dar, verschiedene Gesundheitsmerkmale positiv zu beeinflussen und zu fördern. Die Herausforderung hierbei ist jedoch, dass dieser Weg vom Sporttreiben und Sportkönnen hin zum andauernden Gesundheitsverhalten durch Faktoren wie Freude, Spaß und Motivation beeinflusst wird, aber diese Faktoren durch das familiäre und soziale Umfeld, in dem Kinder aufwachsen – wie das Fallbeispiel zeigt –, schon bei den Erst- und Zweitklässlern in der Grundschule sehr unterschiedlich bedient werden und folgenreich für das Bewegungskönnen und das eigene Bewegungsverhalten sein können. Wie mögliche Hürden und Schwierigkeiten auf diesem Weg zu einem aktiven Bewegungsverhalten abgebaut und überwunden werden können, soll im Folgenden anhand von besonderen Kompetenzmerkmalen von Lehrpersonen und Erzieher*innen und mit verschiedenen Praxisbeispielen dargestellt werden.

4.2 Kompetenzziele

Kompetenzziele lassen sich nach vier Merkmalen unterteilen: *Wissen und Können, Anwenden und Überprüfen.*
Lehrer*innen sollten

- die Bedeutung von körperlicher Aktivität für gesundes Aufwachsen nicht nur im Hinblick auf physische Parameter, sondern auch auf psychische und soziale Facetten der Gesundheit kennen und schätzen.
- die wichtigsten motorischen Entwicklungsstufen von Kindern kennen, Kinder in der Ausübung dieser Fertigkeiten fördern können, hierbei Übungsformen anwenden, die Motivation, Freude und Selbstwahrnehmung der Kinder stärken sowie anhand von standardisierten Tests überprüfen, ob Kinder eine altersgerechte Entwicklung ihrer Fertigkeiten erreichen.
- altersgerechte und geschlechtstypische Werte des BMI für Übergewicht und Adipositas im Kindesalter wissen, Größe und Gewicht des Kindes messen und den individuellen BMI bestimmen können sowie die Ergebnisse der BMI-Messung und Überprüfung der motorischen Entwicklung anwenden (z. B. in Feedback-Protokollen/Karten für Eltern, Kolleg*innen und Kinder darstellen) und die Wirkung von Bewegungsmaßnahmen auf den BMI überprüfen.
- die Zusammenhänge zwischen sportlicher Aktivität, motorischen Fertigkeiten und Gesundheit wissen, sportliche Aktivität daher durch gezielte Bewegungsaufgaben und Spiele anregen können und hierbei verschiedene Spiel- und Sportformen so anwenden, dass unterschiedliche Sportmotive der Kinder berücksichtigt werden.
- sich der Heterogenität von Schüler*innen hinsichtlich der motorischen Fertigkeiten, der Fitness und der Umweltfaktoren, die diese bedingen, bewusst sein und dies in Unterrichtsplanung und Gestaltung von Aktivitäten integrieren.

Kompetenzziele für Kinder im Grundschulalter

Kinder sollten

- für ihr Alter angemessene motorische Fertigkeiten ausüben können,
- über eine breit ausgefächerte gesundheitsbezogene Fitness verfügen,
- ein Mindestmaß an täglicher Bewegungszeit erfüllen (90 bzw. 60 Minuten pro Tag),
- ihre Stärken und Schwächen selbstständig einschätzen können,
- herausfinden, welche Form von Bewegung ihnen Spaß macht und die Motivation zum aktiv Sein steigert.

4.3 Bewegungsförderung in der Grundschule

Die Grundschulzeit kann als eine zentrale und sensible Entwicklungsphase im Kindesalter betrachtet werden. Darüber hinaus zeigt sich, dass in diesem Alter das Fundament für langanhaltendes, persistentes Gesundheitsverhalten gelegt wird. Deswegen ist die Altersgruppe der Grundschulkinder auch zentral für Bewegungs- und Gesundheitsinterventionen. Die Empirie zeigt, dass Interventionen zu einem späteren Zeitpunkt oftmals nicht nachhaltig sind und vielen Kindern die zentralen intrapersonalen Fähigkeiten und Fertigkeiten, die im Basiswissen beschrieben wurden, bereits fehlen.

Das folgende Kapitel gliedert sich deswegen in zwei Teile: Zunächst wird kurz skizziert, welche generellen Interventionsansätze auf der Makroebene in dieser Altersgruppe wirksam sind, wenn es darum geht, Bewegungsförderung umzusetzen oder langfristige Bewegungsangebote in der Grundschule zu etablieren. Anschließend soll es darum gehen, wie spezifische Angebote auf der Mikroebene von Unterricht, Pausengestaltung etc. aussehen können bzw. welche Kompetenzen hierfür erforderlich sind.

4.3.1 Makroebene: Interventionen im Grundschulbereich

Bei Interventionsprojekten zur Bewegungsförderung bei Kindern (insbesondere im Grundschulalter) haben sich in den vergangenen Jahren verstärkt kombinierte Interventionsstrategien, die auch Multi- oder Mehrkomponenten-Interventionen genannt werden, als erfolgsversprechend erwiesen (Shirley et al. 2015; Rütten & Pfeifer 2016; Messing & Rütten 2017).

Unter Multi- bzw. Mehrkomponenten-Interventionen werden Interventionsstrategien verstanden, die

a) verhältnis- und verhaltenspräventive Komponenten kombinieren (Rütten & Pfeifer 2016),

b) in der Regel mindestens zwei miteinander interagierende Gesundheitsverhaltensweisen adressieren (beispielsweise Bewegung und Ernährung) (Mikkelsen et al. 2016),

c) settingbasiert (beispielsweise Kita oder Schule) oder settingübergreifend (beispielsweise Kita, Schule und Wohnquartier) implementiert werden (Foxcroft & Tsertsvadze 2011).

Dies bedeutet, dass einfache Interventionsformate unter dem Motto »mehr Bewegung = mehr Gesundheit« heute nicht mehr dem Standard entsprechen. Vielmehr sollte das Ziel, mehr Bewegung in den Alltag von Grundschulkindern zu bringen, aus einer erweiterten Perspektive in Angriff genommen werden. So sollte nicht nur darauf geachtet werden, dass mehr Sportangebote oder Bewegungselemente in den Alltag der Kinder integriert werden, sondern auch wie beispielsweise Schulen, Schulwege, Pausenhöfe oder Schulklassenzimmer bewegungsfreundlich gestaltet werden können. Dieser verhältnisorientierte Ansatz sollte immer bei der Umsetzung konkreter Bewegungsangebote mitgedacht werden (vgl. hierzu auch Möhrle et al. 2015). Darüber hinaus scheint es nicht sinnvoll, wenn nur die Förderung der Bewegung per se im Mittelpunkt steht. Wichtig ist auch, dass das Ziel dieser Bewegungsförderung klar ist.

Geht es um eine Förderung eines gesunden Lebensstils, so sollten auch weitere Bereiche wie Ernährung, Medien, Selbstbestimmung etc. mitbedacht werden. Außerdem sollte beachtet werden, dass Grundschulen oftmals mit der Aufgabe der Bewegungsförderung im Kindesalter allein gelassen werden. Lai et al. (2014) weisen darauf hin, dass schulbasierte Interventionen zur Steigerung der körperlichen Aktivität der Kinder nur dann langfristig und nachhaltig zu sein scheinen, wenn sie zum einen Faktoren wie Fitness *und* motorische Kompetenzen beinhalten und zum anderen einen klaren theoretischen Ansatz verfolgen (z. B. unter einem Gesundheitsaspekt). Baker et al. (2015) verweisen jedoch darauf, dass es für eine nachhaltige Bewegungsförderung effektiver ist, wenn neben der Schule auch weitere Sozialisationsagent*innen wie Kommunen, Kindergärten und Sportvereine in die Implementierung einer Bewegungsintervention integriert werden. Die Autor*innen verweisen zudem darauf, dass Interventionen zur Bewegungsförderung dann am erfolgreichsten seien, wenn sie kommunal basiert seien, also das Engagement zentral durch Kommune, Stadt oder Landkreis gesteuert werde. Somit würden die Schulen mit ihrer Aufgabe der Gesundheitsentwicklung von Kindern auch nicht allein gelassen. Schulen, die neue Bewegungskonzepte oder -angebote implementieren wollen, sollten daher diesen Aspekt genauso wie die zuvor genannten berücksichtigen, wenn sie eine nachhaltige Stärkung eines gesunden Lebensstils bei Kindern anstreben.

4.3.2 Mikroebene: Bewegungsförderung im Alltag

Dennoch ist es vielen Schulen nicht möglich, größere Projekte zur Bewegungsförderung der Kinder umzusetzen oder Bestandteil von wissenschaftlichen Interventionsstudien zu sein. Folglich ist es auch notwendig, auf der Mikroebene von Unterricht, Pausengestaltung und Ganztagsangeboten Möglichkeiten darzulegen, wie Bewegung und Sport in der Grundschule gefördert werden können. Hierbei geht es vor allem um drei zentrale Aspekte:

1. Lehrer*innen sollten in der Lage sein, die individuellen Voraussetzungen ihrer Kinder zu erkennen.
2. Die Angebote für Bewegung, Spiel und Sport sollten darauf abzielen, diese für die kindliche Entwicklung und das Sporttreiben wichtigen Grundelemente (▶ Kap. 4.1.2–4.1.7) zu fördern und hierfür entsprechende Anreize zu schaffen.
3. Lehrer*innen sollten die Kompetenz haben, die Heterogenität von Schulgruppen als Herausforderung anzusehen und individuelle Angebote für spezifische Subgruppen, aber auch für einzelne Schüler*innen schaffen zu können.

Diese drei zentralen Bestandteile der Bewegungsförderung in der Grundschule werden im Folgenden anhand von Beispielen praktisch erläutert.

Diagnose der motorischen Fertigkeiten und Fähigkeiten

Fachkräfte müssen zum einen einschätzen können, welche motorischen Fertigkeiten und Fähigkeiten Kinder wie gut beherrschen. Sie müssen aber auch beurteilen können, wie gut ihre allgemeine Fitness ist. Einzelne Testaufgaben bieten dafür gute Ansatzpunkte, sie helfen bei der Beurteilung der motorischen Leistungsfähigkeit von Kindern.

Der o. g. Deutsche Motorik Test (DMT 6–18) ist so aufgebaut, dass er vollständig oder in Teilelementen in der Schule angewendet werden kann.

Tipp: Testaufgaben des Deutschen Motorik Tests (DMT 6–18)

Die Testaufgaben des DMT (6–18) können Sie hier kostenfrei abrufen: http://www.sport.kit.edu/dmt/

Unter dieser Internetadresse finden Sie die Testaufgaben präzise beschrieben. Es werden Informationen zu jeder Aufgabe, zur Durchführung und zur Auswertung des Tests gegeben.

Es kann eine Broschüre zum Test kostenlos bestellt werden Hierin enthalten sind Referenzwerte für alle Altersklassen, getrennt nach Geschlecht, sodass man die beobachteten Leistungen beurteilen kann, ob sie durchschnittlich, über- oder unterdurchschnittlich für Geschlecht und Alter sind.

Für die meisten Testaufgaben wird nur Material benötigt, das in gängigen Sporthallen zu finden ist (Stoppuhren, Hütchen, Matten, Metermaß, Kreppband). Anhand der Aufgabenstellungen lassen sich diverse Übungsformen anpassen. So kann das bereits weiter oben beschriebene Beispiel des seitlichen Hin- und Herspringens durch spielerische Formen von Hüpf-Parcours oder Übungsaufgaben zum beidbeinigen Abspringen (über Gegenstände, mit Springseilen etc.) geübt werden.

Tipp: Spiele zur Koordinationsförderung im Überblick

Hier finden Sie einen guten Überblick über kleine Spielformen, die vor allem koordinative Fähigkeiten fördern:

Döbler, G. & Döbler, H. (1998). Kleine Spiele. Berlin: Sport Verlag.

Ein konkretes Beispiel aus dem Deutschen Motorik-Test ist der Standweitsprung, der die Schnellkraft der unteren Extremitäten misst. Die Testanweisung lautet wie folgt:

Beispiel: Diagnosetest zum Standweitsprung

»Testanweisung
Mit beidbeinigem Absprung versucht die Testperson, von einer markierten Absprunglinie (Fußspitzen unmittelbar an der Absprunglinie) möglichst weit nach vorne zu springen.

Hier sollt ihr aus dem Stand möglichst weit springen. Stellt euch an der Linie auf. Holt jetzt mit den Armen Schwung und springt mit beiden Beinen so weit ihr könnt nach vorne. Wenn ihr gelandet seid, bleibt kurz in der Position. Achtet darauf, dass ihr nach dem Sprung nicht nach hinten fallt, greift oder nach hinten tretet! Ihr habt jeweils zwei Versuche.

Die Landung erfolgt beidbeinig auf einer zur Absprungstelle niveaugleichen Ebene. Gemessen wird der Abstand zwischen Absprunglinie und dem ihr nächstliegenden Landeabdruck (Fersen oder Finger) in Zentimeter.

Insgesamt benötigt die Testperson zwei gültige Versuche, von denen der Beste gewertet wird. Es empfiehlt sich, den Testpersonen bei der Erklärung der Testaufgabe den Standweitsprung vorzuzeigen und auf die Ausnützung des Armschwunges hinzuweisen. Die Beinstreckmuskulatur muss vor dem Test aufgewärmt werden, um Verletzungen (Muskelzerrungen oder Muskelrisse) zu vermeiden.« (IM Land NRW 2010, S. 8)

Der Standweitsprung ist nicht nur eine Aufgabe aus dem DMT. Während er im DMT eingesetzt wird, um anhand der Sprungweite die Schnellkraft der Beinmuskulatur zu messen, wird er im »Test of Gross Motor Development« (TGMD-3, Ulrich 2018) eingesetzt, um die fundamentale Bewegungsfertigkeit des Springens zu betrachten. Hierbei geht es nicht um die Weite, die ein Kind erreicht (produktorientierte Messung), sondern um die Umsetzung verschiedener Bestandteile des vertikalen Sprungs, die zur perfekten Bewegungsausübung gehören. Folgende Kriterien sind demnach für die Ausführung eines Standweitsprungs von Bedeutung:

Tab. 4.1: Beispielkriterien beim Standweitsprung

Kriterium	Beschreibung
SW1	Vor dem Absprung werden beide Knie gebeugt und die Arme nahezu gestreckt nach hinten geführt.
SW2	Die Arme werden kraftvoll nach vorne-oben bis über Kopfhöhe geführt.
SW3	Beide Füße verlassen gleichzeitig den Boden und landen auch wieder gleichzeitig.
SW4	Beide Arme werden während der Landung wieder kraftvoll nach unten geführt.

Schott, N. (in prep). Test of Gross Motor Development 3 – adaptierte und modifizierte Fassung der amerikanischen Version

Bei diesem Test können geschulte Kräfte diverse *Fehlerquellen* identifizieren: Ein nicht beidbeinig paralleler Absprung deutet eventuell daraufhin, dass die Aufgabenstellung (Verständnis vorausgesetzt) nicht umgesetzt werden kann. In der Absprungbewegung sollte eine deutliche Schwungverstärkung durch Verlagerung der Arme, zunächst nach hinten, dann nach oben vorne und bei der Landung wieder nach unten zu erkennen sein. Kinder, die dies nicht machen, verstehen oftmals (noch) nicht den Effekt des Schwungholens, den man z. B. bei Spielen an herunterhängenden Seilen oder auch beim Schaukeln gut demonstrieren kann. Andere Kinder können nicht beidbeinig landen und fallen dabei nach hinten oder können das Gewicht nur durch einen Schritt nach vorne abfangen. Hier können Gleichgewichtsübungen (z. B. auf Bänken balancieren, kleinere Niedersprünge von Kästen auf Matten ausführen), aber auch Spiele, bei denen man z. B. in Gymnastikreifen springen muss, helfen, diese Fähigkeiten zu verbessern.

Der Standweitsprung ist aber auch ein gutes Beispiel, um Kinder zu identifizieren, die Aufgaben bereits überdurchschnittlich gut können: So deutet eine hohe Flugphase mit aktiver Beinstreckung bereits auf überdurchschnittliche Leistungen hin. Kinder, die solche Elemente bereits im Standweitsprung zeigen, können auch an schwierige Aufgaben wie technische Elemente beim leichtathletischen Weitsprung oder dem fünfer-Hop (fünf aufeinander folgende Sprünge auf einer Mattenbahn) herangeführt werden.

Tipp: Bewertung von Bewegungsfertigkeiten im Überblick

Schott, N. & Munzert, J. (2010). Motorische Entwicklung. Göttingen: Hogrefe.

Förderung der Selbstwahrnehmung und Selbsteinschätzung

Diagnosetests und Beobachtungsinstrumente sollten pädagogischen Fachkräften einen Überblick über den aktuellen Entwicklungsstand eines Schülers bzw. einer Schülerin geben und ein Anhaltspunkt für die weitere Förderung sein. Sie stellen jedoch auch für Schüler*innen und Eltern wichtige Rückmeldungen (Feedback) dar, mit denen die Selbsteinschätzung geübt und eine realistische Selbstwahrnehmung gestärkt werden kann. Mit gezielter Förderung und einem Blick auf die individuellen Lernfortschritte kann damit auch ein positives Selbstkonzept gefördert werden.

Feedback als Rückmeldungen für Kinder über die gesundheitliche Entwicklung ihres BMI und die Entwicklung ihrer motorischen Fertigkeiten kann, wenn es im richtigen Rahmen (z. B. auf Elternabenden oder in Einzelgesprächen) geschieht, ein hilfreiches Element in der Bewegungsförderung sein. Besonders wichtig sind Rückmeldungen, die die Entwicklung über einen längeren Zeitraum in den Blick nehmen. Denn sie geben allen Beteiligten wertvolle Hinweise, was sich nach einem Halb- oder Schuljahr positiv verändert hat und was mehr oder weniger stagniert und deshalb der besonderen Aufmerksamkeit und Förderung bedarf. Einen Überblick können hier besondere *Feedback-Karten* geben (▶ Abb. 4.3 und ▶ Abb. 4.4).

Beispiel: Feedback-Karte für verschiedene Motorische Aufgaben

Bei den motorischen Fähigkeiten gibt es fünf verschiedene Entwicklungsstufen. Die durchschnittliche Entwicklungsstufe umfasst prozentual die Kinder, deren motorischer Wert in dem Intervall zwischen 40 % und 60 % aller Jungen bzw. Mädchen in der gleichen Altersklasse liegen und damit den gesunden Durchschnitt darstellen. Darüber hinaus gibt es je zwei überdurchschnittliche Zonen (60–80 % und 80–100 %) und je zwei unterdurchschnittliche Entwicklungszonen (40–20 %, 20–0 %).

Diese beiden unterdurchschnittlich entwickelten Fähigkeiten tauchen bei Grundschulkindern im Vergleich zu früher häufiger auf (Heemsoth et al. 2015). Bei Jugendlichen über das zehnte bis zwölfte Lebensjahr hinaus sind solche koordinativen Schwächen kaum noch zu kompensieren, da das weitere körperliche Wachstum für die Verbesserung der Koordination nicht mehr so günstige Voraussetzungen bietet wie in der »günstigen Lernphase« im Grundschulalter. Kraftkomponenten hingegen (Schnellkraft) können im Zuge der Geschlechtsreife kompensiert und altersbedingt noch deutlich verbessert werden. Für die weitere Entwicklung sollten diese Schwächen ausgeglichen werden. Dies kann durch gezielte Teilübungen und Bewegungsspiele geschehen, die diese motorischen Fähigkeiten besonders fördern.

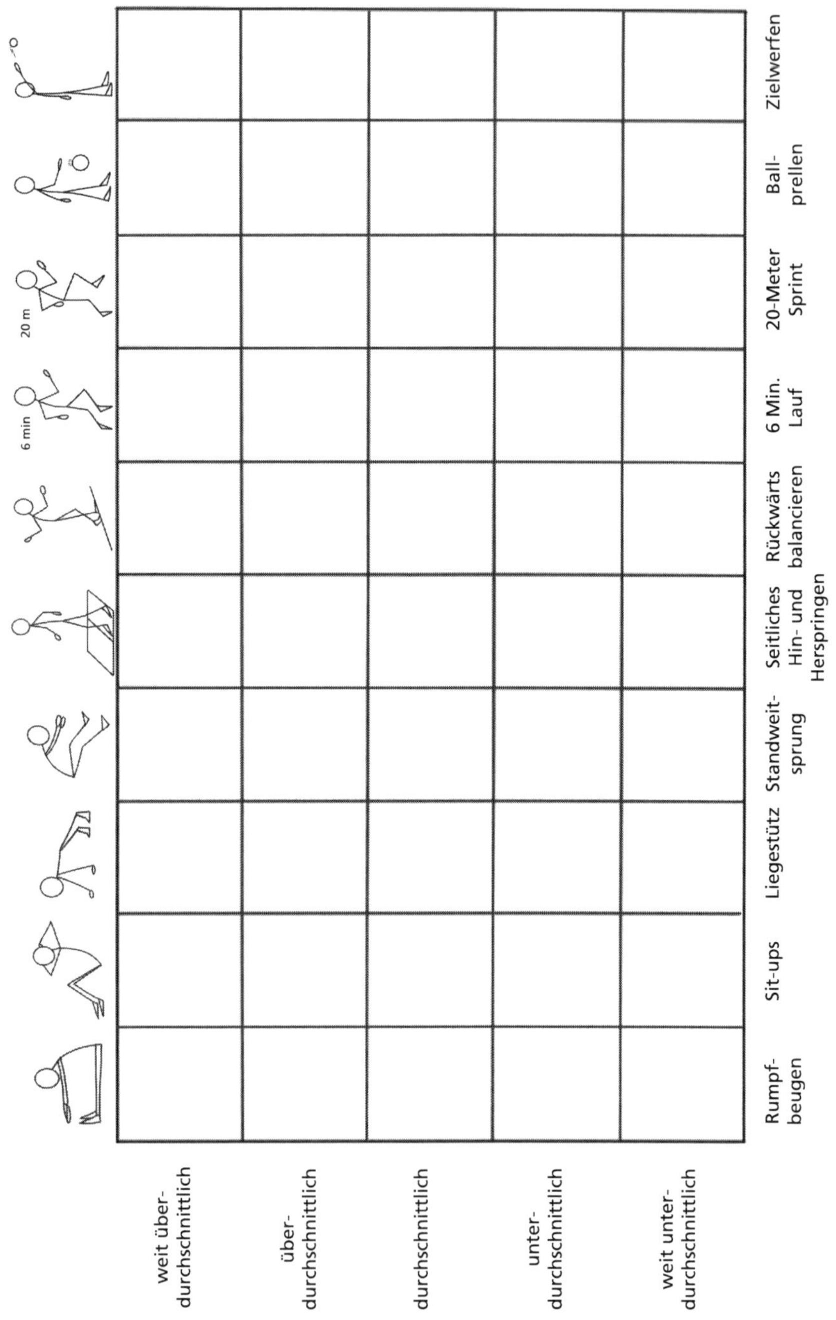

	Rumpf-beugen	Sit-ups	Liegestütz	Standweit-sprung	Seitliches Hin- und Herspringen	Rückwärts balancieren	6 Min. Lauf	20-Meter Sprint	Ball-prellen	Zielwerfen
weit über-durchschnittlich										
über-durchschnittlich										
durchschnittlich										
unter-durchschnittlich										
weit unter-durchschnittlich										

Abb. 4.3: Blanko-Feedback-Karte für die motorische Entwicklung (mod. nach Dreis-kämper & Naul 2013)

Beispiel: Feedback-Karte für BMI-Rückmeldung an Eltern und Schüler*innen

Die Übersichtsdiagramme werden auf Basis repräsentativer, altersspezifischer Entwicklungswerte getrennt für Jungen und Mädchen erstellt und zeigen z. B. eine gute und gesunde Entwicklungszone für den *BMI* oder die motorische Entwicklung für einzelne *Teilbereiche* an. Als Feedback-Karte verwendet, werden die BMI-Werte in regelmäßigen Zeitabständen in die Tabelle eingetragen.

Für die Entwicklung des BMI gibt es vier verschiedene Gewichtsklassen: Untergewicht (blau), Normalgewicht (grün), Übergewicht (orange) und Adipositas (rot). Kinder werden dabei anhand sogenannter Perzentilgruppen eingeteilt. Das bedeutet, dass es für jedes Alter eine Normstichprobe gibt, die sich auf alle möglichen Gewichtswerte verteilt. Der BMI ist in Deutschland in acht Perzentilwerte (Kromeyer-Hausschild et al. 2015) eingeteilt: Wenn ein Kind beispielsweise durch sein Gewicht den Perzentilwert >97 (Perzentilwert 8) hat, bedeutet dies, dass 97 Prozent der Kinder der Normstichprobe ein geringeres Gewicht hatten. Dieser Wert ist der »Cut-Off-Wert« für Adipositas. Kinder in den Perzentilgruppen 3–6 (Prozenträge 10–90) werden als normalgewichtig eingeschätzt.

Der BMI steigt normalerweise von Lebensjahr zu Lebensjahr an, solange Heranwachsende sich in ihrem biologischen Entwicklungsalter befinden. Die Intervallgrenzen der BMI-Werte für die vier Gewichtsklassen verschieben sich dabei: Zum Beispiel ist ein sechsjähriges Mädchen mit einem BMI-Wert von 18 adipös, während ein zwölfjähriges Mädchen mit dem gleichen BMI-Wert von 18 normalgewichtig ist.

Beispiel: Feedback-Karte für eine einzelne Testaufgabe zu vier Zeitpunkten

Auswertung der letzten 4 Testergebnisse

Name	Alter	Geschlecht	Code	
Letzter Testtag		Größe	Gewicht	BMI

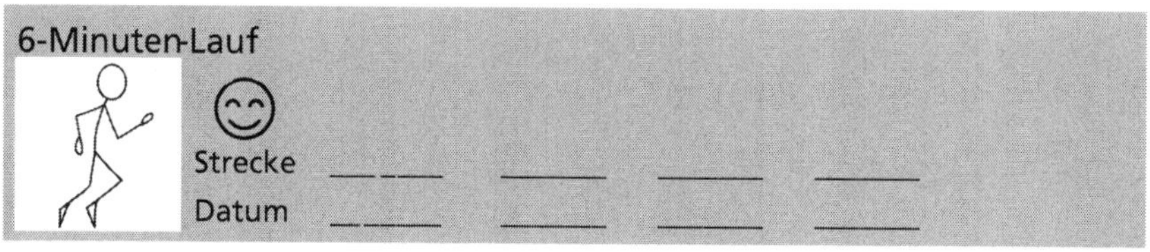

6-Minuten-Lauf

Strecke ____ ____ ____ ____
Datum ____ ____ ____ ____

Abb. 4.4: Blanko-Feedback-Karte für den 6-Minuten-Lauf (mod. nach Dreiskämper & Naul 2013)

In diesem Beispiel wird Kindern über mehrere Jahre hinweg ein Feedback zu einzelnen motorischen Leistungen (hier den 6-Minuten-Lauf als Indikator für Ausdauer) geben.

Diese Feedback-Karten können mithilfe diagnostischer Tests und Beobachtungen (siehe oben) oder mithilfe von Übersichtsdiagrammen (wie z. B. beim BMI) ausgefüllt werden.

Förderung der motorischen Fertigkeiten und Fähigkeiten

Bewegungsförderung kann im Schulfach Sport, in speziellen Wahlkursen (z. B. AGs und Projekten), aber auch in kleineren Bewegungseinheiten für Zwischendurch stattfinden. Neben den im Curriculum verankerten Kompetenzzielen für verschiedene Sportarten (Leichtathletik, Schwimmen, Turnen, Wurfspiele, Torschussspiele, Rückschlagspiele etc.) bieten die Inhaltsfelder eine Möglichkeit, die Unterrichtseinheiten an unterschiedliche Motiv-Schwerpunkte anzuknüpfen. Durch Berücksichtigung dieser Inhaltsfelder können vor allem die in Kapitel 4.1 genannten Bereiche Motivation und Sportfreude auch in heterogenen Sportgruppen besser angegangen werden (▶ Kap. 4.1.6).

Tipp: Inhaltsfelder des Kernlehrplans

Für das Schulfach Sport wurden im Kernlehrplan sechs unterschiedliche Inhaltsfelder entworfen, die als Basis einer jeden Sportstunde, aber auch einer AG dienen können. Sie sind für Grund- und weiterführende Schulen gleich. Der Kernlehrplan von NRW zeigt die Inhaltsfelder exemplarisch:

- Bewegungsstruktur und Bewegungslernen: Lernen und Umsetzen verschiedener Bewegungsabläufe
- Kooperation und Leistung: Zusammenarbeiten, in Spielen und Wettkämpfen miteinander und gegeneinander antreten
- Bewegungsgestaltung: Entwickeln und Variieren eigener Gestaltungsformen
- Wagnis und Verantwortung: Einbauen verschiedener Formen von Risiko und Spannung, Wecken von Emotionen
- Kooperation und Leistung: Miteinander umgehen und soziale Aspekte fördern
- Gesundheit: Unfälle vermeiden und Gesundheit fördern

Auf den Internetseiten des Landesinstituts für Schule NRW (Qua-Lis) stehen ausführliche Beispiele zum Gestalten von Sporteinheiten unter Berücksichtigung der jeweiligen Inhaltsfelder bereit: http://www.schulentwicklung.nrw.de/lehr plaene/lehrplannavigator-s-i/gesamtschule/sport-/hinweise-und-beispiele-sport-/index.html

Tipp: Wahlkurse und AGs für Bewegungsförderung

Bewegung macht immer dann am meisten Spaß, wenn man selbst mitentscheiden kann, was gemacht wird. Deswegen sind AGs wie »Spiele entdecken und erfinden« oder »Abenteuersport (drinnen und draußen)« Möglichkeiten, die Neugierde von Kindern zu wecken.
Mehr Tipps zu Bewegungs-AGs findet man hier:

Naul, R. (Hrsg.) (2011). Bewegung, Spiel und Sport in der Ganztagsschule. Aachen: Meyer & Meyer.

Tipp: Einheiten für Bewegungsspaß für Zwischendurch

Bewegung muss aber nicht nur im Unterricht und in AGs stattfinden. Das Projekt »die bewegte Schulpause« der Dietrich-Grönemeyer-Stiftung bietet eine breite Auswahl an einfach umsetzbaren Bewegungsangeboten für Zwischendurch wie Farbenlauf, Nachtwanderung oder Kettenkarussel spielen – Übungen, die schnell den Schwung in den Alltag zurückbringen können.
Die Spiele können kostenfrei online abgerufen werden: https://www.bewegte schule.de

Bewegungsförderung spezieller Gruppen

Übergewichtige Kinder

Übergewichtige und adipöse Kinder haben einen altersgemäß überhöhten BMI-Wert, der jedoch im Zuge des Gestaltwandels schnell zwischen Normal- und Übergewicht in einem Schulhalbjahr pendeln kann. Selten ist dieser überhöhte BMI-Wert nur auf einen Faktor, z. B. nur auf ungesundes Ernährungsverhalten (z. B. zu fettes und zu süßes Essen und Trinken) oder nur auf ein passives Bewegungsverhalten mit vielen Sitzstunden zurückzuführen. Diese beiden zentralen Komponenten wirken zusammen und werden noch durch andere, zusätzliche Umweltfaktoren verstärkt (z. B. wenig draußen spielen, intensiver Medienkonsum). Sehr oft zeigen übergewichtige Kinder motorische Schwächen, grenzen sich selbst bei Bewegungsspielen aus oder werden von ihren Mitschüler*innen ausgegrenzt, wenn sie z. B. nur als »letzte Zugabe« bei Mannschaftsbildung berücksichtigt werden.
Im Rahmen des regulären Sportunterrichts in der Grundschule ist es nicht einfach, den Klassenverbund aufzulösen und bewegungsschwache Kinder insgesamt als Kleingruppe mit speziellen Angeboten zu fördern. Insofern sind außerunterrichtliche Kursangebote z. B. im Ganztag für eine individuelle Gesundheitsförderung besonders geeignet (Schmelt et al. 2011), um hier eine homogene Gruppenstruktur zu bilden, die keines dieser Kinder zu Beginn in der Bewegungsaufgabe überfordert oder motorisch ausgrenzt. Ebenso sind individuelle Erfolgserlebnisse bei einer gruppenspezifischen Förderung von übergewichtigen Kindern leichter und

schneller zu erreichen, sofern dafür geeignete Übungen und Gruppenspiele von den pädagogischen Fachkräften ausgewählt werden.

> **Tipp: Spielesammlungen**
>
> Spielerische Übungen sind z. B. mit Pedalos und Rollbrettern und der Nutzung weiterer Spielgräte (z. B. kleine Hockeyschläger) möglich.
> Ideen für spielerische Übungen speziell für übergewichtige und bewegungsarme Kinder finden sich hier:
>
> Köckenburger, H. (2010). Pedalo, Rollbrett und Co.: Bewegungsspiele mit Materialien aus Psychomotorik, Sport und Freizeit. Dortmund: Borgmann Media.
>
> Eine sehr gute Übersicht über Bewegungsspiele, die auch spezielle Subgruppen wie übergewichtige Kinder berücksichtigen, findet man u. a. hier:
>
> Grüger, C. (2010). Bewegungsspiele für eine gesunde Entwicklung: Psychomotorische Aktivitäten für Drinnen und Draußen zur Förderung kindlicher Fertigkeiten und Fähigkeiten (Praxisbücher für den pädagogischen Alltag). 9. Auflage. Ökotopia.

Lustlose und unmotivierte Kinder

Es ist schwer, nicht motivierte Schüler*innen für den Sport zu begeistern – vor allem, wenn es darum geht, neue Bewegungen auszuprobieren oder zu erproben. Ein oftmals dabei nicht berücksichtigter Aspekt ist, dass es unterschiedliche Motive und Hinderungsgründe zum Sporttreiben gibt, für die passende Anreize gezielt gesetzt werden müssen.

> **Expertise: Sportmotive und Hinderungsgründe**
>
> Abele und Brehm (1990) nennen als Sportmotive u. a. Wohlbefinden/Spaß, Leistung, Körpererfahrung, Aussehen (Fitness), Gemeinschaftserleben, Spannung und Neues Erleben, Ästhetik, Selbstpräsentation und Gesundheit (erst ab dem Erwachsenenalter). Diese Motive sind unterschiedlich stark bei jedem Kind ausgeprägt und haben großen Einfluss auf die Akzeptanz des Sportangebots. Wird beispielsweise im Sportunterricht immer nur auf Leistung und Konkurrenzkampf geachtet, kommen Motive wie Freude oder Ästhetik zu kurz. Viele Kinder reagieren dann mit Unlust und Verdruss, da sie sich lieber ausprobieren oder eine Aufgabe gemeinsam im Team lösen möchten.

Neben dem Erkennen der Motive und Hinderungsgründe (kognitiver Ansatz der Bewegungsförderung) ist es auch wichtig zu erkennen, was Kindern Spaß macht und was sie interessiert (affektiver Ansatz der Bewegungsförderung, ▶ Kap. 4.1.6). All diese Aspekte können durch Beobachtung oder durch Befragung der Kinder gut ermittelt werden. Kinder können bereits in sehr jungen Jahren sehr genau ausdrücken, ob sie lieber Wettkämpfe machen oder sich lieber an etwas Neuem, Kreativem ausprobieren.

Die Kinder dabei zu Wort kommen zu lassen, kann für die Planung von Bewegungsangeboten sehr hilfreich sein. Dazu können auch Formate wie z. B. Projekttage, Kennenlerntage für spezifische Sportarten, Stationsbetrieb zum Ausprobieren oder Bereitstellung neuer Materialien zum eigenen Erkunden von Sportgeräten und Spielen helfen, die Interessen der Kinder zu erkennen und zu wecken. Hierbei geht es nicht nur darum, die richtige Bewegungsart und die richtige Form der Ausübung zu finden, sondern insgesamt eine Begeisterung dafür zu wecken.

Tipp: Verschiedene Sportarten und Bewegungsformen kennen lernen

Wer in seine Planung Sportarten einbauen möchte, die Kinder vielleicht nicht aus dem Fernsehen kennen, die aber schnell Faszination auslösen können, für den ist das Buch »Trendsport für die Schule« von H. Lange (Reihe Praxisbücher Schulsport, 2007) ein guter Tipp!

Durch die Berücksichtigung der jeweiligen Interessenbereiche kann es gelingen, eine intrinsische Motivation bei Schüler*innen zu erreichen – auch wenn sie sich bislang eher wenig für Bewegung interessiert haben. Die intrinsische Motivation ist pädagogisch besonders wertvoll, weil sie das Potenzial hat, zu dauerhaften Verhaltensänderungen hin zur Bewegungsfreude zu führen. Von außen gesetzte (extrinsische) Anreize wie Belohnungen sind für eine dauerhafte Verhaltensänderung eher nicht hilfreich.

Beispiel: Staffelübungen zur Steigerung der Motiation

Bei Staffelübungen ist jede Einzelleistung für den Erfolg der Gruppe notwendig.
So tragen alle Teilnehmer*innen der Gruppe gleichermaßen zum Erfolg bei und werden durch die Aufgabe aktiv einbezogen.
Beispiel: Umkehrstaffeln mit Gegenständen

- Mitspieler*innen: beliebig viele
- Mannschaften: mindestens zwei
- Geräte als Staffelstab: Medizinbälle, Tennisbälle, Luftballons, Tücher etc.
- Spielfeld: Halle, Materialien wie Bananenkartons, Reifen und andere Hindernisse
- Beschreibung: Gleich große Mannschaften treten in Staffeln gegeneinander an. Eine Wendemarke muss durch jede*n erreicht werden, bei der Rückkehr Übergabe des Staffel-Gegenstands an den nächsten Spieler bzw. die nächste Spielerin.
- Variationen: verschiedene Laufarten, verschiedene Transportarten (prellen, Luftballon hochhalten etc.)

• Beanspruchung: Schnelligkeit, Ausdauer, Koordination

Tipp: Wie stelle ich die Mannschaften zusammen?
Wählen Sie zwei ungefähr gleich starke Mitglieder*innen der Gesamtgruppe aus. Eine*r der beiden stellt zwei Mannschaften zusammen, der oder die andere darf entscheiden, welche der Mannschaften er bzw. sie als das eigene Team auswählt. So partizipieren Kinder bei diesen Entscheidungen und lernen früh, faire und gut verteilte Mannschaften zu bilden.

Ängstliche Kinder

Ein besonderer Aspekt, der bereits mit dem Bereich »Wagnis und Verantwortung« angesprochen wird, ist der Fakt, dass Schüler*innen sowohl gelangweilt von als auch verängstigt durch Sportaufgaben sein können. Unterschiedliche Voraussetzungen in der Schüler*innengruppe führen dazu, dass sich selbst als schwächer wahrnehmende Schüler*innen oftmals nicht den Mut haben, an bestimmten Übungen oder Spielen teilzunehmen. Um dem entgegenzuwirken, können zwei Varianten angewendet werden: Zum einen können Aufgaben so gestellt werden, dass es unterschiedliche Stationen mit verschiedenen Wagnissen gibt. Zum anderen können differenzierte Wagnisstufen an jeder Station eingebaut werden, um sowohl für die Selbsteinschätzung zu sensibilisieren als auch um Freiräume in der Erprobung zu lassen. So kann das sich fallen Lassen nach hinten z. B. aus unterschiedlichen Höhen erfolgen, aber auch auf unterschiedliche Ebenen, wie beispielsweise in die Hände der Schüler*innen oder auf von ihnen gehaltene Weichbodenmatten.

Eine andere Alternative, um Angst zu reduzieren, ist, die Heterogenität der Klasse durch für alle geltende Einschränkungen zu minimieren. So können die Wahrnehmung (Aufgaben blind unter Anleitung machen), die Kommunikation (Sprechverbote bei Teamaufgaben), die Bewegungsmöglichkeiten (nur die schwache Hand, bestimmte Körperteile dürfen nicht benutzt werden) oder die Materialien (alle Schüler*innen müssen mit einem neuen Gerät spielen, das sie vorher noch nicht kannten) eingeschränkt werden, sodass alle Teilnehmer*innen das Gefühl haben, eine neue Aufgabe vor sich zu haben und nicht eine Aufgabe, die ein Teil der Gruppe per se schon viel besser kann als man selbst.

Beispiel: Die Reise zu einem anderen Stern

»Flug zum anderen Stern« ist ein Stationenparcour, der durch seine unterschiedlichen Aufbauten zum Ausprobieren in Teams in spielerischer Form anregt. Dabei können (wie im Text beschrieben) unterschiedliche Anweisungen hinzugefügt werden, um Ängste zu minimieren. Unterstützend wirkt, dass es sich für alle Kinder um neue Bewegungsaufgaben handelt (http://www.sportfach buch.de/pdfs/7027.pdf, S. 110).
Dazu erzählen Sie die Hintergrundsgeschichte und beschreiben dabei die Übungen:

Wir erkunden den fremden Stern

»Um die Sternbewohner nicht zu erschrecken, müssen wir uns ganz leise bewegen und am besten bleiben wir immer zu zweit zusammen. Zwei Kinder fassen sich an der Hand und durchlaufen die Sternenlandschaft, ohne sich dabei loszulassen!!
(Lehrer nimmt sich ein Kind und macht vor.)

a) Matte = dreckiger Tümpel, durch den die Kinder durchstaksen müssen.
b) Zwei Kastenelemente = Höhle. Achtung – nicht die Wände berühren, sie sind klebrig.
c) Matte = wieder Tümpel s. o.
d) Kleiner Kasten = Hügel.
e) Kasten = Berg, erst vorsichtig über den Berg drüberschauen, was sich dahinter verbirgt, dann den Berg übersteigen, ohne sich dabei loszulassen.
f) Kleiner Kasten = abgeschlagener Baumstumpf, drüberklettern/-springen.
g) Langbank = Brücke, drüberlaufen.
h) Kleiner Kasten = Kreisverkehr, einmal um den Kasten herumlaufen.
i) Großer Kasten = Berg, s. o.
j) Umgedrehter kleiner Kasten = Loch, das ganz tief hinunter geht. ›Was seht ihr da unten tief drin?‹
k) Langbank: Brücke, rückwärts drüberlaufen (immer wieder daran erinnern: ohne loslassen).
l) Drei kleine Kästen = Steine im Bach, Kinder sollen von Kasten zu Kasten klettern, ohne zwischendurch auf den Boden zu treten, denn sonst gibt's nasse Füße.
m) Von Reifen zu Reifen hüpfen. Neben dem letzten Reifen liegt das DIN-A4-Blatt (mit Tesafilm auf dem Boden befestigt) und die Wachsmalstifte. Hier sollten die Kinder jedes Mal eine liegende Acht malen.
n) Das Raumschiff befindet sich auf einer Anhöhe, so dass die Kinder über das Minitramp hineinspringen müssen (›auf anderen Planeten ist die Schwerkraft auch anders. Auf dem Mond kann man z. B. 6x so hoch springen wie auf der Erde‹).«

Individuelle Förderung in Bewegungsangeboten

Die vorgestellten Fördermaßnahmen zeigen, dass man im Rahmen von speziellen Angeboten auf spezifische Bedürfnisse und Anforderungen mehr oder weniger gut eingehen kann. Doch das löst nicht das Problem, dass all diese Kinder gleichzeitig gefördert und gefordert werden sollten.

Das Stichwort »individuelle Förderung« ist deshalb für die Schulsportforschung zentral. In einer Gruppe von 20 oder mehr Kindern allen Interessen, Motivlagen und Bewegungsdrängen gleichzeitig gerecht zu werden, erscheint mehr als schwierig und kann in der Tat nicht immer sichergestellt werden. Das sollte jeder Fachkraft bewusst sein. Dennoch lassen sich auch im Sporttreiben individuelle Förderanreize schaffen, die möglichst viele Kinder ansprechen.

Tipp: Verschiedene Sportarten und Bewegungsformen kennen lernen

Die Broschüre »Fördern und Fordern« zeigt sehr genau auf, wie dies gelingen kann. In insgesamt sieben Kapiteln von der Diagnostik über den Paradigmenwechsel von Fehlerkorrektur hin zu motivierendem Loben, Lernberatung für Schüler*innen, das gemeinsame Erkennen von Schwächen und Stärken durch Schüler*innen bis hin zu Praxisbeispielen für Sporteinheiten wird ein breites Spektrum der individuellen Förderung vorgestellt.

Ein besonders gelungenes Beispiel ist die Reihe zur eigenständigen Entwicklung von Spielen, bei der die Schüler*innen ihre eigenen Ideen, Wünsche und Motive gemeinsam unter einen Hut bringen müssen und dabei auch die unterschiedlichen Eingangsvoraussetzungen, aber z. B. auch unterschiedliche Kulturen oder Bewegungserfahrungen einbringen können.

Die Broschüre ist online kostenfrei abrufbar: http://www.schulsport-nrw.de/fi leadmin/user_upload/schulsportpraxis_und_fortbildung/pdf/foerdern_fordern_ klein.pdf

Zusammenfassung

In diesem Kapitel wurden die komplexen Zusammenhänge zwischen motorischen Fertigkeiten, Fitness, Selbstwahrnehmung, Motivation, Affekt und sportlicher Aktivität beschrieben. Diese können zusammen einen Einfluss auf unterschiedliche Gesundheitsparameter (sozial, körperlich oder physisch, psychisch) haben und nehmen vor allem im Grundschulalter eine zentrale Rolle in der Entwicklung ein. Im Grundschulalter wird nicht nur die Basis für eine gelingende motorische Entwicklung gelegt. Es geht auch darum, die Fitness der Kinder zu fördern und die unterschiedlichen Sportinteressen und -motive zu erkennen, um sie langfristig zu einem bewegungsreichen Leben zu motivieren.

Während es sich bei den motorischen Fertigkeiten um einzelne, voneinander mehr oder weniger unabhängige Bewegungsausführungen handelt (z. B. *Laufen, Hüpfen, Springen, Werfen, Fangen u. a. m.*), stellen motorische *Fähigkeiten (bzw. die gesundheitsbezogene Fitness)* ein hierarchisch höheres und komplexeres Konstrukt dar, weil unter den Begrifflichkeiten wie *Koordination, Kraft, Ausdauer u. a. m.* generelle, trainierbare Eigenschaften des Kindes bzw. des Körpers zusammengefasst werden. Dementsprechend können Kinder in frühen Lebensjahren auch besser einschätzen, ob sie gut im Laufen, Springen oder Fangen und Werfen sind. Es fällt ihnen dagegen schwerer, einzuschätzen, ob sie eine gute Koordination oder Kraftausdauer haben. Die *Selbstwahrnehmung* der eigenen motorischen Fertigkeiten und Fähigkeiten stellt eine zentrale Rolle für die physische Aktivität im Kindesalter dar und steht, je nach individuellem Entwicklungsstand und persönlicher Einschätzung des Kindes, oft mit anderen Verhaltensbereichen (psycho-sozial) in Verbindung. Diese Selbsteinschätzung der eigenen körperlichen Fertigkeiten und Fähigkeiten wird dem *Selbst-konzept* zugeschrieben. Das körperliche bzw. physische Selbstkonzept (die eigene Wahrnehmung des Bewegungskönnens, der Sportlichkeit und später auch des eigenen Körpers) stellt dabei einen wichtigen Teilaspekt des globalen Selbstkonzepts dar.

Kinder sollten lernen, ihre Fertigkeiten selbst einschätzen zu können, und eine realistische Selbstwahrnehmung ihrer eigenen Fähigkeiten entwickeln. Freude an der Bewegung und Spaß am motorischen Lernen verlangen Könnenserlebnisse. Wenn altersbedingte motorische Rückstände oder Defizite in der Bewegungsdiagnose mit Beobachtungen oder Testaufgaben zu erkennen sind, müssen diese mit Einzelübungen und Bewegungsspielen individuell, in der (Klein-)Gruppe bzw. in speziellen Kursangeboten (z. B. Sportunterricht, Wahlkurse und AGs) gezielt gefördert werden. Für die Schule im Allgemeinen und den Ganztagsschulbereich im Besonderen ist darüber hinaus eine Rhythmisierung des Schulalltags durch Bewegungseinheiten und -spiele wichtig. Neben dem positiven körperlichen Nebeneffekt steht dabei vor allem der Spaß an der Bewegung im Mittelpunkt, denn er ist der Türöffner zur Veränderung des Bewegungsverhaltens (intrinsische Motivation).

Gesundheitsförderliche Verhältnisse im Leitbild der Schule verankern – Praxistipps für Bewegung

- Bewegtes Lernen: Rhythmisierung der Unterrichtsstunden mit kleinen Bewegungseinheiten
- Verkürzung der Sitzzeiten im Unterricht (z. B. Schleich-/Merkdiktate; Lernen an Stationen (Stehtische); Kopfrechnen im Stehen usw.)
- Bewegte Pause: Bewegungskiste mit verschiedenen Materialien zum Ausleihen
- Spielebemalung, Pausenausleihe von Bällen, Stelzen, Springseilen usw.
- Bewegungs- und Sportangebote auf dem Schulgelände (Bewegungsparcour, Fußballtore, Basketballkörbe usw.)
- Verlängerung der Pausenzeiten, damit mehr Raum für Essen und Bewegung bleibt
- »Walkability« der Schulwege inner- und außerhalb des Schulgeländes (attraktive und verkehrssichere Fußwege zur Schule, Laufwege auf dem Schulgelände, Unterrichtsräume wechseln, dabei Barrierefreiheit berücksichtigen)

Aufgaben

1. Bewegungsförderung und Gesundheit
   a. Arbeiten Sie bitte heraus, welche Bedeutung das Thema Bewegung für die Gesundheitsförderung hat!
2. Motorische Fertigkeiten und Fähigkeiten
   a. Erklären Sie den Begriff »Motorische Fertigkeiten« und nennen Sie Beispiele!
   b. Finden Sie die Gesundheitsaspekte, auf die motorische Fertigkeiten einen Einfluss haben können!

3. Diagnose im Bewegungsbereich
   a. Erläutern Sie bitte Möglichkeiten, den motorischen Entwicklungsstand zu messen!
   b. Erläutern Sie den Begriff »BMI« und berechnen Sie bitte Ihren eigenen BMI!
4. Feedback
   a. Erklären Sie, warum konkrete Rückmeldung (Feedback) über die motorische Entwicklung für Kinder, Eltern und Lehrpersonen wichtig ist!
   b. Nennen Sie verschiedene Möglichkeiten, die motorische Entwicklung aufzuzeichnen und anschaulich zu machen!
5. Kompetenzen
   a. Nennen Sie bitte drei Kompetenzen zur Bewegungsförderung, über die eine pädagogische Fachkraft verfügen sollte!
   b. Nennen Sie bitte drei Kompetenzen im Bewegungsverhalten, die Sie für Kinder als besonders wichtig erachten!
6. Gezielte Förderung
   a. Führen Sie eine Diagnose durch und stellen Sie Stärken und Schwächen in der motorischen Entwicklung bei Ihren Schüler*innen fest!
   b. Wählen Sie Übungsformen aus, die für die Stärken und Schwächen Ihrer Schüler*innen geeignet sind!

Literatur

Alfermann, D., Stiller, J. & Würth, S. (2003). Das physische Selbstkonzept bei sportlich aktiven Jugendlichen in Abhängigkeit von sportlicher Leistungsentwicklung und Geschlecht. Zeitschrift für Entwicklungspsychologie und Pädagogische Psychologie, 35(3), 135–143.

Baker, P. R. A., Francis, D. P., Soares, J., Weightman, A. L. & Foster, C. (2011). Community wide interventions for increasing physical activity. Sao Paulo Medical Journal, 129(6), 436–437.

Barnett, L. M., Robinson, L. E., Webster, E. K. & Ridgers, N. D. (2015). Reliability of the Pictorial Scale of Perceived Movement Skill Competence in 2 Diverse Samples of Young Children. Journal Of Physical Activity & Health, 12 (8), 1045–1051.

Barnett, L. M., Stodden, D., Cohen, K. E., Smith, J. J., Lubans, D. R., Lenoir, M. et al. (2016). Fundamental Movement Skills: An Important Focus. Journal Of Teaching In Physical Education, 35(3), 219–225.

Beck, J. & Dreiskaemper, D. (2018). Selbstbestimmte Motivation im späten Kindesalter. Zusammenhang mit Sportvereinspartizipation und psychologischen Basisbedürfnissen. Zeitschrift für Sportpsychologie, 26, 3–14.

Bös, K. & Mechling, H. (1983). Dimensionen sportmotorischer Leistungen. Schorndorf: Hofmann.

Bös, K. (1987). Handbuch sportmotorischer Tests. Göttingen: Hogrefe.

Bös, K., Schlenker, L., Büsch, D., Lämmle, L., Müller, H., Oberger, J., Seidel, I. & Tittlbach, S. (2009). Deutscher Motorik-Test 6–18 (DMT 6–18). Hamburg: Czwalina.

Brand, R. & Ekkekakis, P. (2018). Affective-Reflective Theory of physical inactivity and exercise. Foundations and preliminary evidence. German Journal of Exercise and Sport Research, 48(1), 48–58. doi: 10.1007/s12662-017-0477-9.

Cole, T. (2004). Children grow and horses race: is the adiposity rebound a critical period for later obesity?. BMC Pediatr 4, 6. https://doi.org/10.1186/1471-2431-4-6.

Deci, E. L. & Ryan, R. M. (1985). Intrinsic Motivation and Self-Determination in Human Behavior. New York, NY: Plenum.

Döbler, G. & Döbler, H. (1998). Kleine Spiele. Berlin: Sport Verlag.

Dreiskämper, D. & Naul R. (2013). Was hängt mit motorischen Leistungen und BMI im Projekt »Gesunde Kinder in gesunden Kommunen (gkgk)« zusammen?. In: F. Mess, M. Gruber & A. Woll (Hrsg.), Sportwissenschaft grenzenlos?!. Hamburg: Czwalina, 240.

Dreiskämper, D. & Naul, R. (2014). Gesunde Kinder in gesunden Kommunen. Betrifft Sport. 6, 10–16.

Dreiskämper, D., Tietjens, M., Honemann, S., Naul, R. & Freund, P. A. (2015). PSK-Kinder – Ein Fragebogen zur Erfassung des physischen Selbstkonzepts von Kindern im Grundschulalter. Zeitschrift für Sportpsychologie, 22, 97–111.

Eccles, J. S. & Wigfield, A. (2002). Motivational beliefs, values, and goals. Annual Review of Psychology, 53, 109–132.

Engels, E.S. & Freund, P.A. (2018). Welche Faktoren beeinflussen das Erleben von Freude am Schulsport im Jugendalter? Zeitschrift für Sportpsychologie (2018), 25, 68–78. https://doi.org/10.1026/1612-5010/a000230. Hogrefe Verlag.

Finger, J. D., Varnaccia, G., Borrmann, A., Lange, C. & Mensink, G. B. M. (2018). Körperliche Aktivität von Kindern und Jugendlichen in Deutschland Körperliche Aktivität von Kindern und Jugendlichen in Deutsch-land-Querschnittergebnisse aus KiGGS Welle 2 und Trends. FACT SHEET Journal of Health Monitoring Journal of Health Monitoring, 3(1), 24–31.

Foxcroft, D. R. & Tsertsvadze, A. (2011). Universal family-based prevention programs for alcohol misuse in young people. Cochrane Database Syst Rev., 7, 9. CD009308. doi: 10.1002/14651858.CD009308. PMID: 21901733.

Graf, C., Beneke, R., Bloch, W., Bucksch, J, Dordel, S., Eiser, S. Naul, R. et al. (2013). Vorschläge zur Förderung der körperlichen Aktivität von Kindern und Jugendlichen in Deutschland. Ein Expertenkonsens. Monatszeitschrift Kinderheilkunde, 161, (5), 439–446.

Grüger, C. (2010). Bewegungsspiele für eine gesunde Entwicklung: Psychomotorische Aktivitäten für Drinnen und Draußen zur Förderung kindlicher Fähigkeiten und Fertigkeiten (Praxisbücher für den pädagogischen Alltag). 9. Auflage. Ökotopia.

Harter, S. (1988). Developmental and dynamic changes in the nature of the self-concept. In: S. R. Shirk (Hrsg.), Cognitive development and child psychotherapy (S. 119–159). New York: NY: Plenum Press.

Haywood, K. M. & Getchell, N. (2009). Life Span Motor Development. Champaign, IL: Human Kinetic.

Heckhausen, H. & Rheinberg, F. (1980). Lernmotivation im Unterricht, erneut betrachtet. Unterrichtswissenschaft, 8 (1), 7–47.

Heemsoth, S. Tietjens. M, Naul, R. & Dreiskämper, D. (2015). Bewegungsbildung und Gresudheitsförderung in offenen Ganztagsgrundschulen. In: Forschungsgruppe SpOGATA (Hrsg.), Evaluation der Bewegungs-, Spiel- und Sportangebote an Ganztagsgrundschulen in Nordrhein-Westfalen. Aachen: Meyer & Meyer, 137–163.

Hirtz, P. (1985). Koordinative Fähigkeiten im Schulsport. Berlin 1985.

Kiphard, E.J. & Schilling, F. (2007). Körperkoordinationstest für Kinder. 2., überareitete und ergänzte Auflage. Göttingen: Hogrefe.

Köckenburger, H. (2010). Pedalo, Rollbrett und Co.: Bewegungsspiele mit Materialien aus Psychomotorik, Sport und Freizeit. Dortmund: Borgmann Media.

Kromeyer-Hauschild, K., Moss, A. & Wabitsch, M. (2015). Referenzwerte für den Body-Mass-Index für Kinder, Jugendliche und Erwachsene in Deutschland. Adipositas-Ursachen, Folgeerkrankungen, Therapie, 9(03), 123–127.

Kromeyer-Hauschild, K., Wabitsch, M., Kunze, D. et al. (2001) Perzentile für den Body-mass-Index für das Kindes- und Jugendalter unter Heranziehung verschiedener deutscher Stichproben. Monatsschrift Kinderheilkunde 149, 807–818. https://doi.org/10.1007/s001120170107.

Kurth, B.M., Schaffrath Rosario, A. (2010). Übergewicht und Adipositas bei Kindern und Jugendlichen in Deutschland. Bundesgesundheitsblatt53:643–652. doi: 10.1007/s00103-010-1083-2.

Lai, S. K., Costigan, S. A., Morgan, P. J., Lubans, D. R., Stodden, D. F., Salmon, J. & Barnett, L. M. (2014). Do school-based interventions focusing on physical activity, fitness, or fundamental movement skill competency produce a sustained impact in these outcomes in children and adolescents? A systematic review of follow-up studies. Sports Medicine, 44(1), 67–79.

Marsh, H. W. & Redmayne, R. S. (1994). A multidimensional physical self-concept and its relation to multiple components of physical fitness. Journal of Sport and Exercise Psychology, 16 (1), 43–55.

Messing, S. & Rütten, A. (2017). Qualitätskriterien für die Konzipierung, Implementierung und Evaluation von Interventionen zur Bewegungsförderung: Ergebnisse eines State-of-the-Art Reviews. Gesundheitswesen, 79 (01), 60-S65. DOI: 10.1055/s-0042–123378.

Mikkelsen, B. E., Novotny, R. & Gittelsohn, J. (2016). Multi-Level, Multi-Component Approaches to Community Based Interventions for Healthy Living—A Three Case Comparison. Int. J. Environ. Res. Public Health 2016, 13, 1023. https://doi.org/10.3390/ijerph13101023

Möhrle, B., Steinacker, J. M., Szagun, B. & Kobel, S. (2015). Bewegungsförderung an grundschulen – Pausenhof und körperliche aktivität von kindern. Deutsche Zeitschrift Fur Sportmedizin, 66(6), 141–146.

Naul, R., Schmelt, D., Dreiskaemper, D., Hoffmann, D. & L'Hoir, M. (2012). »Healthy children in sound communities« (HCSC/gkgk) – a Dutch-German community-based network project to counteract obesity and physical inactivity. Family Practice, 29(2), 110–114.

Poitras, V. J., Gray, C. E., Borghese, M. M., Carson, V., Chaput, J. P., Janssen I., Katzmarzyk, P. T., Pate, R. R., Connor Gorber, S., Kho, M.E., Sampson, M. & Tremblay, M. S. (2016). Systematic review of the relationships between objectively measured physical activity and health indicators in school-aged children and youth. Appl Physiol Nutr Metab, 41 (6 Suppl 3), 197–239. doi: 10.1139/apnm-2015–0663. PMID: 27306431.

Ravens-Sieberer, U. & Bullinger, M. (1998). Assessing health-related quality of life in chronically ill children with the German KINDL: first psychometric and content analytical results. Quality of Life Research, 7(5), 399–407.

Rütten, A. & Pfeifer, K. (2017). Nationale Empfehlungen für Bewegung und Bewegungsförderung. Köln: Bundeszentrale für gesundheitliche Aufklärung.

Schienkiewitz, A., Brettschneider, A. K., Damerow, S. & Rosario, A. S. (2018b). Übergewicht und Adipositas im Kindes-und Jugendalter in Deutschland–Querschnittergebnisse aus KiGGS Welle 2 und Trends. Journal of Health Monitoring, 3(1).

Schienkiewitz, A., Damerow, S., Mauz, E., Vogelsang, F., Kuhnert, R. & Schaffrath Rosario, A. (2018a). Entwicklung von Übergewicht und Adipositas bei Kindern – Ergebnisse der KiGGS-Kohorte [Development of overweight and adiposity in children – findings from the KiGGS-cohort]. Journal of Health Monitoring, 3(1), 76–81.

Schmelt, D., Hoffmann, D & Naul, R. (2011). Bewegungsbildung und Gesundheitsförderung in der Ganztagsschule. In: R. Naul (Hrsg.), Bewegung, Spiel und Sport in der Ganztagsschule. Bilanz und Perspektiven. Aachen: Meyer & Meyer, 115–132.

Schott, N. & Munzert, J. (2010). Motorische Entwicklung. Göttingen: Hogrefe.

Sebire, S. J., Jago, R., Fox, K. R., Edwards, M. J. & Thompson, J. L. (2013). Testing a self-determination theory model of children's physical activity motivation: A cross-sectional study. International Journal of Behavioral Nutrition and Physical Activity, 10, 111–120.

Shavelson, R. J., Hubner, J. J. & Stanton, G. C. (1976). Self-concept: Validation of construct interpretations. Review of Educational Research, 46, 407–441. doi:10.2307/1170010.

Shirley, M. L. & Irving, K. E. Connected Classroom Technology Facilitates Multiple Components of Formative Assessment Practice. J Sci Educ Technol, 24, 56–68 (2015). https://doi.org/10.1007/s10956-014-9520-x.

Stodden, D. F., Goodway, J. D., Langendorfer, S. J., Roberton, M. A., Rudisill, M. E., Garcia, C. & Garcia, L. E. (2008). A Developmental Perspective on the Role of Motor Skill Competence in Physical Activity: An Emergent Relationship. Quest (00336297), 60(2), 290–306.

Stodden, D. F. & Holfelder, B. (2013). Kein Kind bleibt zurück. Die Rolle der Entwicklung von motorischen Fertigkeiten. Zeitschrift für Sportpsychologie, 20, 10–17. doi: 10.1026/1612–5010/a000088.

Stodden, D. F., Zan, G., Goodway, J. D. & Langendorfer, S. J. (2014). Dynamic Relationships Between Motor Skill Competence and Health-Related Fitness in Youth. Pediatric Exercise Science, 26(3), 231–241.

Ulrich, D.A. (2018). The Test of Gross Motor Development – 3 (TGMD-3): Administration, scoring, and international norms. Spor Bilimleri Dergisi, 24(2), 27–33.

Links

Unter www.Sportunterricht.de finden sich zahlreiche Übungsformen für Kinder sowie einzelne Einheiten und ganze Reihen zu spezifischen Sportarten, die in Bewegungseinheiten durchgeführt werden können.

Unter http://www.gkgk-online.de/startseite/ findet man Informationen zum Feedback für Schüler*innen hinsichtlich Gewicht und Motorik.

Die Internetseiten des Landesinstituts für Schule in Nordrhein-Westfalen (http://www.qua-lis.nrw.de/) bieten nicht nur viele Informationen, sondern auch praktische Broschüren für die Umsetzung in Unterricht, Pausen und Ganztagsangeboten. Die Seite www.schulsport-nrw.de/ ergänzt dieses Angebot mit praktischen Tipps zum Bewegungslernen.

Um sich einen Überblick über den Lehrplan zu machen und zu erfahren, was Kinder in welcher Altersstufe an Kompetenzen erreichen sollen, ist der Kernlehrplan Sport für das Bundesland Nordrhein-Westfalen ein gutes Beispiel. Er ist hier zu finden: https://www.schulentwicklung.nrw.de/lehrplaene/lehrplannavigator-grundschule/sport/index.html.

5   Modul Ernährung

Anja Carlsohn

Fallbeispiel zur Vielfältigkeit unserer Essentscheidungen

Paul, Efe, Nele und Summer (alle zehn Jahre alt) stehen in der Mittagspause an der Essensausgabe der Schulmensa. Nele hat heute wieder einmal auf ihr Frühstück verzichtet, um länger schlafen zu können, und ist entsprechend hungrig. Sie entscheidet sich für die lecker riechende Bratwurst mit knusprigen Pommes Frites und einen Apfel als Nachtisch. Paul hat bereits gefrühstückt und bestellt sich das Hühnerfrikassee mit Reis und eine Banane. Er will am Nachmittag noch zum Fußballtraining. Bratwurst mit Pommes liegen ihm da schwer im Magen, das hat er schon probiert. Auch Efe hat heute Morgen schon mit seiner Familie gefrühstückt. An der Essensausgabe ist er aber etwas unschlüssig. Ist in der Bratwurst Schweinefleisch enthalten? Und überhaupt, viele Gerichte sind für ihn noch fremd, lange ist er mit seiner Familie noch nicht in Deutschland. Summer isst seit ein paar Wochen gar kein Fleisch, weil ihr die Tiere leidtun. Sie hilft Efe bei der Auswahl eines vegetarischen Gerichts. Die Hefeknödel mit Vanillesauce und heißen Kirschen duften so lecker, sodass Efe diese gern probiert. Summer möchte sich noch einen Salat auf das Tablet legen, denn im Unterricht haben sie besprochen, dass Salat und Gemüse gesund sind und zu jeder Mahlzeit gegessen werden sollten. Dann fällt ihr aber auf, dass ihr Geld heute nicht reicht. Deswegen nimmt sie sich einen Schokoriegel, der sieht von der Verpackung her auch ganz lecker aus. Beim Essen erzählt Paul, dass er richtig großen Hunger hat, denn gestern hatte er nach dem anstrengenden Fußballtraining eine große Portion Kakao getrunken, sodass er am Abendbrottisch keinen Hunger mehr hatte und die Hälfte der belegten Brote weggeworfen hat. Efe und Nele wundern sich, denn sie haben nach dem Sport eigentlich immer großen Hunger und auch Appetit! Außerdem wären ihre Eltern ganz schön sauer, wenn ihr Essen im Müll landen würde. Das wäre doch schade, zumal sie meistens selbst Zeit in der Küche verbringen, um beim Abendbrot mitzuhelfen. In der Küche mithelfen würde auch Summer gern öfter, aber häufig ist das Essen schon fertig, wenn sie in die Küche kommt. Vielleicht haben ihre Eltern Bedenken, dass sie sich mit dem Messer schneidet oder das Essenmachen dann zu lange dauern würde?

Das Fallbeispiel verdeutlicht, dass Kinder ganz verschiedene Motive für die Speisenauswahl haben. Hunger und Appetit, Aussehen, Geruch, Geschmack und individuelle Erfahrungen mit bestimmten Lebensmitteln und Speisen spielen eine wichtige Rolle. Auch die familiale und regionale Esskultur, ethische und religiöse

Motive, der Einfluss der Peergroup, Zugehörigkeit(sgefühl) zu einer Gruppe, Nachhaltigkeitsaspekte, die Verfügbarkeit, der Preis oder die Bewerbung einzelner Produkte können ausschlaggebend für unsere Lebensmittel- und Speisenauswahl sein. Jedes Kind hat seine eigene Essbiografie und ganz unterschiedliche, eigene Erfahrungen mit dem Umgang mit Lebensmitteln, der Mahlzeitenzubereitung oder dem Verzehr bestimmter Speisen.

Mit dem steigenden Außer-Haus-Verzehr und dem Einbeziehen von Kindern beim Familieneinkauf gewinnt auch die Auswahlkompetenz von Speisen und Lebensmitteln an Bedeutung. Die Produktvielfalt, die damit verbundenen Informationen und die o. g. Motive und Aspekte der Lebensmittel- und Speisenauswahl sind vielschichtig und sehr komplex. Umso wichtiger ist es, Kinder bei der Auswahl der für sie »richtigen« (passenden) Lebensmittel und bei der Zubereitung von kleinen Mahlzeiten zu unterstützen.

Ziel der Ernährungsbildung ist es, dass Kinder ihre eigenen Essbiografien reflektiert, selbstbestimmt und gesundheitsförderlich gestalten können. Sie sollten in der Kultur und Technik der Nahrungszubereitung und Mahlzeitengestaltung sicher handeln und durch Essen und Ernährung ein positives Selbstkonzept entwickeln können (vgl. *Reform der Ernährungs- und Verbraucherbildung in Schulen*, REVIS, unter www.evb-online.de). Schulische Ernährungsbildung als ein aufeinander abgestimmtes Konzept von formalem, non-formalem und informellem Lernen ist ein wesentlicher Bestandteil der Gesundheitsförderung in der »Lebenswelt Schule«.

5.1 Basiswissen

5.1.1 Ernährungsbildung und Gesundheitsförderung im Allgemeinen

Ernährungsbildung

Das heutige Verständnis von Ernährungs- und Verbraucherbildung geht weit über die fachwissenschaftlich orientierte Ernährungserziehung, d. h. über die Vermittlung von Fachwissen beispielsweise über Nährstoffe, Lebensmittelzusammensetzungen oder physiologische Zusammenhänge zwischen Ernährung und Krankheit, hinaus.

Im Gegensatz zur naturwissenschaftlich-technisch orientierten Wissensvermittlung zur Ernährung orientiert sich die moderne Ernährungsbildung an den Lebenswelten und Alltagssituationen der Menschen und

> »zielt darauf ab, Menschen zu befähigen, die eigene Ernährung politisch mündig, sozial verantwortlich, demokratisch teilhabend unter komplexen gesellschaftlichen Bedingungen zu entwickeln und zu gestalten. Sie ist immer auch Esskulturbildung, beinhaltet ästhetisch-kulturelle sowie kulinarische Bildungselemente und trägt zur Entwicklung der Kultur des Zusammenlebens bei.« (Bartsch et al. 2013)

Im Alltag vieler Menschen sind anstelle der Notwendigkeit zur Beschaffung und Herstellung von Lebensmitteln Anforderungen an das Auswahl- und Konsumverhalten getreten (Bartsch et al. 2013). Kaum jemand stellt beispielsweise seinen Joghurt selbst her, stattdessen haben Verbraucher im Kühlregal die Wahl zwischen verschiedenen Natur- oder Fruchtjoghurts, Joghurterzeugnissen mit oder ohne Fruchtzubereitung, Milchmischerzeugnissen mit oder ohne weitere Zutaten aus jeweils konventioneller Herstellung oder in Bioqualität, in Einwegbechern oder Mehrweggläsern. Um allein beim Joghurt das individuell »richtige« Produkt auswählen zu können, bedarf es Kenntnisse über die verschiedenen Produktqualitäten, Gesundheits-, Genuss- und Eignungswerte, Nachhaltigkeitsaspekte, Preis, Verständnis von Nährwertangaben, Anforderungen von Qualitätssiegeln und Logos usw.

Expertise: Ernährungsbildung

Ernährungsbildung im Allgemeinen
»Ernährungsbildung dient der ›Befähigung zu einer eigenständigen und eigenverantwortlichen Lebensführung in sozialer und kultureller Eingebundenheit und Verantwortung‹. Ernährungsbildung zielt damit auf die Fähigkeit, die eigene Ernährung politisch mündig, sozial verantwortlich und demokratisch teilhabend unter komplexen gesellschaftlichen Bedingungen zu gestalten.

Ernährungsbildung ist immer auch Esskulturbildung, beinhaltet ästhetisch-kulturelle sowie kulinarische Bildungselemente und trägt zur Entwicklung der Kultur des Zusammenlebens bei.

Ernährungsbildung wird in einem lebenslangen Prozess biographisch angeeignet, der durch das soziokulturelle (familiale, soziale und institutionelle) Umfeld beeinflusst wird. Diese Aneignung erfolgt in interaktiver Auseinandersetzung mit der umgebenden Gesellschaft [...].«

Ernährungsbildung in der Schule
»Im Bildungssystem (institutionelle Bildung) wird unter Ernährungsbildung die Initiierung und Begleitung eines Lernprozesses zur Gestaltung einer individuell erwünschten und gesellschaftlich sinnvollen Ess- und Ernährungsweise verstanden. Diese beinhaltet vor allem gesundheitliche, soziale, kulturelle, ökonomische und ökologische Dimensionen. Ernährungsbildung soll Kinder, Jugendliche und Erwachsene bei der Entwicklung einer eigenverantwortlichen Ess- und Ernährungsweise unterstützen und begleiten.«
(D-A-CH-Arbeitsgruppe zur Ernährungs- und Verbraucherbildung, o. J.)

Nachhaltige Ernährung

In einer modernen Ernährungs- und Verbraucherbildung werden neben der Gesundheitsverträglichkeit der Ernährung auch immer der Aspekt der Nachhaltigkeit und somit die Umwelt-, Wirtschafts- und Sozialverträglichkeit des Ernährungssystems berücksichtigt. Eine genussvolle nachhaltige Ernährung fördert die eigene Gesundheit, eine hohe Lebensqualität, schont die Umwelt, ermöglicht faire Wirtschaftsbeziehungen und fördert soziale Gerechtigkeit weltweit (Körber et al. 2012, BNE Portal).

Das Thema Ernährung eignet sich hervorragend zur Bildung für nachhaltige Entwicklung. So ist unsere Ernährung mit etwa einem Drittel für einen beachtlichen Anteil der Treibhausgasemissionen verantwortlich (WWF 2012). Möglicherweise lassen sich durch nachhaltigkeitsorientierte Aspekte sogar mehr Kinder für eine gesundheitsförderliche Ernährung begeistern als durch eine rein gesundheitsorientierte Ernährungsbildung. Dies legen zumindest die Ergebnisse eines Ernährungsprogramms für Grundschüler*innen mit Fokus auf Gesundheit *und* Nachhaltigkeit nahe (Jones 2012).

Aspekte der nachhaltigen Ernährung sind auch in den »10 Regeln« einer vollwertigen Ernährung der Deutschen Gesellschaft für Ernährung berücksichtigt. Beispielsweise wird in Regel 1 die bevorzugte Verwendung pflanzlicher Lebensmittel empfohlen. Die Umweltbelastung ist bei tierischen Produkten im Durchschnitt deutlich höher als bei pflanzlichen Produkten (Jungvogel 2013). Auch ein hoher Verarbeitungsgrad einschließlich (wiederholter) Kombinationen von Erhitzungs- und Abkühlungsprozessen wirkt sich ungünstig auf die Klimabilanz aus. In Regel 8 findet sich daher die Empfehlung, bevorzugt frische Lebensmittel zu verwenden. In der vierten Regel finden Verbraucher*innen Empfehlungen zum Fischverzehr aus nachhaltiger Herkunft sowie zur bevorzugten Verwendung von Geflügelfleisch, welches verglichen mit Fleisch von Wiederkäuern mit einer geringeren Umweltbelastung einhergeht. Die Verwendung von regionalem und saisonalem (Regel 3) Gemüse und Obst hilft, Lagerzeiten in Kühlhäusern und Transportwege einzusparen und kann so die CO_2-Bilanz reduzieren. In Regel 10 werden die Verbraucher*innen ermutigt, öfter Transportwege zu Fuß oder mit dem Rad zurückzulegen, was sich sowohl günstig auf die Gesundheit als auch auf die Klimabilanz auswirkt (Jungvogel 2013).

Garnett et al. empfehlen jedoch eine weitaus größere Berücksichtigung der Umweltbelastungen in den nationalen Ernährungsempfehlungen, beispielsweise der Empfehlung eines »geringen Verzehrs von Fisch«, der expliziten Nennung von pflanzlichen Milchalternativen oder der bevorzugten Verwendung von Leitungswasser (Garnett 2014).

Besondere Berücksichtigung finden die Kriterien der Nachhaltigkeit in dem von Körber et al. (2012) formuliertem Konzept der Vollwert-Ernährung. Dabei werden folgende sieben Grundsätze für eine nachhaltigkeitsorientierte Ernährung formuliert:

• Genussvolle und bekömmliche Speisen
• Bevorzugung pflanzlicher Lebensmittel
• Bevorzugung gering verarbeiteter Lebensmittel
• Ökologisch erzeugte Lebensmittel
• Regionale und saisonale Erzeugnisse
• Energie- und ressourcenschonende Verarbeitung im Haushalt
• Verwendung fair gehandelter Lebensmittel (vgl. Körber 2012)

Ernährungsbildung aus der Perspektive der Gesundheitsförderung

Aus Sicht der Gesundheitsförderung ergeben sich für die schulische Ernährungsbildung folgende Schlüsse. Grundsätzlich ist zu berücksichtigen, dass Essen nicht nur eine physiologische (z. B. Zufuhr von Energie und Nährstoffen, Einschränkungen bei Mangel oder Überversorgung), sondern auch eine psychische (z. B. Emotionen, Motivation, Vorstellungen) und soziale Bedeutung (z. B. Essstil, Gruppenzugehörigkeit, Anlass) hat. Neben der Berücksichtigung dieser psychosozialen und soziokulturellen Aspekte müssen in der Ernährungsbildung auch die Bedingungen des Alltags, der Lebenssituation und die Handlungsbedingungen berücksichtigt werden. Weiterhin sollten die Schüler*innen als Expert*innen ihres Lebens und ihrer Lebensvorstellung akzeptiert und mit einbezogen werden.

Im Mittelpunkt der Ernährungsbildung stehen die Stärkung der Schüler*innen durch Identifikation, Nutzung, Aufbau und Förderung der Gesundheitsressourcen sowie die Stärkung des Kohärenzgefühls. Gesundheitsressourcen im Bereich des Essverhaltens können dabei die Vielfalt und Qualität von Lebensmitteln, Erfolgserlebnisse bei der Planung und Zubereitung von Mahlzeiten, Genuss und Freude am Essen, die Essatmosphäre, gemeinsames Essen, ein gutes Körpergefühl, Gemeinschaft, positive Erfahrungen, subjektives Wohlbefinden, Leistungsstärke und nicht zuletzt ein fundiertes Ernährungswissen sein. Ein Ziel ist es, ernährungsphysiologisch günstige Lebensmittel und Gerichte mit positiven Emotionen zu besetzen und so ein gesundheitsförderliches Essverhalten dauerhaft einzuüben.

Risikofaktoren im Essverhalten (z. B. hoher Fast Food- und Limonaden-Konsum, fettreiche Ernährung) sollten im Gegensatz zu den Ressourcen relativiert werden. Hier gilt es, die individuelle Bedeutung von Risikofaktoren und entsprechenden Handlungsalternativen zu ergründen und zu reflektieren. Zu bedenken ist auch, dass Risikofaktoren oder Handlungen (Genuss von »ungesunden« Lebensmitteln wie Limonade, Schokolade oder Bonbons, Besuch eines Fast Food Restaurants usw.), die im Allgemeinen gesundheitsabträglich sind, auf individueller Ebene (und situationsbedingt) gesundheitsförderlich wirken können. Das heißt, genussvolles Essen kann gesundheitsförderlich sein, obwohl es (ernährungsphysiologisch) nicht »gesund« ist.

Insgesamt gilt es, Schüler*innen bei der Suche nach Möglichkeiten und Wegen zu begleiten, Handlungsalternativen aufzuzeigen und Hilfestellungen zur Alltagsbewältigung zu geben. Dabei erfolgt immer eine Orientierung an den Ernährungsempfehlungen der Fachgesellschaften – ohne den Anspruch, diese *immer* erfüllen zu müssen. Ziel kann stets nur eine Annäherung in kleinen Schritten sein, denn nur realistische, selbst bestimmte Ziele tragen zu einer Stärkung des Kohärenzgefühls und somit zur Förderung der Gesundheit bei.

Sie sehen: Es ist eine komplexe Aufgabe, bei Kindern die Kompetenz aufzubauen, sich gesundheitsförderlich zu ernähren.

5.1.2 Grundlagen einer gesunden und ausgewogenen Ernährung

Vollwertige und gesundheitsförderliche Ernährung

Expertise: Vollwertige Ernährung

»Eine vollwertige Ernährung ist die Basis für bedarfsgerechtes, gesundheitsförderndes Essen und Trinken. Sie kann dazu beitragen, Wachstum, Entwicklung und Leistungsfähigkeit sowie die Gesundheit des Menschen ein Leben lang zu fördern bzw. zu erhalten. Vor dem Hintergrund der Häufigkeit von Übergewicht und ernährungsmitbedingten Krankheiten in Deutschland ist die Aufklärung über eine bedarfsgerechte, ausgewogene und gesunderhaltende Ernährung daher von besonderer Bedeutung.« (Deutsche Gesellschaft für Ernährung e. V., www. dge.de/ernaehrungspraxis/vollwertige-ernaehrung/)

Nährstoffe

Um Kindern ernährungsbezogene Fragen aus ihrem Alltag beantworten zu können, sind Grundkenntnisse zur vollwertigen und gesundheitsförderlichen Ernährung notwendig. Die wichtigsten Fragen und Fakten rund um eine gesundheitsförderliche Ernährung sind nachfolgend zusammengestellt.

Energiezufuhr: »Wieviel Energie benötige ich eigentlich?«
In den D-A-CH Referenzwerten für die Nährstoffzufuhr werden Richtwerte für die durchschnittliche Energiezufuhr ausgesprochen und dabei Alter, Geschlecht und körperliche Aktivität berücksichtigt (D-A-CH Referenzwerte für die Nährstoffzufuhr 2015). Für Kinder sind entsprechende Richtwerte verfügbar (▶ Tab. 5.1). Eine neunjährige Schülerin ohne körperlich aktive Freizeitbeschäftigung benötigt demnach ca. 1.500 kcal pro Tag, während eine gleichaltrige Schülerin, die z. B. drei bis vier Mal pro Woche im Verein Fußball spielt, ca. 500 kcal täglich mehr benötigt.

Tab. 5.1: Richtwerte zur Energiezufuhr in kcal/Tag unter Berücksichtigung von Alter, Geschlecht (w = weiblich, m = männlich) und körperlicher Aktivität (D-A-CH Referenzwerte für die Nährstoffzufuhr 2015, o. S.)

	geringe Aktivität		mäßige Aktivität		hohe Aktivität	
	m	w	m	w	m	w
sieben bis unter zehn Jahre	1.700	1.500	1.900	1.800	2.100	2.000
zehn bis unter 13 Jahre	1.900	1.700	2.200	2.000	2.400	2.200

Makronährstoffe: »Sind Kohlenhydrate gesund oder nicht? Ist Nuss-Nugat-Aufstrich schädlich? Brauche ich Protein, wie es in den Fitnesszeitschriften immer zu lesen ist? Wenn

151

ja, wie viel und in welchen Lebensmitteln steckt das drin? Sind alle Fette ›ungesund‹?«
Als Makronährstoffe werden die energieliefernden Nährstoffe Kohlenhydrate
(ca. 4 kcal/g), Fette (ca. 9 kcal/g) und Proteine (ca. 4 kcal/g) bezeichnet. Die Deutsche
Gesellschaft für Ernährung (DGE) empfiehlt, mindestens 50 % der Energiezufuhr
aus Kohlenhydraten, und max. 30 % der Energie aus Fetten aufzunehmen. Kinder
und Jugendliche zwischen vier und 15 Jahren können die Energiezufuhr aus Fetten
auf 30–35 % erhöhen und sollten täglich ca. 0,9 g Protein pro Kilogramm Körpergewicht zu sich nehmen (entspricht ca. 23 g/Tag für ein 25 kg schweres Kind).

Makronährstoffe sind keine einheitlichen Substanzen, so gibt es bei Kohlenhydraten, Fetten und Proteinen unterschiedliche Varianten mit verschiedenen ernährungsphysiologischen Eigenschaften.

Bei den Kohlenhydraten wird beispielsweise zwischen Einfach- und Zweifach-
zuckern und komplexen Kohlenhydraten unterschieden. Während die Ein- und
Zweifachzucker rasch aus dem Darm resorbiert werden und einen schnellen Blut-
zucker- und Insulinanstieg mit sich bringen, werden komplexe Kohlenhydrate
langsamer resorbiert. Die ernährungsphysiologisch günstigeren, komplexen Kohlenhydrate finden sich beispielsweise in Gemüse, Getreideprodukten (besonders
günstig: Vollkornprodukte), Kartoffeln oder Hülsenfrüchten. Ein- und Zweifachzucker stecken in allen süß schmeckenden Lebensmitteln wie Süßwaren, süßen
Backwaren, süßen Brotaufstrichen, zuckergesüßten Getränke, Fruchtjoghurts, aber
auch in Honig, Obst oder Fruchtsäften.

Fette sind chemisch »Tri-Acylglyceride« und lassen sich anhand der Struktur ihrer
drei Fettsäurereste in Fette mit ungesättigten und Fette mit gesättigten Fettsäuren
einteilen. Ungesättigte Fettsäuren besitzen eine oder mehrere Doppelbindungen
zwischen den Kohlenstoffatomen. Aufgrund der Doppelbindungen sind Fette mit
vielen ungesättigten Fettsäuren bei Raumtemperatur fest. Dagegen sind Fette mit
überwiegend ungesättigten Fettsäuren bei Raumtemperatur meist flüssig und werden als Öle bezeichnet. Öle sind ernährungsphysiologisch günstiger als (Streich-)
Fette. Pflanzliche Fette und Öle sind von Natur aus cholesterinfrei.

Ernährungsphysiologisch besonders günstig sind z. B. Lein-, Walnuss-, Raps- und
Olivenöl oder auch Fischöle (enthalten in Fettfischen wie Lachs oder Hering).
Aufgrund der günstigen küchentechnischen Eigenschaften (z. B. Eignungs- und
Genusswert) empfiehlt die DGE die bevorzugte Verwendung von Rapsöl sowie
einen sparsamen Umgang mit Streichfetten (Matthäus 2014).

*Mikronährstoffe: »Enthalten nur Gemüse und Obst Vitamine? Wozu benötige ich die
eigentlich? Genügt ein Apfel am Tag?«*
Mikronährstoffe sind lebensnotwendige, nicht-energieliefernde Nährstoffe und
lassen sich in Vitamine und Mineralstoffe unterteilen. Vitamine und Mineralstoffe
sind oft Co-Faktoren von Enzymen und daher für zahlreiche Stoffwechselvorgänge
unabdingbar. Sowohl ein Mangel an einzelnen Vitaminen oder Mineralstoffen als
auch ein Überschuss (z. B. durch Nahrungsergänzungsmittel) bergen gesundheitliche Risiken. Bei den 13 Vitaminen unterscheidet man in vier fettlösliche (Vitamine
A, E, D und K) und neun wasserlösliche (Vitamine B1, B2, B6 und B12, Folsäure,
Niacin, Vitamin C, Pantothensäure, Biotin) Vitamine. Während die Vitamine B2,
B6 und B12 vorwiegend in tierischen Lebensmitteln vorkommen, sind pflanzliche

Lebensmittel wie Gemüse und Obst besonders reich an Folsäure oder Vitamin C. Einige Vitamine sind hitzeempfindlich (z. B. Folsäure), andere können vom Körper erst nach Zubereitung (Zerkleinern, Erhitzen) gut aufgenommen werden (z. B. Provitamin A, Lycopin). Die DGE empfiehlt daher sowohl den Verzehr von Rohkost als auch von gegartem Gemüse.

Mineralstoffe wie Eisen, Zink oder Natrium finden sich zu unterschiedlichen Anteilen in fast allen Lebensmitteln. Eine ausgewogene, abwechslungsreiche Lebensmittelauswahl ist daher eine wichtige Grundlage, um den Mineralstoffbedarf zu decken.

Sekundäre Pflanzeninhaltsstoffe: »Warum achten immer alle darauf, dass ich genügend Obst und Gemüse esse? Genügt nicht auch einfach eine Vitamintablette?«
Sekundäre Pflanzeninhaltsstoffe sind Substanzen, die im Stoffwechsel der Pflanzen entstehen und physiologische Effekte auf den menschlichen Organismus ausüben. Einige sekundäre Pflanzeninhaltsstoffe wirken beispielsweise antioxidativ (unterstützen die körpereigene Abwehr gegenüber sogenannten »Freien Radikalen«), entzündungshemmend oder krebshemmend. Es sind derzeit mehrere Tausend verschiedene sekundäre Pflanzeninhaltsstoffe bekannt. Hauptträger sind Obst und Gemüse, was diese in der Prävention ernährungsmitbedingter Erkrankungen besonders wertvoll macht (Pressemitteilung Ernährungsumschau 2010). Diese Substanzvielfalt in Gemüse und Obst lässt sich nicht durch Nahrungsergänzungsmittel ersetzen. Insbesondere Kindern ist von einer Nahrungsergänzungsmitteleinnahme abzuraten, da dies mit gesundheitsrelevanten Risiken verbunden sein kann (Carlsohn 2015). Eine selbst zubereitete »Heiße Zitrone« aus frischem Zitronensaft ist daher empfehlenswerter als beispielsweise eine Vitamin C-Tablette.

Ballaststoffe und Wasser: »Warum habe ich immer Sommer oft mehr Durst als im Winter? Und warum ist eigentlich Vollkornbrot gesünder als Weißbrot?«
Ballaststoffe sind unverdauliche Nahrungsbestandteile, die wichtige Funktionen im Verdauungstrakt erfüllen und positive Wirkungen auf den Stoffwechsel haben. Sie lassen sich in lösliche und unlösliche Ballaststoffe einteilen. Ballaststoffreiche Lebensmittel wie Vollkornprodukte, Hülsenfrüchte, Gemüse und Obst können über verschiedene Mechanismen präventiv in der Entstehung ernährungsmitbedingter Erkrankungen wirken, z. B. in der Prävention von Übergewicht, Adipositas, Bluthochdruck, Diabetes mellitus Typ II und einigen Krebserkrankungen (Heseker & Stahl-Pehe 2014). Wer ballaststoffreiche Lebensmittel bevorzugt (z. B. Vollkornbrot anstelle von Weißbrot), bleibt zudem länger satt.

Auch eine ausreichende Wasserzufuhr ist lebensnotwendig. Wenn wir zu wenig trinken, kann dies neben ausgeprägtem Durstempfinden zu weiteren Beschwerden wie Kopfschmerz, nachlassender Konzentration oder sinkender Leistungsfähigkeit führen. Für Kinder von sieben bis zehn Jahren empfiehlt die DGE ca. 60 ml Getränke pro Kilogramm Körpergewicht pro Tag (ml/kg/d), für zehn- bis 13-jährige 50 ml/kg/d und für 13- bis 19-jährige 40 ml/kg/d, mit entsprechenden Mehrbedarfen bei hoher körperlicher Aktivität oder Umwelteinflüssen wie Hitze (Köhnke 2011).

Versorgung in Deutschland

Die deutsche Bevölkerung einschließlich Kindern im Grundschulalter ist grundsätzlich gut mit Nährstoffen versorgt. Zu den »kritischen« Nährstoffen, bei denen mehr als die Hälfte der Kinder und Jugendlichen die Referenzwerte nicht erreichen, zählen Iod, Folsäure und Vitamin D. In einigen Altersgruppen trifft dies auch für Eisen, Calcium, Vitamin E und die Ballaststoffe zu (Mensink 2007). Zu betonen ist jedoch, dass ein Nichterreichen der Referenzwerte keineswegs mit einem Nährstoffdefizit oder gar Mangelerscheinungen gleichzusetzen ist. Die Referenzwerte der Nährstoffzufuhr gewährleisten die Bedarfsdeckung von ca. 98 % der gesunden Bevölkerung, d. h. ein Großteil der Bevölkerung hat einen niedrigeren Bedarf als der entsprechende Referenzwert der Nährstoffzufuhr angibt.

Tipp: D-A-CH Referenzwerte

Ausführliche Informationen über Aufbau von Mikronährstoffen, Vorkommen in Lebensmitteln, Funktionen im Körper und Bedeutung in der Prävention ernährungsmitbedingter Erkrankungen finden Sie in den D-A-CH Referenzwerten der Nährstoffzufuhr (www.dge.de/wissenschaft/referenzwerte) sowie in der Broschüre »Die Nährstoffe – Bausteine für Ihre Gesundheit« (DGE, 2009).
Zur Vertiefung empfiehlt sich zudem folgende Literatur:

Biesalski, H. K., Grimm, P. & Nowitzki-Grimm, S. (2015). Taschenatlas Ernährung. 6. Auflage, Stuttgart: Thieme Verlag.
Kasper, H. (2014). Ernährungsmedizin und Diätetik. 12. Auflage, München: Urban & Fischer.
Müller, M. J. & Trautwein, E. (2005). Gesundheit und Ernährung – Public Health Nutrition. Stuttgart: Verlag Eugen Ulmer.

Wir brauchen Nährstoffe, essen aber Lebensmittel

Wie bereits ausführlich dargestellt, benötigt unser Körper verschiedene Nährstoffe und Energie zur Aufrechterhaltung der Lebensfunktionen und unserer körperlichen und geistigen Leistungsfähigkeit. Allerdings »essen« wir weder Folsäure noch Vitamin B12, sondern beispielsweise Brokkoli und Fisch. Als Verbraucher*innen müssen wir die Nährstoffbedarfe also gar nicht unbedingt kennen. Viel wichtiger ist es zu wissen, wieviel von welchem Lebensmittel wir zu uns nehmen sollten und wie wir diese Lebensmittel schmackhaft zubereiten können.

Die FAO (Food and Agriculture Organization of the United Nations) stuft daher lebensmittelbasierte Ernährungsrichtlinien als Schlüsselinstrumente der Ernährungspolitik, Ernährungserziehung und Ernährungsbildung auf Bevölkerungsebene ein (Rademacher 2008). Damit lebensmittelbasierte Ernährungsrichtlinien effektiv sind, d. h. den Menschen helfen, eine gesundheitsförderliche und nachhaltige Lebensmittelauswahl treffen zu können, müssen diese realistisch, erreichbar und kulturell annehmbar sein (Rademacher 2008).

Die »10 Regeln für eine vollwertige Ernährung«

Die Deutsche Gesellschaft für Ernährung DGE erstellt und aktualisiert seit 1956 regelmäßig »10 Regeln für eine vollwertige Ernährung«, die die jeweils aktuellen Erkenntnisse aus der Ernährungswissenschaft und zunehmend auch aus der Nachhaltigkeitsforschung berücksichtigen und daraus einfache, von Verbraucher*innen gut umsetzbare Empfehlungen zum Lebensmittelverzehr formulieren. Die zehn Regeln zur vollwertigen Ernährung beinhalten sowohl Aussagen zur Quantität und Qualität der Zufuhr einzelner Lebensmittelgruppen als auch Empfehlungen zu Zubereitung, Nachhaltigkeits- und Lebensstilaspekten (siehe Kasten *Tipp: 10 Regeln*).

Wer sich an diese Empfehlungen hält, braucht weder »Kalorien zählen« noch Nährstoffgehalte einzelner Lebensmittel genau kennen und ist dennoch bedarfsgerecht mit Energie, Wasser, Makro- und Mikronährstoffen sowie Ballaststoffen versorgt.

Tipp: 10 Regeln zur vollwertigen Ernährung

1. Lebensmittelvielfalt genießen
2. Reichlich Getreideprodukte sowie Kartoffeln
3. Gemüse und Obst – Nimm »5 am Tag«
4. Milch und Milchprodukte täglich, Fisch ein bis zweimal in der Woche, Fleisch, Wurstwaren sowie Eier in Maßen
5. Wenig Fett und fettreiche Lebensmittel
6. Zucker und Salz in Maßen
7. Reichlich Flüssigkeit
8. Schonend zubereiten
9. Sich Zeit nehmen und genießen
10. Auf das Gewicht achten und in Bewegung bleiben

(Deutsche Gesellschaft für Ernährung e. V., Bonn. Verfügbar unter: www.dge.de/ ernaehrungspraxis/vollwertige-ernaehrung/10-regeln-der-dge/?L=0)

Für jüngere Kinder sowie Menschen mit z. B. Sprachbarrieren sind die »10 Regeln der vollwertigen Ernährung« auch in leichter Sprache verfügbar: www. dge.de/ernaehrungspraxis/vollwertige-ernaehrung/10-regeln-der-dge/leichte-spra che/?L=0

Visualisierte Ernährungsempfehlungen – die dreidimensionale Ernährungspyramide

Die dreidimensionale Ernährungspyramide der DGE mit dem Ernährungskreis als Basis der Pyramide eignet sich sehr gut, um mit Schüler*innen gemeinsam verschiedene Lebensmittel und deren Qualitäten zu entdecken und zu probieren (z. B. in Kombination mit fachpraktischen Übungen wie der gemeinsamen Zubereitung einfacher Speisen, der Verkostung von Speisen oder verschiedenen Produkten einer Lebensmittelgruppe usw.). Sie enthält Empfehlungen zur Zufuhrmenge (Pyramidenbasis = Ernährungskreis) und Qualität der Produkte, z. B. dem Verarbeitungsgrad (Pyramidenseiten; DGE o. J.). Die dreidimensionale Ernährungspyramide sowie der Ernährungskreis mit quantitativen Angaben zum Verzehr der sieben Lebensmittelgruppen ist bei der Deutschen Gesellschaft für Ernährung verfügbar (www.dge-ernaehrungskreis.de).

Gruppe 1: Getreide, Getreideprodukte und Kartoffeln

Diese Gruppe umfasst das größte Segment des Ernährungskreises und beinhaltet Brot-, Back- und Teigwaren, Müsli, Getreideflocken oder -grieß, Pseudogetreide wie Reis, Kartoffeln und Kartoffelzubereitungen. Lebensmittel dieser Gruppe liefern dem Körper Energie und Kohlenhydrate in Form von Stärke und enthalten dabei kaum Fett. Zudem sind Getreide(-produkte) und Kartoffeln sowie Kartoffelzubereitungen reich an Vitaminen und Mineralstoffen (vor allem Vitamine der B-Gruppe, Eisen, Zink, Magnesium), Ballaststoffen und sekundären Pflanzeninhaltsstoffen.

Gruppe 2: Gemüse und Salat

Wurzel- und Blattgemüse (z. B. Karotten, Spinat), Früchte und Stängel einjähriger Pflanzen (z. B. Tomaten, Stangensellerie) und Hülsenfrüchte (Leguminosen wie Erbsen oder Bohnen) gehören in diese Gruppe. Sie sind besonders reich an sekundären Pflanzeninhaltsstoffen, Vitaminen, Mineralstoffen und Ballaststoffen und enthalten kaum Fett. Die verschiedenen Gemüsesorten unterscheiden sich in ihren Inhaltsstoffen, sodass Gemüse möglichst abwechslungsreich, farbenfroh und unterschiedlich zubereitet (sowohl kurz gegart als auch Rohkost) verzehrt werden sollte, um von dem vielfältigen Spektrum der gesundheitsförderlichen Inhaltsstoffe optimal zu profitieren. Hülsenfrüchte weisen einen hohen Gehalt an Proteinen auf, welche in Kombination mit Lebensmitteln anderer Gruppen (z. B. mit Getreide wie beim Chili con/sin Carne mit Vollkornbrot) eine hohe biologische Wertigkeit erreichen können. Empfohlen werden täglich drei Portionen Gemüse (drei Hände voll), wobei eine Portion auch durch Gemüsesaft (100 %) oder Smoothie ersetzt werden kann.

Gruppe 3: Obst und Nüsse

Auch Lebensmittel dieser Gruppe sind reich an Vitaminen, Mineralstoffen und sekundären Pflanzeninhaltsstoffen (Stellungnahme der DGE: Gemüse und Obst in der Prävention ausgewählter chronischer Erkrankungen 2012). Um von den gesundheitsförderlichen Effekten der verschiedenen Inhaltsstoffe von Obst profitieren zu können, ist der Verzehr von täglich zwei Portionen Obst (zwei Hände voll) empfehlenswert. Ein Glas Fruchtsaft (100 % Fruchtanteil) oder ein Glas Smoothie aus Früchten können gelegentlich eine Portion frisches Obst ersetzen.

Mit Ausnahmen von Nüssen und Avocados ist Obst sehr fettarm. Das in Nüssen enthaltene Fett ist reich an ein- und mehrfach ungesättigten Fettsäuren, welche das Risiko für Herz-Kreislauf-Erkrankungen reduzieren können und sich zudem günstig auf die Blutfettwerte auswirken. Eine Portion Nüsse (25 g) kann daher eine Portion Obst ersetzen.

Gruppe 4: Milch und Milchprodukte

Milch und Milchprodukte werden vorrangig aus Kuhmilch, aber auch aus Milch von Ziegen oder Schafen hergestellt. Sie sind leicht verdauliche Energielieferanten und enthalten hochwertiges Protein. Zudem liefern sie die wasserlöslichen Vitamine der B-Gruppe und die fettlöslichen Vitamine A und D in Kombination mit den Mineralstoffen Calcium und Iod. Milch und Milchprodukte sind für die deutsche Bevölkerung wichtige Calciumlieferanten und haben damit eine bedeutende Rolle für die Knochengesundheit. Aufgrund des hohen Fett- und Cholesterolgehalts von vollfetten Produkten (Vollmilch, Vollmilchjoghurt, Sahne, Käse der Vollfettstufen usw.) empfiehlt sich die bevorzugte Verwendung von fettarmen Produkten (Milch und Joghurt mit 1,5–1,8 % Fett) (vgl. auch Brei 2016a, Brei 2016b).

Gruppe 5: Fleisch, Wurst, Fisch und Eier

Fleisch und Fleisch- und Wurstwaren erhöhen das Risiko u. a. für verschiedene Krebserkrankungen, Bluthochdruck und Herzinfarkt (Glei 2013). Sie sollten daher in kleinen Mengen und nicht täglich verzehrt werden (z. B. zwei bis drei Fleischmahlzeiten pro Woche, Wurst nicht täglich). Dies gilt insbesondere für verarbeitete Fleisch- und Wurstwaren sowie Produkte aus rotem Fleisch (Rind, Schwein).

Dennoch sind sie auch wertvolle Lieferanten von Protein, Energie, Eisen, Zink und B-Vitaminen. Ähnliches gilt für Eier, die reichlich hochwertige Proteine, Eisen und fettlösliche Vitamine enthalten. Aufgrund des hohen Gehalts an Cholesterol, Fett und Purinen sollten Eier ebenfalls maßvoll verzehrt und bei Fleisch, Fleischwaren und Wurstwaren fettarme Produkte bevorzugt werden.

Fisch (insbesondere fettreicher Seefisch) ist eine wichtige Quelle für Iod, hochwertiges Protein und essenzielle Fettsäuren (z. B. Omega-3-Fettsäuren) und sollte ein- bis zweimal wöchentlich den Speiseplan erweitern (Dinter 2016).

Gruppe 6: Fette und Öle

Fette und Öle enthalten u. a. essenzielle Fettsäuren und sind auch für die Resorption fettlöslicher Vitamine notwendig, die oft vergesellschaftet mit Fett in Streichfetten und Ölen vorkommen. Jedoch sind Fette und Öle sehr energiereich, sodass sie nur in kleinen Mengen den Speiseplan bereichern sollten. Auch bei Fetten und Ölen gilt: Bevorzugt werden sollten pflanzliche Produkte, da diese von Natur aus kein Cholesterol enthalten und insbesondere Pflanzenöle einen höheren Gehalt an ungesättigten Fettsäuren aufweisen. Bei Raumtemperatur feste Fette (z. B. Butter, Kokosfett, Palmkernfett) sind dagegen reich an gesättigten Fettsäuren und sollten nur selten verwendet werden.

Gruppe 7: Getränke

Hauptbestandteil aller Getränke ist Wasser. Eine ausreichende Wasserzufuhr ist für den Körper lebensnotwendig, Getränke sind daher zentral im Lebensmittelkreis dargestellt. Schon kleinere Wasserdefizite wirken sich ungünstig auf Gesundheit, Wohlbefinden oder Leistungsfähigkeit aus und äußern sich beispielsweise in nachlassender Konzentrationsfähigkeit, Kopfschmerz und sinkender körperlicher Leistungsfähigkeit (Köhnke 2011). Eine Untersuchung an der Pädagogischen Hochschule Schwäbisch Gmünd zum Trinkverhalten von Schülern zeigte beispielsweise, dass Schüler*innen, die gut mit Flüssigkeit versorgt waren, sich im Unterricht besser konzentrieren konnten und diesen als weniger anstrengend empfanden. Schüler*innen, die in der letzten halben Stunde vor einem Test Wasser getrunken hatten, erzielten bessere Ergebnisse (Lührmann 2014).

Die DGE empfiehlt für vier- bis zehnjährige Kinder eine Zufuhr von ca. einem Liter, für zehn- bis 15-jährige Kinder ca. 1,2 bis 1,4 Liter Flüssigkeit regelmäßig über den Tag verteilt. Körperliche Aktivität (z. B. im Sportunterricht) oder hohe Temperaturen erhöhen den Bedarf. Gut geeignet sind Wasser (z. B. Leitungs- oder Mineralwasser, mit oder ohne Kohlensäure), ungesüßte Kräuter- oder Früchtetees, Saftschorlen (ein Teil Obst- oder Gemüsesaft, drei Teile Wasser).

Die ernährungsphysiologischen Qualitäten verschiedener Lebensmittel sind auf den Seiten der dreidimensionalen Ernährungspyramide abgebildet. Entsprechend der für jede Gruppe definierten Beurteilungskriterien werden ernährungsphysiologisch besonders günstige Lebensmittel in der Pyramidenbasis, weniger günstiger weiter in der Spitze der Pyramide dargestellt und dies zusätzlich durch farbige Ränder nach dem Ampelprinzip (grün = sehr günstig, rot = ungünstig) hervorgehoben (in Anlehnung an Rademacher 2008; ▶ Tab. 5.2).

Tab. 5.2: Informationen auf den Seiten der dreidimensionalen Ernährungspyramide

Lebensmittel-gruppe	günstig	mäßig günstig	ungünstig
Pflanzliche Lebensmittel	Unverarbeitetes Gemüse und Obst Gemüse- und Obstsäfte Vollkornprodukte	Weißmehlprodukte wie Weißbrot, Teigwaren aus Weißmehl Geschälter Reis	Zucker Süßwaren Knabbereien Kuchen Fettreiche Kartoffelgerichte

Tab. 5.2: Informationen auf den Seiten der dreidimensionalen Ernährungspyramide – Fortsetzung

Lebensmittel-gruppe	günstig	mäßig günstig	ungünstig
Tierische Lebensmittel	Fettarme Milch, fettarme Milchprodukte Fisch Fettarmes Fleisch und fettarme Fleischwaren	Fettreiche Milch und Milchprodukte	Fettreiche Wurst- und Fleischwaren Eier Sahne Speck
Speisefette und Öle	Raps- und Walnussöl Soja-, Weizenkeim- und Olivenöl	Maiskeim- und Sonnenblumenöl Margarine	Butter Schmalz
Getränke	Wasser ungesüßter Kräuter-/ Früchtetee	Anregende Getränke (Kaffee, Schwarztee) Getränke mit mäßigem Energiegehalt (Obstsaftschorlen, Lightgetränke, alkoholfreies Bier)	Getränke mit hohem Energiegehalt (Fruchtsaftgetränke, Nektare, Limonade, Energydrinks)

Altersgerechte Zufuhrempfehlungen für Kinder, Jugendliche und Erwachsene

Speziell für Kinder und Jugendliche entwickelte das Forschungsinstitut für Kinderernährung (FKE) Dortmund das »Optimix-Konzept« einer optimierten Mischkost (Alexy 2008). Das Konzept basiert auf den bereits beschriebenen D-A-CH Referenzwerten für die Nährstoffzufuhr. Die optimierte Mischkost empfiehlt für die Haupt- und Zwischenmahlzeiten unterschiedliche Makronährstoffverteilungen. Zudem wird in »reichlich«, »mäßig« und »sparsam« zu verzehrende *empfohlene* Lebensmittel und *geduldete* Lebensmittel unterschieden. Empfohlene Lebensmittel sollten mindestens 90 % der Energiezufuhr abdecken, während geduldete Lebensmittel nicht mehr als 10 % der Tagesenergiezufuhr ausmachen sollten. Es gibt demnach keine »verbotenen« Lebensmittel. Süßwaren, Knabberartikel oder Limonaden zählen zu den geduldeten Lebensmitteln, von denen man problemlos täglich kleine Mengen verzehren kann. Wählen Kinder selbst ihre Speisen aus, ist die Orientierung an der eigenen Hand als Portionsgröße hilfreich. Die empfohlenen drei Gemüseportionen pro Tag beispielsweise erreicht man also durch »drei Hände voll« Gemüse oder Salat.

Einfluss der Ernährungsumgebung und Empfehlungen zur nachhaltigen Gestaltung

Unsere Ernährungsumgebung scheint einen wesentlichen Einfluss auf unser Essverhalten auszuüben, die individuelle Handlungskontrolle wird häufig überschätzt.

»Deshalb wird angenommen, sich nachhaltiger und gesünder zu ernähren, sei eine ›einfache‹ individuelle Entscheidung und somit vornehmlich eine Frage der Motivation und Selbstregulation (z. B. den Apfel statt der Schokolade zu wählen)« (Wissenschaftlicher Beirat für Agrarpolitik, Ernährung und gesundheitlichen Verbraucherschutz beim Bundesministerium für Ernährung und Landwirtschaft, WBAE 2020, S. 651).

Die Ernährungsumgebung wird mitgestaltet durch die Exposition gegenüber Lebensmitteln, aber auch durch Essensanreize und Konsumbeeinflussungen durch z. B. Werbung oder soziale Medien (Influencer*innen). Diese Ernährungsumgebung beeinflusst unser Wahrnehmungsfeld, häufig rücken dabei Lebensmittel mit ungünstigem Nährstoffprofil (z. B. Süßwaren, Softdrinks) in den Fokus. Besonders problematisch ist, wenn wenig oder nicht gesundheitsförderliche Lebensmittel in der Vermarktung in eine gesundheitsförderliche Lebenswelt integriert werden. So werden beispielsweise im Sport (d. h. mithilfe von werbewirksamen Spitzensportler*innen oder Großveranstaltungen) häufig wenig gesundheitsförderliche Produkte vermarktet. Teilweise richtet sich lebensmittelbezogenes Sportsponsoring gezielt an Kinder und Jugendliche (Tessel 2021).

Die Experten des WBAE empfehlen zur Verbesserung der Ernährungsumgebung u. a. folgende Maßnahmen:

- eine hochwertige Gemeinschaftsverpflegung, insbesondere eine für alle Kinder zugängliche nachhaltigere Kita- und Schulverpflegung
- werbefreie Räume
- Trinkwasserspender in öffentlichen Gebäuden
- geeignete Preisanreize und die Bereitstellung von handlungsnahen Informationen
- mehr Transparenz über und Einschränkungen von Werbung in sozialen Medien (Social Influencing)
- angemessene Portionsgrößen und die Gestaltung eines angenehmen Ess-Ambientes in Kitas und Schulen (…) (mod. nach: Wissenschaftlicher Beirat für Agrarpolitik, Ernährung und gesundheitlichen Verbraucherschutz beim Bundesministerium für Ernährung und Landwirtschaft, WBAE 2020)

Zudem wird empfohlen, die Werbeumgebung nachhaltiger zu gestalten, indem (1) an Kinder gerichtete Werbung für nicht und wenig gesundheitsfördernde Lebensmittel eingeschränkt sowie (2) Werbung für Lebensmittel in Kitas und Schulen verboten werden, (3) die Angabe des Nutri-Scores in der Lebensmittelwerbung verpflichtend wird und (4) Werbemaßnahmen in sozialen Medien immer als solche kenntlich gemacht werden müssen (vgl. Wissenschaftlicher Beirat für Agrarpolitik, Ernährung und gesundheitlichen Verbraucherschutz beim Bundesministerium für Ernährung und Landwirtschaft, WBAE 2020).

5.1.3 Ernährung und Ernährungsbildung in der Grundschule

Expertise: DGE-Qualitätsstandard für die Schulverpflegung

»Kinder wachsen in einem Umfeld auf, das große Herausforderungen an den Erhalt der Gesundheit und an die Entwicklung von sozialen Beziehungen stellt. Oft bedingt durch die Berufstätigkeit beider Elternteile oder durch lange Anfahrtswege zur Schule in ländlichen Gebieten, wird die ganztägige Betreuung von Kindern und Jugendlichen immer häufiger zur Aufgabe der Schulen. [...] Immer mehr Kinder besuchen immer früher Ganztagseinrichtungen. Dies beginnt meist mit dem Besuch des Kindergartens. Durch die ganztägige Betreuung nimmt der Einfluss von Kindertageseinrichtungen und Schulen auf die Verpflegung und Essgewohnheiten immer mehr zu. Auch die Ernährungsbildung verlagert sich zunehmend von der Familie in die Schule. In vielen Familien werden Kenntnisse rund um die Speisenzubereitung nicht mehr selbstverständlich an die Kinder und Jugendlichen weitergegeben. Die Verpflegung der Schüler hat heute eine zentrale Bedeutung im ›Lebensraum Schule‹.« (DGE-Qualitätsstandard für die Schulverpflegung 2015, S. 8)

Qualitätsstandard für die Schulverpflegung

Der Anteil von Ganztagsschulen hat sich zwischen 2005 und 2012 um ca. 90 % erhöht (DGE-Qualitätsstandard für die Schulverpflegung 2015). Im Schuljahr 2017/18 boten 68 % der Grundschulen eine Ganztagbetreuung an (Bundesministerium für Forschung und Bildung 2019). Insgesamt 42 % der Grundschüler*innen in Deutschland nutzen das Ganztagsangebot, im Jahr 2002 waren es gerade einmal 4 % der Grundschüler*innen (Bundesministerium für Forschung und Bildung 2019).

Bereits 2007 wurde daher im Auftrag des Bundesministeriums für Ernährung und Landwirtschaft (BMEL) und im Rahmen des Nationalen Aktionsplans »IN FORM – Deutschlands Initiative für gesunde Ernährung und mehr Bewegung« der erste bundesweite »Qualitätsstandard für die Schulverpflegung« veröffentlicht.

Ziel dieses Qualitätsstandards ist es zum einen, die jeweils an der Schulverpflegung Beteiligten bei der Umsetzung einer ausgewogenen Verpflegung durch praxisorientierte Hilfestellung zu unterstützen. Zum anderen soll den Schüler*innen ein vollwertiges, gesundheitsförderliches Verpflegungsangebot ermöglicht werden (DGE-Qualitätsstandard für die Schulverpflegung 2020, aktualisierte Fassung verfügbar unter: www.schuleplusessen.de/fileadmin/user_upload/medien/DGE-QST/DGE_Qualitaetsstandard_Schule.pdf).

Der Qualitätsstandard für die Schulverpflegung enthält hilfreiche Hinweise und Umsetzungsvorschläge nicht nur für das Speisenangebot, sondern auch zu

- Gestaltung von Frühstück, Zwischen- und Mittagsverpflegung,
- empfohlenen Nährstoffgehalten der Mittagsverpflegung,

- Rahmenbedingungen wie Essenszeiten, Raumgestaltung, pädagogischen Aspekten usw.,
- Nachhaltigkeitsaspekten,
- Zertifizierung der Schulmensa mit dem Zertifikat »Schule + Essen = Note 1«.

> **Tipp: Nationales Qualitätszentrum und die Vernetzungsstellen Schulverpflegung der Länder**
>
> Die Vernetzungsstellen Schulverpflegung bieten einen bundesweiten Service rund um die Ernährung und Verpflegung in Schulen. In jedem Bundesland gibt es Ansprechpartner. Zudem werden beispielsweise konkrete Arbeitshilfen, Leitfäden und Best Practice Beispiele zur Verfügung gestellt. Die Vernetzungsstellen organisieren jeweils im Herbst eines Jahres »Tage der Schulverpflegung« mit zahlreichen unterschiedlichen Aktionen rund um das Thema Ernährung und Verpflegung in der Schule. Weitere Informationen finden Sie unter: www.vernetzungsstellen-schulverpflegung.de
>
> Das Bundesministerium für Ernährung und Landwirtschaft gründete zudem ein Nationales Qualitätszentrum für Ernährung in Kita und Schule (NQZ), welches zum Ziel hat, dass Kinder und Jugendliche in allen Kitas und Schulen in Deutschland gut und gerne essen (NQZ). Materialien und Hilfestellungen finden Sie unter: www.nqz.de

Der Wissenschaftliche Beirat für Agrarpolitik, Ernährung und gesundheitsförderlichen Verbraucherschutz (WBAE) beim Ministerium für Ernährung und Landwirtschaft empfiehlt daher, die Ernährung von Kindern und Jugendlich in den Fokus ernährungspolitischer Maßnahmen zu rücken. Konkrete Empfehlungen für einen »Systemwechsel in der Kita- und Schulverpflegung« des WBAE-Gutachtens beinhalten u. a.:

- Schrittweise und evidenzbasierte Einführung einer beitragsfreien Kita- und Schulverpflegung (Kommunen, Länder, Bund).
- Schaffung von fairen Ernährungsumgebungen durch (1) die verpflichtende Umsetzung des Qualitätsstandards der DGE (Bund, Länder, Kommunen, Kita- und Schulleitungen), (2) die Schaffung von angemessenen Räumlichkeiten, Ausstattungen und Essenszeiten, die Kommensalität (soziales Miteinander) fördern (Bund, Länder, Kommunen, Kita- und Schulleitungen), (3) die Regulierung kompetitiver Verpflegungsangebote (private Cafeterias, Kioske und Verkaufsautomaten) (Länder, Kommunen, Schulträger) und (4) die qualitative Stärkung handlungsorientierter Ernährungsbildung (Länder, Schulleitungen).
- Bundesinvestitionsprogramm ›Top-Mensa‹ für den quantitativen und qualitativen Ausbau der Kita- und Schulverpflegung (Bund, Länder, Kommunen). (WBAE 2020).

Partizipation von Kindern in der Schulverpflegung

Ein wesentliches Grundprinzip erfolgreicher Gesundheitsförderung ist die Partizipation, also die Möglichkeit zur Mitbestimmung, Entscheidungskompetenz und Entscheidungsmacht der Zielgruppe (Kaba-Schönstein 2011, Wright 2016). Partizipation geht somit weit über eine reine »Teilnahme« an oder bloße »Akzeptanz« von Maßnahmen zur Gesundheitsförderung hinaus.

Die Grundschule mit Ganztagsbetreuung bietet zahlreiche Chancen, Kinder in die Schulverpflegung einzubinden und sie bei der Gestaltung und Umsetzung der Verpflegung mitbestimmen und mitwirken zu lassen. Die Vernetzungsstelle Schulverpflegung Baden-Württemberg beispielsweise hat einen »Erfahrungskatalog Mensa als Lernort. Partizipation und Berufsorientierung: Praktikum, Schülerfirma, AG… Unterrichts- und Projektvorschläge« zusammengestellt, in dem unterschiedliche Vorschläge zur Ernährungsbildung im Unterricht oder in Projekten dargestellt werden (VNS Baden-Württemberg 2014). Bereits 2009 publizierten Lülfs-Baden und Spiller Ergebnisse zur Frage, warum Schüler*innen nicht in die Mensa gehen und stellten fest, dass u. a. die aus Schüler*innenperspektive ungemütliche Atmosphäre in der Mensa Schüler*innen vom Mensabesuch abhalte (Lülfs-Baden & Spiller 2009). Das im o. g. Erfahrungskatalog vorgestellte Projekt »Verschönerung Schulmensa« widmet sich diesem Problemfeld und erfordert Kenntnisse und Kompetenzen auf ganz unterschiedlichen Gebieten und entspricht der Lebenswelt der Schüler*innen.

Durch folgende Maßnahmen gelingt es möglicherweise, die Förderung einer gesunden Ernährung mit *sozialen*, *kulturellen*, *ökonomischen* und *ökologischen* Aspekten zu verknüpfen:

- Mahlzeiten als Zeiten des sozialen Miteinanders:
  Es wird dabei erzählt, zugehört, miteinander gelacht. Schüler*innen entwickeln und leben ihre Tisch- und Esskultur.
  Der Ernährung wird Aufmerksamkeit gewidmet, man isst mit Genuss und in Ruhe – nicht nebenbei.
- Gemeinsame Tischkultur entwickeln:
  Tische werden gemeinsam gedeckt oder jahreszeitlich bzw. dem Anlass entsprechend gestaltet (z. B. Laubblätter für den Herbst oder Blumen für das Geburtstagskind).
  Die Kinder lernen die wichtigsten Utensilien einer guten Tischkultur kennen (Teller, Besteck, Becher/Gläser, mehrfach verwendbare Stoffservietten mit Namen für jedes Kind). Die gemeinsame Mahlzeit wird vielleicht durch einen Tischspruch eingeleitet.
  Angemessene Tischsitten schaffen eine Atmosphäre, in der sich Schüler*innen und Erwachsene wohlfühlen.
- Partizipation bei der Auswahl und Gestaltung der Mahlzeiten
  Durch ihr Mitwirken übernehmen die Schüler*innen Verantwortung und lernen beispielsweise auch die ökonomischen und ökologischen Perspektiven der Ernährung kennen, wie die Vermeidung von Lebensmittelabfällen.

Schulmensa als Lernort für Ernährungsbildung

Die Schulverpflegung ist ein wichtiger Bestandteil der informellen schulischen Ernährungsbildung (Bartsch 2013). Allerdings stehen Konzepte zur Ernährungsbildung und die realisierte Schulverpflegung im Schulalltag oft ohne Bezug zueinander. Dass die Schulmensa einen idealen Lernort für Ernährungsbildung darstellt, ist den Verantwortlichen oft nicht bewusst. »Die Chancen der Schulmahlzeit in Hinblick auf die Geschmacks- und Esskulturbildung werden häufig unterschätzt und das Potenzial aus verschiedenen Gründen […] noch viel zu wenig genutzt.« (Bartsch 2013)

5.2   Kompetenzziele der Ernährungsbildung

Die Kompetenzziele der Ernährungsbildung umfassen die Bereiche Wissen, Verhalten und Reflexion des eigenen Essverhaltens und von Essbiografien. Im Modellprojekt *REVIS* und weiterführenden Überarbeitungen wurden neun Kompetenzziele für die schulische Ernährungsbildung formuliert, die sich an den Lebenswelten der Schüler*innen orientieren (▶ Tab. 5.3). Hier bietet es sich möglicherweise an, Schwerpunktziele entsprechend der Bedarfe der Schülergruppe zu setzen.

Tab. 5.3: Bildungs- und Kompetenzziele in der Ernährungs- und Verbraucherbildung (gekürzt nach Schlegel-Matthies et al. 2022: Konsum – Ernährung – Gesundheit, S. 112f.)

	1	2	3	4	5
Bildungsziele der Ernährungs- und Verbraucherbildung	Organisation der Daseinsfürsorge für die private Lebensführung reflektieren	Die Bedeutung von Ressourcen für die Lebensgestaltung verstehen	Die Bedeutung und Funktion des Rechts für die Lebensführung verstehen	Lebensweise, Lebensführung und Lebensstile reflektieren	Die Bedeutung von Konsumentscheidungen für die Lebensführung analysieren und reflektieren
Kompetenzen: SuS sind in der Lage,	sich mit unterschiedlichen Akteuren im Verbund der Daseinsfürsorge und deren handlungsleiten-	sich mit Chancen und Risiken der Lebensgestaltung auseinanderzusetzen.	für Alltagsbewältigung und Lebensgestaltung den rechtlichen Rahmen zu berücksichtigen.	sich mit individuellen Vorstellungen und gesellschaftlichen Orientierungen für ein »gutes« und »gelin-	Rahmenbedingungen und Einflussfaktoren für Konsumentscheidungen zu identifizieren und

Tab. 5.3: Bildungs- und Kompetenzziele in der Ernährungs- und Verbraucherbildung (gekürzt nach Schlegel-Matthies et al. 2022: Konsum – Ernährung – Gesundheit, S. 112 f.) – Fortsetzung

				gendes« Leben auseinanderzusetzen.	zu berücksichtigen.
Dazu gehört beispielsweise, dass sie	unterschiedliche Interessen der verschiedenen Akteure im Wirtschaftssystem identifizieren und sich daraus ergebende Zielkonflikte reflektieren.	Informations- und Beratungsangebote kennen und situationsbezogen bewerten.	die Tragweite von Konsumentscheidungen in Bezug auf vertragliche Verpflichtungen einschätzen.	Vorstellungen für ein »gutes« und »gelingendes« Leben identifizieren und reflektieren sowie mit Widersprüchlichkeiten und Ambiguitäten umgehen.	Konsum leitende Bedürfnisse erkennen, voneinander und von Motiven unterscheiden sowie verschiedene Wege der Bedarfsdeckung kennen und beurteilen.
	6	7	8	9	10
Bildungsziele der Ernährungs- und Verbraucherbildung	Beziehungen zwischen Ernährung und Gesundheit verstehen und reflektieren	Zusammenhang von Körper, Essverhalten und Identität verstehen	Einflussfaktoren auf Essverhalten identifizieren und analysieren sowie ihre Bedeutung für Essbiografien verstehen	Konzepte von Qualität in ihrer Bedeutung für Konsumentscheidungen verstehen	Bei der Kultur und Technik der Nahrungszubereitung und Mahlzeitengestaltung sicher handeln
Kompetenzen: SuS sind in der Lage,	sich mit Zusammenhängen zwischen Ernährung, Gesundheit und Wohlbefinden auseinanderzusetzen.	sich mit dem Verhältnis zwischen Körper, Identität und Essverhalten auseinanderzusetzen.	sich mit den Einflussfaktoren auf Essbiografien sowie Begrenzungen und Gestaltungsmöglichkeiten des individuellen Essverhaltens auseinanderzusetzen.	Konzepte von Qualität zu unterscheiden und zu bewerten.	Sich mit Kulturtechniken der Nahrungszubereitung sowie kulturellen Voraussetzungen, Bedeutung und Funktion von Mahlzeiten auseinanderzusetzen.
Dazu gehört beispielsweise, dass sie	den Beitrag der Ernährung zur persönlichen Gesundheit ver-	den eigenen Körper und Körperprozesse wahrnehmen, ver-	natürliche, religiöse, soziokulturelle, ökonomische und histori-	Unterstützungsangebote für die Qualitätsbeurteilung	Mahlzeiten situationsgerecht planen und herstellen sowie die

Tab. 5.3: Bildungs- und Kompetenzziele in der Ernährungs- und Verbraucherbildung (gekürzt nach Schlegel-Matthies et al. 2022: Konsum – Ernährung – Gesundheit, S. 112 f.) – Fortsetzung

stehen und reflektieren.	stehen und akzeptieren.	sche Einflussfaktoren auf Essverhalten kennen, identifizieren und verstehen.	kennen und verstehen sowie dahinterstehende Interessen identifizieren und beurteilen.	dafür zu leistende Arbeit einschätzen.

Tipp: Kompetenzziele Ernährungs- und Verbraucherbildung

Zum eigenen Vertiefen des Verständnisses der Kompetenzziele in der Ernährungs- und Verbraucherbildung sowie zur Entwicklung eigener Projektideen sind u. a. die Bildungspläne (2016) des Landes Baden-Württemberg zu empfehlen. Hier ist »Prävention und Gesundheitsförderung« als eine von drei allgemeinen, fächerübergreifenden Leitperspektiven verankert. Der Bildungsplan für das Wahlpflichtfach »Alltagskultur, Ernährung und Soziales (AES)« in der Sekundarstufe 1 gibt eine Orientierung für den Kompetenzerwerb für die schulische Ernährungs- und Verbraucherbildung und differenziert dabei in drei Niveaustufen: Grundlegendes, mittleres und erweitertes (gymnasiales) Niveau. Den Bildungsplan des Unterrichtsfaches »Alltagskultur, Ernährung und Soziales (AES)« 2016 finden Sie unter www.bildungspläne-bw.de/site/bildungsplan/get/documents/lsbw/export-pdf/depot-pdf/ALLG/BP2016BW_ALLG_SEK1_AES.pdf

5.3 Förderung von Ernährungskompetenz in der Grundschule

Schulische Ernährungsbildung kann in ganz verschiedenen Bereichen des Schüler*innenalltags stattfinden. Beispielsweise vermitteln Lehrer*innen nicht nur Wissen (▶ Abb. 5.1) über gesundheitsförderliche Ernährung im Unterricht, sondern leben diese auch vor. Schüler*innen erfahren Genuss, Geschmack und Experimentierfreude bei der gemeinsamen Zubereitung und/oder dem gemeinsamen Essen. Verpflegungsangebote wie die Mittags-Schulverpflegung, das Angebot von Snacks und Zwischenmahlzeiten in der Schulcafeteria, aber auch Aktivitäten in der Nachmittagsbetreuung tragen zur Ernährungs- und Verbraucherbildung der Kinder bei.

Abb. 5.1: Gesundheitsbezogene Wissensvermittlung in der Grundschule (Sachunterricht, Klasse 3) sollte mit informeller Ernährungsbildung einhergehen

---

Expertise: Formelle und informelle schulische Ernährungsbildung

»Ziel muss es sein, formale und informelle Ernährungsbildung mit einem gemeinsamen pädagogischen Konzept und einer gemeinsamen Zielorientierung aufeinander abzustimmen. Das Verpflegungskonzept muss als integraler oder additiver Bestandteil des Curriculums einer Ernährungs- und Esskulturbildung verstanden werden. Anders als im Unterricht können im außerunterrichtlichen Bereich Routinen und Gewohnheiten gefördert werden.«

»Insgesamt gilt es, die sächlichen und personellen Rahmenbedingungen für diesen Bildungsbereich deutlich auszubauen sowie Wissen, Image und Wertschätzung bei Entscheidungsträgern aller Ebenen zu steigern. Mit einer gemeinsamen Zielorientierung – im Sinne eines Spiralcurriculums – für die formale Ernährungsbildung [...] sollte es gelingen, dass Schule mehr Verantwortung übernehmen kann und übernimmt, wenn es darum geht, die interdisziplinäre Querschnittsaufgabe ›formale Ernährungsbildung‹ durch verschiedene Unterrichtsfächer zu meistern. Ergänzend dazu müssen informelle Angebote zur Ernährungsbildung Qualitätsstandards genügen, die der Zielorientierung dienen.

So haben versteckt werbende Maßnahmen und Materialien in Schulen ebenso wenig zu suchen wie kommerzielle oder andere interessengeleitete Angebote, die nicht mit der Zielsetzung der formalen Ernährungsbildung vereinbar sind.« (Bartsch et al. für die DGE Fachgruppe Ernährungsbildung 2013, S. 28)

5.3.1 Umsetzungsformen

Schulische Ernährungsbildung kann in unterschiedlichen Formen in den Schulalltag integriert werden, beispielsweise durch

- regelmäßige Verpflegungsangebote, die auch der Strukturierung des Schulalltags dienen, z. B. Pausenverkauf von Gemüsesticks, Obst oder belegten Vollkornbroten; gemeinsames Pausenfrühstück und Mittagessen; gesundheitsförderliches Getränkeangebot (vorrangig Wasser).
- besondere Aktionen im Schulalltag, z. B. Wasser mit frischen Kräutern, Zitronen und Orangenscheiben »verzaubern«, Früchtecocktails mixen, Obst-/Gemüsespieße stecken. Das geht auch gut im Klassenzimmer, lockert den Unterricht oder die Nachmittagsbetreuung auf und sensibilisiert die Kinder möglicherweise für eine ausreichende Flüssigkeitszufuhr oder den Gemüse- und Obstverzehr.
- regelmäßige Aktionskreise, bei denen thematisch strukturierte Lern- und Kompetenzziele spielerisch erworben und erweitert werden können (z. B. Experimentieren mit Lebensmitteln; Sinnes- oder Genussschulung: Gewürze mit geschlossenen Augen am Geruch identifizieren, Fruchtsaftschorlen mit unterschiedlichem Saftanteil mischen und mit verbundenen Augen am Geschmack zuordnen, verschiedene Apfelsorten mundgerecht in Stücke schneiden und die Geschmacksvielfalt je nach Sorte entdecken usw.).
- kleine Projekte, welche sich insbesondere für die Nachmittagsbetreuung oder Projekttage eignen, z. B. ein Kartoffel-Projekt: Ausflüge zum Bauernhof, Kartoffeln selbst im Schulgarten anpflanzen, lernen, wie Kartoffeln wachsen, selbst ernten, Kartoffeln in Variationen zubereiten (Kartoffelpüree, Kartoffelpuffer, Pellkartoffeln, Ofenkartoffel mit selbstgemachten Kräuterquark usw.). Jahreszeitlich lässt sich dies hervorragend variieren und der gesundheitsförderliche Gedanke mit Aspekten der Nachhaltigkeit (regionale, saisonale Produkte, möglicherweise in Bio-Qualität) kombinieren, z. B. Projekte rund um die Erdbeere, den Apfel, den Kürbis, das Brot usw.

5.3.2 Umsetzungsmethoden

Beim Lernen wird neues Wissen immer in das bestehende eingebaut (Hasselhorn & Mähler 1998). Deshalb ist es wichtig, von der Lebenswelt der Kinder auszugehen. Kinder haben ihre eigenen Essbiografien, d. h. ganz verschiedene Erfahrungen, Gewohnheiten, Vorlieben und Abneigungen im Umgang mit bestimmten Speisen, dem Einkauf oder der Zubereitung. Der essende Mensch, d. h. das Kind selbst, steht daher im Zentrum der Ernährungsbildung. Als Lernbegleiter können Sie durch Moderation von Austausch- und Reflexionsphasen (»Was tut mir gut?«, »Was esse ich überhaupt?« und »Wann und wie oft esse ich?«) die Schüler*innen dabei unterstützen, das eigene Essverhalten wahrzunehmen. Auch ein kritisches Bewusstsein gegenüber bestimmten Lebensmitteln und Verhaltensweisen (z. B. zuckerhaltige Limonaden, fettreiche Lebensmittel, Werbung für Kinderlebensmittel, Mehrkornbrötchen versus Vollkornbrötchen usw.) kann so angebahnt und gefördert werden.

Die aktive Auseinandersetzung (z. B. Experimentieren, selbst Zubereiten, Geschmackserlebnisse Schaffen, Wahrnehmung der Körpersignale) hilft bei der Veränderung stabiler Verhaltensmuster (Möller 2006). Eigenständige oder begleitete praktische Durchführungen (Zubereiten, Schmecken, Erleben) fördern das Verständnis von Zusammenhängen und steigern die Motivation. Die selbst zubereitete Kürbissuppe schmeckt oftmals »plötzlich« auch Kindern, die sonst kein Gemüse mögen.

Anregungen für eine Beteiligung von Schüler*innen an der Nahrungszubereitung für die Mittagsverpflegung finden sich beispielsweise im Projekt »Antons fitte Küche« (www.antonsfittekueche.de, 2020). Lehramtsstudierende haben hier eine Webseite mit Rezepten für 20 Verpflegungstage gestaltet, bei denen Grundschulkinder in der Zubereitung mithelfen und zugleich Tipps und Anregungen für gesundheitsförderliche Rezeptideen, Lebensmittellagerung und Inhaltsstoffe erhalten.

Evaluierte Einzelmaßnahmen und Projekte

Gesundheitsförderliche Einzelmaßnahmen und Projekte im Handlungsfeld Ernährung sind sinnvoll, wenn sie in ein Gesamtkonzept zur Gesundheitsförderung und Ernährungsbildung eingebettet sind und die o. g. Qualitätskriterien berücksichtigen.

Einmalige Maßnahmen und Projekte, deren Wirksamkeit nicht belegt ist und/ oder nicht überprüft wird, können von der Zielgruppe als »Aktionismus« aufgefasst werden und sind der Idee der Gesundheitsförderung wenig dienlich. Berücksichtigt werden muss bei Einzelmaßnahmen daher neben der Evidenz der Maßnahme auch der tatsächliche Bedarf. Beispielsweise sollte beim »gesunden Frühstück« vorab geklärt werden, ob an der jeweiligen Schule überhaupt Kinder nicht oder nicht bedarfsgerecht frühstücken, was die Kinder üblicherweise zuhause frühstücken und ob beispielsweise mit einem »gesunden Frühstück« überhaupt die »Nicht-Frühstücker« bzw. »Nicht-bedarfsgerecht-Frühstücker« erreicht und deren Frühstücksverhalten durch die Maßnahme günstig beeinflusst werden kann. Konkrete Hilfestellungen für Planer und Entscheidungsträger bietet hier das Handbuch »Besser essen. Mehr bewegen. Prävention von Übergewicht bei Kindern. Das bringt Maßnahmen voran – Eine Hilfestellung für Planende und Entscheidungsträger« der Initiative für gesunde Ernährung und mehr Bewegung (verfügbar unter: www.in-form.de/fileadmin/Dokumente/Materialien/2014-besser-essen-mehr-bewegen.pdf)

Nach Gudjons (2001) hat Projektarbeit in der Schule zehn Merkmale. Für die Ernährungsbildung besonders bedeutsam sind der Situations- oder Lebensweltbezug und das Interesse der Beteiligten. Ob ein Projekt in einer Schule sinnvoll ist, lässt sich nur mit einem genauen Blick auf die Situation, die jeweilige Schule und die Bedürfnisse und Interessen ihrer Schüler*innen beurteilen.

Als Maßnahmen oder Projekte eignen sich beispielsweise:

- Bereitstellung von Trink- oder Mineralwasser im Unterricht (Simpson 2015; www.trinken-im-unterricht.de/was-ist-tiu/studie-trinken-im-unterricht/; www. trinken-im-unterricht.de/fileadmin/user_upload/Downloads/1509-TiU-Broschue re-Leitfaden_fuer_Lehrer.pdf).
- Einrichtung eines Trinkwasserspenders/Trinkbrunnens in der Schule (DGE Qualitätsstandard für die Schulverpflegung 2014).
- Durchführung naturwissenschaftlicher Experimente in und aus der Küche. Ein Handbuch mit ausgearbeiteten, didaktisch aufbereiteten Experimenten ist beim Ministerium für Ländlichen Raum und Verbraucherschutz Baden-Württemberg verfügbar (MLR Baden-Württemberg 2013, www.mlr.baden-wuerttemberg.de/fi leadmin/redaktion/m-mlr/intern/dateien/publikationen/Die_Kueche_als_Lern ort.pdf).
- »Aktionstag« zur Ernährung und Bewegung durchführen. Handreichungen und Arbeitsblätter unter dem Motto »Fit und stark durch den Tag« stellt das Ministerium für Ländlichen Raum und Verbraucherschutz Baden-Württemberg zur Verfügung (MLR Baden-Württemberg 2015; www.ernaehrung-bw.info/pb/,Lde/ Startseite/BeKi+Kinderernaehrung/Fit+und+stark+durch+den+Tag).
- »Qualitätscheck« der Schulverpflegung gemeinsam mit den Schüler*innen durchführen unter Nutzung der Checklisten der Vernetzungsstellen Schulverpflegung, z. B. mit Anleitung verfügbar unter: www.dge-bw.de/qualitaets-check-speisenplanung.html und/oder Check- und Sensorikprotokolle für Kinder, verfügbar unter »Hilfreiche Materialien« auf www.macht-dampf.de/was-ist-gesun des-essen/.
- Projekt »Ernährungskreis« bestehend aus mehrtägigen Aktionen zu den Lebensmittelgruppen des Ernährungskreises anbieten. Ein anwendungsfertiges, mit dem Inform-Logo ausgezeichnetes Konzept mit etwa 30 Einzelaktionen stellt die Verbraucherzentrale Nordrhein-Westfalen zur Verfügung. Dies bietet sich insbesondere für Grundschulen mit Ganztagsbetreuung an. Verfügbar unter: www.ver braucherzentrale.nrw/media97121A.pdf.
- Gründung einer Mensa-AG mit Schüler*innen- und Elternvertretern, Vertretern des Lehrpersonals, des Caterers, ggf. des Trägers sowie sonstiger Entscheidungsträger (Bundesministerium für Ernährung und Landwirtschaft. Macht Dampf! Für gutes Essen in Kita und Schule. Hilfestellung verfügbar unter: www.macht-dampf.de/kita-und-schule-was-koennen-eltern-tun/ oder www.das-macht-schule. net/projektvorlagen/ernaehrung/ess-ag-gruenden?wt_ad).
- Optimierung und ggf. DGE-Zertifizierung der Schulmensa (Schule + Essen = Note 1). Best practice Beispiele sind verfügbar unter: www.in-form.de/vns-portal/ service/verpflegung-in-schulen/praxisbeispiele.html; Ansprechpartner für die Schulverpflegung: Vernetzungsstellen Schulverpflegung der Länder.
- Besuch von agrarwirtschaftlichen Betrieben mit Lernstationen und gemeinsamer Zubereitung einfacher Speisen (Inform-Projekt »Gesundheit! – Danke! Mit vollwertiger, ausgewogener Ernährung!«, Informationen verfügbar unter: www.in-form.de/profiportal/projekte/projekte/projektdatenbank/projekte/gesundheit-danke-mit-vollwertiger-ausgewogener-ernaehrung.html).

- Projekt »Ess-Kult-Tour« ermöglicht es Schüler*innen, an interaktiven Lerninseln das eigene Einkaufs- und Essverhalten zu reflektieren. Ziel des Projektes ist es, die Konsumkompetenz von Schüler*innen zu stärken. In den Lerninseln können sich die Schüler*innen mit Problemstellungen der Lebensmittelkennzeichnung, Lebensmittelzusatzstoffe, Nährstoffbedarf, Werbung und nachhaltigem Konsumieren auseinandersetzen. Weitere Informationen und Materialien für dieses Inform-Projekt finden Sie unter: www.verbraucherzentrale.nrw/esskulttour.
- Gesundes Frühstück – regelmäßig & gemeinsam ermöglichen. In der Inform-Projektdatenbank des Bundesministeriums für Ernährung und Landwirtschaft werden hierfür drei verschiedene Modelle beschrieben: Gemeinsames Klassenfrühstück, Schülercafé, von der Schule organisiertes Frühstücksangebot. Informationen finden Sie unter: www.bmel.de/DE/Ernaehrung/GesundeErnaehrung/KitaSchule/_Texte/DossierKitaUndSchule.html;jsessionid=6FB924EA434C7363E8D3B61E126C7293.2_cid358?docId=3190296.
- Durchführung von Ferienprojekten zur Ernährung und Esskultur. Fertige Materialien für ein zweitägiges Modul (welches sich auch in kleinere Modulbausteine für mehrere Tage modifizieren lässt) stellt beispielsweise die Verbraucherzentrale Nordrhein-Westfalen zur Verfügung: www.verbraucherzentrale.nrw/media97121A.pdf.
- Weitere Mitmachaktionen, Rezepte und Informationen zu aktuellen Themen unter dem Motto »Mach's Mahl – gutes Essen kann jeder« finden sich unter www.machs-mahl.de.

Tipp: Ideen – Experimente – Mediensammlung

Weitere Ideen für Einzelmaßnahmen und Projekte finden Sie auch auf der IN FORM Projektdatenbank des Bundesministeriums für Ernährung und Landwirtschaft: https://www.in-form.de/profiportal/projekte/projekte/projektdatenbank/projekte_oder in den Medien des Bundeszentrums für Ernährung. Mehr Infos unter: www.bzfe.de/service/bzfe-medien/.

Naturwissenschaftliche Experimente in der Küche bzw. mit Lebensmitteln beruhen auf physikalischen und/oder chemischen Vorgängen. Naturwissenschaftliche Experimente in der Küche (alternativ: im Klassenraum) bieten somit einen neuartigen Zugang zur Nahrungszubereitung aus dem Alltag der Kinder. Didaktisch für den Einsatz in den Klassenstufen drei bis sechs aufbereitete Vorschläge für naturwissenschaftliche Experimente in der Küche sind im Handbuch »Die Küche als Lernort für naturwissenschaftliche Erfahrungen. Ein Handbuch für das Klassenzimmer« dargestellt. Verfügbar unter: http://www.ernaehrung-bw.info/pb/site/pbs-bw-new/get/documents/MLR.LEL/PB5Documents/ernaehrung/pdf/k/KuecheLernOrt_Handbuch.pdf.

Eine umfangreiche Mediensammlung zur schulischen und außerschulischen Ernährungs- und Verbraucherbildung findet sich unter http://www.verbraucherbildung.de/materialkompass.

Förderprogramme für gesunde Ernährung und Ernährungsbildung

- EU Schulprogramm: Ziel ist es, Kindern und Jugendlichen den Verzehr von Gemüse, Obst und Milch(produkten) schmackhaft zu machen und sie dabei zu unterstützen, die empfohlene Zufuhr von drei Portionen Gemüse und zwei Portionen Obst pro Tag zu erreichen. Die Umsetzung des EU-Programms erfolgt durch die teilnehmenden Bundesländer. Weitere Informationen finden Sie auf den jeweiligen Webseiten der Länder bzw. unter www.bmel.de/DE/themen/erna ehrung/gesunde-ernaehrung/kita-und-schule/schulobst.html.
- Ernährungsführerschein: Der Ernährungsführerschein des Bundeszentrums für Ernährung ist ein fertig ausgearbeitetes Unterrichtskonzept für die dritte Klasse, bei dem der praktische Umgang mit Lebensmitteln und Küchengeräten im Mittelpunkt steht. In sechs bis sieben Doppelstunden bereiten die Schüler*innen leckere Salate, fruchtige Quarkspeisen und andere kleine, kalte Gerichte zu – und das alles im eigenen Klassenzimmer. Das Konzept wurde gemeinsam mit Lehrer*innen entwickelt und genau auf ihre Bedürfnisse zugeschnitten. (BMEL, www.bmel.de/DE/Ernaehrung/GesundeErnaehrung/KitaSchule). Weitere Informationen finden Sie unter: www.bzfe.de/bildung/ernaehrungs-und-verbraucher bildung/essen-und-trinken/der-ernaehrungsfuehrerschein/
- In verschiedenen Bundesländern gibt es evaluierte Förderprogramme zur Gesundheitsförderung in Schulen wie die Landesprogramme »Gute gesunde Schule«.
- Beispielhaft seien genannt:
  - Landesprogramm gute gesunde Schule Berlin-Brandenburg, verfügbar unter: https://mbjs.brandenburg.de/bildung/gute-schule/gute-gesunde-schule/gute-ge sunde-schule-landesprogramm.html
  - »Komm mit in das gesunde Boot – Grundschule«, von der Baden-Württembergstiftung gefördertes Programm (www.gesundes-boot.de)
  - »Landesprogramm für die gute gesunde Schule Bayern« (www.km.bayern.de/ministerium/schule-und-ausbildung/erziehung/gesundheitsfoerderung.html)
  - »Schule und Gesundheit« des Hessischen Kultusministeriums (http://www.schuleundgesundheit.hessen.de)
  - Landesprogramm Bildung und Gesundheit Nordrhein-Westfalen (www.bug-nrw.de/schule/schulentwicklung/index.html)
  - Landesprogramm gute gesunde Schule Mecklenburg-Vorpommern (www.bil dung-mv.de/aktuell/2015/neue-ausschreibung-fuer-gute-gesunde-schule-mv/)

Gesundheitsförderliche Verhältnisse im Leitbild der Schule verankern – Praxistipps für Ernährung und Verpflegung

- Verpflichtende Einführung des DGE-Qualitätsstandards für die Schulverpflegung
- Erleichterter Zugang zur warmen Mittagsmahlzeit der Schulverpflegung (Regelungen der Bedarfe für Bildung und Teilhabe im SGB II)
- Trinkwasserspender aufstellen

- Wassertrinken im Unterricht ermöglichen
- Kein oder geringes Angebot von Softdrinks und Süßigkeiten in der Schulkantine bzw. Pausenverkauf oder Snack-/Getränkeautomaten
- Bereitstellung von Gemüse und Obst, z. B. über Teilnahme am EU-Schulprogramm
- Gestaltung der Mensa als Lern- und Wohlfühlort und der Pausen- und Mittagsverpflegung (partizipative Einbindung der Schüler*innen)
- Ausreichende Pausenzeiten und angemessene bauliche Ausgestaltung von Schulkantine und Speiseraum, um allen Schüler*innen Teilnahme an der Schulverpflegung zu ermöglichen (ohne lange Wartezeiten oder Lärmbelästigung)

Aufgaben

Wir brauchen Nährstoffe, essen aber Lebensmittel

1. Ist Ihr eigener Gemüse- und Obstverzehr ausreichend? Überprüfen Sie Ihren Gemüse- und Obstverzehr ganz einfach mit der Checkliste von »5 am Tag«.
   Verfügbar unter: https://www.bzfe.de/5-am-tag-check/
   a. Welche Schlussfolgerungen ziehen Sie? Fällt es Ihnen schwer, ausreichend Gemüse, Obst oder gar beides zu verzehren?
   b. Welche Maßnahmen könnten Ihnen persönlich helfen, mehr Gemüse oder Obst zu verzehren? Probieren Sie verschiedene Möglichkeiten aus, wie z. B. Verzehr von Smoothie, Gemüse- oder Obstsaft (kann jeweils eine Portion Gemüse oder Obst ersetzen), Trockenfrüchte, püriertes Gemüse als Soße, regelmäßiger Beilagensalat, Gemüse mit Dip als Zwischenmahlzeit usw. Diskutieren Sie Ihre Erfahrungen und Ideen mit den Schüler*innen und entwickeln Sie gemeinsam neue Ideen und Rezepte.
2. Führen Sie über drei Tage ein Ernährungsprotokoll!
   Überprüfen Sie:
   a. Trinken Sie mind. 1,5 Liter Flüssigkeit? Wo auf der DGE-Ernährungspyramide befinden sich die hauptsächlich von Ihnen konsumierten Getränke: im grünen, gelben oder roten Bereich? Entwickeln Sie Ideen, wie Sie ihr Trinkverhalten optimieren können.
   b. Wie häufig verzehren Sie Lebensmittel, die im Optimix-Konzept für Kinder als »geduldete« Lebensmittel bezeichnet werden? Machen diese geduldeten Lebensmittel bei Ihnen mehr oder weniger als 10 % der Energiezufuhr aus (pro Tag entsprechend ca. 200 kcal bzw. 1400 kcal pro Woche)?
   c. Wie häufig essen Sie Fleisch, Fleisch- oder Wurstwaren? Berücksichtigen Sie dabei auch Fleischeinlagen in Eintöpfen, Gemüsegerichten (z. B. Krautsalat mit Speck), in Pasta (z. B. Spaghetti Carbonara oder Bolognese) oder in Salaten.

Ernährung in der Ganztagsschule

1. Qualität des Mittagessens: Überprüfen Sie einen Vier-Wochenplan Ihrer Schulverpflegung mithilfe des Qualitätsstandards für die Schulverpflegung der DGE! (Checklisten hierzu finden Sie in dem Qualitätsstandard für Schulverpflegung, den Vernetzungsstellen oder unter www.macht-dampf.de)
2. Partizipation:
   a. Halten Sie alle Maßnahmen fest, bei denen Schüler*innen und Eltern an der Schulverpflegung beteiligt sind!
   b. Ergänzen Sie diese durch eigene Ideen zur Partizipation

Förderung von Ernährungsbildung in der Grundschule

1. Ernährungsbildung ist Teamarbeit
   a. Analysieren Sie, wer an Ihrer Schule beim Thema Ernährungsbildung beteiligt ist! Die Leitfragen »Wer?«, »Wer fehlt?«, »Wie kooperieren wir/wie könnten wir kooperieren?« helfen Ihnen dabei.
   b. Überprüfen Sie, ob alle Beteiligten ein gemeinsames Verständnis von Ernährungsbildung aufweisen und identische Zielvorstellungen haben. Ziehen Sie alle an einem Strang?
2. Schulmensa als Lernort
   a. Führen Sie mit Ihren Schüler*innen eine Befragung durch, was sich die Nutzer*innen der Schulmensa wünschen, welche Ideen zur Optimierung von Atmosphäre, organisatorischen Abläufen, Angebot es gibt usw. Eine solche »Bedarfsanalyse« ist ein wichtiger Bestandteil partizipativer Maßnahmen zur Gesundheitsförderung.
   b. Überprüfen Sie: Ist das Angebot in der Schulmensa stimmig zu den (non-)formalen Ernährungsbildungsmaßnahmen Ihrer Schule? Was kann man optimieren, was miteinander verknüpfen?

Einzelmaßnahmen, Projekte und Förderprogramme

1. Markieren Sie alle Maßnahmen und Förderprojekte und notieren Sie im zweiten Durchgang alle, die Ihnen gut gefallen, auf kleinen Klebezetteln!
   a. Finden Sie mind. ein Beispiel, das Sie sich auf die To-Do-Agenda setzen!
   b. Wählen Sie mind. ein Beispiel aus und schreiben Sie die konkreten Schritte der Umsetzung auf! Wen müssen Sie »mit ins Boot« holen?
   c. Nehmen Sie entsprechende Beratungsangebote (z. B. zu den EU-Förderprogrammen, in den Vernetzungsstellen Schulverpflegung der Länder usw.) wahr.

Literatur

Alexy, U., Clausen, K. & Kersting M. (2008). Die Ernährung gesunder Kinder und Jugendlicher nach dem Konzept der optimierten Mischkost. Ernaehrungs Umschau, 55(8), 168–177.
Bartsch, S., Büning-Fesel, M., Cremer, M., Heindl, I., Lambeck, A., Lührmann, P., Oepping, A., Rademacher, C. & Schulz-Greve, S. (2013). Ernährungsbildung – Standort und Perspektiven. Ernährungsumschau, 60 (2), M84 – M95.

Brei, C., Amann-Gassner, U., Langhans, W. & Wolfram, G. (2016a). Milch und Milchfrischprodukte. Teil 1: Konsum von Milchfrischprodukten und Adipositas. Ernaehrungs Umschau, 63(3), M173-M178.

Brei, C., Amann-Gassner, U., Erbersdobler, H. F. & Baerlocher, K. (2016b). Milch und Milchfrischprodukte. Teil 2: Wachstum bei Kindern und Körperzusammensetzung bei Erwachsenen. Ernaehrungs Umschau, 63(5), M297-M301.

Bundesministerium für Bildung und Forschung (2019). Neue KMK-Statistik für Ganztagsschulen 2017/2018. Online verfügbar unter: www.ganztagsschulen.org/de/32176.php.

Bundeszentrale für gesundheitliche Aufklärung (BZgA) (2010). Leitfaden Qualitätskriterien zur Planung, Umsetzung und Bewertung von gesundheitsfördernden Maßnahmen.

Burgher, S. B., Rasmussen, V. B. & Rivett, D. (1999). The European Network of Health Promoting Schools. International planning committee. Online verfügbar unter: http://www.euro.who.int/__data/assets/pdf_file/0004/252391/E62361.pdf.

Carlsohn, A. (2015). Einnahme von Nahrungsergänzungsmitteln bei Kindern und Jugendlichen mit und ohne sportliche Aktivität – eine Übersichtsarbeit. Zeitschrift Sportunterricht, 64(6), 168–172.

D-A-CH-Arbeitsgruppe zur Ernährungs- und Verbraucherbildung. Ernährungsbildung. Online verfügbar unter: www.evb-online.de/glossar_ernaehrungsbildung.php.

Deutsche Gesellschaft für Ernährung (Hrsg.) (2015). Referenzwerte für die Nährstoffzufuhr. 2. Auflage. Bonn: Neuer Umschau Buchverlag.

Dinter, J., Bechthold, A., Boing, H., Ellinger, S., Leschik-Bonnet, E., Linseisen, J., Lorkowski, S. & Wolfram, G. (2016). Fischverzehr und Prävention ausgewählter ernährungsmitbedingter Krankheiten. Ernährungs Umschau, 63(7), 148–154.

Garnett, T. (2014). Changing what we eat: a call for research and action on widespread adoption of sustainable healthy eating. Food Climate Research Network.

Glei, M. (2013). Gesundheitliche Konsequenzen des Fleischverzehrs, Teil 1. Ernährungsumschau, 60 (11), 43–46.

Gudjons, H. (2001). Handlungsorientiert lehren und lernen, Projektunterricht und Schüleraktivität. 6. Auflage. Bad Heilbrunn: Klinkhardt.

Hasselhorn, M. & Mähler, C. (1998). Wissen, das auf Wissen baut: Entwicklungspsychologische Erkenntnisse zum Wissenserwerb und zum Erschließen von Wirklichkeit im Grundschulalter. In: J. Kahlert (Hrsg.), Wissenserwerb in der Grundschule. Bad Heilbrunn: Klinkhardt, 73–89.

Heseker, H. & Stahl-Pehe, A. (2014). Ballaststoffe (Nahrungsfasern). Physiologie, Funktionen, Vorkommen, Referenzwerte und Versorgung in Deutschland. Ernaehrungs Umschau, 61(10), M550-M555.

Jones, M., Dailami, N., Weitkamp, E., Salmon, D., Kimberlee, R., Morley, A. & Orme, J. (2012). Food sustainability education as a route to healthier eating: evaluation of a multi-component school programme in English primary schools. Health Educ Res., 27(3), 448–458.

Jungvogel A., Wendt I., Schäbethal K., Leschik-Bonnet E. & Oberritter H. (2013). Überarbeitet: 10 Regeln der DGE. Ernaehrungs Umschau, 60(11), M644-M645.

Jungvogel, A., Michel, M., Bechthold, A & Wendt, I. (2016). Die lebensmittelbezogenen Ernährungsempfehlungen der DGE. Ernaehrungs Umschau, 63(8), M474-M480.

Kaba-Schönstein, L. (2011). Gesundheitsförderung I: Definition, Ziele, Prinzipien, Handlungsebenen und -strategien. Online verfügbar unter: http://www.leitbegriffe.bzga.de/alphabetisches-verzeichnis/gesundheitsfoerderung-i-definition-ziele-prinzipien-handlungsebenen-und-strategien.

Köhnke, K. (2011). Der Wasserhaushalt und die ernährungsphysiologische Bedeutung von Wasser und Getränken. Ernährungs Umschau, 58(2), 88–95.

Körber, K., Männle, T. & Leitzmann, C. (2012). Vollwert-Ernährung. Konzeption einer Zeitgemäßen und nachhaltigen Ernährung. 11., überarbeitete Auflage. Stuttgart: Haug.

Lührmann, P., Simpson, F., Sickinger, S., Fuchs, T. & Dohnke, B. (2014). The effects of the provision of mineral water in schools on pupils' beverage consumption. Ernährungs-Umschau 61 (6), 82–89, 2014, doi: 10.4455/eu.2014.016.

Lülfs-Baden, F. & Spiller, A. (2009). Warum die Schüler nicht in die Mensa gehen: Zur Akzeptanz der Schulverpflegung. Ernährungsumschau, 56(9), 506–513.

Matthäus, B. (2014). Fette und Öle: Grundlagenwissen und praktische Verwendung. Ernährungs Umschau, 61(3), M162-M170.

Mensink, G. B. M., Heseker, H., Stahl, A., Richter, A. & Vohmann, C. (2007). Die aktuelle Nährstoffversorgung von Kindern und Jugendlichen in Deutschland. Ergebnisse aus EsKiMo. Ernährungs Umschau, 54(11), 636–646.

Ministerium für ländlichen Raum und Verbraucherschutz Baden-Württemberg (MLR) (2013). Die Küche als Lernort für naturwissenschaftliche Erfahrungen. Ein Handbuch für das Klassenzimmer. Online verfügbar unter: http://www.ernaehrung-bw.info/pb/site/pbs-bwnew/get/documents/MLR.LEL/PB5Documents/ernaehrung/pdf/k/KuecheLernOrt_Handbuch.pdf.

Pressemitteilung der Ernährungsumschau »Tausendfach-Gesundes!« Neue Fakten zu gesundheitlichen Wirkungen sekundärer Pflanzenstoffe (2010). Ernährungs Umschau, 57(8), 406–408.

Rademacher, C. (2008). Die Dreidimensionale Ernährungspyramide. Ernährungsumschau, 55(1), 44–50.

Schlegel-Matthies et al. (2022). Konsum – Ernährung – Gesundheit. Didaktische Grundlagen der Ernährungs- und Verbraucherbildung. Leverkusen: Verlag Barbara Budrich.

Simpson, F., Dohnke, B., Fuchs, T. & Lührmann, P. (2015). Trinkverhalten von Kindern und Jugendlichen – Chancen für die Gesundheitsförderung im Setting Schule. Sportunterricht, 64 (6), 173–177.

Tessel, K., Buchcik, J. & Carlsohn, A. (2021). Der Einfluss von lebensmittelbezogenem Sportsponsoring auf das Ernährungsverhalten von Kindern und Jugendlichen – eine systematische Literaturrecherche. Deutsche Zeitschrift für Sportmedizin. Germ J Sports Med 2021;72(3):118.

Vernetzungsstelle Schulverpflegung Baden-Württemberg (2014). Erfahrungskatalog Mensa als Lernort. Partizipation und Berufsorientierung: Praktikum, Schülerfirma, AG... Unterrichts- und Projektvorschläge. Online verfügbar unter: http://www.dge-bw.de/files/dge-bw/uploadsfiles/PDFsMedien/VNS_5%20Erfahrungskatalog%20Mensa%20als%20Lernort.pdf.

Wissenschaftlicher Beirat für Agrarpolitik, Ernährung und gesundheitlichen Verbraucherschutz beim Bundesministerium für Ernährung und Landwirtschaft (WBAE) (2020). Politik für eine nachhaltigere Ernährung. Eine integrierte Ernährungspolitik entwickeln und faire Ernährungsumgebungen gestalten. Online verfügbar unter: https://www.bmel.de/SharedDocs/Downloads/DE/_Ministerium/Beiraete/agrarpolitik/wbae-gutachten-nachhaltige-ernaehrung.pdf?__blob=publicationFile&v=3.

Wright, M. T. (2016). Partizipation. Mitentscheidung der Bürgerinnen und Bürger. Online verfügbar unter: http://www.leitbegriffe.bzga.de/alphabetisches-verzeichnis/partizipation-mitwirkung-und-mitentscheidung-der-buergerinnen-und-buerger/.

World Wide Fond for Nature Deutschland (WWF) (2012). Klimawandel auf dem Teller. Online verfügbar unter: www.wwf.de/fileadmin/fm-wwf/Publikationen-PDF/Klimawandel_auf_dem_Teller.pdf.

6 Modul Psyche

Angela Frank

Fallbeispiel

Pauls Familie ist umgezogen und er hat mit dem damit verbundenen Schul- und Ortswechsel sehr zu kämpfen: Er ist dauerhaft angespannt, wenn er morgens in die Schule geht, und erlebt die Veränderungen rundum angstbesetzt. Zudem tut er sich schwer, neue Freundschaften zu schließen. Paul fühlt sich hilflos, gleichzeitig traut er sich aber auch nicht, Lehrer*innen in der Schule um Hilfe zu bitten. Schon vor dem Orts- und Schulwechsel war er vor und in Prüfungssituationen überaus nervös, jetzt tritt dieses Problem verstärkt in Erscheinung. Nach einer Weile hat Paul morgens immer Bauchschmerzen. Nachmittags legt er sich oft ins Bett und will gar nicht mehr aufstehen.

Pia ist in einer ähnlichen Situation. Aber obwohl sie ihre alten Freunde und Freundinnen vermisst, scheint sie mit den Veränderungen recht schnell zurecht zu kommen und in der Schule neuen Anschluss zu finden. Auch wenn sie in Leistungssituationen nervös ist, hat Pia verschiedene Möglichkeiten gefunden, wie sie sich selbst beruhigen oder Mut zusprechen kann. Wenn es ihr trotzdem nicht gutgeht oder ihr etwas nicht gelingt, sucht Pia weiter konstruktiv nach einer Lösung oder schafft es, Bezugspersonen um Hilfe zu bitten.

Beide Kinder befinden sich in einer Situation, die auch als »kritisches Lebensereignis« bezeichnet wird. Ob ein Mensch psychisch gesund ist (und bleibt), hängt entscheidend davon ab, wie er Situationen begegnet, die schwierig sind, gleichzeitig aber immer auch Entwicklungsimpulse bereithalten. Misslingt die Bewältigung derartiger Lebensereignisse, können solche Herausforderungen zu ernsten Gesundheitsrisiken werden.

6.1 Basiswissen

6.1.1 Begriffsklärung Psychische Gesundheit

Der heutige Gesundheitsbegriff ersetzt oder ergänzt zumindest die alte biomedizinische Betrachtungsweise der Pathogenese (griech. *pathos* = Schmerz, Leid). Er bezeichnet die Lehre von der Entstehung von Krankheit (▶ Kap. 1.1). Damit sind vor allem zwei Veränderungen verbunden: Zum einen wird Gesundheit nicht nur als Abwesenheit von Krankheit verstanden, sondern auch mit positiven Begriffen wie »Wohlbefinden« verbunden; zum anderen wird Gesundheit ganzheitlich gesehen und nicht nur auf den körperlichen Zustand reduziert. Gerade im Hinblick auf psychische Gesundheit (und sozial-emotionale Gesundheit; ▶ Kap. 7) gilt, dass es ein Kontinuum zwischen niedriger und hoher Gesundheit gibt, wobei Wohlbefinden miteingeschlossen ist.

Expertise: Erklärung der WHO 2005 zur psychischen Gesundheit

In der Konferenz der WHO (Weltgesundheitsbehörde) in Helsinki 2005 wurde eine europäische Erklärung zur psychischen Gesundheit und zum Wohlbefinden abgegeben:
»Wir (…) erklären, dass psychische Gesundheit und psychisches Wohlergehen grundlegend für die Lebensqualität des einzelnen Menschen sowie von Familien, Gemeinschaften und Nationen sind und es den Menschen ermöglichen, ihr Leben als sinnvoll zu erfahren und sich als kreative und aktive Bürger zu betätigen. Wir glauben, dass das primäre Ziel der Aktivitäten im Bereich psychische Gesundheit das Wohlbefinden und Wirken der Menschen ist, indem auf ihre Stärken und Möglichkeiten gesetzt und dadurch ihre Resilienz gesteigert wird und äußere schützende Faktoren gefördert werden.« (S. 1)

Mit der neuen Auffassung von Gesundheit ist auch das Konzept der Salutogenese verbunden (lat. *salus* = Gesundheit, Heil, Glück und griech. *genesis* = Entstehung, Entwicklung). Die Etablierung dieses Begriffes wird vor allem dem Soziologen Aaron Antonovsky zugeschrieben. Die Salutogenese stellt die gesund erhaltenden Faktoren in den Vordergrund und fragt nicht (nur) danach, was Menschen krank macht und was deshalb vermieden werden soll (▶ Kap. 1.1). Diese veränderte Betrachtungsweise von Gesundheit und Krankheit führt zwangsläufig zu einem neuen Blick auf Prävention – nicht zuletzt auch im Hinblick auf psychische Gesundheit. Es geht nicht nur um die Betrachtung von Risikofaktoren und Risikovermeidung (Was muss man lassen, damit man psychisch gesund bleibt?), sondern in hohem Maße auch um Ressourcen und die aktive Rolle des Individuums.

Wichtige Fragen, die eine salutogenetische Sichtweise im Hinblick auf psychische Gesundheit mit sich bringen, sind demzufolge:

- Wie bleiben Menschen psychisch gesund?
- Wie können Menschen mehr psychische Gesundheit und Wohlbefinden erreichen?
- Wie können Menschen sich von psychischen Belastungen erholen?

Für die Entwicklungsbegleitung von Kindern in Bildungsinstitutionen ist diese salutogenetische Sichtweise sehr bedeutsam, denn sie richtet den Blick auf die

Ressourcen und diese schaffen ein stabiles Gerüst, das auch trägt, wenn andere Faktoren ins Wanken kommen.

6.1.2 Bedeutung der positiven Sicht auf die eigene Person

Selbstkonzept und Selbstwertgefühl: »Ich kann viel und ich bin viel wert!«

Bedeutsam für psychische Gesundheit ist u. a., sich selbst als wichtige und wertvolle Person zu erleben. Eine positive Selbsteinschätzung stärkt die Persönlichkeit und ist wichtig dafür, welche Handlungen ein Mensch in Angriff nimmt, welche Ziele er sich setzt und wie ausdauernd er diese Ziele verfolgt. Ein Kind, das sich etwas zutraut und denkt, dass es z. B. in Bezug auf seine Leistungen in Mathematik oder im Umgang mit Gleichaltrigen etwas bewirken kann, wird entsprechende Situationen mehr als Herausforderung und nicht als Problem sehen und aktiv in Angriff nehmen. Diese Fähigkeiten bezeichnet man zusammenfassend als »Ich-Stärke«.

Menschen mit einer negativen Selbstsicht geraten leichter in eine als »Problemtrance« bezeichnete Sichtweise, die den Blick auf mögliche Lösungen verstellt und schnell handlungsunfähig macht.

Im Kontext der Selbsteinschätzung unterscheidet man zwischen dem *Selbstkonzept* auf kognitiver Ebene (»Was denke ich über mich selbst?«, »Was kann ich gut?«) und dem *Selbstwertgefühl* auf affektiver Ebene (»Wie bewerte ich mich?«, »Wie geht es mir mit mir selbst?«). Selbstkonzept und Selbstwertgefühl entstehen auch durch den Vergleich mit anderen und durch die Rückmeldung der Umwelt. Im pädagogischen Kontext ist es deshalb besonders wichtig, die individuelle Entwicklung und die Fortschritte des Einzelnen zu betonen. Es ist u. a. bedeutsam, Kindern positive und konstruktive Rückmeldungen zu geben, ihnen im pädagogischen Alltag Erfolgserlebnisse zu vermitteln und sie gerade auch in ihren weniger stark ausgeprägten Fähigkeiten zu begleiten und deren Entwicklung zu fördern.

Pia, die im kognitiven Leistungsbereich eher unter dem Durchschnitt liegt, profitiert von einer ganzheitlichen Sicht ihrer Person. Durch Angebote und Rückmeldungen, die ihre Kreativität und sozialen Kompetenzen betonen, erhält sie positives Feedback zu ihren Talenten. Sie weiß beispielsweise, dass sie besonders einfühlsam ist und gut Konflikte lösen kann.

Kontrollüberzeugungen: »Ich habe alles im Griff«

Im Alltag beobachten wir unser Handeln und bewerten es. Dabei geht es auch um die Einschätzung, wie viel Einfluss wir durch unser Verhalten auf Ergebnisse unserer Handlungen haben. Die Erwartungen, ob wir in einer Situation etwas bewirken können, sind ausschlaggebend dafür, wie wir vergangene Ereignisse interpretieren und wie wir unsere zukünftigen Handlungen planen (Preiser 2001).

Paul hatte schon beim Übergang vom Kindergarten in die Grundschule große Probleme. Für den Schul- und Ortswechsel erwartet er, dass er genauso hilflos ist

179

wie damals und keine Freund*innen finden wird. Das führt dazu, dass Paul gar nicht erst versucht, aktiv Kontakte zu knüpfen.

Eine wichtige Überzeugung, die den eigenen Einfluss auf Ereignisse betrifft, ist die Selbstwirksamkeit (oder genauer: die *Erwartung*, selbst wirksam werden zu können). Darunter versteht man die Einschätzung, neue oder schwierige Anforderungen aufgrund eigener Kompetenzen bewältigen zu können (z. B. Hohmann & Schwarzer 2009); damit ist die Selbstwirksamkeit zur Vorhersage von Verhaltensweisen besonders nützlich. Gerade auch im Zusammenhang mit Gesundheit und gesundheitsrelevantem Verhalten rückt sie fachbereichsübergreifend immer wieder in den Fokus wissenschaftlichen Interesses (vgl. Egger 2020) und bietet sich als wichtige Stellschraube für Fördermaßnahmen an.

Es gibt verschiedene Quellen für den Erwerb von Selbstwirksamkeit, die nach der Stärke ihres Einflusses wie folgt sortiert werden können (Bandura 1997):

- eigene Erfolgs- und Misserfolgserfahrungen
- stellvertretende Erfahrungen durch die Beobachtung und Nachahmung von Verhaltensmodellen
- Überredung (»Du kannst es«, z. B. Fremdbewertung, soziale Einflussnahme oder auch Selbstinstruktion)
- Wahrnehmung eigener Gefühlsregungen

Pädagogisch bedeutsam sind alle vier Quellen der Einflussnahme. Der Besuch der Grundschule sollte jedem Kind ausreichend Erfolgsfelder bieten, in denen es etwas bewirken und seine Stärken einbringen kann. Besonders viele Ansatzpunkte bietet hier u. a. das weite Feld der Mitgestaltung durch Kinder in der Schule (beispielsweise Partizipation im Rahmen von Kinderkonferenzen, Klassenrat oder Schülerparlament).

Insgesamt gesehen sind sowohl die eigenen Erfahrungen als auch die Beobachtungen, wie andere Kinder mit unterschiedlichen Situationen umgehen und wie Lehrer*innen auf deren Verhalten reagieren, wertvoll. Darüber hinaus erhalten die Kinder durch verbale und nonverbale Rückmeldungen der Lehrer*innen vielfältiges Feedback auf ihr(e) Verhalten, Einstellungen und Leistungen, die auch großen Einfluss auf ihre Selbstbewertungen haben. Auch der Umgang mit Gefühlsregungen (wie Angst in Leistungssituationen) kann im pädagogischen Kontext positiv beeinflusst werden (beispielsweise durch Entspannungstechniken). So können in der Folge davon durch die Abnahme angstvoller Gefühle eventuell auch Erfolge mehr der eigenen Kompetenz zugeschrieben werden.

Expertise: Ressourcenförderung und Empowerment

»Selbstwirksamkeit ist eine Schlüsselressource für die Selbst- und Verhaltensregulation. Selbstwirksamkeitsüberzeugungen führen dazu, dass man sich realistische und herausfordernde Ziele setzt, Anstrengung und Ausdauer investiert und die Bemühungen auch angesichts von Schwierigkeiten durchhält. Diese Schlüsselrolle subjektiver Kompetenzen gilt für gesundheitsbezogenes Verhalten ebenso wie für die allgemeine Lebens- und Stressbewältigung. Wer kein Vertrauen in die eigenen Fähigkeiten hat (z. B. soziale Kontakte zu knüpfen, ein berufliches Problem zu bewältigen), wird nicht dauerhaft oder nicht erfolgreich handeln, macht keine neuen Kompetenzerfahrungen und entwickelt somit keine zielführenden Ressourcen. Nur wer sich etwas zutraut, hat die Chance, Wirksamkeit zu erfahren, Verhalten positiv zu ändern, kompetenter zu werden und Ressourcen aufzubauen, mit denen die Anforderungen im Leben aus eigener Kraft gemeistert werden können.« (Jerusalem 2009, S. 180)

6.1.3 Bedeutung allgemeiner Lebenskompetenzen

Psychische Gesundheit setzt sich aus einem Bündel an Fähigkeiten zusammen. Ein psychisch gesunder Mensch begegnet den Anforderungen des Lebens kompetent und mit Selbstvertrauen, setzt sich mit den eigenen Bedürfnissen und gesellschaftlichen Anforderungen konstruktiv auseinander und kann Herausforderungen des Alltags sowie größeren Krisen erfolgreich begegnen (Paulus 2004). Psychische Gesundheit beinhaltet demnach sowohl Kompetenzen für die Alltagsbewältigung als auch den Umgang mit Belastungen.

Allgemeine Lebenskompetenzen sind z. B. Fähigkeiten zur Stressbewältigung, Konfliktregelung und Kommunikation. Diese Kompetenzen führen in allen Lebenslagen zu sinnvollen Lösungs- und Bewältigungsstrategien und vermindern den Rückgriff auf Risikoverhalten. Damit minimieren sie nicht zuletzt auch gesundheitliche Beeinträchtigungen. Ein Mangel an konstruktiven Kompetenzen der Alltags- und Lebensbewältigung gilt als eine Ursache für das Problemverhalten von Kindern und umgekehrt ihre Förderung in allen Lebenslagen als für die Gesundheit zuträglich (Jerusalem 2009). Gerade diese Betrachtungsweise zeigt, dass psychische Gesundheit nicht trennscharf von sozial-emotionaler Gesundheit (► Kap. 7) abgegrenzt werden kann. Beides gehört zusammen bzw. ist miteinander verzahnt.

6.1.4 Bedeutung von Kompetenzen für den Umgang mit Stress und Belastungen

Allgemeine Lebenskompetenzen gelten grundsätzlich und in jeder Situation des Alltags als gesundheitsförderlich. Darüber hinaus sind – gerade im Zusammenhang mit psychischer Gesundheit – zusätzliche Fähigkeiten wichtig, die aktiviert werden müssen, wenn man sich mit Krisen oder anhaltenden Problemen konfrontiert sieht.

Bewältigungskompetenz

Wenn in Alltagsgesprächen von Stress die Rede ist, kann es sowohl um Auslöser von Belastung als auch um deren psychische und körperliche Folgen gehen. In der

Fachdiskussion unterscheidet man zwischen *Stressoren* und *Stressreaktionen*. Potenzielle Stressoren sind z. B. traumatische Lebensereignisse oder alltägliche Belastungen (»daily hassles«). Die Stressreaktion ist eine Notfallreaktion des Körpers (beispielsweise durch das Ausschütten von Adrenalin und der verbesserten Durchblutung von Herz, Gehirn und Muskulatur) und kann für die Bewältigung einer momentanen Belastung durchaus sinnvoll sein (kämpfen, wegrennen). Dauern diese körperlichen Stressreaktionen jedoch über eine längere Zeit an, gefährden sie die körperliche Gesundheit und können erhebliche Folgen für die psychische Gesundheit haben (Selbstzweifel, Hilflosigkeit, Depression, Ängstlichkeit).

Stress wird also in unmittelbarem Zusammenhang mit Gesundheit und Wohlbefinden gesehen. Dabei können bestimmte Situationen nicht von vorneherein als stressig bzw. stressreich definiert werden. Ob man gestresst auf ein Ereignis reagiert, hängt zum einen davon ab, wie man es bewertet (z. B. als Belastung oder Herausforderung). Zum anderen spielt es eine Rolle, wie man seine Ressourcen, damit zurechtzukommen, einschätzt (z. B. mithilfe eigener Fähigkeiten oder durch soziale Unterstützung) (Lazarus & Folkman 1984). So stellt beispielsweise für das eine Kind ein Referat über das eigene Haustier eine große Freude dar, für ein anderes Kind hingegen ist es eine stark angstauslösende Situation. Für manche sind Wettbewerbssituation im Sportunterricht eine gerngesehene Möglichkeit, sich mit anderen zu messen, für andere bedeutet es eine große Belastung.

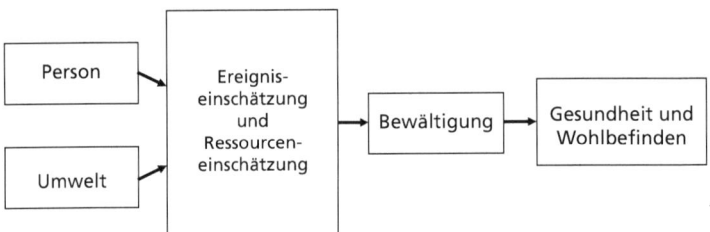

Abb. 6.1: Transaktionales Stressmodell (vgl. z. B. Lazarus & Folkman 1984, Schwarzer 2000)

Pia ist selbstbewusst und fühlt sich von ihrer Umgebung geschätzt *(Person)* und sie hat Bezugspersonen, die sie immer unterstützen *(Umwelt)*. Den Schulwechsel findet sie aufregend, denkt aber, dass sie dieses Ereignis gut meistern kann und dass sie dabei auch Hilfe von den Eltern und den neuen Lehrer*innen haben wird *(Ereignis- und Ressourceneinschätzung)*. Das hilft ihr, die tatsächlichen Situationen in der neuen Schule gut zu bewältigen, auf Mitschüler*innen zuzugehen und auch nach Hilfe zu fragen, wenn sie nicht zurechtkommt *(Bewältigung)*. Hiervon ist ein positiver Effekt auf ihr *Wohlbefinden und ihre Gesundheit* zu erwarten. Wenn sie die Situation auf diese Weise gut bewältigen kann, wird dies auch die Einschätzung künftiger Umbruchsituationen (etwa den Wechsel in den Beruf) positiv beeinflussen.

Demzufolge können pädagogische Interventionen zur Stärkung des Umgangs mit Stress und Belastungen an verschiedenen Punkten ansetzen: die persönliche Entwicklung unterstützen, Umweltfaktoren verbessern, die Bewertung potenziell belastender Situationen verändern (im Sinne von »positiv umdeuten« oder »reframing«), nach den zur Verfügung stehenden Ressourcen suchen (im Sinne einer »Schatzsuche«) oder die Bewältigungsmöglichkeiten erweitern. Die Bewältigung eines als stressreich wahrgenommenen Ereignisses (z. B. eine anstehende Klassenarbeit), kann sich dabei (kurzfristig) auf die Regulierung der damit einhergehenden Emotionen (emotionsorientierte Bewältigungsstrategien, z. B. Selbstberuhigung bei Angst) beziehen oder direkt auf die als problematisch wahrgenommene Situation (problemzentrierte Bewältigungsstrategien, z. B. Üben vor der Klassenarbeit).

Alle drei Zielsetzungen für die Begleitung von Heranwachsenden (die positive Sicht auf die eigene Situation, allgemeine Lebenskompetenzen und Kompetenzen für den Umgang mit Belastungen) finden sich auch in aktuellen Bildungskonzepten wieder, die bedeutsam mit psychischer Gesundheit verknüpft sind, wie die Betrachtung des Kohärenzgefühls und das Konzept der Resilienz.

Kohärenzgefühl

Ein hohes *Kohärenzgefühl* zu haben bedeutet,

- die Ereignisse und Situationen des Lebens als erklärbar und verstehbar zu erleben,
- Vertrauen in die eigenen Fähigkeiten zu haben, schwierige Ereignisse und Situationen beeinflussen und bewältigen zu können und
- diese Ereignisse und Situationen als Herausforderungen zu erleben, für die sich Anstrengung und Engagement lohnen.

Diese Komponenten werden als Verstehbarkeit, Handhabbarkeit und Bedeutsamkeit beschrieben (Antonovsky 1979).

Ein hohes Kohärenzgefühl führt dazu, dass man flexibel auf verschiedene Anforderungen reagieren und diese meistern sowie entsprechende Ressourcen aktivieren kann (▶ Kap. 1.1). Nach Krause (2010, S. 5 f) sind im pädagogischen Alltag vor allem das Gewähren konsistenter (positiver) Erfahrungen, die Beachtung einer Belastungsbalance und Möglichkeiten zur Partizipation wichtig, um das Kohärenzgefühl zu fördern:

- »Konsistente Erfahrungen → *Verstehbarkeit*
  Emotionale Zuwendung, Bindung, Sicherheit«
- »Belastungsbalance → *Handhabbarkeit*
  Entwicklungsgerechte Forderungen und Förderung, Entscheidungsfreiheiten gewähren, Zeit und Raum zum Erproben geben«
- »Partizipation → *Bedeutsamkeit*
  Akzeptanz, Achtung, Respekt«

Resilienz

Unter *Resilienz* wird die psychische Widerstandsfähigkeit gegenüber biologischen, psychologischen und psychosozialen Entwicklungsrisiken verstanden, damit gilt sie als wichtiger Faktor für die psychische Gesundheit. Der Begriff leitet sich vom englischen »resilience« (Widerstandsfähigkeit, Spannkraft, Elastizität) ab. Gemeint ist hier nicht der Umgang mit Herausforderungen des Alltags, sondern die Fähigkeit, mit belastenden Lebensumständen umgehen zu können. Die Nähe zum Stresskonzept zeigt sich dadurch, dass (neben »psychischer Elastizität« und »psychischer Robustheit«) auch der Begriff der Stressresistenz oft synonym zu dem der Resilienz gebraucht wird. Es geht darum, sich in schwierigen Lebenssituationen »nicht unterkriegen zu lassen« (Wustmann 2007). Die Forschung hat sich damit beschäftigt, welche Faktoren entscheidend für eine hohe Ausprägung der Resilienz sind. Als protektive bzw. schützende Merkmale gelten – neben anderen Merkmalen – personale Kompetenzen wie ein positives Selbstkonzept, hohes Selbstwertgefühl, Selbstwirksamkeit und die Überzeugung, die Kontrolle über Lebenssituationen zu haben. Hinzu kommen ein aktives, flexibles Bewältigungsverhalten sowie Problemlösefähigkeiten.

Resilienz gilt dabei nicht als angeborenes und dauerhaftes Persönlichkeitsmerkmal, sondern als Kompetenz, die im Austausch zwischen dem Kind und seiner Umwelt im Laufe der kindlichen Entwicklung erworben wird und über Zeit und Situationen hinweg variieren kann. Für die Bildungsinstitutionen ist es aus Sicht des Resilienzkonzepts wichtig, diese Ressource bei Kindern zu fördern, um sie grundsätzlich für den Umgang mit zukünftigen Belastungssituationen zu stärken und psychische Gesundheit zu fördern. Besonders wichtig sind hierbei auch die pädagogische Haltung sowie die Gestaltung von Beziehungen und Lernerfahrungen. Für die Forschung haben sich dabei u. a. klare, transparente Regeln und Strukturen, ein wertschätzendes Klima (Wärme, Respekt und Akzeptanz gegenüber dem Kind), Freundschaftsbeziehungen und die Zusammenarbeit mit dem Elternhaus als bedeutsam erwiesen (Wustmann 2007, 177 ff).

Expertise: Aktueller Forschungsstand zur Resilienz aus Kinderperspektive

 (Wustmann 2007 in Anlehnung an Grotberg 1995, S. 167 ff)
»Ein resilientes Kind sagt:
Ich habe

- Menschen um mich, die mir vertrauen und die mich bedingungslos lieben,
- Menschen um mich, die mir Grenzen setzen, an denen ich mich orientieren kann und die mich vor Gefahren schützen,
- Menschen um mich, die mir als Vorbilder dienen und von denen ich lernen kann,
- Menschen um mich, die mich dabei unterstützen und bestärken, selbstbestimmt zu handeln,

- Menschen um mich, die mir helfen, wenn ich krank oder in Gefahr bin und die mich darin unterstützen, Neues zu lernen.

Ich bin

- eine Person, die von anderen wertgeschätzt und geliebt wird,
- froh, anderen helfen zu können und ihnen meine Anteilnahme zu signalisieren,
- respektvoll gegenüber mir selbst und anderen,
- verantwortungsbewusst für das, was ich tue,
- zuversichtlich, dass alles gut wird.

Ich kann

- mit anderen sprechen, wenn mich etwas ängstigt oder mir Sorge bereitet,
- Lösungen für Probleme finden, mit denen ich konfrontiert werde,
- mein Verhalten in schwierigen Situationen kontrollieren, spüren, wann es richtig ist, eigenständig zu handeln,
- ein Gespräch mit jemandem suchen, jemanden finden, der mir hilft, wenn ich Unterstützung brauche.«

6.2 Kompetenzziele für die (Weiter-)Entwicklung psychischer Gesundheit

Zusammenfassend lassen sich folgende Kompetenzziele nennen, die in der Grundschule begleitet und gefördert werden sollten, um Kinder in ihrer persönlichen Weiterentwicklung und besonders im Hinblick auf ihre psychische Gesundheit zu unterstützen.

Kinder

- sind sich ihrer Stärken bewusst,
- haben ein hohes Selbstwertgefühl,
- nehmen an, die Kontrolle in bedeutsamen Situationen zu haben bzw. sie in ihrem Sinne beeinflussen zu können,
- verstehen neue Situationen hauptsächlich als Herausforderung (und nicht als Bedrohung),
- haben vielfältige Bewältigungskompetenzen im Umgang mit Alltagssituationen und belastenden Ereignissen (die sich sowohl auf die Regulation der Emotionen als auch die konstruktive Auseinandersetzung mit der Situation beziehen),
- empfinden das Leben handhabbar, sinnhaft und verstehbar (Kohärenzgefühl),

- entwickeln insgesamt eine gesunde Persönlichkeit, die auch mit Widrigkeiten und größeren Schwierigkeiten umgehen oder sogar gestärkt aus Krisen hervorgehen kann (Resilienz).

6.3 Förderung psychischer Gesundheit in der Grundschule

Im Schulalltag ist es pädagogisch notwendig, psychische Gesundheit zu fördern und zu erhalten. Gleichzeitig bietet dieses Setting zahlreiche Chancen und Möglichkeiten dazu.

Die Notwendigkeit ergibt sich zum einen aus dem Bildungs- und Erziehungsauftrag der Grundschulen und zum anderen aus den vielfältigen Situationen im Schulalltag, die Belastungen und Spannungen mit sich bringen können. Diese entstehen u. a. im Lern- und Leistungsbereich (z. B. beim Umgang mit erlebten Misserfolgen oder den Vergleichen mit anderen Schüler*innen) oder im sozial-emotionalen Bereich (z. B. bei Konflikten mit Mitschüler*innen oder in der Auseinandersetzung mit Lehrer*innen).

Eine Chance der Förderung gerade in der Grundschule liegt darin, dass hier fast alle Kinder flächendeckend erreicht werden und die Eltern als Ansprechpartner*innen noch intensiver zur Verfügung stehen als in den folgenden Bildungsinstitutionen.

Bei der Förderung psychischer Gesundheit geht es vor allem um die Stärkung von Ressourcen (Empowerment, Resilienz). Dazu sollten die positive Sicht auf die eigene Person (Ich-Stärke: Selbstkonzept, Selbstwertgefühl, Kontrollüberzeugungen) gestärkt und Bewältigungskompetenzen (Alltagsbewältigung, Umgang mit Belastungen und Stressbewältigung) aufgebaut werden.

Expertise: Inhalte psychologischer Gesundheitsförderung

Die Förderung der eigenen Fähigkeiten und die Kompetenz, sich Unterstützung von außen zu holen (personale und soziale Ressourcen), sind wichtige Aufgaben psychologischer Gesundheitsförderung von Kindern. Besonders bedeutsam für psychische Gesundheit erscheinen dabei Fähigkeiten, die für das eigene Wohlbefinden wichtig und von der eigenen Person beeinflussbar sind. Dazu gehören im Besonderen

- eine positive Sicht auf die eigene Person,
- allgemeine Kompetenzen für die Lebensbewältigung,
- Kompetenzen für den Umgang mit Belastungen.

6.3.1 Förderung der Ich-Stärke

Einzelmaßnahmen

Für die Persönlichkeitsförderung und damit auch die psychische Gesundheit von Kindern sind verschiedene gezielte Angebote in der Grundschule denkbar: Einen Zugang zu den verschiedenen Themen bieten vor allem das vielfältige Angebot an Kinder- und Jugendliteratur sowie themenspezifische Geschichtensammlungen. Institutionen wie die Stiftung Lesen bietet Orientierung durch eine große Anzahl an Buchempfehlungen, die nach Themen und Altersgruppe durchsucht werden kann (www.stiftunglesen.de). Die Lektüre von Kinder- und Jugendliteratur oder das Vorlesen von Bilderbüchern kann dazu anregen, sich auf unterschiedlichste Art und Weise mit dem Thema auseinanderzusetzen.

Tipp: Ideen zum Umgang mit Geschichten und Büchern

- Gespräche über Inhalt, Weiterentwicklung der Handlung und Diskussion verschiedener Varianten, Bezüge zu eigenen Erfahrungen herstellen (Erzähl- und Reflexionskompetenz)
- Umschreiben von Handlungsepisoden oder Niederschreiben eines alternativen Endes (kreatives Schreiben)
- Rollenspiele zu Verhaltensalternativen, Realisierung eines Theaterstücks (darstellendes Spiel)
- Bildhafte und musikalische Umsetzungen, Herstellung von Handpuppen, Skulpturen etc. (künstlerische Gestaltung)

Des Weiteren gibt es zahlreiche Sammlungen von Ideen für Spiele und Aktivitäten, die die Entwicklung einer starken Persönlichkeit und den Umgang mit Problemen zum Thema haben (z. B. »Spiele, die stark machen«: Portmann 2008). Im Mittelpunkt solcher Spiele und Aktivitäten steht, dass die Kinder sich als einzigartig und besonders erleben und ihre Stärken wertschätzen lernen.

Beispiel: Spiele und Aktionen zur Förderung der Ich-Stärke

Damit sich Kinder als einzigartig erleben und ihre Stärken wertschätzen, bieten sich z. B. folgende Spiele an:

- »Freundschaftliche Interviews«: sich gegenseitig nach Stärken und Vorlieben fragen
- »Heimliche Komplimente«: auf ein leeres Schild auf dem Rücken werden von den Mitschüler*innen Komplimente geschrieben.
- »Freundliche zehn Minuten«: Ritual, bei dem zehn Minuten lang nur Positives ausgetauscht wird

- Collagen, Steckbriefe oder Werbeplakate: zur eigenen Person, die immer weiter ergänzt werden
- Rituale für Lob: ein besonderer Platz, den man einnehmen darf, ein Orden der symbolisch verliehen wird
- »Kind der Woche«: Steckbrief, Interview im Stuhlkreis, besondere Aufgaben

Auch die körperliche Komponente ist für die Persönlichkeitsförderung wichtig: Fest stehen können, selbstbewusst Blickkontakt halten, kraftvoll auf andere zugehen können, ein sicherer Händedruck – die Heranwachsenden können zunehmend auch für die Verbindung zwischen körperlicher und psychischer Stärke (und Gesundheit) sensibilisiert werden.

Gerade im Kindesalter sind auch Lieder zu den verschiedenen Themen ein guter Zugang, der erfahrungsgemäß gut angenommen wird und vielfache didaktische Anschlussmöglichkeiten bietet.

Tipp: Durchführung von Einzelmaßnahmen

Sowohl für die Kinderliteratur und musikalische Umsetzungen wie Liedersammlungen als auch für Partner- und Gruppenspiele gibt es vielfältige Materialien und Ideen, die von Pädagog*innen im Grundschulalltag eingesetzt werden können. Die Qualität der Einzelmaßnahmen und die Zielerreichung ihres Einsatzes hängen immer an der pädagogischen Umsetzung, der Einbettung in einen Gesamtzusammenhang und der gemeinsamen Reflexion. Dies gilt auch für Körperübungen, Ideen für die kreative Gestaltung und Gruppenspiele. Eine Zusammenbindung von verschiedenen Aktivitäten zum selben Thema bietet sich an und verstärkt den Ertrag.

Die Chance, dass alle Kinder von solchen Angeboten profitieren, liegt darin, dass die Pädagog*innen ihre Schüler*innen gut kennen und die Umsetzung zielgenau für die Bedürfnisse ihrer Klasse auswählen und anpassen können. Das ist bedeutsam, da jedes Kind unterschiedliche Vorerfahrungen hat und jede Klasse von anderen sozialen Beziehungen geprägt ist. Gerade bei Angeboten, die die Persönlichkeitsentwicklung im Fokus haben, geht es um sensible Themen und es sollten bei der Planung solche Vorerfahrungen und auch mögliche »Nebenwirkungen« von Aktivitäten mitgedacht werden.

Das kann z. B. bedeuten,

- Kinderlieder, in denen Namen vorkommen, darauf zu überprüfen, ob Kinder mit demselben Namen in der Klasse einen Nachteil dadurch haben könnten,
- die Zusammensetzung bei Kleingruppenaktivitäten genau zu überdenken,
- bei Rollenspielen auf die Freiwilligkeit der Teilnahme zu achten,
- Spielregeln abzuändern, um zu gewährleisten, dass jedes Kind berücksichtigt wird,
- für derartige Angebote Gruppenregeln neu durchzugehen oder zu erweitern.

Beispiele:

- In der Klasse gibt es Kinder, die sehr beliebt sind, und andere, die noch nicht gut eingebunden sind. Die Pädagogin fügt auf den Zettel für das Spiel »Heimliche Komplimente« (siehe oben) Zeilen ein und stellt die Regel auf, dass jedes Kind genau drei Komplimente bekommt.
- Die Lehrkraft weiß, dass manche Kinder der Klasse ein sehr niedriges Selbstwertgefühl haben, und befürchtet, dass nicht für jeden selbstverständlich ist, für den zu gestaltenden Steckbrief gute Eigenschaften an sich zu finden. Deshalb macht sie zunächst ein Spiel zur Sammlung von Stärken und erstellt mit den Kindern ein »Starkes Alphabet aus Eigenschaften«.

Einzelangebote zur Förderung der Persönlichkeit können didaktisch vielfältig im Schulalltag umgesetzt werden. Sie bieten zudem wichtige Beobachtungsanlässe bezüglich des Klassenverbandes und der Entwicklung der Kinder. Diese fließen dann idealerweise wieder in die Planung weiterer Aktivitäten ein und können auch in größer angelegte Projekte münden. Aus größeren Projekten können andersherum wichtige Rituale oder Lieblingsaktivitäten gewonnen werden, die als Einzelmaßnahmen im Schulalltag genutzt werden.

Programme

Da die psychische Gesundheit und die sozial-emotionale Gesundheit (und entsprechendes Handeln in den Situationen des Alltags) untrennbar miteinander verbunden sind, gibt es kaum Programme, die sich ausschließlich mit der Förderung einer positiven Selbstsicht beschäftigen. Vielmehr geht es in fast allen Programmen (auch wenn die Namen zum Teil etwas anderes vermuten lassen und wenn die Schwerpunktsetzung sehr unterschiedlich ist) meist sowohl um Ich-Stärke als auch sozial-emotionale Kompetenzen. Eine genauere Betrachtung solcher Programme findet sich deshalb zusammenführend im Kapitel sozial-emotionale Gesundheit (▶ Kap. 7.3.3).

6.3.2 Förderung von Stressbewältigung und Umgang mit Belastungen

In den letzten Jahren haben im Kontext der Stressbewältigung Themen wie Achtsamkeit und Entspannung bzw. deren Vermittlung Einzug in die Schule gehalten mit dem Ziel, kurzfristige Entlastungsmöglichkeiten bei hoher Anspannung zu schaffen sowie langfristige Bewältigungskompetenzen auszubauen.

Achtsamkeit

Achtsamkeit bedeutet zunächst, innere und äußere Zustände und Ereignisse bewusst wahrzunehmen und dabei die Aufmerksamkeit auf den Moment zu richten – weg von Gedanken, die sich auf (belastende) Ereignisse aus der Vergangenheit oder Sorgen um die Zukunft beziehen. In einer Leistungssituation in der Schule bedeutet dies z. B., sich auf die eigentliche Aufgabe konzentrieren zu können und nicht durch Gedanken an ähnliche (vergangene) Situationen abgelenkt zu sein oder schon mental durchzuspielen, was passiert, wenn man zu Hause von einer schlechten Note berichten müsste. Mit Achtsamkeit verbunden ist auch, Abstand einnehmen zu können und das momentane Geschehen akzeptierend zu betrachten. Das kann nützlich sein, um aus einem »Autopilotenmodus« heraus zu finden und die meist sehr hektisch hin- und herspringenden Gedanken zu beruhigen. Prozesse der Achtsamkeit und des Zur-Ruhe-Kommens gelten auch als wichtige Voraussetzungen für die Emotionsregulation und Verhaltensänderungen.

Das Konzept der Achtsamkeit hat bereits mit gezielten Übungen Eingang in Unterricht und Schulalltag gefunden. Das betrifft sowohl die Förderung der Kompetenzen von Kindern (z. B. Kaltwasser 2013) als auch Gelassenheit und Achtsamkeit bei den Pädagog*innen (z. B. Brosche & Kasten 2015). Auch Yoga und Qigong als achtsamkeitsbasierte Körperübungen sollen mit einer besseren psychischen Gesundheit einhergehen und insbesondere Kompetenzen zur Emotions- und Stressregulation fördern. Sie werden bereits im Schulalltag eingesetzt.

Beispiel: Qigong: Lichtdusche (Kaltwasser 2013, S. 138)

»Die Arme hängen locker entspannt neben dem Körper. Die Arme treiben waagerecht neben dem Körper nach oben, die Handflächen zeigen nach oben und wachsen in einer Art Kreisbewegung aufeinander zu. Ihr stellt euch vor, dass ihr in einer lichtdurchfluteten wunderschönen Landschaft steht, die Sonne scheint angenehm und ihr holt mit einer Sammelbewegung über dem Kopf das Licht in euren Körper.

Die Arme sind jetzt leicht angewinkelt, die Handflächen zeigen nach unten, ihr fühlt, wie das Licht sich in euch ausbreitet, wie es euch Kraft gibt.

Die Handflächen zeigen nach unten, die Mittelfinger der Hände berühren sich fast und ihr schiebt jetzt mit einer sanften Bewegung negative Gedanken und Gefühle nach unten und lasst alles los, was euch belastet.«

Entspannungstechniken

Gezielte Entspannungstechniken haben sich im Umgang mit Stress bewährt und sind für Kinder, Jugendliche und Erwachsene gleichermaßen geeignet. Allerdings ist bei der Arbeit mit Kindern in höherem Maße die Instruktion und Begleitung über einen größeren Zeitraum zielführend. Zudem sollten Hilfestellungen über beruhigende und entspannende Bilder gegeben werden. Man unterscheidet beispielsweise zwischen *meditativen Techniken, Selbstinstruktionen und Visualisierungen.*

Meditation ist eine Methode, bei der man durch Konzentrations- und Achtsamkeitsübungen – manchmal auch in Kombination mit Körperübungen – zur Ruhe kommt, indem sich die Gedanken beruhigen und man sich zunehmend auf sich selbst besinnen kann.

Zu den *meditativen Techniken* zählen die Progressive Muskelentspannung und das Autogene Training: Die *Progressive Muskelentspannung* geht auf den amerikanischen Arzt Edmund Jacobson zurück und folgt der Idee des Zusammenhangs zwischen Stress und muskulärer Anspannung. Die Übungen beinhalten die gezielte An- und Entspannung der verschiedenen Körperpartien und die Wahrnehmung des Unterschiedes, verbunden mit einem angenehmen Wärmegefühl (z. B. Petermann & Vaitl 2014). Der Effekt kann durch Visualisierungen unterstützt werden (z. B. indem man sich bei der Anspannung der Arme vorstellt, einen Stein oder nassen Schwamm zu drücken).

Das *Autogene Training* geht auf den deutschen Arzt J. H. Schultz zurück und ist ebenfalls ein anerkanntes Verfahren zur Entspannung. Autogenes Training fördert die Körperwahrnehmung, die Kinder lernen z. B., sich auf ihre Atmung, das Herz, den Bauch und den Kopf zu konzentrieren. Es wird u. a. mit der Vorstellung gearbeitet, dass Körperteile warm oder schwer werden, der Atem ruhig wird und der Körper sich in einem Zustand der Ruhe und Geborgenheit befindet. Dazu wird mit »Formeln« wie »Dein rechter Arm wird schwer, ganz schwer …!« gearbeitet. Insgesamt geht es darum, wie Gedanken und Vorstellungen die körpereigene Entspannung anregen können. Gerade für kleinere Kinder ist dabei die Verbindung zu plastischen Bildern und Fantasiegeschichten eine unterstützende Hilfestellung.

Ziel ist, dass die Kinder diese Entspannungsmethode zunehmend allein und selbständig durchführen. Durch beständiges Üben und Wiederholen können die Heranwachsenden zunehmend die Erregung des vegetativen Nervensystems selbst steuern (z. B. Rösch & Behringer 2005).

Unter Selbstinstruktion versteht man eine Art »inneres Sprechen« bzw. die Kommunikation mit sich selbst. Entsprechende Übungen werden dazu eingesetzt, sich selbst zu beeinflussen, um Anforderungen besser bewältigen zu können. An gebahnt werden kann dies bereits bei kleinen Kindern.

Ein Beispiel dafür ist das bewegungsorientierte *Schildkröten-Fantasie-Verfahren*, das als sensorische Übung bekannt geworden ist. Die Eigenheiten und Besonderheiten einer Schildkröte werden als Impulse genutzt, um Ruhe und Entspannung zu erzeugen. Es ist ein sehr kurzes Verfahren (fünf bis zehn Minuten), das für Gruppen geeignet ist. Es kann täglich als Ritual eingesetzt und fest in den Alltag integriert werden (Petermann 2004). Die Instruktion lautet wie folgt:

»Die Schildkröte liegt gerne in der warmen Sonne. Sie hat einen Panzer, der sie schützt, in den sie ihren Kopf und Vorder- wie Hinterbeine einziehen kann. Die Schildkröte ist ein ruhiges Tier und gibt keinen Laut von sich. Aber sie hat gute Augen und kann deshalb alles, was um sie herum passiert, genau beobachten. Die Schildkröte hört auch gut und bemerkt viele Dinge früher als ein Tier, das viel Krach macht.« (S. 92 ff).

Die Kinder werden aufgefordert, sich in eine Schildkröte hineinzudenken. Sie sollen die Schildkröte nachahmen, also langsam gehen, aufmerksam ihre Umwelt betrachten und genau auf die Instruktionen hören. Die zentralen Vorgaben lauten: »Ich will nicht schneller gehen als eine langsame Schildkröte, langsame Schildkröte!« – »Ich will keinen Laut von mir geben, wie eine leise Schildkröte, leise Schildkröte!« – »Ich bin eine leise und langsame Schildkröte!« Allmählich sollen die Kinder durch Selbstinstruktionen (z. B. »Ich bin eine ruhige, langsame Schildkröte!«) ihr Verhalten in verschiedenen Situationen steuern lernen.

Zu den Visualisierungen zählen Fantasiereisen und geleitete Vorstellungen, die beruhigende Bilder zum Inhalt haben. Diese können auch auf ein bestimmtes Thema ausgerichtet sein (Wut klein werden zu lassen, sich einen sicheren Ort auszumalen etc.). Sie sind bei Kindern besonders gut geeignet, um Entspannung zu erreichen. *Fantasiereisen* haben im pädagogischen Bereich immer ein präventives Ziel und keinen therapeutischen Charakter. Es ist in jedem Fall aber wichtig, einfühlsam auf die Reaktionen der Kinder einzugehen; nicht für jede*n sind dieselben Bilder gleichermaßen geeignet und entspannend.

Es geht um eine allgemeine Erzeugung von Ruhe, die die Stress- und Emotionsregulation und die Alltagsbewältigung erleichtert (Petermann 2004). Dabei können positive Effekte auf die emotionale Verfassung, Konzentration, Aufmerksamkeit und Ausgeglichenheit erreicht werden. Fantasiereisen können auch mit kognitiven Entspannungsinstruktionen aus dem Autogenen Training kombiniert werden. Außerdem kann durch Imagination bestimmter Situationen zu einer aktiven Problemlösung angeregt werden, sie kann sozusagen im Entspannungszustand erprobt werden. Beispielsweise können die Kinder dazu angeleitet werden, sich ein Bild ihrer Wut vorzustellen, das dann immer kleiner wird. Es kann aber auch mit der Vorstellung gearbeitet werden, wie sie sich in einer schwierigen Situation Mut zusprechen. Idealerweise führt das zu einer praktischen Erprobung im späteren Alltag, gerade wenn die Entspannungsübungen mit anderen Maßnahmen kombiniert oder mit ergänzenden Übungen weiter vertieft werden.

Bekannt geworden sind in diesem Zusammenhang vor allem die *Kapitän-Nemo-Geschichten* (z. B. Petermann 2001). Leitmotiv dabei ist Kapitän Nemo, der mit seinem Unterwasserboot Nautilus auf Unterwasserausflüge geht. Dabei wird mit einer Kombination aus Imagination und Entspannungsinstruktionen gearbeitet. In die einzelnen Geschichten (z. B. »der Korallenwald« oder »die Muschelsuche«) sind beruhigende Bilder der Unterwasserwelt eingebaut und es werden systematisch die ersten beiden Grundübungen des Autogenen Trainings integriert, also die Schwere- und die Wärmeübung.

Beispiel: Eine Kapitän Nemo-Geschichte

(Ruheinstruktion, Teil 1) (Petermann 2001, S. 111)
»Stelle Dir vor, Du bist von Kapitän Nemo in sein Unterwasserboot NAUTILUS eingeladen worden. Ihr fahrt gemeinsam durch alle Weltmeere und seht viele wunderschöne Dinge unter Wasser. Die schönsten Stunden sind immer die, wenn Kapitän Nemo Dich auf seine Unterwasserausflüge mitnimmt. Dazu ziehst

---

Du einen speziellen Taucheranzug an. Er hat eine besondere Wirkung auf Dich; Du merkst nämlich schon beim Anziehen, dass Du vollkommen ruhig wirst. Zuerst steigst Du mit einem Bein in den Taucheranzug. Du merkst und sagst zu dir: *Mein Bein ist ganz ruhig.* Dann kommt das andere Bein dran. Auch dieses Bein wird ganz ruhig. Du sagst zu dir: *Mein anderes Bein ist ganz ruhig.* Du ziehst den Taucheranzug über den Po und den Rücken hoch. Dann schlüpfst Du mit dem einen Arm in den Taucheranzug, und du sagst zu dir: *Mein Arm ist ganz ruhig.* Du ziehst den anderen Arm an, und er wird auch vollkommen ruhig. Du sagst zu dir: *Mein anderer Arm ist ganz ruhig.* Du ziehst noch die Kapuze über den Kopf und machst den Reißverschluss vorne zu. Jetzt bist Du vom Taucheranzug rundherum eingehüllt und geschützt. Du fühlst Dich in dem weiten und bequemen Taucheranzug wohl, sicher und vollkommen ruhig. Zum Schluss ziehst du noch die Schwimmflossen an, setzt die Taucherbrille auf und Kapitän Nemo hilft dir, das Sauerstoffgerät auf den Rücken zu nehmen und das Mundstück in den Mund. Jetzt bist Du für den Unterwasserausflug mit Kapitän Nemo bereit.«

Für die Durchführung aller drei angeführten Entspannungstechniken gilt, dass sie in verschiedenen Positionen durchgeführt werden können. Idealerweise werden die Übungen im Liegen durchgeführt, sie sind aber genauso im Sitzen möglich – im Klassenzimmer z. B. in einer entspannten Haltung mit auf den Armen ruhenden Kopf – bzw. im Gehen.

Die Stimme ist bei der Anleitung von Entspannungsübungen von erheblicher Bedeutung und die Übungen sollten entsprechend vorab geübt werden. Die Untermalung mit geeigneter, langsamer und ruhiger Instrumentalmusik ist (vor allem am Anfang) empfehlenswert. Bei der Auswahl der Musik ist es wichtig, dass sie sich am Ruhepuls des Menschen orientiert.

Die Entspannungstechniken sollten mit Bedacht eingesetzt werden. Nicht jede*r Schüler*in kann sich vertrauensvoll von jemand anderem (wenn auch nur gedanklich) führen lassen; nicht für jeden Menschen ist jede Entspannungstechnik gleich gut geeignet. Deshalb sollte Schüler*innen immer ein Ausweg geboten werden (z. B. Wir machen jetzt eine Reise in die Fantasie. Wenn du nicht mitmachen möchtest, ist das völlig in Ordnung. Sei aber bitte leise und störe nicht!).

Darüber hinaus ist es wichtig, dass man sich Zeit für die Einführung von Entspannungstechniken nimmt. Denn für viele Menschen ist es nicht einfach, die Kontrolle abzugeben (z. B. durch geschlossene Augen), die eigenen Gedanken führen zu lassen und andere Reize bewusst auszublenden. Für die Einführung ist es hilfreich, mit Methoden anzufangen, bei denen sich die Schüler*innen an etwas Konkretem orientieren können (z. B. Meditation mit Steinen: Temperatur und ihre Veränderung fühlen, Oberflächen tasten, Gewicht bewusst wahrnehmen) und die nicht zu komplex sind.

Programme zur Stressbewältigung

Zum Auf- und Ausbau von Bewältigungskompetenzen bieten sich auch spezielle Programme an. Die grundlegenden Bestandteile solcher Programme ähneln sich: Es geht darum, sich Stress und Herausforderungen bewusst zu machen, mit Anspannung fertig zu werden, Problemlösefähigkeiten aufzubauen und Entspannungstechniken zu erlernen. Es gibt bewährte und auch in der Wirkung überprüfte Programme, die in der Regel für die Arbeit mit kleineren Gruppen gedacht sind. In diesen Programmen gibt es jedoch auch Elemente, die für die Durchführung mit der gesamten Klasse geeignet sind (Kaltwasser 2013).

In Bezug auf die Wirksamkeit von Stressbewältigungsprogrammen zeigen zusammenfassende Analysen, dass sowohl körperliche Beschwerden als auch negative psychische Befindlichkeiten reduziert werden können. Des Öfteren wurden auch schon Verbesserungen bei der individuellen Bewältigung von Belastungen nachgewiesen (Kaluza 2002).

Beispiele dafür sind z. B. das Programm »Bleib locker« (Klein-Heßling & Lohaus 2000) und das Anti-Stress-Training für Kinder (Hampel & Petermann 2003).

Tab. 6.1: Beispiele für Stressbewältigungsprogramme

	Bleib locker (Klein-Heßling & Lohaus 2000)	Anti-Stress-Training für Kinder (Hampel & Petermann 2003)
Zielsetzung	Verbesserung des Umgangs mit Stress	
Adressaten	3. und 4. Klasse Gruppen von fünf bis acht Kindern	acht bis 13 Jahre Gruppen von vier bis sechs Kindern
Dauer	acht Sitzungen à 90 min	Sitzungen à 90 min, Anzahl nach Variante
Methode	Verhaltenstherapeutische Prinzipien, Entspannung	Verhaltenstherapeutische Prinzipien, Entspannung, Problemlösung, Selbstinstruktion
Besonderheiten	Manual und Arbeitsmaterialien sowie CD mit Entspannungsinstruktionen	Manual und Arbeitsmaterialien

Diese sind eher für den Einsatz in Kleingruppen gedacht. Falls das nicht umsetzbar ist, kann man versuchen, Inhalte und Elemente der Stressbewältigung in den Schulalltag zu integrieren. Ein Nutzen ist aber nur bei einem regelmäßigen Einsatz und einer gezielten gemeinsamen Reflexion der Maßnahmen mit den Schüler*innen zu erwarten.

Grundsätzlich sind drei verschiedene Zugänge sinnvoll, um sich mit Stress und Belastungen auseinanderzusetzen. Sie sollten den Kindern idealerweise miteinander vernetzt angeboten werden:

Tab. 6.2: Ansatzwege und drei Hauptwege der individuellen Stressbewältigung (vgl. Kaluza 2014)

Stressoren	← Instrumentelle Stressbewältigung Anforderungen aktiv begegnen
Persönliche Stressverstärker	← Mentale Stressbewältigung Förderliche Gedanken und Einstellungen entwickeln
Stressreaktion	← Regenerative Stressbewältigung Entspannen, Erholen, Ausgleich schaffen

Auch in der Grundschule sind diese verschiedenen Ansatzpunkte der Förderung bedeutsam. Arbeit an den Stressoren könnte z. B. bedeuten, den Kindern zu helfen, sich beim Lernen besser zu organisieren und effektiver zu lernen, oder sie dabei zu unterstützen, selbst Klärungsgespräche bei Konflikten zu führen. Inhalt einer Förderung für den Umgang mit Belastungen sollte grundsätzlich sein, eigene Strategien bei Problemen zu entwickeln bzw. sich ausreichende und adäquate Hilfe zu holen. So wird den Anforderungen aktiv und direkt begegnet. Auch persönliche Einstellungen können in den Blick genommen (z. B. welche Ansprüche habe ich an mich selbst, was kann und will ich erreichen?) und den Kindern positive und hinderliche Gedanken bewusst gemacht werden (z. B. »Gedankenstopps« üben oder den Fokus daraufleen, Erfolge besser wahrnehmen können).

Damit kann persönlichen Stressverstärkern mit der Zeit mental etwas entgegengesetzt werden. Viele Kinder profitieren auch vom Erlernen von Entspannungsverfahren (wie Varianten der progressiven Muskelrelaxation, des autogenen Trainings oder etwa Fantasiereisen), die innerhalb und außerhalb des Unterrichts genutzt werden können (siehe oben). Psychische Gesundheit von Schüler*innen und Lehrer*innen ist dabei Teil des Schulentwicklungsprozesses.

Über Einzelmaßnahmen und den Einsatz von Programmen hinaus ist es generell sinnvoll, die Förderung psychischer Gesundheit in einen größeren Rahmen zu setzen und sie zu einem Bestandteil des Schulentwicklungsprozesses werden zu lassen. Impulse dafür liefert z. B. das *Projekt MindMatters (Mit Psychischer Gesundheit gute Schule entwickeln)*. Sein Kerngedanke ist es, durch die Förderung der psychischen Gesundheit von Schüler*innen sowie Lehrer*innen einen Beitrag zur Verbesserung der Schulqualität zu leisten. Es ist so aufgebaut, dass es von Schulen und Lehrer*innen selbstständig im Unterricht und in der Schule umgesetzt werden kann (siehe https://mindmatters-schule.de/). Für die Grundschule sind vor allem das Modul »Gemeinsames Lernen mit Gefühl« zur Förderung sozial-emotionaler Ressourcen und der entsprechende Projektordner relevant.

Zusammenfassung

Bildungs- und Erziehungsauftrag der Grundschule ist es, Kinder in ihrer Persönlichkeitsentwicklung zu unterstützen und für ihr psychisches Wohlbefinden Sorge zu tragen. Es ist wünschenswert, Schulentwicklungsprozesse anzustoßen, die dieser Verantwortung gerecht werden, und Gestaltungsspielräume zu nutzen, um entsprechende konkrete Angebote im Schulalltag zu etablieren und die Kinder gezielt beim Auf- und Ausbau entsprechender Kompetenzen zu begleiten. Kinder sollten generell dabei unterstützt werden, sich selbst positiv wahrzunehmen, ein Gefühl der Kontrolle über ihr Leben zu haben, mit Stress und Belastung gut umgehen zu können und individuelle Schutzfaktoren und Ressourcen auf- und auszubauen. Um dies zu gewährleisten, sind zunächst Maßnahmen wichtig, die entsprechende (äußere) Rahmenbedingungen schaffen und z. B. psychische Gesundheit als Ziel von Schulentwicklungsprozessen sehen.

Daneben ist ebenso wichtig, psychische Gesundheit grundsätzlich im Alltag der Grundschule zu thematisieren und auch gezielte Fördermaßnahmen umzusetzen, die den Auf- und Ausbau der Ich-Stärke, der allgemeinen Lebenskompetenzen und auch spezieller Bewältigungskompetenzen zum Ziel haben. Dies sollten grundlegend übergreifende Maßnahmen sein, die sich an die ganze Klasse richten und von denen alle profitieren können. Wichtig ist darüber hinaus ein kompetenter Umgang mit Kindern und Angebote für Kinder, die über eine Primärprävention hinaus weitere Unterstützung im Sinne individueller, zielgerichteter Interventionen benötigen.

Gesundheitsförderliche Verhältnisse im Leitbild der Schule verankern – Praxistipps Psyche

- Erarbeitung eines wertschätzenden Schulleitbildes mit allen Beteiligten (z. B. Schulverfassung mit Grundwerten wie Toleranz, Anerkennung, Anti-Diskriminierung)
- Rhythmisierung des Alltages mit Phasen der An- und Entspannung
- Schaffen eines stabilen Rahmens mit Routinen
- Einrichten von Rückzugs- und Wohlfühlräumen
- Unabhängige Ansprechpartner*innen (z. B. Ombudsstelle, Vertrauensperson, Schulpsychologischer Dienst, Schulsozialarbeit)
- Strukturelle Einbindung von externen Partner*innen, z. B. Jugendamt, Fachberatungsstellen

---

Aufgaben

1. Bedeutung des Themas *Psychische Gesundheit*
   a. Wie kann man psychische Gesundheit umschreiben?
   b. Warum ist psychische Gesundheit ein Thema in und für Bildungsinstitutionen?
2. Ihre Selbsteinschätzung
   Beobachten Sie eine Woche lang Ihre Selbstbewertungen!
   a. Auf welcher Grundlage treffen Sie diese?
   b. Welche Rolle spielen Rückmeldungen von bedeutsamen anderen Personen dabei?
   c. Was könnte dazu führen, dass Sie sich positiver einschätzen?

d. Lesen Sie nach: Mit welchen Maßnahmen können Sie Ihren Schüler*innen helfen, sich positiver einzuschätzen?
3. Ihr Umgang mit Stress – ein Vorbild?
Beobachten Sie eine Woche gezielt den eigenen Umgang mit Stress und unangenehmen Situationen!
   a. Was sind Ihre Strategien?
   b. Welche Verhaltensweisen würden Sie Kindern weiterempfehlen?
   c. Überprüfen Sie das Kapitel: Was können Sie Ihren Schüler*innen zusätzlich empfehlen?

Literatur

Antonovsky, A. (1979). Health, stress, and coping: New perspectives on mental and physical well-being. San Francisco, CA: Jossey-Bass.

Bandura, A. (1997). Self-Efficacy. The Exercise of Control. New York: Freeman.

Beyer, A. & Lohaus, A. (2006). Stressprävention im Jugendalter: Ein Trainingsprogramm. Göttingen: Hogrefe.

Brosche, H. & Kasten J. (2015). Mehr Gelassenheit und Achtsamkeit im Schulalltag: So können wir es packen. Cornelson Skriptor.

Dalgleish, T. (2000). Selbstwertgefühl. Praktische Unterrichtsvorschläge und Übungen zur Förderung des Selbstwertgefühls. Donauwörth: Auer.

Egger, J. W. (2020). Selbstwirksamkeit und Selbstwirksamkeitserwartung – ein wirkmächtiges kognitives Konstrukt für gesundheitliches Verhalten. Psychologie in Österreich, 5, 327–335.

Hampel, P. & Petermann, F. (2003). Anti-Stress-Training für Kinder. 2. Auflage. Weinheim: Psychologie Verlags Union.

Hohmann, C. & Schwarzer, R. (2009). Selbstwirksamkeitserwartung. In: J. Bengel & M. Jerusalem: Handbuch der Gesundheitspsychologie und der medizinischen Psychologie. Göttingen: Hogrefe, 61–67.

Jerusalem, M. (2009). Ressourcenförderung und Empowerment. In: J. Bengel & M. Jerusalem: Handbuch der Gesundheitspsychologie und der medizinischen Psychologie. Göttingen: Hogrefe, 175–187.

Kaltwasser, V. (2013). Achtsamkeit in der Schule: Stille-Inseln im Unterricht: Entspannung und Konzentration. Weinheim: Beltz.

Kaluza, G. (2002): Förderung individueller Belastungsverarbeitung: Was leisten Stressbewältigungsprogramme? In: B. Röhrle: Prävention und Gesundheitsförderung. Bd. II. Tübingen: DGVT, 195–218.

Kaluza, G. (2014). Stress und Stressbewältigung. EHK 2014, 63, 261–266.

Krause, Ch. (2010). Der salutogenetische Blick. Fachstandard in der Arbeit von Erzieher/Innen? In: M.R. Textor (Hrsg.), Das Kita-Handbuch (online). Online verfügbar unter: http://www.kindergartenpaedagogik.de/2163.pdf.

Klein-Heßling, J. & Lohaus, A. (2000). Stresspräventionstraining für Kinder im Grundschulalter. 2., erweiterte und aktualisierte Auflage des Trainingsmanuals zu »Bleib locker«. Göttingen: Hogrefe.

Lazarus, R. S. & Folkman, S. (1984). Stress, Appraisal and Coping. New York: Springer Publishing Company.

Lohaus, A. (2009). Stressbewältigungskompetenzen. In: A. Lohaus & H. Domsch (Hrsg.), Psychologische Förder- und Interventionsprogramme für das Kindes- und Jugendalter. Heidelberg: Springer, 131–140.

Paulus, P. (2004). Psychische Gesundheit – auch ein Problem von Schulen? In: H. Hundeloh, G. Schnabel & N. Yurdatap (Hrsg.), Kongress »Gute und gesunde Schule«. Dokumentation, 76–99.

Petermann, U. (2004). Entspannungstechniken für Kinder und Jugendliche. Ein Praxisbuch. 3., aktualisierte Auflage. Weinheim: Beltz.

Petermann, U. (2001). Die Kapitän-Nemo-Geschichten. Geschichten gegen Angst und Stress. Freiburg: Herder.

Petermann, F & Vaitl, D. (2014). Entspannungsverfahren. Ein Praxishandbuch. Weinheim: Beltz.

Portmann, R. (2008). Spiele, die stark machen. München: Don Bosco.

Preiser, S. (2001). Kontrollüberzeugungen. In: D. H. Rost (Hrsg.), Handwörterbuch Pädagogische Psychologie. 2. Auflage. Weinheim: Psychologie Verlags Union, 355–360.

Rösch, N. & Behringer, K.H. (2005). Autogenes Training mit Kindern. Wege zur Entspannung. Filderstadt: Weinmann.

WHO (2005). Europäische Ministerielle WHO-Konferenz Psychische Gesundheit. Europäische Erklärung zur psychischen Gesundheit: Herausforderungen annehmen, Lösungen schaffen. Online verfügbar unter: http://www.euro.who.int/__data/assets/pdf_file/0010/88597/E85445G.pdf.

Wustmann, C. (2007). Resilienz. In: BMBF (Hrsg.), Auf den Anfang kommt es an. Perspektiven für eine Neuorientierung frühkindlicher Bildung. Bildungsforschung Band 16. Berlin: BMBF, 119–190.

7 Modul Sozial-Emotionales

Angela Frank

Fallbeispiel

Viola ist im Klassenverband sehr unsicher. Sie geht kaum auf andere Kinder zu und traut sich nicht, vor den anderen frei zu sprechen. Auch in anderen sozialen Situationen hat sie oft Angst und zieht sich dann sehr zurück.

Paula hat dort viele Freunde. Sie kann sich gut in andere hineinversetzen und hat scheinbar immer einen guten Rat, wenn es anderen nicht gut geht. Sie ist beliebt, hat aber oft Probleme, ihre eigenen Interessen zu vertreten und sich durchzusetzen.

Jens geht in die dritte Klasse und hat mit seiner Wut zu kämpfen. Immer wieder rastet er scheinbar bei Kleinigkeiten aus, beispielsweise wenn ihm eine Aufgabe nicht gelingt oder wenn er eine Aufgabe nicht versteht. Oft wird er dann auch aggressiv gegen andere Kinder. Hinterher tut ihm das meistens sehr leid.

Kevin steht kurz vorm Ende der vierten Klasse. Der Übertritt macht ihm große Angst, die bisherigen Übergänge in der Schule und einen Wechsel der Schule wegen Umzug hat er in schlechter Erinnerung und er kann keine positiven Vorstellungen über die Zeit nach der Grundschule entwickeln.

Diese Beispiele zeigen, dass die Grundschule Heranwachsende nicht nur vor Aufgaben im Lern- und Leistungsbereich stellt, sondern auch täglich vor vielfältige Herausforderungen im sozialen und emotionalen Bereich. Diese bieten große Entwicklungsimpulse, wenn sie erfolgreich gemeistert werden, können aber auch zum Entwicklungsrisiko werden, wenn die Bewältigung misslingt.

7.1 Basiswissen

7.1.1 Was versteht man unter sozial-emotionaler Gesundheit?

Im Gegensatz zum geläufigen Begriff »Psychische Gesundheit« ist die Formulierung »Sozial-emotionale Gesundheit« kaum verbreitet. Sie ist aber die konsequente Weiterführung des Gedankens, dass zur Gesundheit auch Wohlbefinden gehört und

Kompetenzen zur Erhaltung der Gesundheit auch das Zurechtkommen im Leben und in sozialen Beziehungen miteinschließen (▶ Kap. 1 und ▶ Kap. 6). Sozial-emotionale Gesundheit beinhaltet demnach sowohl die Vorstellung, soziale Anforderungen aktiv und konstruktiv bewältigen zu können, als auch Emotionen so regulieren zu können, dass dauerhaft Wohlbefinden möglich ist bzw. immer wieder hergestellt werden kann.

7.1.2 Was sind Meilensteine und Ziele der emotionalen Entwicklung?

Im Alltag werden die Begriffe »Emotionen« und »Gefühle« oft synonym gebraucht, streng genommen sind die Bedeutungen aber nicht identisch. Vielmehr gilt das »Gefühl« als ein Bestandteil einer »Emotion« und bezieht sich auf die eigene, ganz persönliche Wahrnehmung eines emotionalen Zustandes. Darüber hinaus gehören zu einer Emotion aber auch Aufmerksamkeitsprozesse, ein bestimmtes Ausdrucksverhalten (z. B. zusammengezogene Augenbrauen und eine verkrampfte Körperhaltung bei Angst) und physiologische Reaktionen wie Rotwerden oder Schwitzen (Salisch & Kunzmann 2005).

> Wenn Jens an einer Aufgabe scheitert und wütend wird, kann er über sein Gefühl der Wut berichten und wie er es erlebt. Gleichzeitig gehört zu seiner Emotion in diesem Moment aber auch, dass er sich auf nichts Anderes mehr konzentrieren kann. Seine Körperhaltung ist angespannt und sein Gesichtsausdruck sowie physiologische Prozesse im Körper sind messbar (wie beispielsweise ein ansteigender Cortisolspiegel im Speichel).

Wie stark und mit welchen Emotionen wir auf eine Situation reagieren, hängt damit zusammen, wie wichtig die Situation für uns ist, wie wir ähnliche Situationen bisher erlebt haben und wie (gut) wir mit ihnen umgehen konnten. Wie auch Erwachsene reagieren Heranwachsende sehr verschieden auf vergleichbare Ereignisse: So kann eine Leistungssituation bei dem einen Kind zu positiver Aufregung führen, bei einem anderen Kind zu großer Angst. Das gleiche gilt für soziale Situationen, beispielsweise das Spiel in einer Gruppe unbekannter anderer Kinder oder der erste Tag in einer neuen Klasse.

Es gibt verschiedene Vorstellungen über den Begriff der *emotionalen Kompetenzen* und damit darüber, welche Fähigkeiten im Zusammenhang mit Emotionen vorhanden sein sollten. Gemeinsam sind verschiedenen Ansätzen meist folgende Zielvorstellungen für die emotionale Entwicklung:

* Emotionen bei sich und anderen wahrnehmen und erkennen,
* Kommunikation über Emotionen (weiterentwickeln),
* Wissen über Emotionen erwerben (z. B. dass Menschen in derselben Situation unterschiedliche Gefühle erleben),
* zunehmend kompetent eigene Emotionen regulieren können.

Schon im Kindergarten- und Grundschulalter schreitet die Emotionsentwicklung entscheidend voran (Salisch & Kunzmann 2005). Auch mit den sich weiterentwickelnden Kompetenzen in Sprache und Kommunikation können Kinder nicht nur ihre Anliegen, sondern auch Emotionen besser ausdrücken, Gefühle bei anderen besser erfragen und differenzierter darauf eingehen. Dadurch steigt das Emotionswissen und damit ein Verständnis, warum es welcher Person in einer Situation wie geht und was ihr bei unangenehmen Gefühlen helfen kann. Entscheidende Grundlagen des Erkennens der Emotionen bei anderen und der Einschätzung eigener Emotionen werden in der Kindheit gelegt und u. a. durch Gespräche, aber auch Vorbilder entscheidend gefördert. Auch die Möglichkeiten der Emotionsregulation steigen im Kindesalter beträchtlich an. Während bei Säuglingen die Bezugspersonen die Emotionen regulieren und am Anfang noch wenige Strategien bestehen, mit unangenehmen Reizen umzugehen (z. B. das Wegdrehen des Kopfes), stehen bereits dem Kindergartenkind eine Bandbreite an Strategien zur Verfügung, z. B. können sie direkt in die Situation eingreifen, sich selbst beruhigen, sich aus der Situation zurückziehen, sich Mut machen oder sich körperlich ausagieren. Die eingeschränkte bzw. verzögerte Entwicklung emotionaler Kompetenzen führt meist auch zu Problemen im sozialen Bereich. Es ist dann schwieriger, die Emotionen und Anliegen bei anderen richtig zu interpretieren, das Erleben eigener Gefühle anderen verständlich zu machen oder auch Wut oder Angst sozialverträglich zu bewältigen. In der Forschung haben sich Emotionswissen und Emotionsregulation als Prädiktoren für späteres Sozialverhalten und das Auftreten von Verhaltensstörungen erwiesen. In einem größeren Zusammenhang werden auch das Lernverhalten und schulische Erfolge durch das Ausmaß emotionaler Kompetenz beeinflusst (Wiedebusch 2008).

Jens hat Probleme mit Gefühlen der Wut, das ist auch für seine soziale Entwicklung hinderlich, da er seine daraus resultierenden Aggressionen schlecht kontrollieren kann. Er braucht Unterstützung darin, sozialverträgliche Wege zu finden, mit seiner Wut umzugehen oder auch mit der Zeit zu lernen, gelassener auf Auslöser seiner Wut zu reagieren. Genauso kann Viola darin gefördert werden, Ängste zu überwinden und sich in die Gruppe mehr einzubringen, etwa durch Entspannungsmethoden oder auch durch die schrittweise und begleitete Annäherung an angstbesetzte Aktivitäten. Auch wenn sie vielleicht generell nie gerne im Mittelpunkt stehen wird, kann so erreicht werden, dass sie sich nicht selbst in ihrer Lebensqualität einschränkt, indem sie auf Aktivitäten verzichtet, die ihr eigentlich gefallen.

7.1.3 Was sind Meilensteine und Ziele der sozialen Entwicklung?

Das Kind ist (spätestens) von Geburt an ein soziales Wesen und auf Austausch mit seinen Bezugspersonen angewiesen. Im Laufe der Entwicklung werden vielfältige Fähigkeiten wie Kontakt- und Kommunikationsfertigkeiten, prosoziales und kooperatives Verhalten, konstruktive Aushandlungen und das sozialverträgliche Lösen von Konflikten erworben. Alle diese Prozesse sind auch wichtige Bestandteile des Zusammenlebens und -lernens in der Gruppe oder Klasse in Bildungsinstitutionen und sollten dort kontinuierlich thematisiert und gefördert werden.

> Paula ist beliebt, weil sie empathisch ist und andere gut versteht. Die anderen wenden sich gerne an sie, wenn sie Probleme haben. Paula hat früh gelernt, sich in andere hineinzuversetzen, und kann so gute Ratschläge geben, die zu den Bedürfnissen der anderen passen. Was ihr weniger gut gelingt ist es, sich durchzusetzen, wenn sie andere Vorstellungen als die anderen hat. Sie sollte demnach besonders bei der Entwicklung ihrer Durchsetzungs- und Konfliktfähigkeit unterstützt werden.

Expertise: Erwünschte soziale Kompetenzen

Eine Aufstellung findet sich beispielsweise bei Petillon (2014, S. 186):

»Kommunikation:	Fähigkeit und Bereitschaft, sich verständlich zu machen und andere zu verstehen
Kontakt:	Fähigkeit und Bereitschaft, mit anderen Kontakt aufzunehmen und Kontaktangebote anderer anzunehmen
Solidarität:	Fähigkeit und Bereitschaft zu gemeinsamen Handlungen in kleineren und größeren Gruppen; Bewusstsein der Zusammengehörigkeit und Erkenntnis der gemeinsamen Lage
Konflikt:	Fähigkeit und Bereitschaft, Fremderwartungen und eigene Bedürfnisse so zu verarbeiten, dass ein eigenes selbstbestimmtes Rollenverhalten entwickelt und praktiziert werden kann
Soziale Sensibilität:	Fähigkeit und Bereitschaft, sich in die Rolle eines anderen zu versetzen, sich in seine Lage einzufühlen und das Ergebnis dieser Bemühungen in das eigene Verhalten einzubeziehen
Toleranz:	Fähigkeit und Bereitschaft, die Andersartigkeit, Eigentümlichkeit, Hilfsbedürftigkeit usw. anderer zu erkennen und zu respektieren, Vorurteile zu hinterfragen
Kritik:	Fähigkeit und Bereitschaft, Informationen, Normen, Handlungen, feststehende Urteile bei sich und anderen kritisch zu hinterfragen und ggf. Alternativen zu entwickeln
Umgang mit Regeln:	Fähigkeit und Bereitschaft, wichtige Regeln des Zusammenlebens zu erarbeiten.«

Die Ausführungen von Petillon betonen, dass neben dem Erwerb der Fähigkeiten auch die Bereitschaft bedeutsam ist, ein entsprechendes Verhalten in den täglichen Situationen des Alltags zu zeigen.

Gerade in den täglichen komplexen sozialen Situationen ist es nicht immer einfach bzw. eindeutig zu entscheiden, was eine »richtige Lösung« oder ein »richtiges Verhalten« ist. Nicht jedes Verhalten, das auf den ersten Blick für das einzelne Kind »erfolgreich« sein kann (z. B. einem anderen Kind das Spielzeug wegzunehmen oder sich vorzudrängeln), ist sozial akzeptiert und hat dann negative Folgen, beispielsweise was die Beliebtheit in der Gruppe betrifft. Viele Beschreibungen sozialer Kompetenz schließen die Sozialverträglichkeit deshalb als Kriterium mit ein. Im täglichen Miteinander geht es entsprechend um eine Balance zwischen den Anforderungen der Umwelt und dem Durchsetzen eigener Interessen. Diese Balance ist auch wichtig für das Schließen von Freundschaften und dafür, seinen Platz in einer Gruppe bzw. in der Klasse zu finden. Der Austausch und das Verhalten zwischen Kindern, die befreundet sind, gilt als besonders wertvoll, da diese Interaktionen eine andere Qualität haben als die zwischen nicht befreundeten Kindern. Freund*innen gelingt es meist besser, gemeinsame Lösungen zu finden, und die Weiterführung der gemeinsamen Aktivität ist nach Konflikten (die es unter Freund*innen genauso häufig gibt wie unter nicht befreundeten Kindern) wahrscheinlicher (Siegler et al. 2005). Die Erfahrungen im Austausch mit anderen Heranwachsenden ist ein bedeutendes Erfahrungsfeld und »Entwicklungsmotor« für soziale (und auch emotionale) Fähigkeiten. Hier können Verhaltensweisen erprobt und angepasst werden und die Kinder bekommen wichtige Rückmeldungen für ihr Verhalten. Das tägliche Zusammensein in der *Gruppe der Peers* bietet dabei wichtige Impulse, die der Austausch mit Erwachsenen nicht auf diese Art und Weise bieten kann. Kinder begegnen sich grundsätzlich auf Augenhöhe und es besteht nicht von vorne herein schon ein Machtgefälle in der Beziehung zueinander. Dadurch sind die Kinder in besonderem Maße in der Lage, aber auch herausgefordert, ihre Vorstellungen und Schlussfolgerungen mit denen der anderen zu vergleichen, auszuhandeln und vor allem aufeinander abzustimmen.

Expertise: Peers

Unter den »Peers« wird meist die Gruppe der Gleichaltrigen verstanden. Wichtiger als das Kriterium der Gleichaltrigkeit (die bei einer hohen Altersmischung wie beispielsweise im Kindergarten ohnehin nicht gegeben ist) sind aber das Merkmal der Gleichrangigkeit und die Auseinandersetzung mit denselben Entwicklungsaufgaben.

Die hohe Bedeutung der Beziehungen unter Kindern zeigt, wie wichtig es für Lehrer*innen ist, Gruppenprozesse im Alltag genau zu beobachten und zu begleiten. Die Schule hat hier eine besondere Verantwortung, die über die Vermittlung von Lernstoff hinausgeht, da die Kinder grundlegende soziale Erfahrungen machen und der Lernort Schule und Klasse auch für den (weiteren) Aufbau sozialer und emotionaler Kompetenzen zu nutzen ist. Dies ist kein Selbstläufer in der Entwicklung, sondern pädagogisch aufmerksam zu begleiten. Insofern ist beispielsweise in besonderem Maße sicherzustellen, dass jedes Kind seinen Platz in der Gruppe der Peers findet, und besonders die Problematik des Außenseitertums ist in den Blick zu nehmen. Nur wenn Heranwachsende ausreichend positive Kontakte haben, können sie sich und ihr Verhalten in sozialen Situationen ausreichend erproben und auch zunehmend soziale Prozesse besser verstehen. Ist dies nicht der Fall, können sich Teufelskreise zwischen einem ungünstigen Sozialverhalten und Ablehnung oder Zurückgezogenheit ergeben.

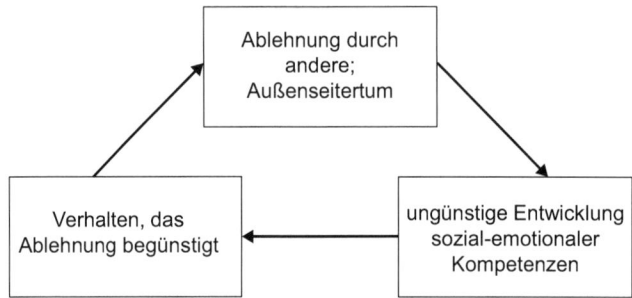

Abb. 7.1: Teufelskreis zwischen Ablehnung und ungünstiger sozial-emotionaler Entwicklung (angelehnt an Petillon 1978)

Empirische Studien zeigen, dass die Ablehnung durch Gleichaltrige auch die Beteiligung am Unterricht und das Schulwissen beeinträchtigt. Weiter kann sie zu internalisierenden Störungen, Selbstwerteinbußen, Einsamkeitsgefühlen und depressiven Verstimmungen führen. Sowohl bei aggressiv-abgelehnten Kindern als auch bei den zurückgezogen-abgelehnten Kindern scheint es zu einer folgenschweren Spirale zunehmend problematischen Verhaltens und der Ablehnung der anderen Kinder zu kommen (Salisch 2000).

7.1.4 Wie sind soziale und emotionale Entwicklung verknüpft?

Emotionale und soziale Entwicklung sind eng miteinander verbunden, was sich auch im weit verbreiteten Gebrauch des Begriffs »sozial-emotionale Entwicklung« oder »sozial-emotionale Kompetenzen« zeigt. Auch zahlreiche Studien belegen diesen engen Zusammenhang und zeigen beispielsweise, dass Kinder mit guter Emotionsregulation weniger mit Problemverhalten auffallen, dass positiver emotionaler Austausch mit Gleichaltrigen wichtig für späteren sozialen Erfolg ist und mangelndes Emotionswissen mit aggressivem Verhalten zusammenhängt (Petermann & Wiedebusch 2003).

> **Expertise: Zusammenhänge zwischen emotionaler und sozialer Entwicklung (Frank 2008, S. 8)**
>
>
>
> • Emotionsverständnis und Emotionsregulation entwickeln sich in der Interaktion mit anderen.

- Emotionsverständnis bedeutet nicht nur, Emotionen bei sich selbst wahrzunehmen, sondern auch bei anderen.
- Bezugspersonen wirken in ihrem Umgang mit Emotionen als Vorbilder bzw. Modelle.
- Die sprachliche Kommunikation über Emotionen differenziert das Emotionsverständnis weiter aus.
- Die Regulierung von Emotionen (z. B. bei Ärger und Wut) ist für Sozialkontakte wichtig.
- Kinder bekommen auf ihre Emotionsregulation täglich Rückmeldungen von anderen.
- Soziale Situationen werden von Emotionen begleitet und manche Emotionen setzen einen sozialen Rahmen voraus (z. B. Empathie, Scham, Neid).
- Die fortschreitende Entwicklung bringt die Erkenntnis mit sich, dass nicht jede*r die gleichen Emotionen in derselben Situation erlebt (affektive Perspektivenübernahme).

Nicht nur soziale und emotionale Kompetenzen hängen zusammen, genauso bedeutsam ist der gegenseitige Einfluss mit den personalen Kompetenzen. Im Kapitel Psychische Gesundheit (▶ Kap. 6) wurde entsprechend bereits die Bedeutung einer positiven Selbsteinschätzung und der Wahrnehmung eigener Kontrolle über Ereignisse herausgearbeitet. Diese Einschätzungen, zusammen mit einer situationsangemessenen Umsetzung in den alltäglichen Situationen, wird oft auch unter dem Begriff »personale Kompetenzen« zusammengefasst (Martschinke & Frank 2012). Zusammen mit den sozialen und emotionalen Kompetenzen bilden sie eine wichtige Basis für eine gesunde Persönlichkeitsentwicklung (▶ Abb. 7.2).

Die Unterstützung personaler, emotionaler und sozialer Kompetenzen ist ein selbstverständlicher und grundlegender Bestandteil des Bildungs- und Erziehungsauftrages der Grundschule und hat von sich aus einen hohen Eigenwert. Alle Kinder sollen sich wohlfühlen, in die Gruppe eingebunden sein, Erfolgserlebnisse haben und ihre Handlungsspielräume erweitern. Wenn Heranwachsende sich als kompetent erleben, sozial eingebunden sind und ihre Selbständigkeit gefördert wird, werden wichtige psychische Grundbedürfnisse erfüllt. Ebenso ist eine solche Förderung Bildungsarbeit. Ein breit angelegter Bildungsbegriff zeigt, dass es bei Bildung keinesfalls nur um Wissen geht; grundlegende Bildung beinhaltet auch die Entwicklung von Werthaltungen und die Stärkung der Persönlichkeit. Eine Unterstützung der Persönlichkeitsentwicklung und besonders der sozial-emotionalen Gesundheit kann aber auch als Prävention verstanden werden. Sie kann helfen, Entwicklungsrisiken ganz zu vermeiden bzw. wenigstens abzumildern und Schutzfaktoren aufzubauen oder zu verstärken. Außerdem kann der Aufbau von Kompetenzen im Persönlichkeitsbereich auch als Hilfe für die Bewältigung von Übergängen verstanden werden. Gerade an diesen Umbrüchen in der eigenen Biographie brauchen Heranwachsende für eine gesunde Entwicklung Kompetenzen, um neue Beziehungen zu knüpfen, neuen Anforderungen zu begegnen und Emotionen (wie Ängsten, Vorfreude, Stolz, Unsicherheit), die mit den Übergängen einhergehen, bewältigen zu können (Frank & Martschinke 2012; Frank 2008).

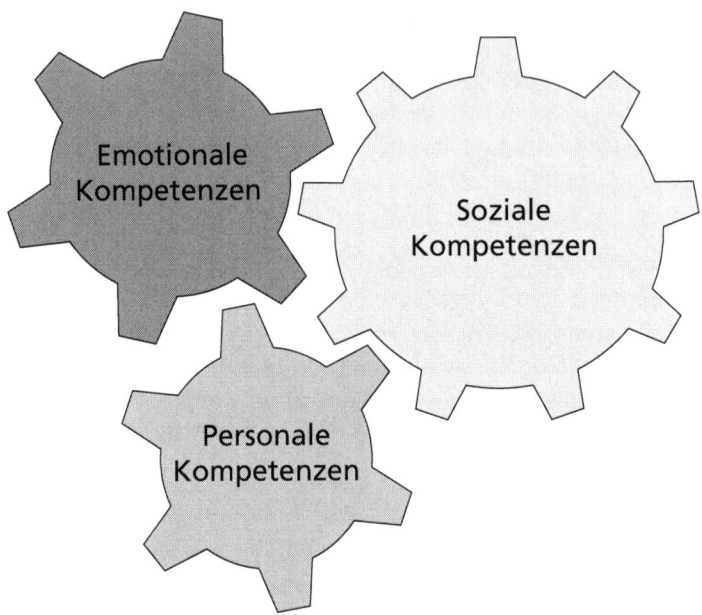

Abb. 7.2: Emotionale, soziale und personale Kompetenzen als Basis einer gesunden Persönlichkeitsentwicklung

Wenn die Bewältigung des Übergangs zufriedenstellend gelingt, ist dies auch eine gute Voraussetzung für den Umgang mit späteren, ähnlichen Umbrüchen im Leben.

7.1.5 Warum sind die pädagogische Beziehung und das soziale Klima eine wichtige Basis für die Förderung sozial-emotionaler Gesundheit?

Für Kevin ist der anstehende Übergang in die Realschule eine Herausforderung, bei der er verschiedene Emotionen bewältigen sowie soziale Kontakte nutzen und neue knüpfen muss. Wie er das in Angriff nimmt, wird maßgeblich davon abhängen, wie er sich als Person wahrnimmt und darstellen kann, aber auch, wie er seine Emotionen regulieren kann. Neben Vorwissen in Bezug auf den Übergang und die neue Schule ist auch gerade in dieser Phase weiter die Förderung einer positiven Einstellung zu sich selbst sowie der sozialen und emotionalen Kompetenzen eine wichtige und wertvolle Zielsetzung für Kevin.

In Bildungsinstitutionen kann eine gesunde sozial-emotionale Entwicklung nicht unabhängig von den sozialen Beziehungen verstanden werden. Zum einen ist die Beziehung zwischen den Lehrer*innen und den Kindern von großer Bedeutung dafür, wie wohl sich die Schüler*innen fühlen, und damit auch, ob und wie sie sich über ihre Probleme äußern (können). Gute Beziehungen schaffen dafür Sicherheit und geben Vertrauen. Zum anderen bietet das Zusammenleben und -arbeiten in der

Peergroup einen entscheidenden Erfahrungsraum für die soziale und emotionale Entwicklung. Sowohl auf der Lehrer*innen-Schüler*innen-Ebene als auch auf der Schüler*innen-Schüler*innen-Ebene ist ein von gegenseitigem Respekt und von Wertschätzung geprägter Umgang eine wichtige Grundlage für offene Gespräche, das Erarbeiten gemeinsamer Lösungen in sozialen Situationen und für den Austausch über sensible Themen wie beispielsweise Konfliktsituationen. Als positiv für die Lehrer*innen-Schüler*innen-Beziehung werden beispielsweise die erlebte Lehrer*innenfürsorglichkeit gesehen (und dabei ausdrücklich auch Ansprechbarkeit und Unterstützung bei Problemen außerhalb des Unterrichtsgeschehens), das Vertrauensverhältnis und die Gleichbehandlung der Schüler*innen sowie die Unterstützung von Hilfsbereitschaft und Kooperation unter den Heranwachsenden. Dies bestätigt auch das Resilienzkonzept (▶ Kap. 6), das die Bedeutung stabiler und vertrauensvoller Beziehungen (auch außerhalb der Familie) betont und sie als wichtigen Schutzfaktor bei bestehenden Entwicklungsrisiken sieht. Darüber hinaus scheinen sich besonders Mitbestimmungsmöglichkeiten und die soziale Eingebundenheit in der Schule positiv auf die sozial-emotionale Gesundheit der Schüler*innen auszuwirken.

7.2 Kompetenzziele für die Entwicklung und Aufrechterhaltung sozial-emotionaler Gesundheit

Folgende Kompetenzziele sollten in Bildungsinstitutionen immer im Blickpunkt der Förderung stehen, damit Heranwachsende auch in sozial-emotionaler Hinsicht gesund aufwachsen können. Gerade in der Grundschule, in der auch in diesem Bereich wichtige Grundlagen gelegt werden und viele soziale Situationen noch relativ neu sind, besteht eine große Verpflichtung, die Kinder bei ihrer Persönlichkeitsentwicklung hinsichtlich dieser Kompetenzziele zu unterstützen.

- Emotionen bei sich und anderen erkennen
- Kommunikation über Emotionen als einen Grundbestandteil des Sozialverhaltens begreifen und weiterentwickeln
- Wissen und Verständnis über Emotionen erwerben, zunehmend auch bei komplexeren Emotionen (z. B. Neid) oder widersprüchlichen Emotionen (z. B. gleichzeitig Freude und Angst zu erleben, beispielsweise bei einem Schulwechsel)
- Emotionen zunehmend kompetent regulieren können und dabei eine Bandbreite an Strategien zur Verfügung haben (z. B. Selbstberuhigung, Hilfe nutzen, die Situation verändern, positive Selbstinstruktion, …)
- Mit anderen in Kontakt treten können und sich verständlich machen
- (Immer wieder) einen Platz in der Klasse und Gemeinschaft finden
- Unterschiedliche Interessen und Konflikte konstruktiv bearbeiten können

- Toleranz und Verständnis anderen gegenüber leben
- Kritik sozialverträglich äußern und auch annehmen können
- Die Beziehungen zu Lehrer*innen und Mitschüler*innen als Erfahrungsfeld und auch als Quelle von Hilfe nutzen können

7.3 Förderimpulse für die sozial-emotionale Gesundheit in der pädagogischen Praxis

Persönlichkeitsförderung und insbesondere Kompetenzen, die im Dienste der sozial-emotionalen Gesundheit stehen, sind selbstverständliche Anliegen des Bildungs- und Erziehungsauftrages der Institutionen. Dabei stehen zunächst der Aspekt der Prävention im Vordergrund und damit Angebote, die alle Kinder der Klasse oder Schule einbeziehen und die (Weiter-)Entwicklung entsprechender Kompetenzen unterstützen. Die besondere Chance der Förderung in der Grundschule liegt darin, dass Hilfen einsetzen, wenn ungünstige Entwicklungen noch weniger verfestigt sind. Besonders sinnvoll ist es deshalb auch, wenn Hilfen möglichst früh beginnen und dann schulstufenübergreifend aufeinander aufbauen.

Der Alltag in der Schule bietet ganz viele Herausforderungen an sozial-emotionale Kompetenzen und damit auch Anlässe für eine Förderung durch die Lehrer*innen. Wie präsentiert sich ein Kind in einer Situation, in der es Interessenskonflikte gibt oder in der Ängste oder Traurigkeit zu bewältigen sind? Wie gut sind Heranwachsende in der Lage, zusammenzuarbeiten, Kompromisse zu schließen und Aushandlungen zu gestalten?

Da Kinder sich darin unterscheiden, wie sie Informationen und Erfahrungen am besten aufnehmen und verarbeiten, sollten bei der Förderung auch verschiedene Vermittlungsformen zum Einsatz kommen. Denkbar ist beispielsweise der Einbezug von

- Liedern und Liedtexten,
- Büchern und Geschichten,
- thematischen Fantasiereisen und Entspannungsgeschichten,
- kreativen und handwerklichen Umsetzungsmöglichkeiten,
- Partnerübungen und Gruppenspielen,
- Rollenspielen usw.

Zur Förderung im Alltag gehören dabei auch schon die Vorbereitung der Umgebung, die Bereitstellung von entsprechendem Material und die Einführung von Regeln und Ritualen. Dies kann z. B. die Einrichtung von Rückzugs- und Tobemöglichkeiten betreffen, die Anschaffung kooperativer Spielmaterialien (z. B. Schwungtuch) oder die Etablierung spezieller Maßnahmen wie die Einrichtung eines Kummerkastens oder die Ausbildung von Streitschlichter*innen für die Pausen.

Tipp: »Hanno malt sich einen Drachen« von Irina Korschunow (1985)

Zur Förderung sozial-emotionaler Gesundheit gibt es vielfältige Kinder- und Jugendliteratur, in der es um Themen wie Freundschaft, Konflikte, Zusammenhalt und Gefühle geht und die sich zum Einsatz in Kindergarten und Schule eignet. Es sollte immer darauf geachtet werden, dass ein ausgewähltes Buch auch sprachlich (und grafisch) ansprechend ist. Ein Tipp (gerade für jüngere Schüler) ist das Buch »Hanno malt sich einen Drachen« von Irina Korschunow, da es vielfältige Anknüpfungsmöglichkeiten zur Persönlichkeitsförderung bietet.

Hanno ist unsicher und unglücklich in der Schule und wird u. a. wegen seiner Figur gehänselt. Er hat auch wenig Vertrauen in die eigenen Fähigkeiten und inzwischen geht er gar nicht mehr gerne in die Schule, weil er nur noch auf seine Probleme konzentriert ist und keinen Anschluss an andere mehr findet. Die Lage ändert sich, als er eines Tages Besuch von einem kleinen Drachen bekommt, der begeistert davon ist, was er bei und von Hanno alles lernen kann und Hanno von nun an begleitet.

7.3.1 Förderung der emotionalen Entwicklung

Für die Förderung der emotionalen Entwicklung bzw. den Aufbau emotionaler Kompetenzen gilt es, sowohl das Emotionsverständnis als auch die Emotionsregulation einzubeziehen. Grundsätzlich ist es wichtig, den Kindern zu vermitteln, dass jedes Gefühl ernst genommen und akzeptiert wird. So gesehen gibt es keine »guten« im Gegensatz zu »bösen« Gefühlen, denn jede individuelle Gefühlswahrnehmung hat seinen Sinn (beispielsweise Angst mit seiner wichtigen Schutzfunktion). Wichtig ist zu erarbeiten, wie jede Emotion im Sinne des eigenen Wohlbefindens genutzt werden kann, und zu verstehen, dass Handlungen, mit denen man auf die Gefühle reagiert, auch problematisch für die eigene Person und für andere sein können.

Kinder erleben im Alltag der Grundschule täglich bei sich und anderen die verschiedensten Emotionen und müssen damit umgehen und darauf reagieren. Ziel der Förderung ist vor allem, Gespräche über Emotionen selbstverständlich in den Alltag einzubetten und das Emotionsverständnis (weiter) aufzubauen. Gerade der Umgang mit Angst, Wut, Traurigkeit, Neid und Eifersucht ist ein großes Thema bei Heranwachsenden. Um das Emotionsverständnis aufzubauen (oder später auszubauen) ist es wichtig, Emotionen bei sich selbst genau zu beobachten.

Tipp: Materialien und Methoden

- Gefühlsbarometer

- Hier bietet sich der Einsatz von »Gefühlsbarometern« an, bei denen man angeben kann, welches Gefühl man gerade erlebt. Dies kann für verschiedene Gesprächsanlässe genutzt werden.
- Arbeit mit Bildern und Abbildungen
  - Weiter ist die Arbeit mit Bildern und Abbildungen zu empfehlen, wobei sich nicht nur käuflich zu erwerbende Sets wie ein »Gefühlsquartett« eignen, sondern auch Bilder aus Zeitschriften (mit Gefühlsausdrücken und emotionalen Situationen) sehr gut gesammelt und für verschiedene Aktivitäten eingesetzt werden können. Schon das Sammeln und das Besprechen der Auswahl von Bildern ist eine wertvolle Fördermaßnahme.
- Gefühlsmasken
  - Als kreative Umsetzung können beispielsweise Gefühlsmasken gebastelt und besprochen werden.
- Gefühlspantomimen
  - Um den Gefühlsausdruck bei sich und anderen besser einschätzen zu können, sind verschiedene Varianten von Gefühlspantomimen ertragreich (z. B. Gefühle vorspielen und erraten lassen, Situationen vorgeben und Gefühle dazu spielen lassen, zu einem vorgegebenen Gefühl eine Situation vorspielen, einen neutralen Satz mit verschiedenen Emotionen vortragen u. a. m.).

Für die Förderung der Emotionsregulation gilt es allgemein, möglichst verschiedene und individuelle Wege zu einem (sozialverträglichen) Umgang mit Emotionen zu erarbeiten. Für die Bearbeitung bieten sich beispielsweise Rollenspiele an, in der verschiedene Möglichkeiten »ausprobiert« werden können. Eine immer größere Bandbreite an Möglichkeiten der Emotionsregulation führt dazu, dass die Heranwachsenden zunehmend situationsangemessen und variabel reagieren können.

Tipp: Emotionsregulation – Tricks gegen Wut

Für den Umgang mit Emotionen wie Wut können verschiedene kleine Tipps und Tricks vermittelt werden, z. B. körperorientiertes Ausagieren, indem man sich als Baum in einem Gewittersturm vorstellt und die Wut abschüttelt oder einen Wut-Zettel zerknüllt und gegen die Wand wirft. Wichtig ist, mit den Kindern individuelle Lösungen zu suchen, etwa auch lautes Singen, einen Boxsack zu bearbeiten oder ein Bad zu nehmen. In der Gruppe oder Klasse können dazu originelle Ideen gesammelt und damit Plakate gestaltet werden. Welche Methode hilft wem am meisten? (vgl. Portmann 2009)

Für die Regulation von Angst oder Wut gelten insbesondere auch die im Kapitel Psychische Gesundheit (► Kap. 6) vorgestellten Maßnahmen zur Stressbewältigung, da das körperliche Erregungslevel hier besonders hoch ist und durch Entspannung herunterreguliert werden kann.

7.3.2 Förderung der sozialen Entwicklung

Zur Förderung der sozialen Entwicklung ist einerseits von Bedeutung, bei jedem Kind individuell an seinen Fähigkeiten des sozialen Handelns und Verstehens anzusetzen, andererseits sind Gruppenprozesse in den Blick zu nehmen. Lehrer*innen sind sowohl in den Beziehungen zu den einzelnen Kindern gefragt als auch dadurch, dass sie die Klasse führen und Einfluss auf Abläufe, Regeln und die Gruppendynamik nehmen. Wichtig ist zunächst die Förderung von positivem Sozialverhalten wie Kooperation und prosozialem Verhalten, die auch gut in kooperativen Lernsituationen erprobt und eingeübt werden können. Ein erfolgsversprechender Ansatz ist auch, mit den Kindern zu erarbeiten, welche Hilfestellungen man sich von anderen (situationsabhängig) wünscht und welche Unterstützung man anderen »anbieten« kann, wenn sie Hilfe brauchen. Zu diesem Zweck bieten sich verschiedene Formen von Helferspielen an, bei denen zumeist vorgegebene Situationsbeschreibungen die Grundlage bieten und die sehr vielfältig eingesetzt werden können.

Tipp: Helferspiele

Für die Förderung des Sozialverhaltens bieten sich u. a. sogenannte »Helferspiele« an. Hierbei werden Probleme thematisiert und verschiedene Hilfen und Lösungen verglichen. Dabei kann auf vorgegebene Situationsbeschreibungen und entsprechende Kärtchen zurückgegriffen werden (zielführend ist aber auch, diese individuell und auch mit den Heranwachsenden zusammen situationsgemäß zu erstellen, bereits hiervon ist ein Fördereffekt zu erwarten). Mithilfe dieser Kärtchen können verschiedene Tröster- und Helferspiele initiiert werden, bei denen Anlässe für Hilfe von anderen und verschiedene Hilfemaßnahmen verglichen werden können, etwa in Form eines initiierten »Basars«. (Beispiele siehe Badegruber 2005, S. 65 ff).

Neben der Erarbeitung hilfreichen Sozialverhaltens und der Empathie ist im Bereich der sozialen Kompetenzen vor allem das weite Feld der Aushandlungen und Konfliktlösungen bis hin zu gezielter Gewaltprävention in den Blick zu nehmen. Hierbei ist es wichtig, an die speziellen Themen und Krisen anzuknüpfen, die in der jeweiligen Schule bzw. Klasse bestehen. Dafür ist die tägliche Beobachtung durch die Lehrer*innen sehr wichtig, um den spezifischen Bedarf beim Einsatz von Übungen und Maßnahmen entsprechend beachten zu können. Für ein zunehmendes soziales Verstehen in kritischen sozialen Situationen und eine Förderung der Perspektivenübernahme bieten sich vor allem Rollenspiele an. Diese haben neben der Veranschaulichung auch einen guten Übungscharakter und bieten die Möglichkeit, eine Situation bis zu einem kritischen Punkt anzuspielen, dann Lösungen zu diskutieren im Rollenspiel zu erproben und anschließend Ergebnisse zu vergleichen.

Tipp: Internetlinks zu Arbeitsmaterial

Besonders für den sozialen Bereich gibt es im Internet vielfältiges, online verfügbares Arbeitsmaterial zum Einsatz in Schulen, das zum Teil auch kostenfrei zur Verfügung steht.

Beispiel Gewaltprävention
Das Buch »Gewaltprävention in der Grundschule« kann kostenfrei heruntergeladen werden. Die Thematik wird dabei sehr weit gefasst und es geht auch um grundlegende Fertigkeiten des Sozialverhaltens. Es gibt jeweils kurze Informationsseiten und umfangreiches Material zum Einsatz in Gruppen und Klassen.

Beispiel Klassenklima
Das Themenheft »Achtsamkeit und Anerkennung« für die Grundschule kann von der Homepage der BZgA heruntergeladen werden. Schwerpunkt sind die vielfältigen Praxisvorschläge.

7.3.3 Projekte und Programme zur sozial-emotionalen Entwicklung und Gesundheit

Wie beschrieben gibt es viele einzelne Maßnahmen, die der Förderung der sozial-emotionalen Entwicklung und Gesundheit von Kindern dienen und im Alltag genutzt werden sollten. Solche Angebote nur einzustreuen, ohne sie genauer auf ihre Zielsetzung hin zu besprechen oder in einen größeren Rahmen einzubetten, birgt aber die »Gefahr«, dass sie nicht im Sinne der Zielvorstellung wahrgenommen und reflektiert werden, sodass nur wenig Effekt durch den Einsatz zu erwarten ist. Eine größere Nachhaltigkeit erreicht man zudem immer durch eine Bündelung verschiedener Aktivitäten zu einzelnen Themen bzw. durch ein gezieltes, längerfristiges Vorgehen.

Eine Möglichkeit dafür besteht darin, Projekte und längerfristige Rahmenthemen zu gestalten. Projekte können durch pädagogische Planung vorgegeben werden, aber auch relativ spontan als Reaktion auf Impulse der Kinder (die vielleicht innerhalb einer Schülerkonferenz oder durch Rückmeldungen in einem Kummerkasten deutlich werden) initiiert werden. Projektarbeit hat den großen Vorteil, dass sie sehr flexibel auf den Bedarf der jeweiligen Klasse abgestimmt werden kann und die Wünsche und Gestaltungsgedanken der Kinder direkt einfließen. Im Unterschied zum offenen Begriff des »Projekts« bedeutet der Einsatz von speziellen Programmen, dass eine bestimmte, erprobte Maßnahme mit vorgegebenen Zielen, Abläufen und Methoden ausgewählt und umgesetzt wird. Ein Vorteil dabei ist, dass solche Programme sich bereits bewährt haben und oft wissenschaftlich begleitet wurden und damit Aussagen über Effekte getroffen werden können.

Es gibt eine Vielzahl an Programmen, die zum Einsatz für die Förderung sozial-emotionaler Gesundheit gewinnbringend sind. Wichtig ist eine zielführende Auswahl, die sorgfältig in Bezug auf die jeweilige individuelle Situation in der Schule bzw. in der Klasse getroffen wird. Dabei sind beispielsweise Kriterien wie die theoretische Einbettung, die Zielsetzungen, die Zielgruppe, die genaue Umsetzung und die Dauer zu berücksichtigen. Eine Orientierung unter Einbezug bestimmter Qualitätskriterien bietet beispielsweise die »Grüne Liste Prävention«, eine Datenbank empfohlener Präventionsprogramme: www.gruene-liste-praevention.de/nano.cms/datenbank/information.

Besonders wertvoll sind Programme, die jahrgangs- oder schulstufenübergreifend vorliegen, sodass ein Anknüpfen an frühere Erfahrungen bzw. ein längerfristiges, stringentes Aufbauen von Kompetenzen möglich wird, die der sozial-emotionalen Gesundheit dienlich sind (vgl. Beispiele in ▶ Tab. 7.1).

Tab. 7.1: Beispiele für aufeinander aufbauende Programme

Universität Erlangen-Nürnberg: Starke Kinder haben einen starken Anfang	Nordwestdeutsches Präventionszentrum: Verhaltenstraining	Heidelberger Präventionszentrum (HPZ): Faustlos
Programme		
Bertram Blaubauch sucht sein Lachen (Kindergarten) (Frank & Martschinke 2011) Eine starke Reise mit der Klasse (Grundschule) (Frank & Martschinke 2014) Entdeckerreise in die neue Schule (4. Klasse) (Kienle et al. 2017)	Verhaltenstraining im Kindergarten Verhaltenstraining für Schulanfänger Verhaltenstraining in der Grundschule Training mit Jugendlichen (Petermann et al. 2016)	Faustlos für den Kindergarten Faustlos für die Grundschule Faustlos Sekundarstufe (https://h-p-z.de/faustlos-grundschule/materialien)
Ziele		
Förderung von emotionalen, sozialen und personalen Kompetenzen bei den Kindern Vorbereitung auf den Übergang in die neue Schule (4. Klasse) Ausbau diagnostischer und didaktischer Kompetenzen bei den Pädagog*innen	Förderung von sozialen und emotionalen Kompetenzen Alltagsnahe Förderung des Arbeits- und Sozialverhaltens beim Training mit den Jugendlichen	Förderung von sozialen und emotionalen Kompetenzen, vor allem durch die Auseinandersetzung mit den Themenbereichen »Empathie«, »Problemlösung« und »Umgang mit Ärger und Wut«
Besonderheiten		
Jeweils zehn Einheiten Materialintensiv und sehr motivierend umgesetzt, im Kindergarten bilderbuchgeleitet (»Bertram Blaubauch sucht sein Lachen«), in der Grundschule u. a. durch einen »Routenplan« mit verschiedenen Stationen der gemeinsamen Reise	Zwischen zehn und 26 Einheiten Neben dem Trainermanual existieren Materialien für die Kinder (eine Spielkiste für den Kindergarten, eine Fibel für Erstklässler)	28 Einheiten (Kindergarten) bis 51 Einheiten (Sekundarstufe), die sich in der Schule über mehrere Jahre erstrecken Voraussetzung: Teilnahme an einer Fortbildung des Präventionszentrums

7.3.4 Förderung der sozial-emotionalen Gesundheit durch Partizipation und Mitbestimmung

Die Möglichkeiten für Partizipation und Mitbestimmung in Bildungsinstitutionen gelten in besonderem Maße als geeignet, um einen Rahmen zu schaffen, in dem sozial-emotionale Gesundheit wachsen kann. Verschiedene Konzepte wie Klassenrat und Schüler*innenkonferenzen haben deshalb berechtigterweise schon viel Eingang in die pädagogische Praxis der Schulen gefunden. Der Begriff Partizipation bedeutet wörtlich Teilhabe: Der bzw. die Einzelne wirkt an Prozessen und Entscheidungen mit, die ihn selbst, aber auch eine ganze Gruppe betreffen. Es geht um das Zusammenwirken, die gemeinsame Formulierung von Zielen und das notwendige Aushandeln von Interessengegensätzen. Die Nähe zum Begriff der Kooperation wird dabei sehr deutlich (Sturzbecher & Walz 2003). Ein »Klassenrat« bezieht sich dabei auf die eigene Klasse, ein »Schüler*innenparlament« auf die übergeordnete Instanz für die gesamte Einrichtung. Der Begriff »Kinderkonferenzen« findet sich in der pädagogischen Praxis sowohl in Kindertagesstätten als Pendant zum »Klassenrat« als auch als Synonym für das »Schüler*innenparlament«.

Ziele von Klassenrat und Kinderkonferenzen

Als Ziele bei der Einführung von Klassenrat oder Kinderkonferenzen werden besonders oft benannt:

- soziale Verhaltensweisen üben
- Verantwortung übernehmen
- Problemlösefähigkeiten stärken
- eigenständiges Denken fördern
- für die eigene Meinung eintreten
- sich behaupten/zuhören/auf andere eingehen
- eigene Pläne und Vorhaben umsetzen
- konstruktive Rückmeldungen geben und erhalten
- Konflikte austragen und lösen
- demokratische Prozesse lernen und leben
- die Gefühle und Beweggründe anderer verstehen
- eigene Gefühle und Beweggründe ausdrücken

Die Betrachtung dieser Ziele zeigt, dass die Mitbestimmung der Heranwachsenden in besonderem Maße als Motor für die sozial-emotionale Gesundheit genutzt werden kann und entscheidende Grundbedürfnisse von Heranwachsenden durch die Partizipation in Bildungseinrichtungen erfüllt werden (z. B. soziales Eingebundensein und Wirksamkeitserleben).

Für die Durchführung eines Klassenrats oder eines Schülerparlaments empfiehlt sich eine regelmäßige Einbettung in den Alltag mit strukturiertem Ablauf und dabei die Vergabe von festen Rollen (wie beispielsweise »Zeitwächter*in«, »Moderator*in« und »Protokollführer*in«), die aber von wechselnden Personen ausgeführt werden.

Die Lehrer*innen sollten die Rolle »einfacher« Teilnehmer*innen einnehmen, die aber je nach Alter der Heranwachsenden mehr oder weniger Hilfestellung geben.

Im Internet finden sich auch zu diesem Thema viele frei zugängliche und kostenlose Materialien für die Möglichkeiten der Umsetzung, beispielsweise unter https://www.derklassenrat.de/.

Der Klassenrat ist ein Selbstbestimmungsorgan, das gut geeignet ist, Demokratie im Klassenzimmer zu leben. Er geht zurück auf die Klassenversammlung der Freinet-Pädagogik und hat zum Ziel, Lern- und Interaktionsprozesse gemeinsam zu planen sowie Schwierigkeiten zu bewältigen. Mit dem Klassenrat kann die inklusive Gruppe das gemeinsame Lernen planen, das soziale Klima verbessern und/oder Konflikte gemeinschaftlich lösen.

Der Klassenrat kann z. B. Lernergebnisse besprechen und das weitere Vorgehen planen, Kooperationen festlegen, Aufgaben und Regeln für die Gemeinschaft absprechen, Ausflüge und Erkundungen beraten, Veranstaltungen planen, Konflikte lösen usw.

Organisation
Stuhlkreis, fester Zeitpunkt in der Schulwoche, Briefkästen für Anliegen, Rollenverteilung

Rollenverteilung

- Moderator*in: beginnt, gibt Überblick, erteilt das Rederecht, moderiert, beendet
- Protokollführer*in: hält die Vereinbarungen schriftlich fest
- Zeitwächter*in: achtet auf den Zeitrahmen und die Redezeit
- Regelwächter*in: achtet auf Einhaltung der Gesprächsregeln
- Mitglieder: restliche Klassengemeinschaft, Lehrkraft, pädagogische Fachkräfte

Regeln

1. Ich melde mich und rufe nicht dazwischen.
2. Ich höre aufmerksam zu.
3. Ich führe keine Seitengespräche.
4. Es werden nur Anliegen aus den Briefkästen besprochen.
5. Wir wärmen keine bereits besprochenen Probleme wieder auf.
6. Was im Klassenrat besprochen wird, bleibt in der Klasse und darf nicht weitererzählt werden. (vgl. ISB o. J.)

Zusammenfassung

Sozial-emotionale Gesundheit zu fördern hat einen hohen Eigenwert in allen Bildungsinstitutionen und in besonderem Maße auch in der Grundschule, in der verschiedene soziale Erfahrungen noch sehr neu sind. Problematische Verhaltensweisen sind vielleicht noch nicht so verfestigt wie in späteren Jahren und können leichter bearbeitet werden. In der Grundschule können flächendeckend fast alle Kinder durch eine entsprechende Förderung erreicht werden. Von Vorteil ist auch, dass ein noch recht intensiver Kontakt zu den Eltern besteht, der im Sinne einer Bildungs- und Erziehungspartnerschaft gerade in Bezug auf dieses Thema von hoher Bedeutsamkeit ist.

Die Kinder sollen sich in der Schule wohlfühlen, sozial eingebunden sein und die gesamte Bandbreite der täglichen Herausforderungen kompetent meistern können. Dass hiermit nicht nur Lern- und Leistungssituationen gemeint sind, entspricht auch einem weit gefassten Bildungsbegriff, der die Entwicklung der Persönlichkeit und sozial-emotionaler Kompetenzen mit einschließt.

Maßnahmen zur Förderung haben zunächst vor allem Präventionscharakter und sollten alle Kinder der Klasse bzw. Schule einbeziehen. Hieraus kann sich allerdings erhöhter Förderbedarf bei einzelnen Kindern ergeben, die dann weiterführende Unterstützung im Sinne einer gezielten Intervention benötigen.

Es bieten sich vielfältige Einzelmaßnahmen wie Gruppen- und Rollenspiele, kreative Umsetzungen und der Einsatz von Kinder- und Jugendliteratur an. Zielführend ist darüber hinaus ein langfristiges und umfassendes Vorgehen wie durch Projektarbeit oder den Einsatz spezifischer Programme. Wichtig ist jeweils eine genaue Abstimmung auf den individuellen Bedarf in der jeweiligen Schule.

Gesundheitsförderliche Verhältnisse im Leitbild der Schule verankern – Praxistipps sozial-emotionale Gesundheit

- Erarbeitung eines wertschätzenden Schulleitbildes mit allen Beteiligten (z. B. Schulverfassung mit Grundwerten wie Toleranz, Anerkennung, Anti-Diskriminierung)
- Schüler*innenmitbestimmung (z. B. Klassenrat, Schulrat, Schulgemeinde)
- Unabhängige Ansprechpartner*innen (z. B. Ombudsstelle, Vertrauensperson, Schulpsychologischer Dienst, Schulsozialarbeit, Schüler*innenprogramme wie Streitschlichter*innen)
- Strukturelle Einbindung von externen Partner*innen (z. B. Jugendamt, Fachberatungsstellen)
- Gesundheitsförderung im Leitbild der Schule verankern

Aufgaben

1. Bedeutung des Themas sozial-emotionale Gesundheit
   a. Welche Fähigkeiten sollten Kinder erwerben, damit ihre sozial-emotionale Gesundheit gestärkt wird?
   b. Welches sind wichtige soziale und emotionale Fähigkeiten? In welchen Situationen sind diese in der Grundschule besonders wichtig?
   c. Was können Grundschulen tun, um die sozial-emotionale Gesundheit der Heranwachsenden zu fördern?

2. Ihre Selbsteinschätzung zu Interaktionen
   a. Beobachten Sie eine Woche lang die Interaktionen in Ihrer Schule/Klasse!
   b. Wie zeigt sich prosoziales und kooperatives Verhalten? Wie gehen die Kinder mit Konflikten um? Gibt es problematische Beziehungen? Sind alle angemessen in die Klasse integriert?
   c. Wie fördern Sie die Interaktionen zwischen den Kindern?
   d. Lesen Sie nach: Mit welchen Maßnahmen können Sie die Beziehungen zwischen Ihren Schüler*innen zusätzlich fördern?
3. Ihre Selbstbeobachtung der pädagogischen Beziehung
   a. Beobachten Sie eine Woche gezielt den eigenen Umgang mit den einzelnen Kindern!
   b. Welche Erwartungen haben Sie? Wie fördern Sie die Kinder in Ihrer sozial-emotionalen Entwicklung? Sind sie allen Heranwachsenden gegenüber gleich zugewandt und unterstützend? Welche Schüler*innen haben Probleme, bei denen sie Unterstützung benötigen? Wie können Sie ihre sozial-emotionale Gesundheit fördern?

Literatur

Badegruber, B. (2005). Spiele zum Problemlösen. Band 1: Für Kinder von 6–12 Jahren. 8. Auflage. Linz: Veritas.

Deutsche Gesetzliche Unfallversicherung (o. J.). Beispiel für den Ablauf einer Klassenratssitzung. https://www.dguv-lug.de/primarstufe/soziale-kompetenz/klassenrat/

Frank, A. (2008). Kinder in ihrer sozial-emotionalen Entwicklung fördern. Kindergarten heute spezial. Freiburg: Herder.

Frank, A. (2009). Bertram Blaubauch sucht sein Lachen. TUS-Verlag: Freiburg.

Frank, A. & Martschinke, S. (2012). Förderung emotionaler, personaler und sozialer Kompetenzen in Kindertagesstätte und Grundschule. In: S. Pohlmann-Rother & U. Franz (Hrsg.), Kooperation von KiTa und Grundschule. Köln: Carl-Link-Verlag, 137–153.

ISB (Hrsg.) (o. J.): Klassenrat. Eine Methode zur gemeinschaftlichen Lösung von Konflikten und zur Verbesserung des sozialen Klimas in Klassen. München: Staatsinstitut für Schulqualität und Bildungsforschung. http://www.inklusion.schule.bayern.de/download/409/klassenrat_konzept.pdf [abgerufen am: 16.08.2022]

Kienle, S., Kopp, B., Martschinke, S. & Elting, C. (2017). »Die Entdeckerreise in die neue Schule« – Persönlichkeitsförderung im Übergang von der Grundschule in die Sekundarstufe. In: M. Peschel & U. Carle (Hrsg.), Forschung für die Praxis, Frankfurt am Main: Grundschulverband e. V., 170–186.

Korschunow, I. (1985). Hanno malt sich einen Drachen. München: dtv.

Martschinke, S. & Frank, A. (2015). Eine starke Reise mit der Klasse. Donauwörth: Auer.

Petermann, F. & Wiedebusch, S. (2003). Emotionale Kompetenz bei Kindern. Göttingen: Hogrefe.

Petermann, F., Natzke, H., Gerken, N. & Walter, H. J. (2016). Verhaltenstraining für Schulanfänger. Göttingen: Hogrefe.

Petillon, H. (2014). Grundschulkinder und ihre sozialen Beziehungen. In: W. Einsiedler, M. Götz, A. Hartinger, F. Heinzel, J. Kahlert & U. Sandfuchs (Hrsg.), Handbuch Grundschulpädagogik und Grundschuldidaktik, 4. ergänzte und aktualisierte Auflage (S. 182–190). Bad Heilbrunn: Klinkhardt.

Portmann, R. (2009). Spiele zum Umgang mit Aggressionen. München: Don Bosco.

Salisch, M. v. (2000). Peer-Einflüsse auf die Persönlichkeitsentwicklung. In: M. Amelang (Hrsg.), Determinanten individueller Differenzen, Bd. 4 der Reihe Differentielle Psychologie in der Enzyklopädie der Psychologie. Göttingen: Hogrefe, 345–405.

Salisch, M. v. & Kunzmann, U. (2005). Emotionale Entwicklung über die Lebensspanne. In: J. Asendorpf (Hrsg.), Soziale, emotionale und Persönlichkeitsentwicklung, Bd. 1 der Reihe Entwicklungspsychologie in der Enzyklopädie der Psychologie. Göttingen: Hogrefe, 1–74.

Siegler, R., Eisenberg, N. & Deloache, J. (2005). Entwicklungspsychologie im Kindes- und Jugendalter. München: Spektrum.

Sturzbecher, D. & Walz, Ch. (2003). Kooperation und soziale Partizipation als Bedürfnis und Entwicklungsaufgabe von Kindern. In: D. Sturzbecher und H. Großmann, Soziale Partizipation im Vor- und Grundschulalter. Grundlagen. München: Ernst Reinhardt Verlag, 13–44.

Wiedebusch, S. (2008). Förderung sozial-emotionaler Kompetenzen. In: F. Petermann & W. Schneider (Hrsg.), Angewandte Entwicklungspsychologie. Göttingen: Hogrefe, 135–161.

Link zu Faustlos Materialien: https://h-p-z.de/faustlos-grundschule/materialien

8 Modul Sucht und Suchtprävention im Grundschulalter

Eva-Maria Kirschhock

Fallbeispiel

Im Pausenhof einer Grundschule: Paul hangelt sich am Klettergerüst entlang und lacht fröhlich. Etwas entfernt davon sitzt Eric im Gras und schaut ebenfalls zufrieden aus. Eric hat von zuhause eine Tüte Gummibärchen mitbekommen, die er schon fast aufgegessen hat, bevor er stumm seinem Nachbarn Adem auch etwas davon anbietet. Süßes isst er für sein Leben gern und man sieht ihm das auch an. Etwas entfernt davon steht eine Gruppe von fünf Jungen in einem Halbkreis zusammen. Sie sprechen nicht, obwohl sie miteinander spielen, jeder auf seinem Handy. Dabei vergessen sie fast alles um sich herum, auch ihr Pausenbrot bleibt unberührt. Auch auf dem kleinen Steinmäuerchen daneben sind zwei Mädchen intensiv mit ihren Handys beschäftigt, sie spielen nicht, sondern chatten mit Freundinnen. Als der Schulgong ertönt, um wieder ins Klassenzimmer zu gehen, tauchen sie wie aus einer anderen Welt auf. Aliya und Sophie, die vergnügt in die auf dem Boden aufgemalten Kästchen von »Himmel und Hölle« hüpften, gehen jetzt kichernd zum Treffpunkt ihrer Klasse. Von den Sitzplätzen unter dem Baum steht nun ebenfalls eine Gruppe auf, die sich während der ganzen Pause unterhalten und miteinander gelacht hat.

Eine Szene, die auf jedem Schulhof stattfinden könnte. Während einige Kinder Erholung und Ausgeglichenheit über Bewegung und Gespräch gefunden haben, gibt es andere Kinder, die ein Verhalten zeigen, das auf ungünstige Gewohnheiten hindeuten könnte: Eric isst vermutlich zu viele Süßigkeiten und könnte bereits auf dem Weg zu einer Zuckersucht sein. Auch bei den fünf Jungen mit ihren Handys könnte sich ein problematisches Spielverhalten bereits verfestigt haben. Betrachtet man die beiden Mädchen mit den Handys, ist eine Gefährdung durch eine starke Abhängigkeit von sozialen Netzwerken nicht ausgeschlossen.

Um möglichem Suchtverhalten entgegenzuwirken, müssen Lehrer*innen

- Alarmzeichen erkennen – Prävention: Prävention sollte immer bedarfsorientiert auf die Probleme der jeweiligen Gruppe abzielen, denn bei Prävention schwingt immer die Sorge mit, dass durch gezielte Maßnahmen Probleme überhaupt erst bewusst und dadurch zum Problem gemacht werden (z. B. bei Essstörungen). Deshalb ist die »Diagnose« von Alarmzeichen wichtig, weil sie eine bedarfsorientierte Förderung und das Hinzuziehen von Expert*innen ermöglicht.

- Schutzfaktoren aktivieren – Empowerment: Schutzfaktoren sind wichtig, um Kinder zu stärken und damit den Fokus auf das Positive und das Beeinflussbare zu legen.

Der erste Teil dieses Kapitels behandelt Grundlagen zum Thema Sucht: Hier geht es darum, was Sucht bedeutet, woran sich suchtartiges Verhalten erkennen lässt, in welchen Bereichen sich Süchte finden lassen und wo sich Lehrer*innen Hilfe holen können. Im zweiten Teil werden verschiedene Maßnahmen vorgestellt, um Kinder zu stärken und der Suchtanfälligkeit entgegenzuwirken. Zentral ist dabei, dass es nicht bei gelegentlichen Einzelmaßnahmen bleibt. Persönlichkeitsstärkung sollte systematisch stattfinden und in die pädagogische Grundhaltung einer Fachkraft bzw. einer Einrichtung eingehen (z. B. Lob und Rückmeldung, die die Entwicklung des einzelnen Kindes stützen, »Schatzsuche statt Defizitblick«, keine sozialen Vergleiche).

8.1 Basiswissen

8.1.1 Begriffsklärung

Expertise: Was ist Sucht?

Die klare Abgrenzung zwischen *normalem* Verhalten und *süchtigem* Verhalten ist für den Laien schwer zu erkennen, da es einen breiten Übergangsbereich im Verhaltensspektrum gibt (▶ Abb. 8.1).

Abhängiges Verhalten ist dadurch gekennzeichnet, dass man ihm nicht mehr entgegensteuern (Wiederholungszwang) und dessen Anfang, Ende und Intensität nicht mehr kontrollieren kann (Kontrollverlust). Ganz eindeutig wird die Abhängigkeit dann, wenn bei der Reduktion der Dosis – z. B. bei weniger Alkoholkonsum – *körperliche* Entzugssymptome auftreten (Entzugserscheinungen). Häufig kommt es auch zu Gewöhnungseffekten und man braucht immer mehr (Dosierungssteigerung). Die Sucht beginnt, den Alltag zu bestimmen, und andere Interessen werden davon verdrängt (Interessenverlust). Problematisch ist aber ein Verhalten bereits dann, wenn es *negative Folgen* im *psychischen oder sozialen Bereich* aufweist und trotzdem in unverminderter Weise auftritt (psychische Abhängigkeit). Deshalb werden mehrere Alltagsverhaltensweisen auch ohne körperliche Abhängigkeit dem süchtigen Verhalten zugerechnet. Man spricht hier von sogenannten (Alltags-)Süchten.

Durch diese Beeinträchtigung des körperlichen und psychischen Wohlbefindens rücken Süchte auch in die Nähe von Krankheit. Daher erklärt sich auch das Wort »Sucht«, das von »siechen«, also »krank sein, leiden«, kommt (Tretter 2017).

8.1.2 Auswirkungen von Sucht

Aus den eingangs genannten Beispielen wird bereits deutlich, dass Süchte eine körperliche Abhängigkeit beinhalten können – wie im Fall des Rauchens oder Alkoholtrinkens. Der Körper reagiert auf die ständige Einnahme eines Giftes mit einer Gegenreaktion des Stoffwechsels, er stellt sich auf den Pegel der Einnahme ein. Bei einem plötzlichen Ausbleiben des Giftes entstehen unangenehme Entzugserscheinungen. Durch die immer wieder geführten Diskussionen in den Medien ist dies beinahe jedem bekannt.

Wesentlich weniger im Bewusstsein, aber mindestens ebenso schwer wiegt die psychische Abhängigkeit. Bei einer vollständig ausgeprägten seelischen Abhängigkeit ist es vor allem der unwiderstehliche Drang, sich das Suchtmittel zu beschaffen und zu konsumieren (z. B. Essen, Alkohol, Drogen) bzw. sich darin zu verlieren (z. B. Internetspiele, Handy). Es erzeugt ein gewisses Wohlbefinden. Bei Entzug treten beispielsweise Missstimmung und Niedergeschlagenheit, Unruhe, Gereiztheit, depressive Verstimmungen, Schlaflosigkeit und andere Schwierigkeiten auf. Auch im Sozialverhalten erwachsen daraus große Schwierigkeiten, denn andere Werte, die man eigentlich prinzipiell für wichtig erachtet, werden oft in den Hintergrund gedrängt: Freunde, Familie, Hobbys und Schule werden immer unwichtiger, die Sucht beherrscht zunehmend stärker die Gedanken und Verhaltensweisen. Nahestehende Menschen werden verletzt und enttäuscht, weil die Sucht stark in den Vordergrund der Bedürfnisse rückt. Insgesamt bedeutet es einen »Kontrollverlust«: Der süchtige Mensch ist nicht mehr frei in seinen Entscheidungen, sondern getrieben von seiner Sucht.

Umgekehrt können auch Sozialbeziehungen, die nicht mehr »im Lot« sind, ein Suchtverlangen auslösen, denn die Interpretation, dass hinter jeder Sucht eine »Sehnsucht« steckt – z. B. nach mehr Zuwendung der Eltern – ist psychologisch vor allem bei stoffgebundenen Süchten (▶ Kap. 8.1.5) zutreffend. Sucht ist demnach ein Zustand eines »wunschvollen Unglücks«, eines quälenden Verlangens (Tretter & Schwejda 2008, S. 305).

8.1.3 Entwicklung von Sucht

Eine Abhängigkeit kann sich je nach Suchtmittel unterschiedlich schnell und unterschiedlich stark entwickeln. Die Übergänge bis zur Gewöhnung und Abhängigkeit sind fließend und verlaufen nicht selten unbemerkt für die Betroffenen. Entscheidend für die verschiedenen Stadien der Sucht sind die (zunehmende) Menge des Suchtmittels und/oder die Häufigkeit des Gebrauchs. Abbildung 8.1 verdeutlicht die Phasen auf dem Weg zur Abhängigkeit am Fallbeispiel Moritz, das die Entstehung einer Alltagssucht beschreibt.

Fallbeispiel: Entwicklung einer Sucht

Moritz, acht Jahre alt, wurde von seiner Mutter in der Vorschulzeit im Sinne einer guten Ernährung nur selten mit Süßigkeiten überrascht – er war mehr oder weniger »abstinent« (Abstinenz). Da die Mutter wieder zu arbeiten begonnen hatte, ging Moritz ab der zweiten Klasse jeden Mittag zu seiner Großmutter und erledigte dort die Hausaufgaben. Sie meinte es gut mit ihm und gab ihm zunächst gelegentlich Süßes (Gelegenheitskonsum). Da er sich sehr darüber freute, lagen bald an einer für ihn zugänglichen Stelle immer Süßigkeiten bereit, die er jederzeit nehmen konnte (Gewohnheitskonsum). Leider traf er seine Freunde, die im Umfeld der Wohnung seiner Mutter zuhause waren, nur noch selten. Deshalb vertrieb er sich in Großmutters Wohnung am Nachmittag die Zeit oft mit Fernsehen sowie mit zunehmendem Süßigkeitskonsum. Er nahm innerhalb eines halben Jahres sechs Kilogramm zu und bewegte sich gleichzeitig auch nicht mehr so gern. Damit begann sein Konsum an Süßigkeiten, sich auch auf den Sozialbereich ungünstig auszuwirken: Seine Fußballfreunde traf er nur noch selten und auch die Nachbarskinder, mit denen er immer Fahrrad fuhr, zogen sich zurück. Auf lange Sicht könnte dieser Konsum z. B. Diabetes Vorschub leisten und die Zähne schädigen, um nur einige der negativen Folgen anzusprechen (schädlicher Gebrauch).

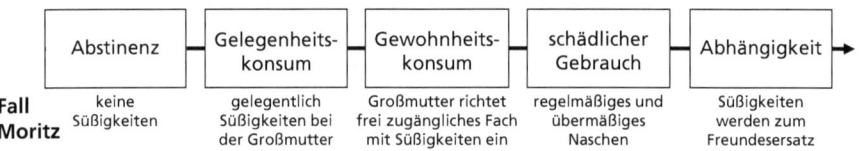

Abb. 8.1: Stadien des süchtigen Verhaltens (erweitert nach Tretter 2017, S. 4)

Wie an diesem Beispiel zu sehen ist, spielt nicht nur die eventuelle Einsamkeit beim Verzehr der Süßigkeiten eine Rolle, sondern auch das soziale Umfeld. In diesem Fall war das die Großmutter, die es zu gut meinte und Moritz keine stützende Hilfe zur Beschränkung der Süßigkeiten bot.

8.1.4 Ursachen von Sucht

Jeder Mensch hat Risiko-, aber auch Schutzfaktoren. Der gesunde (hier: nicht suchtkranke) Mensch schafft es, seine Schutzfaktoren so zu nutzen, dass den Risikofaktoren entgegengewirkt wird. Dabei sind biologische, psychologische und soziale Faktoren idealerweise im Gleichgewicht und stützen sich gegenseitig. Ein Jugendlicher hat z. B. ein erhöhtes Risiko, zum Alkoholiker zu werden, wenn er durch seine alkoholkranke Mutter eine genetische Vorbelastung hat (Lieb 2005; Spohr & Steinhausen 2008). Zudem wächst das Kind meist in einem familiären Umfeld auf, das Risiken auf mehreren Ebenen beinhaltet: Neben den biologisch-genetischen Risikofaktoren sind das zumeist psychische Dispositionen der Eltern wie emotionale Instabilität und Unberechenbarkeit sowie soziale Risikofaktoren wie finanzielle Schwierigkeiten, mangelnde Unterstützung u. a. m. (Jordan 2010).

Allerdings kann ein Kind auch Schutzfaktoren haben. Soziale Schutzfaktoren wären beispielsweise ein Freundeskreis, der mit einem festen Wertekontext gegen süchtiges Verhalten widerstandsfähig macht, oder Unterstützung durch stabile Beziehungen im erweiterten Familienkontext und durch soziale Dienste (van Steinhausen 1995). Ein junger Mensch kann auch internale (biologische) Schutzfaktoren aktivieren, z. B. durch Intelligenz/kognitive Faktoren (Einsicht und Distanzierungsfähigkeit von Suchtverhalten) sowie psychologische Schutzfaktoren entfalten wie die Entwicklung einer positiven Lebenseinstellung und Kreativität in der Lebenssituation (Wolin & Wolin 1995).

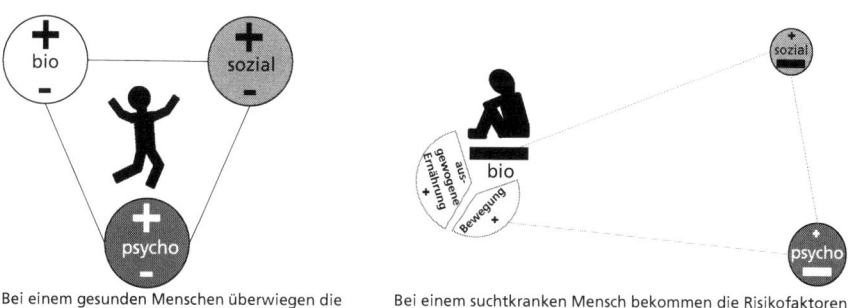

Bei einem gesunden Menschen überwiegen die Schutzfaktoren und die Bereiche biologisch, psychologisch und sozial stützen gegenseitig.

Bei einem suchtkranken Mensch bekommen die Risikofaktoren in einem (hier: dem biologischen) Bereich die „Oberhand" und die anderen Bereiche können nicht mehr entgegenwirken.

Abb. 8.2: Bedeutung von Schutz- und Risikofaktoren und der Balance der Bereiche

Bei einer Sucht erlangen in (mindestens) einem Bereich die Risikofaktoren die »Oberhand«. Die Schutzfaktoren können die negativen Auswirkungen nicht mehr ausgleichen. Häufig kippt dann auch das Verhältnis zwischen Schutz- und Risikofaktoren in den anderen Bereichen. Das Gleichgewicht kommt aus dem Lot – eine Teufelsspirale wie bei der Süßigkeitensucht von Moritz: Zunächst ist die Balance in der Ernährung gestört. Infolge des übermäßigen Konsums an Süßigkeiten kommt es zu einer Gewichtszunahme. Er hat weniger Lust, sich zu bewegen, und die Gewichtszunahme verstärkt sich. Das Freizeitverhalten verändert sich, denn auf Sport und Bewegung hat er keine Lust mehr. Damit ändern sich auch die Sozialkontakte, die ihm vielleicht eine wertvolle emotionale Stütze auch in anderen Bereichen waren. Vielleicht kommt es jetzt im psychischen Bereich ebenfalls zu Schwierigkeiten.

Es gibt Risiko- und Schutzfaktoren für Suchtverhalten auf verschiedenen Ebenen: biologisch (z. B. genetisch, körperlich), psychologisch (z. B. niedriges vs. hohes Selbstwertgefühl) und sozial (z. B. »schlechter Einfluss« durch die Peergroup vs. sozio-emotionale Stütze durch Familie/pädagogische Fachkräfte). Am Beispiel der Nikotinsucht, die gelegentlich auch schon Grundschüler*innen betrifft, soll dies verdeutlicht werden. Es liegen Belege dafür vor, dass die genetische Veranlagung ein höheres Risiko für eine eigene Suchtentwicklung bedeutet, da eine Schädigung des Erbgutes auf den Chromosomen 8 und 19 die Anfälligkeit für das Rauchen erhöht (The Tobacco and Genetics Consortium 2010). Geburtsnahe und frühkindliche Traumata stellen zusätzlich auf der psychologischen Ebene ein Risiko dar. In einer großangelegten medizinischen Untersuchung zu biopsychosozialen Faktoren zeigte sich, dass verbreitete Süchte verhältnismäßig eng mit belastenden Erfahrungen in der Kindheit verbunden sind (Felitti 2003). Des Weiteren kann eine niedrige Stresstoleranz als angeborene oder erlernte Empfindlichkeit für Anspannung, Unruhe und Stress die Entstehung der Sucht begünstigen. Ein entscheidender Angelpunkt für die Entwicklung von Sucht ist auch in einem schwach ausgebildeten Selbstwertgefühl zu sehen und in einer gering ausgeprägten Überzeugung, dass man etwas schaffen kann (Kontrollüberzeugung). Diese Einstellung kann dazu führen, noch tiefer in die Abhängigkeit einer Sucht zu geraten.

Nicht zuletzt spielt das soziale Umfeld eine große Rolle für das Suchtrisiko, z. B. im Umgang mit Werten und hinsichtlich der Selbstkontrolle. Besonders starken Einfluss hat bei vielen jungen Menschen der entstehende Druck der Peergroup, auch zur Gruppe dazugehören zu wollen und deshalb zu rauchen. Ein geringes Selbstwertgefühl begünstigt die Anfälligkeit, diesem Druck nachzugeben. Neben den Gewohnheiten der Peergroup ist ein weiterer entscheidender Faktor, welches Vorbild die Eltern im Umgang mit Nikotin abgeben (z. B. Wills et al. 2009), denn dadurch wird das Verhalten der Kinder und Jugendlichen oft wesentlich geprägt. Erziehung kann hierbei entweder persönlichkeitsunterstützend sein, wenn ein Bedürfnisaufschub immer wieder gefordert und geübt wird, oder umgekehrt das Suchtrisiko steigern (Tretter 2011).

8.1.5 Sucht ist nicht gleich Sucht!

Die Liste der Suchtmittel ist beinahe unbegrenzt. Grundsätzlich kann aber zwischen stoffgebundenen und nicht stoffgebundenen Süchten unterschieden werden. Wie schon aus der Bezeichnung deutlich wird, haben stoffgebundene Süchte eine »greifbare« Grundlage, z. B. Tabak oder Süßigkeiten. Stoffungebundene Süchte sind solche, bei denen nicht mehr die Droge das Objekt der Begierde ist, sondern das »gute Gefühl«, das das Verhalten kurzzeitig vermittelt. Am Beispiel der Online-Spielsucht lässt sich dies leicht nachvollziehen: Solange Kinder durch das Spiel auf immer höhere »Levels« im Spiel kommt, fühlen sie sich durch das Erfolgserlebnis gut. Verstärkt wird dies unter Umständen dadurch, dass diese Erfolgserlebnisse in anderen Bereichen (z. B. in der Schule) ausbleiben.

Tab. 8.1: Stoffungebundene und stoffgebundene Süchte

Stoffungebundene Süchte	Stoffgebundene Süchte
• Internetsucht	• Alkoholsucht
• Computersucht	• Tabaksucht
• Fernsehsucht	• Sucht nach Süßigkeiten
• Spielsucht	• Essstörungen (z. B. Magersucht)
• …	• …

Alkohol- und Nikotinsucht sind im Grundschulalter noch sehr selten, werden hier jedoch aufgenommen, weil die Weichen für einen Substanzmissbrauch durchaus schon in diesem frühen Alter mitgeprägt werden.

8.2 Suchtanzeichen in der Schule erkennen

8.2.1 Sucht und Suchtanzeichen im Überblick

Verschiedene Studien belegen, dass Süchte oft erst nach dem 16. Lebensjahr zum echten Problem werden. Dennoch sind bei Kindern und jüngeren Jugendlichen Süchte häufig schon in einem »Vorstadium« vorhanden und fordern die Aufmerksamkeit von Erziehungsberechtigten und pädagogischen Fachkräften. Ziel ist es, dass je nach Bedarf reagiert werden kann und gezielt vorbeugende Maßnahmen gegen die Sucht ergriffen werden können. Manche Suchtformen (wie Alkohol, übermäßiger Süßigkeitenkonsum) sind gut beobachtbar. Andere Süchte sind schwerer zu erkennen, weil sie nicht so klare Abhängigkeitsmuster haben und sich körperlich nicht eindeutig zeigen.

Tab. 8.2: Süchte, die bereits im Grundschulalter auftreten können, und ihre Alarmzeichen

Sucht	Beschreibung	Alarmzeichen
Internetsucht	übermäßig starkes Bedürfnis, ständig online zu sein, zu chatten und zu surfen	Handy ständig bei sich haben und immer »on« sein; ständig in sozialen Netzwerken eingeloggt sein; …
Computer(spiel)sucht	unbedingter Drang, online oder an Spielekonsolen zu spielen; Denken, Fühlen und Handeln werden dominiert davon; Realitätsverlust und Verwechslung von virtueller und realer Welt	Vernachlässigung von Freunden und Schulpflichten zugunsten des PC-Spiels; Vernachlässigung von Essen, Schlaf und anderen Bedürfnissen (Bewegung, …); Kontrollverlust über den zeitlichen Umfang des Suchtverhaltens
Fernsehsucht	zwanghaftes Verlangen, Fernsehen zu schauen	Wohlgefühl verbindet sich fast ausschließlich mit dem Fernsehen; bei Abschalten entstehen Unwohlsein und Aggressivität oder auch Lustlosigkeit und Passivität

Tab. 8.2: Süchte, die bereits im Grundschulalter auftreten können, und ihre Alarmzeichen – Fortsetzung

Sucht	Beschreibung	Alarmzeichen
Ess-Sucht/Süßigkeiten	Essstörung, bei der es zu unkontrollierter Nahrungsaufnahme kommt und bei einigen Formen anschließend zu zwanghaftem Übergeben, Hungern oder übermäßigem Sport	Heißhunger-Attacken und ungezügelt große Mengen essen; evtl. anschließende Toilettenbesuche (bewusst herbeigeführtes Übergeben)

8.2.2 Sucht im Speziellen: Esssucht und Magersucht

Bei Kindern, aber vor allem bei Jugendlichen kommt es nicht selten zu Essstörungen, die sich von extremer Abmagerung bis hin zur Fettleibigkeit manifestieren, wobei im Grundschulalter eher die Fettleibigkeit ein Problem darstellt.

Exkurs: Adipositas (»Fettleibigkeit« oder »Fettsucht«)

Übergewicht und starkes Übergewicht (Adipositas) werden über den aus Körpermaß und Körpergewicht bestimmten Body-Mass-Index (BMI) abgebildet. Die Risiken von starkem Übergewicht reichen von eingeschränkter Lebensqualität bis zu einem hohen Risiko für Folgeerkrankungen. Gründe für Adipositas im Kindes- und Jugendalter sind vielfältig. Neben einer möglichen genetischen Veranlagung spielen vor allem Bewegungsmangel und falsche Ernährung eine wesentliche Rolle. Wenn Kinder bereits vor der Pubertät an Übergewicht leiden, haben sie ein hohes Risiko, auch im Erwachsenenalter übergewichtig zu sein und somit frühzeitig verschiedenste Erkrankungen, z. B. Herz-Kreislauf-Erkrankungen, Stoffwechselerkrankungen, aber auch psychische Beeinträchtigungen aufgrund der sozialen Folgen wie etwa Mobbing zu entwickeln. In der repräsentativen deutschlandweiten Studie »Kinder- und Jugendgesundheitssurvey« (KiGGS) (Kurth & Rosario 2007) wurde bei den Zwei- bis 17-jährigen ein Anteil von 15 % an der Gesamtkohorte festgestellt, die an Übergewicht leiden. 6,4 % leiden unter Adipositas, also starkem Übergewicht. Damit hat sich der Anteil der Übergewichtigen insgesamt gegenüber den 1980er und 1990er Jahren um 50 % erhöht. Alarmieren muss Lehrer*innen und Eltern in besonderer Weise, dass nach Schuleintritt der Anteil übergewichtiger Kinder gegenüber der Vorschulzeit schnell ansteigt (Kurth & Rosario 2007).

Exkurs: Essstörungen

Essstörungen können sich in verschieden Ausprägungen zeigen. Folgende drei Hauptformen werden unterschieden: Magersucht, Bulimie und Binge-Eating-Störung.

»Typisch für die *Magersucht* (Anorexia nervosa) ist ein starker Gewichtsverlust, den die Betroffenen bewusst herbeiführen. Sie sind auffallend dünn und empfinden sich auch dann noch als zu dick, wenn sie schon unter starkem Untergewicht leiden. Die Betroffenen reduzieren ihr Gewicht in erster Linie durch Hungern bzw. Nahrungsverweigerung, durch übertriebene sportliche Aktivität oder beides. Manche greifen zusätzlich zu Appetitzüglern, Abführmitteln, entwässernden Medikamenten oder führen Erbrechen selbst herbei.

Kennzeichen der *Bulimie* sind häufige Essattacken, bei denen in kurzer Zeit große Nahrungsmengen gegessen werden. Um die Kalorienzufuhr ›rückgängig‹ zu machen und nicht zuzunehmen, lösen die Betroffenen selbst Erbrechen aus.

Wiederholte Essattacken kennzeichnen die *Binge-Eating-Störung* bzw. Binge Eating Disorder. ›Binge‹ ist das englische umgangssprachliche Wort für ein Gelage, eine Prasserei, also eine Situation, in der übermäßig viel gegessen oder auch viel getrunken wird. Bei den wiederkehrenden Essanfällen werden enorm große Mengen herunter geschlungen. Die Betroffenen haben das Gefühl, bei diesen Anfällen die Kontrolle über das Essen verloren zu haben. Im Unterschied zur Bulimie werden die Essattacken nicht durch andere Maßnahmen ›ungeschehen‹ gemacht. Das heißt, es erfolgt z. B. kein extremer Sport, Hungern oder Erbrechen. Die Betroffenen sind deshalb häufig übergewichtig. Zwingend notwendig ist das Übergewicht allerdings für diese Essstörung nicht.

Nicht alle Essstörungen lassen sich diesen Hauptformen zuordnen. Die Wissenschaft geht davon aus, dass die unspezifischen und untypischen ›sonstigen Essstörungen‹ sogar häufiger auftreten als die drei klassischen. Essstörungen können Lösungsversuche für tiefer liegende seelische Probleme oder Ausweg, Flucht oder Ersatz für verdrängte Gefühle und Bedürfnisse sein. Aber auch stummer Protest oder Ablehnung können sich in Essstörungen äußern. Essstörungen haben jedoch auch immer eine körperliche (somatische) Komponente, weil durch Nahrungsentzug starke biologische Reaktionen hervorgerufen werden und der Körper in eine Art Alarmzustand versetzt wird.«

Eine Zusammenfassung zum Thema Essstörungen findet sich hier: http://www.bzga-essstoerungen.de

Lehrer*innen können Esssüchte nicht therapieren – dazu sind Expert*innen notwendig! Doch Lehrer*innen können eine ausgewogene Ernährung unterstützen, die beides sein kann: Genuss einerseits und Fitmachen andererseits (▸ Kap. 5). Außerdem können Lehrer*innen ergänzend Bewegung fördern (▸ Kap. 4), denn das ist gut für die körperliche Gesundheit und zugleich eine wichtige Emotionsregulationsstrategie gegen ungute Gefühle, die in Richtung Depression gehen (▸ Kap. 6 und ▸ Kap. 7).

So können Lehrpersonen gegensteuern und den Fokus auf die Schutzfaktoren richten. Wenn sie Alarmsignale wahrnehmen, sollten die Lehrer*innen das Gespräch mit den Eltern suchen, um Beobachtungen und Überlegungen zu Ursachen auch von deren Seite zu hören. Gemeinsame Lösungen und Schritte entstehen im Idealfall aus dieser Kooperation. Maßnahmen in der Klasse, z. B. der tatsächlich erbrachten sportlichen Leistung die gleiche Wertschätzung entgegen zu bringen wie dem Bemühen darum, sind stärkend und selbstwertdienlich für die Kinder. Eine Atmosphäre von Respekt und Wohlwollen in der Klasse, die Kommentare zum Körpergewicht von Mitschüler*innen nicht zulässt, aber Probleme mit Mobbing aufgreift und erklärt, dient der Stärkung der Persönlichkeit. Auf Schulebene kann der Verzehr ungesunder Süßigkeiten weitgehend unterbunden werden, wenn im Pausenverkauf süße Alternativen wie Obst angeboten werden und den Eltern eine Information zukommt, warum die ungesunden Snacks von zuhause in der Schule nicht erwünscht sind. Bezogen auf den Missbrauch von digitalen (Spiel-)Medien und der Abhängigkeit von sozialen Netzwerken sind sowohl Angebote auf Klassen- wie auf Schulebene zur Förderung der Medienkompetenz (z. B. »Medienführer- schein« oder Ausbildung von Schüler*innen-Medienscouts) gut geeignet.

8.2.3 Sucht im Speziellen: Online-Sucht

Seit 1999 dokumentiert der Medienpädagogische Forschungsverbund Südwest in Kooperation mit anderen Forschungsstellen in der Studienreihe »Kinder und Me- dien, Computer und Internet« (KIM) den Umgang von Kindern und Jugendlichen mit Medien in Deutschland. Die KIM-Studie 2020 legt offen, dass 42 % der sechs- bis 13-Jährigen ein Handy oder Smartphone besitzen und gut ein Drittel der Kinder (34 %) über einen eigenen Fernseher verfügt. 70 % sehen jeden Tag fern, der Rest einmal bis mehrmals die Woche. Über die Hälfte der Kinder (60 %) spielt mindes- tens ein bis mehrmals pro Woche digitale Spiele, 25 % sogar täglich. Dass dabei auch Suchtverhalten in Abhängigkeit von sozialem Umfeld und eigener Anfälligkeit für schädliche Gewohnheiten entstehen kann, liegt auf der Hand. Auch hier besteht Handlungsbedarf in den Schulen, um vorbeugend zu wirken.

Exkurs: Online-Sucht: Die PINTA-Studie (Rumpf 2011)

Online-Sucht: Es sind typischerweise die Aktivitäten im Netz, die *Belohnungsef- fekte* besitzen: bei Spielen wie »World of Warcraft« sind das Spannung und Er- folgserlebnisse, bei Facebook Likes für ein Foto oder einen Beitrag. Obwohl die Grenze zwischen problematischen Nutzerverhalten und Suchtverhalten schwer zu ziehen ist, kann für eine echte Sucht in jedem Fall gesagt werden, dass sie negative Konsequenzen auf Gesundheit und Sozialverhalten hat. Bei der Onli- nesucht verbringt man immer mehr Zeit im Netz, sodass Dinge im realen Leben zu kurz kommen oder darunter leiden, z. B. die Schule, die Familie und in Teilen auch der Freundeskreis.

Alarmglocken sollten also läuten, wenn Kinder oder Jugendliche Freund- schaften, Hausaufgaben, Essen, Schlafen oder anderes stark vernachlässigen, um im Netz zu sein.

Altersabhängigkeit der Onlinesucht: In den Studien zum Kindes- und Ju- gendalter gibt es Hinweise auf eine zunehmende Abhängigkeit im jugendlichen Alter, Vorstufen dazu sind im Kindesalter zu beobachten.

Die PINTA-Studie ermittelte, dass insgesamt etwa 1 % der Gesamtbevölkerung internetabhängig ist. Das erscheint nicht viel, jedoch sind es bei 14- bis 16-Jährigen bereits 4 % Abhängige und weitere 5 % der Jugendlichen zeigen einen hohen und damit sehr problematischen Gebrauch des Internets. Der Studie zufolge befinden sich darunter auffallend viele Mädchen, die vor allem Soziale Netzwerke wie Facebook und Instagram stark nutzen, wohingegen Jungen diese Netzwerke etwas weniger nutzen, dafür Online-Spiele stärker in ihre Gewohnheiten eingebunden haben. Auswirkungen zeigen sich auf vielen Ebenen (Lehmkuhl & Frölich 2013). Körperlich gibt es beispielsweise einen Zusammenhang mit Bewegungsmangel, der die Risiken von Kreislauferkrankungen, Übergewicht und Diabetes erhöht, aber auch Auswirkungen auf die Schlafdauer und -qualität hat, die wiederum zu einer Verringerung der Gedächtnisleistung und insgesamt der Leistungsfähigkeit führen. Auch Zusammenhänge mit psychischen Störungen wie Depressionen und ADHS, aber auch aggressives Verhalten werden genannt.

8.3   Kompetenzziele

Im Umgang mit der Suchtproblematik ist es wichtig, dass Kinder bereits ein grundlegendes Wissen über Sucht erwerben und sich zu helfen wissen, wenn sie merken, dass sie sich in Richtung Abhängigkeit bewegen (Prävention). Wichtig ist aber auch, Kinder zu stärken, sodass sie ihre Schutzfaktoren aktivieren (Empowerment) und so körperlich, psychisch und sozial in Balance bleiben.

Präventionsziele:

- Kinder wissen, dass es stoffgebundene und stoffungebundene Süchte gibt (*Erkenntnisfähigkeit*).
- Sie kennen verschiedene Auswirkungen von Sucht, an denen sie auch Gefahren festmachen können (*Reflexionsfähigkeit*).
- Sie können darüber sprechen, wenn sie merken oder befürchten, dass sie in eine Abhängigkeit geraten (*Kommunikationsfähigkeit*).
- Sie wissen, wo sie Hilfe bekommen, und holen sich diese, um z. B. erste schlechte Gewohnheiten zu bekämpfen (*pragmatische Anwendungsfähigkeit*).

Diese Kompetenzen erwerben Kinder natürlich nur, wenn sie Erwachsene an ihrer Seite haben, die selbst ein Basiswissen zu Sucht und deren Auswirkungen haben sowie die Maßnahmen kennen, wie sie vorbeugend einem Suchtverhalten entgegensteuern können.

Empowerment-Ziele:

- Kinder wissen um ihre Stärken und empfinden sich als liebenswerte Menschen (*positives Selbstkonzept, Selbstwertgefühl*).
- Kinder glauben daran, ihr Leben (positiv) beeinflussen zu können, auch wenn es einmal schwierig ist (*Kontrollüberzeugungen, Selbstwirksamkeitserwartungen*).

8.4 Suchtprävention und Empowerment in der Grundschule

8.4.1 Ansatzpunkte zur Förderung

Es gibt verschiedene Maßnahmen, die sich als Schutzfaktoren gegen die Entwicklung einer Sucht herausgestellt haben und die vorbeugend einsetzbar sind:

Ausgleich einer Dysbalance (Ungleichgewicht)

Gerät die Balance in körperlicher, psychischer oder sozialer Hinsicht aus den Fugen, erhöht sich das Risiko für eine Suchtentwicklung. Ist beispielsweise auf der sozialen Ebene ein Defizit an Freundschaften bei einem Kind erkennbar, kann die Lehrkraft nach Wegen suchen, um dies anzusprechen und zusammen mit dem Kind nach Möglichkeiten suchen, um Kontakte zu knüpfen oder auch durch Spiele und Aufgaben Kontakte zu stiften. Wichtig sind hier vor allem die Wahrnehmung möglicher Dysbalancen, um Verhalten interpretieren zu können, und der sensible Umgang mit eventuellen Lösungen.

Nutzung von Selbstdiagnose-Möglichkeiten

Dabei geht es darum, ungünstige Verhaltensweisen und unbefriedigte physische, psychische und soziale Bedürfnisse zu erkennen (Erkenntnis- und Reflexionsfähigkeit). Auf Basis dieser Erkenntnisse lassen sich bedarfsorientiert geeignete Förder- und Präventionsmaßnahmen ergreifen.

Allgemeine Stärkung der Persönlichkeit

Ein Blick auf professionelle Ansätze kann auch die eigenen Verstehens- und Handlungsmöglichkeiten erweitern. So zeigt sich in der Praxis der Psychotherapie, dass ungünstige Einstellungen und Haltungen entscheidend das Verhalten steuern und entsprechend in der Therapie dagegen angegangen wird: Selbstzweifel, eine geringe Erwartung, dass man selbst etwas ändern und bewirken kann (Selbstwirksamkeitserwartung) sowie allgemein eine negative Selbstbewertung (Wölfing & Leménager 2011, S. 315) sind hier ein häufiger Ansatzpunkt, der durch eine »Umstrukturierung im Kopf« anhand von Gesprächen und Übungen stattfindet. Einige der unten genannten Maßnahmen für die Schule knüpfen an dieser Erkenntnis an.

Bewältigungsstrategien

Außerdem zeigt sich, dass manche Menschen nach dem Erleben von Stress, Frustrationen und inneren Spannungszuständen als Ausweg z. B. die Online-Spielsucht sehen. Diese Personen haben eine für sie schädliche Art, ihren Stress und ihre Probleme lösen zu wollen.

Die meisten Förderprogramme, die eine bessere Stressbewältigung zum Ziel haben, beruhen auf dem ursprünglichen Erklärungsmodell von Lazarus (1991), das mittlerweile vielfach ausdifferenziert wurde. Das Empfinden von Stress entsteht nach Lazarus dann, wenn eine Person die zur Verfügung stehenden Mittel zur Bewältigung einer Situation so einschätzt, dass sie nicht ausreichen. Lazarus entwickelte daraus zwei Lösungsansätze, die bis heute sowohl in der Kinder- und Jugendtherapie als auch in der Erwachsenentherapie gelten:

- Förderung problemorientierter Bewältigungsstrategien
  Diese Strategien zielen auf die Lösung eines Problems durch sinnvolles Handeln ab. Leitfragen dabei sind z. B.: Was muss geändert werden, damit das Kind Lebensumstände hat, mit denen es zurechtkommt? Wo kann es selbst handeln? Welche professionellen Hilfen kann ich als Lehrkraft mit einbeziehen, um zu unterstützen (Schulpsycholog*in, Beratungslehrkraft, ...)?
- Förderung emotionsorientierter Bewältigungsstrategien
  Diese Strategien zielen auf einen Ausgleich im Gefühlsbereich ab (z. B. durch Entspannung, Körperwahrnehmung bei Stress und in unbelasteten Situationen, Umbewertung einer negativen Situation in eine Situation mit positiven Aspekten).
  Handlungsleitende Fragen sind: Was kann das Kind selbst dazu tun, um sich wohler und stärker zu fühlen? Neben gemeinsamen Überlegungen mit dem Kind wird bei länger anhaltenden Problemen in den meisten Fällen eine externe Fachkraft (Therapeut*in) mit ins Boot geholt werden müssen.

8.4.2 Fördermaßnahmen

In einer großen Metaanalyse untersuchten Onrust und Kollegen (2016) auf der Grundlage von 241 Präventionsstudien mit über 43.000 Schüler*innen systematisch, welches Präventionskonzept für welche Altersstufe wirksam ist. Für die Grundschule arbeiteten sie heraus, dass die Kinder am meisten von eher unspezifischen Programmen profitieren, welche Basisfähigkeiten schulen, womit sie soziale Fähigkeiten, Selbstkontrolle und Selbstwertgefühl, Konflikt- und Problemlösefähigkeiten und Gesundheitserziehung allgemein beschreiben (Onrust et al. 2016). Suchtspezifische Informationen und Programme sind eher im Jugendlichenalter effizient.

Dies stimmt mit den oben herauskristallisierten drei Ansatzpunkten für die Suchtprävention und das Empowerment von Kindern überein:

- Selbstwertstärkung
- Stressbewältigungsstrategien
- Kognitive Umstrukturierungen (Handlungsfähigkeit und Kontrollüberzeugungen)

Die im Folgenden beschriebenen Maßnahmen setzen hier an und sind zum Einsatz in der Grundschule geeignet. Denn sie sind einerseits in Kleinformen im Alltag einsetzbar, können aber andererseits auch im Unterricht bzw. in AGs und Projekten umgesetzt werden. Außerdem können die Maßnahmen von Lehrer*innen ohne spezielle Zusatzausbildung eingesetzt werden.

Abschließend werden noch einige Maßnahmen für Eltern vorgestellt. Diese geben Ihnen als Lehrkraft Hilfestellung und Ideen für die Beratung im Elterngespräch.

Selbstwertstärkung – starke Kinder sind weniger suchtanfällig

Neben Möglichkeiten, die der Unterricht tagtäglich bietet, werden Spiele und spezielle Programme vorgestellt, die teilweise auch für einzelne Kinder zum Einsatz kommen können. Da eine Ursache für Suchtanfälligkeit in der fehlenden Sicherheit und Selbstwirksamkeitserwartung zu suchen ist, beginnen die vorgestellten Förderaspekte mit leicht umzusetzenden Regeln und Spielen zur Persönlichkeitsstärkung.

Ein starker Mensch, der sich gut fühlt, ist viel weniger anfällig für Sucht. Im Folgenden werden Maßnahmen genannt, die Lehrer*innen im und außerhalb des Unterrichts einsetzen können.

Positives Feedback unterstützt die Entwicklung eines positiven Selbstkonzepts und positiver Selbstwirksamkeitserwartungen. Dies kann sowohl durch die Gestaltung des Klassenklimas beeinflusst werden als auch durch die täglichen Interaktionen. Hier sind speziell die positiven, möglichst sachbezogenen Rückmeldungen gemeint.

Zielsetzung ist, dass Kinder sich als kompetent erleben und Erfolgserlebnisse haben. Dadurch werden sie motiviert, sich anzustrengen und sich den nächsten Schritt zuzutrauen. Auch in diesem Bereich können Rituale eingeführt und Spiele zur Wahrnehmung der eigenen Person und von Stärken und Vorlieben durchgeführt werden. Wichtig bei aller Betonung der persönlichen Stärken erscheint jedoch auch der Hinweis, dass es Dinge gibt, die man (noch) nicht so gut kann bzw. dass jeder andere Stärken hat (Martschinke 2008; Martschinke & Frank 2015).

Tipp: Literatur

Anerkennung und Achtsamkeit
Eine Atmosphäre von Anerkennung und Achtsamkeit in der Klasse zu schaffen,

hilft im weiteren Sinne vorbeugend gegen Sucht. Viele Unterrichtsanregungen und Spiele finden sich in der Broschüre der Bundeszentrale für gesundheitliche Aufklärung, die kostenlos zu beziehen ist unter: https://www.bzga.de/infomate rialien/unterrichtsmaterialien/nach-schulform-sortiert/achtsamkeit-und-anerken nung-grundschule/

101 Spiele zur Stärkung des Selbstwertgefühls (Mosley & Sonnet 2009)
Die hier beschriebenen Spiele und Übungen bieten den Kindern die Chance, Anerkennung bei Gleichaltrigen zu erfahren und sich selbst schätzen zu lernen. In einigen Beiträgen kommen auch Rollenspiele zum Einsatz, die Kindern erlauben, angemessenes Verhalten und sicheren Umgang in vorgegebenen Situationen auszuprobieren und zu üben. Die Spiele sind nach Themen geordnet (»Lernen, sich selbst zu schätzen«, »Sich und andere verstehen«, …) und eignen sich teilweise auch für Jugendliche. Bei allen Übungen steht eine kurze Zielsetzung am Anfang der Beschreibung, anschließend werden das benötigte Spielmaterial genannt und der Spielverlauf beschrieben. Abschließende Bemerkungen geben weitere hilfreiche Hinweise, was beachtet werden sollte.

Mutig werden mit Til Tiger. Ein Trainingsprogramm für sozial unsichere Kinder (Ahrens-Eipper, Leplow & Nelius 2010)
Dieses Training enthält einige theoretische Kapitel und einen ausführlichen, gut strukturierten Programmteil, der sich mit der Stärkung von unsicheren Kindern befasst, die grundsätzlich eher ein Risiko haben, sich z. B. in Computer- und Internetsucht zu verfangen (Stodt, Wegmann & Brand 2015).

Die Kinder lernen in elf Einheiten zusammen mit der Leitfigur des Tigers, sich zu entspannen, vor einer Gruppe zu reden, eine berechtigte Forderung zu stellen, sich gegen Hänseleien zu wehren etc. In eine »Wanderkarte« als Rückmeldung für die Lehrkraft tragen die Kinder zuhause ein, ob und wie es ihnen gelungen ist, die »Hausaufgabe« zu bewältigen (z. B. »Heute habe ich mich etwas getraut!«).

Sehr positiv zu bewerten sind auch die fertigen Informationen für die Eltern zu jeder Trainingsstunde sowie die Tipps, wie sie ihr Kind unterstützen können. Das Training eignet sich eher für die Grundschule und jüngere Jugendliche, Teile daraus können aber auch für ältere Jugendliche gewählt werden. Zu dem Training ist auch das Kinderbuch »Die Geschichte von Til Tiger« erschienen. Außerdem kann man einen Ratgeber als Taschenbuch erwerben, der sich an Eltern und andere Bezugspersonen richtet und die wichtigsten Inhalte des Trainings in leicht verständlicher Form widergibt.

In den USA zählt das nachfolgend beschriebene Programm unter dem Namen PATHS zu den am besten evaluierten und nachweislich wirksamsten Maßnahmen zur Verbesserung des Selbstwertgefühls, der Selbstkontrolle, des Erkennens und Verstehens von Gefühlen u. a. m. Es wurde ins Deutsche übersetzt und in der Schweiz und in Österreich erfolgreich evaluiert (z. B. Eisner & Ribeaud 2009). Das Programm *PFADE* (*P*rogramm zur *F*örderung *a*lternativer *D*enkstrategien) zielt auf Kinder im Grundschulalter und fördert emotionale und soziale Kompetenzen sowie die Verantwortungsübernahme mithilfe von sieben Themenschwerpunkten (z. B. Gefühle, gesundes Selbstwertgefühl, Umgang mit Freundschaften, ...). Explizit wird als Ziel auch die Minderung internalisierenden Problemverhaltens und Substanzmissbrauchs (Sucht) angegeben. Es wird in Anlehnung an die Literatur davon ausgegangen, dass soziale Kompetenzen helfen, Risikofaktoren zu mindern und Schutzfaktoren aufzubauen (z. B. Lagemann & Rabeder-Fink 2009; 2011). Die Eltern werden nach dem amerikanischen Vorbild in einige/alle Maßnahmen mit einbezogen, beispielsweise durch eine Komplimente-Liste, die sie bei ihren Kindern einsetzen sollen. Außerdem werden sie regelmäßig über die Inhalte der Einheiten informiert. Den Lehrer*innen steht ein PFADE-Fachteam zur Seite, das z. B. an Informationsabenden in der Schule die Lehrer*innen unterstützt. Es wird empfohlen, dass die ganze Schule das Konzept umsetzt und entsprechende Entscheidungsprozesse im Vorfeld stattfinden. Anschließend werden die Lehrer*innen und andere beteiligte Akteur*innen in der Schule (z. B. pädagogische Fachkräfte im Hort) geschult. Die PFADE-Fachteams coachen und begleiten die Lehrer*innen, damit sie Ansprechpartner*innen für die Umsetzung des Curriculums und den Einsatz der Materialien haben.

Seit Juli 2018 wurde das Programm in »Denk-Wege« umbenannt, da es weiterentwickelt und u. a. an deutschsprachige didaktische Traditionen angepasst wurde. Die amerikanische Version war eher auf frontalen Unterricht angelegt, die Arbeitsweisen der »Denk-Wege« sind handlungsorientierter und passen sich inhaltlich mehr der deutschsprachigen Lebenswelt der Kinder an. Da das Coaching von der Schweiz aus betreut wird, sollte eine Kontaktperson für die Schule in die Schweiz gehen und sich dort ausbilden lassen. Alternativ kann das deutsche Schulteam ein Coaching an zwei aufeinanderfolgenden Tagen organisieren, damit die Kosten für das Coaching minimiert werden.

Stressbewältigung – zufriedene Kinder flüchten nicht in Drogen

Manche Menschen können Stress sehr schlecht bewältigen und fliehen in eine »andere Welt«. Strategien und Handlungsanregungen helfen, sich auch ohne Suchtmittel zu *entspannen.*

Tipp: Literatur

Nur die Ruhe! Spiele, Tipps und Tricks zum Stress abbauen und Entspannen (Bartl 2015)
Die vorgestellten Methoden kommen fast alle ohne Material und Vorbereitung aus und sind schnell und beinahe überall einsetzbar. Sie setzen sich zusammen aus zahlreichen Bewegungsspielen nach dem Prinzip »Anspannen – Entspannen«, bekämpfen die äußere Unruhe und ermöglichen das Abschalten und Durchatmen. Zudem werden einfach durchzuführende Entspannungsspiele erläutert, die Kindern und Lehrpersonen Ruhepausen ermöglichen.

Entspannungstechniken für Kinder und Jugendliche: Ein Praxisbuch (Petermann 2007)
Im ersten Teil des Buches werden die Bedeutung und die Grundlagen von Entspannung herausgearbeitet. In Kapitel 4 finden sich dann praktische Anleitungen zur progressiven Muskelentspannung (»Entspannen durch Anspannen«), zu Fantasiereisen mit Kapitän Nemo und andere bewährte Formen.

Erlebnispädagogik in der Grundschule. 89 Aktionen und Spiele (Weber 2017)
Das Buch stellt Aktionen aus dem Bereich der Erlebnispädagogik vor und erläutert deren Rahmenbedingungen wie gesetzliche Vorgaben oder Lehrplanbezüge. Dabei liegt der Fokus auf möglichen Umsetzungen von erlebnispädagogischen Aktionen, die leicht in den Grundschulalltag eingebaut werden können. Der Mehrwert für Kinder liegt in der Erfahrung von Selbstwirksamkeit unter geschützten Bedingungen, aber auch in der Förderung von Zusammenhalt, gegenseitiger Unterstützung und Vertrauen in die Klassengemeinschaft. Ein guter Ansatzpunkt, um virtuelle Spiele und kleine Abenteuer miteinander in ihrem Gefühlswert zu vergleichen!

Das Präventionsprogramm »*Verhaltenstraining in der Grundschule*« (Petermann et al. 2013) zielt auf die Verbesserung der emotionalen und sozialen Kompetenzen sowie die positive Beeinflussung des moralischen Verhaltens. Eingebettet in eine Abenteuergeschichte als Hörspiel werden in 26 Einheiten beispielsweise situationsangemessene unangenehme Gefühle und deren Bewältigung thematisiert und eigenständige Konfliktbewältigung entwickelt. Die Ergebnisse der Evaluation zeigten nach dem Training und ebenso ein Jahr später eine Abnahme sozial-emotionaler Probleme und eine Zunahme sozialer Kompetenzen. Insbesondere bei Jungen eignet sich dieses Training auch, um aggressives Verhalten zu reduzieren (Marées & Petermann 2009; 2010).

Umstrukturierung im Kopf – Kinder erkennen, reflektieren und ändern ungünstige Gewohnheiten

Den folgenden Förderprogrammen liegt die Idee zugrunde, dass Suchtprävention auch immer mit der (Selbst-)Kompetenz einhergeht, selbst seine Haltung und seine Gewohnheiten zu überprüfen und mit der Zeit in eine positive Richtung weiterzuentwickeln (▶ Kap. 8.3). Manchmal geht damit eine regelrechte »Umstrukturierung im Kopf« einher. Besonders die Materialien der Bundeszentrale für gesundheitliche Aufklärung bieten hier eine Vielzahl möglicher Übungen und Reflexionsmethoden für die Schule, die sich für die Suchtprävention eignen.

Tipp: Literatur

Unterrichtsmaterialien für die Grundschule der Bundeszentrale für gesundheitliche Aufklärung zur Suchtprävention (BZgA, Köln)
Alle angebotenen Unterrichtsmaterialien bieten eine ausführliche Information

zum Sachverhalt. Die gut strukturierten Unterrichtsbausteine enthalten eine Vielzahl von Anregungen zur Suchtvorbeugung. Sie sind kostenlos erhältlich unter: https://www.bzga.de/infomaterialien/unterrichtsmaterialien/nach-schul form-sortiert/

Neben einer ausführlichen Sachinformation über die legalen Suchtmittel Alkohol bzw. Rauchen und Arzneimittel werden Unterrichts-Bausteine auf über 160 Seiten für die Suchtprävention in den Klassen fünf bis zehn geboten, die kostenfrei zum Download bereitstehen. https://www.bzga.de/infomaterialien/un terrichtsmaterialien/nach-themen-sortiert/

Es werden jeweils für zwei Klassenstufen (5 und 6, 7 und 8, 9 und 10) verschiedene Themen aufgegriffen, die den Entwicklungsaufgaben dieser Altersstufen entsprechen. Zu den Unterrichts-Bausteinen gehören Handlungsvorschläge sowie Arbeits- und Informationsmaterial, Cartoons, Rollen- und Planspielszenarios, Interviewleitfäden, Tipps für die Planung und Realisierung von Ausstellungen, Befragungen, Veranstaltungen und Internet-Recherchen.

Leitfaden Resilienz – was Kinder stark macht (Sit o. J.)
Dieser kostenlose Leitfaden mit Unterrichtseinheiten und Arbeitsblättern möchte die Resilienz, die Widerstandskraft in schwierigen Lebenslagen, stärken. Neben Übungseinheiten, die das Selbstwertgefühl stärken, die soziale Kompetenz fördern oder die Stressbewältigung im Blick haben, geht es auch darum, die Kinder anzuleiten, schlechte Gewohnheiten zu erkennen und erfolgreich zu überwinden, indem sie neue Fähigkeiten entwickeln (Problemlösefähigkeit fördern). Es wird viel Wert darauf gelegt, die Motivation durch Einsicht zu erhöhen, was diejenigen, die eine schlechte Angewohnheit durch eine neue gute Fähigkeit überwinden wollen, denn an Vorteilen bringt. Neben dem Zutrauen in die eigenen Kräfte wird auch auf »Helfer und Helferinnen« geachtet, da niemand alles allein schaffen muss. Dieses 14-Schritte-Programm ist auch in der Suchtvorbeugung eine gute Grundlage, um Kinder handlungsfähiger im Umgang mit »schlechten Angewohnheiten« zu machen.

Selbstdiagnose und Wahrnehmungsschulung

Vermuten Lehrer*innen einen problematischen Gebrauch von Online-Spielen und PC-Spielen, sind sie unbedingt auf die Kooperation der Kinder und Eltern angewiesen. Dabei bieten sich die Reflexion und gemeinsame Überlegung der Konsequenzen an.

Zur Schärfung der Wahrnehmung kann der folgende kurze Test, der aus Tabelle 8.2 abgeleitet wurde, dienen. Ähnliche Phänomene können auch im Umgang mit sozialen Netzwerken auftreten und sind hier nur deshalb ausgeschlossen, um den Abschnitt nicht zu unübersichtlich zu gestalten.

Tab. 8.3: Selbsteinschätzungsmöglichkeit der Suchtgefährdung für Grundschüler*innen

Online-, PC- und Konsolenspiele Selbsttest für Grundschüler*innen			
	Ja genau!	Ein biss- chen	Nein gar nicht!
1 Ich weiß nicht, wie lange ich am PC, der Konsole oder anderen Geräten sitze, wenn ich spiele.			
2 Ich vernachlässige meine Hausaufgaben und das Lernen, wenn ich auf dem PC, der Konsole oder anderen Geräten spiele.			
3 Ich vernachlässige meine Freunde, weil ich lieber auf dem PC, der Konsole oder anderen Geräten spiele.			
4 Ich vergesse beim Spielen auf dem PC, der Konsole oder anderen Geräten das Essen.			
5 Ich gehe nicht rechtzeitig schlafen, wenn ich auf dem PC, der Konsole oder anderen Geräten spiele.			
6 Ich vernachlässige Sport und Bewegung, weil ich lieber auf dem PC, der Konsole oder anderen Geräten spiele.			
7 Ich werde ärgerlich und unruhig, wenn ich nicht auf dem PC, der Konsole oder anderen Geräten spielen kann.			

Unabhängig von den Kindern sollten die Eltern ebenfalls ihre Einschätzung zum Verhalten des Kindes notieren. Dies kann als Grundlage eines Gespräches dienen.

Tab. 8.4: Einschätzungshilfe für Eltern zur Suchtgefährdung von Grundschüler*innen

Online- PC- und Konsolenspiele Test für Eltern von Grundschüler*innen			
	Ja genau!	Ein biss- chen	Nein gar nicht!
1 Du weißt nicht, wie lange du am PC, der Konsole oder anderen Geräten sitzt, wenn du spielst.			
2 Du vernachlässigst deine Hausaufgaben und das Lernen, wenn du auf dem PC, der Konsole oder anderen Geräten spielst.			
3 Du vernachlässigst deine Freunde, weil du lieber auf dem PC, der Konsole oder anderen Geräten spielst.			

Tab. 8.4: Einschätzungshilfe für Eltern zur Suchtgefährdung von Grundschüler*innen – Fortsetzung

	Online- PC- und Konsolenspiele Test für Eltern von Grundschüler*innen		
	Ja genau!	Ein bisschen	Nein gar nicht!
4	Du vergisst beim Spielen auf dem PC, der Konsole oder anderen Geräten das Essen.		
5	Du gehst nicht rechtzeitig schlafen, wenn du auf dem PC, der Konsole oder anderen Geräten spielst.		
6	Du vernachlässigst Sport und Bewegung, weil du lieber auf dem PC, der Konsole oder anderen Geräten spielst.		
7	Du wirst ärgerlich und unruhig, wenn du nicht auf dem PC, der Konsole oder anderen Geräten spielen kannst.		

Im Rahmen eines Elternabends zum Thema »Online-Spiele und Co« könnten Lehrer*innen den Eltern auch Tipps an die Hand geben. Die folgenden Tipps basieren auf Erkenntnissen von Bry und Kollegen (1998), die in ihrer Studie familiäre Schutzfaktoren identifizieren konnten, um die Gefahr einer Suchtentwicklung einzudämmen. Dazu zählt als ein wichtiges Merkmal die warmherzige, vertrauensvolle und unterstützende Haltung der Eltern. Weiterhin zeigten sich positive Disziplinierungsmaßnahmen als Schutzfaktor, die eine klare und positive Erwartung an das Kind haben und ein eindeutiges Feedback bei nicht-normativem Verhalten zeigen. Auch ein effektives Monitoring, das sich in einer angemessenen Wachsamkeit gegenüber dem kindlichen Verhalten zeigt, bewährte sich in dieser Studie. Dies schließt jedoch keinesfalls aus, seinem Kind mit großem Vertrauen entgegenzukommen und auf seine wachsende Selbstständigkeit zu setzen.

Tipp: Für Eltern, um einem problematischen Spielverhalten an elektronischen Geräten entgegenzuwirken

- Vergleichen Sie Ihre Wahrnehmungen zum Spielverhalten. Zeigen Sie dabei Verständnis für das Wohlbefinden, das damit verbunden sein kann, weil es eine überschaubare virtuelle Welt ist, in der man leicht etwas bewirken kann.
- Machen Sie aber deutlich, dass Sie zu viel Zeit am PC etc. nicht dulden, weil dies sehr ungesunde Folgen hat.
- Legen Sie gemeinsam im Gespräch mit dem Kind eine Zeitdauer und evtl. einen Zeitpunkt für die Online-Spiele fest (z. B. immer nach den Hausaufgaben für die Dauer einer Stunde).

- Überprüfen Sie die Einhaltung und legen Sie Konsequenzen fest, wenn die Zeiten nicht eingehalten werden (Kindersicherung beim PC, Handy abgeben, …).
- Verwenden Sie evtl. einen »Vertrag«, in dem neben den Konsequenzen bei Nichteinhaltung auch eine Belohnung für die Einhaltung über einen bestimmten Zeitraum festlegen (z. B. Tiergartenbesuch oder eine andere schöne Aktivität wie Schwimmen oder Klettern).
- Überprüfen Sie Ihr eigenes Verhalten im Sinne der Vorbildwirkung.

Tipp: Programm Klasse 2000
Positive Haltung zu einem aktiven und gesunden Leben fördern

Dieses für die Grundschule gut evaluierte und in seinen positiven Auswirkungen auf die Suchtprävention bestätigte Programm fördert mit erlebnis- und handlungsbezogenen Methoden und sozialem Lernen die positive Einstellung der Kinder zu Gesundheit, wobei auch Wissen über den Körper vermittelt wird. Die Bausteine reichen von Bewegung, gesunder Ernährung und Entspannung über den Umgang mit Gefühlen und Stress bis zu Strategien im Umgang mit Konfliktsituationen. Das schließt einen kritischen Umgang mit Alkohol und Tabak mit ein.

Das Programm zieht sich durch die vier Grundschuljahre hindurch und wird pro Jahr neben den Lehrer*innen auch durch Klasse2000-Gesundheitsförderer (mit zwei bis drei Unterrichtseinheiten) unterstützt. Der Einbindung der Eltern wird große Bedeutung beigemessen. Für die Unterrichtseinheiten und die Elternarbeit gibt es vielfältige Materialien. Folgestudien konnten eine bedeutsame Konsumabnahme bei Jugendlichen hinsichtlich von Tabak und Alkohol nachweisen. Darüber hinaus konnten positive Auswirkungen auf das Bewusstsein für gesunde Ernährung und das Potenzial für Stressbewältigung gefunden werden (z. B. Isensee, Maruska & Hanewinkel 2015; Maruska, Isensee & Hanewinkel 2012). Nähere Informationen zum Programm unter: www.klasse2000.de.

Elternberatung – Eltern informieren und mit ihnen an einem Strang ziehen

Es versteht sich von selbst, dass Lehrer*innen wie auch Eltern eine Vorbildwirkung auf Kinder haben und deshalb selbstkritisch ihr Verhalten in Bezug auf Sucht reflektieren müssen. Zu der klaren Haltung für eine gesunde Lebensführung gehören auch klare Regeln auf dem Schulareal, die Zigaretten- und Alkohol- wie auch jede andere Form von Drogenkonsum verbieten. Ebenso eindeutig muss den Kindern und ihren Eltern klar sein, welche Konsequenzen bei Nicht-Einhaltung folgen. An manchen Schulen hat sich auch durchgesetzt, im Pausenverkauf keine Süßigkeiten anzubieten, was ebenfalls einen konsequenten Schritt in Richtung Suchtprävention darstellt.

Wie bereits im vorangegangenen Abschnitt angesprochen, sind die Eltern die natürlichen Verbündeten, wenn es um die Vorbeugung gegen Sucht geht. Auch für sie gilt, dass sie ein Basiswissen über die Zusammenhänge benötigen, wie Sucht entsteht und welche Auswirkungen sie hat. Dazu bietet sich z. B. ein Elternabend an, bei dem eventuell auch eine Fachkraft der Drogenberatungsstelle oder ein*e Kinder- und Jugendärzt*in eingeladen werden kann.

Tipp: »Kinderärzte im Netz« zur Frage »Wie schütze ich mein Kind vor Drogen?«

- Informieren Sie sachlich über Drogen, um Neugierde zu befriedigen.
- Bieten Sie Unternehmungen und eine aktive Freizeitgestaltung an, die mehr Spaß machen als Drogen.
- Vermitteln Sie Freude am Leben.
- Erziehen Sie Ihre Kinder zu Selbständigkeit und stärken Sie ihr Selbstbewusstsein.
- Unterstützen Sie Kinder bei der Bewältigung von Problemsituationen.
- Unterstützen Sie sie den Umgang mit Angst, Sorgen, Problemen und Gruppendruck.

Mehr Informationen unter: https://www.kinderaerzte-im-netz.de/altersgruppen/schulkinder/

Kinder stark machen für ein Leben ohne Sucht (BZgA, Köln)
Das Elternmagazin der BZgA ermutigt Mütter und Väter, ihre Kinder bei der Entwicklung zu selbstbewussten, starken Persönlichkeiten zu unterstützen und sie dadurch stark für ein Leben ohne Suchtmittel zu machen. Die Themen reichen vom Gummibärchen-Frustessen wegen schlechter Schulnoten bis hin zu den ersten Erfahrungen mit Tabak und Alkohol. Wie Eltern angemessen reagieren und im »ganz normalen Wahnsinn« der Erziehung gelassen bleiben können – davon berichten zahlreiche Beiträge sowie ein Interview mit einer Familienberaterin. Kostenloser Download und Bestellung der Broschüre unter: https://www.bzga.de/infomaterialien/suchtvorbeugung/kinder-stark-machen/starke-kinder/

Jede Lehrkraft kennt auch Familien, die aufgrund vielfältiger Belastungen einfach nicht die Zeit und das Geld haben, ihren Kindern möglichst viele außerschulische Lernanregungen zu bieten, damit sie sich sicher und kompetent erleben. Bei dem bundesweiten Programm »Balu und Du« können Grundschullehrer*innen im Einverständnis mit den Eltern Kinder vorschlagen, die von ehrenamtlichen Pat*innen, den »Balus« (oft Studierende aus dem sozialen Bereich), ein bis drei Stunden in der Woche mindestens ein Jahr begleitet werden. Für das Kind (»Mogli«) ist die Teilnahme am Projekt kostenlos (Informationen unter: www.balu-und-du.de). Die Pat*innen werden von qualifizierten Fachkräften begleitet und gecoacht, Auslagen für Unternehmungen werden gezahlt. Die positive Wirksamkeit

hinsichtlich der Stärkung des Sozialverhaltens und der Selbstwertstärkung konnte in mehreren Studien nachgewiesen werden (z. B. Drexler, Borrmann & Müller-Kohlenberg 2011; Müller-Kohlenberg & Schlüter 2010).
Schwierig wird die Situation, wenn Eltern selbst suchtkrank sind und damit auch ihre Kinder ein erhöhtes Risiko haben, eine Sucht zu entwickeln.

Tipp: Das Trampolin-Programm für Kinder aus Suchtfamilien

Über die Internetseite des »Trampolin-Programms« findet man in ganz Deutschland Kontaktstellen, die sich um Kinder aus Suchtfamilien kümmern und auch Fortbildungen für Fachkräfte anbieten. Das Programm »Trampolin – Kinder aus suchtbelasteten Familien entdecken ihre Stärken« richtet sich an Kinder im Alter zwischen acht und zwölf Jahren und stärkt ihre Handlungskompetenz im Sinne einer langfristigen Resilienz. Es soll niedrigschwellig, altersgerecht und leicht durchführbar sein. Inzwischen wurde es an verschiedenen Standorten in Deutschland erprobt und wissenschaftlich evaluiert. Dabei hat sich herausgestellt, dass dieses Programm dazu beigetragen hat, die Kenntnisse der befragten Kinder über die Abhängigkeitserkrankung ihrer Eltern zu erhöhen und ihre eigene Rolle in der Familie zu klären. Der Rückgang der psychischen Belastung lässt sich zu einem großen Teil auf den hohen motorisch-kinetischen Anteil sowie die oben angemerkten positiven Gemeinschaftserlebnisse des suchtunspezifischen Programms zurückführen und ist als zentraler Langzeiteffekt nachweisbar (Bröning et al. 2012). Mehr Informationen unter: http://www. projekt-trampolin.de/

Da Stressbewältigung eine wichtige Vorbeugemaßnahme gegen die Flucht in die Sucht ist, können Lehrer*innen einige Tipps zur Entspannung an Eltern weitergeben.

Tipp: Entspannte Kinder in entspannten Familien

»Entspannte Kinder brauchen

- Zeit zum Spielen
- Zeit zum Nichtstun
- Zeit, um Geschichten zu erzählen oder zu hören
- Zeit für Gespräche mit Freunden und Eltern
- Zeit, die sie sich selbst einteilen können
- Eltern, die ihnen vertrauen
- Eltern, die loben und unterstützen
- Ruhepausen
- weniger Leistungsdruck
- weniger Hektik
- weniger Zeitdruck

- viele Anlässe zum Lachen und Fröhlichsein« (Ratgeber zur Prävention und Gesundheitsförderung des Bundesgesundheitsministeriums 2016, S. 67)

Zusammenfassung

Um in der Grundschule kompetent mit dem Thema Sucht umgehen zu können, sind Wissensgrundlagen unverzichtbar: Sucht beginnt meist nicht von heute auf morgen, sondern ist der Endpunkt eines zunehmenden Abhängigkeitsverhaltens.

Kennzeichen von stoffungebundener Sucht (wie z. B. Onlinesucht) und stoffgebundener Sucht (wie z. B. Nikotinsucht) sind:

- Unbezwingbarer starker Wunsch nach dem Suchtmittel
- Kontrollverlust, wann das Suchtmittel zu sich genommen wird
- Abstinenzunfähigkeit, man kann sich nicht enthalten
- Toleranzbildung, man braucht immer mehr von dem Suchtmittel, um den gleichen wohltuenden Effekt zu erzielen (z. B. Glücksgefühl bei Spielsucht)
- Entzugserscheinungen, z. B. starke Nervosität oder Kreislaufprobleme
- Rückzug aus dem Sozialleben

Die negativen Folgen können den körperlichen, psychischen und sozialen Bereich betreffen und deshalb die Gesundheit und das Alltagsleben gravierend bestimmen.

Die Suchtursachen sind vielfältig und liegen ebenfalls auf verschiedenen Ebenen: körperlich/genetisch, im sozialen Umfeld oder in seelischen Belastungen. Oftmals eröffnet die Kenntnis möglicher Ursachen bereits ein tieferes Verständnis für den betroffenen Menschen und einen Ansatz zu dessen Unterstützung. Da die Suchtmittel insgesamt sehr unterschiedliche Auswirkungen haben, nehmen auch eventuelle Warnzeichen vielfältige Gestalt an. Dies reicht von körperlichen Anzeichen wie Kreislaufproblemen und Übelkeit bis hin zu Beobachtungen im Sozialverhalten, z. B. wenn Kinder Beziehungen und Pflichten stark vernachlässigen. Obwohl die Alarmzeichen in den seltensten Fällen eindeutig sind, lohnt es sich für Lehrer*innen, ihre Wahrnehmung in dieser Richtung zu schulen, um sensibel für problematische Entwicklungen zu werden.

Aus der Suchttherapie leiten sich einige bewährte Maßnahmen ab, die auch in der Schule umsetzbar und handlungsleitend sein können. Im Mittelpunkt der Suchtprävention stehen Selbstwertstärkung, Stressbewältigungsstrategien und Maßnahmen, sich als Schüler*in selbst richtig einzuschätzen und gegen schlechte Gewohnheiten anzukämpfen.

Die Ansätze zur Gewinnung von seelischer Gesundheit und von Suchtprävention überschneiden sich hier, da die Ursachen von Sucht oft in einer Dysbalance psychischer Gegebenheiten zu suchen sind. Positiv gewendet, ist es gut zu wissen, dass hier in doppelter Hinsicht sinnvoll in der Schule Unterstützung geleistet werden kann:

- Alarmzeichen erkennen – Prävention
- Schutzfaktoren aktivieren – Empowerment

Das schließt auch die Kooperation mit den Eltern ein. Dabei können Lehrer*innen in der Regel mit Offenheit rechnen, denn eine der größten Sorgen vieler Eltern ist das Abgleiten ihrer Kinder in eine Sucht. Insofern ist es eine vertrauensbildende Aufgabe, alle Beteiligten – Eltern, Kolleg*innen sowie Schüler*innen – einzubinden, das Gespräch zu suchen und offen zusammenzuarbeiten.

Gesundheitsförderliche Verhältnisse im Leitbild der Schule verankern – Praxistipps Suchtprävention

- Kein Zugang zu Suchtmitteln (Jugendschutzbestimmungen) auf dem Schulgelände und in der näheren Umgebung (z. B. Zigarettenautomaten)
- Struktur- und Netzwerkaufbau mit Fachberatungsstellen und Etablierung nachhaltiger Peer- und Multiplikator*innen-Ansätze (z. B. Medienberatung)
- Reduktion der Verfügbarkeit von »Alltagsuchtmitteln« (z. B. Süßgetränke, Süßwaren)
- Regelungen für den sicheren Gebrauch digitaler Medien (z. B. Nutzungszeiten von Smartphones)
- Erlebnispädagogische Gestaltung der Schulumgebung und des Freizeitangebots

---

Aufgaben

Grundlagen zum Thema Sucht

1. Welche Auswirkungen kann eine Sucht bei Kindern haben?
2. Warum sollte bereits im Grundschulalter Sucht und Suchtverhalten thematisiert werden?
3. Sehen Sie sich die Beispiele für stoffungebundene und stoffgebundene Süchte genauer an:
   a. Welche Süchte waren neu für Sie?
   b. Welche Süchte könnten die Kinder in Ihrer Grundschule betreffen?
4. An welchen Stellschrauben kann ein Schutz vor Sucht ansetzen und warum?

Anwendungsfähigkeit

1. Maßnahmen zur Suchtprävention und zum Empowerment
   a. Diskutieren Sie mit Kolleg*innen, welche Maßnahmen zur Suchtprävention in Ihrem erzieherischen Umfeld besonders notwendig und sinnvoll sein könnten!
   b. Entwerfen Sie eine Mindmap mit bedarfsorientierten Ideen!
   c. Entwickeln Sie daraus einen Aktionsplan für die nächsten Monate!

2. Prävention und Förderung von Einzelschüler*innen
   a. Suchen Sie sich zusammen mit einem oder einer Kolleg*in eine*n Schüler*in mit problematischem (in Richtung Sucht gehendem) Verhalten aus und beobachten Sie sie oder ihn in verschiedenen Zusammenhängen!
   b. Welche Anzeichen sind für Sie alarmierend? Was können Sie über die Ursachen dieses Verhaltens in Erfahrung bringen?
   c. Gibt es konkrete Unterstützungsmaßnahmen für den oder die Schüler*in? Notieren Sie Ihre Überlegungen und Handlungsansätze!

Literatur

Ahrens-Eipper, S., Leplow, B. & Nelius, K. (2010). Mutig werden mit Til Tiger. Ein Trainingsprogramm für sozial unsichere Kinder. Göttingen: Hogrefe.

Bartl, A. (2015). Nur die Ruhe. Spiele, Tipps und Tricks zum Stress abbauen und Entspannen. Remseck: Mildenberger.

Bröning, S., Wiedow, A., Wartberg, L., Tuths, S., Haevelmann,A., Kindermann, S., Moesgen, D., Schaunig-Busch, I., Klein, M. & Thomasius, R. (2012). Targeting children of substance-using parents with the community-based group intervention TRAMPOLINE: a randomized controlled trial – design, evaluation, recruitment issues. BMC Public Health, 12, 223.

Bry, B., Catalano, R., Kumpfer, K., Lochman, J. & Szapocznik, J. (1998). Scientific Findings from Prevention Intervention Research. In: R. Ashery, E. Robertson & K. Kumpfer (Hrsg.), Familiy focused prevention of drug abuse: Research and intervention. NIDA Monograph. Washington, DC: Superintendant of Documents, US Gavernment Printing Office, 103–129.

Bundesministerium für Gesundheit (Hrsg.) (2016). Ratgeber zur Prävention und Gesundheitsförderung. 9., aktualisierte Auflage. Online verfügbar unter: https://www.bundesge sundheitsministerium.de/fileadmin/Dateien/5_Publikationen/Praevention/Broschueren/2 016_BMG_Praevention_Ratgeber_web.pdf.

Drexler, S., Borrmann, B. & Müller-Kohlenberg, H. (2011). Learning life skills strengthening basic competencies and health-related quality of life of social disadvantaged elementary school children through the mentoring program »Balu und Du« (Baloo and you). Journal of Public Health, 20.

Eisner, M. & Ribeaud, D. (2009). Prävention durch Förderung von Sozialkompetenz – Wirkungen eines schulbasierten Kompetenztrainings. Zürich: Universität Zürich – Pädagogisches Institut.

Felitti, V. (2003). Ursprünge des Suchtverhaltens: Evidenzen aus einer Studie zu belastenden Kindheitserfahrungen. Praxis der Kinderpsychologie und Kinderpsychiatrie 52, H 8, 547–559.

Isensee, B., Maruska, K. & Hanewinkel, R. (2015). Langzeiteffekte des Präventionsprogramms Klasse2000 auf den Substanzkonsum. Ergebnisse einer kontrollierten Studie an Schülerinnen und Schülern in Hessen. SUCHT, 61 (3), 127–137.

Jordan, S. (2010). Die Förderung von Resilienz und Schutzfaktoren bei Kindern suchtkranker Eltern. Bundesgesundheitsblatt 2010, 53, 340–346.

KIM-Studie (2020). KIM-Studie 2020. Kindheit, Internet, Medien. Basisuntersuchung zum Medienumgang von 6–13-Jährigen. Online verfügbar unter: www.mpfs.de/studien/kim-stu die/2020/.

Kinderärzte im Netz (o.J.). Wie schütze ich mein Kind vor Drogen? Online verfügbar unter: https://www.kinderaerzte-im-netz.de/altersgruppen/jugendliche/info-sucht/wie-schuetze-ich-mein-kind-vor-drogen/.

Kurth, B-M. & Rosario, A. (2007). Die Verbreitung von Übergewicht und Adipositas bei Kindern und Jugendlichen in Deutschland. Ergebnisse des bundesweiten Kinder- und Jugendgesundheitssurveys (KiGGS). Bundesgesundheitsblatt – Gesundheitsforschung – Gesundheitsschutz, 50, 736–743.

Lagemann, C. & Rabeder-Fink, I. (2011). Suchtprävention. In: W. Dür & R. Felder-Puig (Hrsg.), Lehrbuch schulische Gesundheitsförderung. Bern: Hans Huber Verlag.

Lazarus, R. S. (1991). Emotion and Adaption. New York: Oxford University Press.

Lehmkuhl, G. & Frölich, J. (2013). Neue Medien und ihre Folgen für Kinder und Jugendliche. Zeitschrift für Kinder- und Jugendpsychotherapie, 41 (2), 83–86.

Lieb, R. (2005). Familiäre Risikofaktoren im Vorfeld von Suchterkrankungen: Genetische Disposition und familiärer Kontext. In: R. Thomasius & U. Küstner (Hrsg.), Familie und Sucht. Grundlagen – Therapiepraxis – Prävention. Stuttgart: Schattauer, 3–12.

Marées, N. & Petermann, F. (2009). Förderung sozial-emotionaler Kompetenzen im Grundschulalter. Kindheit und Entwicklung, 18(4), 244–253.

Marées, N. & Petermann, F. (2010). Effektivität des »Verhaltenstrainings in der Grundschule« zur Förderung sozialer Kompetenzen und Reduktion von Verhaltensproblemen. Praxis der Kinderpsychologie und Kinderpsychiatrie, 59, 224–241.

Martschinke, S. (2008). Förderung von Selbstwertgefühl, Selbstwirksamkeit und Selbstkonzept. In: K.-H. Arnold, O. Graumann & A. Rakhkochkine (Hrsg.), Handbuch Förderung. Grundlagen, Bereiche und Methoden der individuellen Förderung von Schülern. Weinheim: Beltz, 303–312.

Martschinke, S. & Frank, A. (2015). Eine starke Reise mit der Klasse. Donauwörth: Auer.

Maruska, K., Isensee, B. & Hanewinkel, R. (2012). Das Unterrichtsprogramm Klasse2000: Effekte auf Substanzkonsum und Gesundheitsverhalten 3 Jahre nach Ende der Intervention. Abschlussbericht. Institut für Therapie und Gesundheitsforschung GmbH IFT-Nord (Kiel).

Mosley, J. & Sonnet, H. (2009). 101 Spiele zur Stärkung des Selbstwertgefühls. Ein Praxisbuch für die Grundschule. Buxtehude: Persen.

Müller-Kohlenberg, H. & Schlüter, M. (2010). Feststellung der Wirksamkeit von Präventionsmaßnahmen am Beispiel des Mentorenprogramms »Balu und Du«: Effektstärken, Netto-Effektstärken und die Funktion von Kontrollgruppen. Forum für Kriminalprävention, 3, 34–36.

Onrust, S., Otten, R., Lammers, J. & Smit, F. (2016). School-based programmes to reduce and prevent substance use in different age groups: What works for whom? Systematic review and meta-regression analysis. Clinical Psychology Review, 44,45–59.

Petermann, U. (2007). Entspannungstechniken für Kinder und Jugendliche. Ein Praxisbuch. Weinheim: Beltz.

Petermann, F., Koglin, U., von Marées, N., & Petermann, U. (2013). Verhaltenstraining in der Grundschule: Ein Programm zur Förderung emotionaler und sozialer Kompetenzen. Göttingen: Hogrefe.

Rumpf, H.-J., Meyer, C., Kreuzer, A. & John, U. (2013). Prävalenz der Internetabhängigkeit. Bericht an das Bundesministerium für Gesundheit. Endfassung. Online verfügbar unter: www.drogenbeauftragte.de/fileadmin/dateien-dba/DrogenundSucht/Computerspiele Internetsucht/Downloads/PINTA-Bericht-Endfassung_280611.pdf.

Sit, M. (o. J.) Resilienz- was Kinder stark macht. Wien: Dorner-Verlag. Online verfügbar unter: www.gesundheitsfoerderung.bildung-rp.de/fileadmin/user_upload/gesundheitsfoerderung.bildung-rp.de/Psychische_Gesundheit/Leitfaden_Resilienz.pdf.

Spohr, H. L. & Steinhausen, H. C. (2008). Fetale Alkohol-Spektrum-Störungen. Persistierende Folgen im Erwachsenenalter. Deutsches Ärzteblatt, 105(41), 693–698.

Stodt, B., Wegmann, E. & Brand, M. (2015). Geschickt geklickt?!. Zum Zusammenhang zwischen Internetnutzungskompetenzen, Internetsucht und Cybermobbing bei Jugendlichen und jungen Erwachsenen. Band 78. Landesanstalt für Medien – Nordrheinwestfalen. Leipzig: Vistas.

The Tobacco and Genetics Consortium, Furberg, H., Kim, Y. et al. (2010). Genome-wide meta-analyses identify multiple loci associated with smoking behavior. Nat Genet 42, 441–447 https://doi.org/10.1038/ng.571.

Tretter, F. (2011). Unsere Süchte. Definition, Verbreitung, Substanzen, Ursachen. Süchtiges Verhalten – Auf dem Weg zur Rauschgesellschaft?! KBO, 8–12.

Tretter, F. (2017). Suchtmedizin kompakt. Suchtkrankheiten in Klinik und Praxis. 3. Auflage. Stuttgart: Schattauer.

Tretter, F. & Schwejda. C. (2008). Jugend und Sucht. In: Gasteiger-Klicpera, H. Julius & C. Klicpera (Hrsg.), Sonderpädagogik der sozialen und emotionalen Entwicklung. Göttingen: Hogrefe,305–324.

Van Steinhausen, M. (1995). Children of alcoholic parents: a review. European Child & Adolecent Psychiatry, 4 (3), 143–152.

Weber, M. (2017). Erlebnispädagogik in der Grundschule. 89 Aktionen und Spiele. München: Reinhardt.

Wills, T. Sandy, J. M., Yaeger, A. & Shines. O. (2009). Family risk factors and adolescent substance use: Moderation effects for temperament dimensions. In: G. A. Marlatt & K. Witkiewitz (Hrsg.), Addictive behaviours: New readings on etiology, prevention and treatment. Washington: American Psychological Association, 287–320.

Wölfing, K. & Leménager, T. (2011). Therapie der Computerspiel- und Internetsucht. SUCHT, 57 (4), 313–321.

Wolin, S. & Wolin, S. (1995). Resilience among youth growing up in substance-abusing families. Substance Abuse 1005, 42 (2), 415–429.

9 Konzeption – Wie entwickeln wir eine gesundheitsförderliche Schule? Prävention und Gesundheitsförderung als Bestandteil des Schulentwicklungsprozesses

Peter Paulus

Fallbeispiel

Die Gemeinschaftsgrundschule Waldschule Lohmar, über die hier berichtet wird, gehört zu den Preisträgern des in Nordrhein-Westfalen jährlich stattfindenden Wettbewerbs um den Schulentwicklungspreis »Gute gesunde Schule«, den die Unfallkasse Nordrhein-Westfalen vergibt. Zitat aus der Laudatio: »Bereits zum dritten Mal hat die GGS Lohmar Waldschule den Schulentwicklungspreis der Unfallkasse Nordrhein-Westfalen gewonnen. Im Rahmen des umfangreichen Bewerbungsverfahrens hat die Schule erneut gezeigt, dass sie Gesundheitsförderung und Prävention in ihrer Schulentwicklung erfolgreich integriert. Beeindruckend war für die Jury die aufgrund der heterogenen Schülerschaft durchgeführten vielfältigen Maßnahmen zur Sprachförderung und Inklusion mit dem Anspruch, dass kein Kind zurückbleibt. Ebenfalls wurde der Schule zurückgemeldet, dass hier ein motiviertes, engagiertes Kollegium in einer wertschätzenden Atmosphäre arbeitet, sodass eine hohe Zufriedenheit und Identifikation bei allen Beteiligten wahrnehmbar und bei den Schülerinnen und Schülern eine große Lernfreude spürbar ist. Visionen werden gelebt sowie eine vielfältige Vernetzung mit externen Partnern wie der Uni Köln und der Uni Münster.«

Im Motto der Schule »Hier bist Du richtig, denn uns ist jeder wichtig« und im Leitbild der Schule heißt es dazu neben anderem »Wir wollen uns gegenseitig unterstützen, und jedes Talent, und sei es auch noch so versteckt, gemeinsam entdecken und bestmöglich fördern. In einer vertrauensvollen und respektvollen Atmosphäre soll jeder die besten Möglichkeiten erhalten, ein gesundes Selbstwertgefühl zu entwickeln, und sich und seine Talente zu entdecken, zu erproben und sich damit in die Gemeinschaft einzubringen«. Schule ist nicht nur Lernort, sondern auch Lebenswelt, die GGS Lohmar Waldschule in ihrer Informationsbroschüre »Schule von A–Z« wie folgt charakterisieren: »Naturnah und ganzheitlich lernen – verantwortungsbewusst leben, die Lernfreude und das Interesse der Schüler erhalten und fördern, dies sind zentrale Ziele unserer schulischen Arbeit. Kinder brauchen Erfahrungsräume und Anregungen; diese stellen wir durch kindgerecht gestaltete Klassenräume, naturnahe und großzügige Außenanlagen sowie durch vielfältige außerschulische Lernorte zur Verfügung. Lernsituationen gestalten wir so, dass unsere Schüler mitdenken, mitplanen und mitgestalten können. Offene Unterrichtsformen wie Freie Arbeit, Tages- und Wochenplan, Projektarbeit und Gruppenarbeit ermöglichen selbständiges, verantwortungsvolles Lernen und vor allem soziales Lernen. Dies schließt auch die

Erziehung zum selbständigen und verantwortlichen Umgang mit der Natur und mit materiellen Werten ein. Neben dem Wald, als unmittelbares Naturerlebnis, hat die Schule auch einen eigenen Schulgarten, der liebevoll bepflanzt und gepflegt wird«.

Weiter heißt es im ausführlichen »Konzept der Gesundheitsförderung« der Schule: »Gesundheitsförderung an der Waldschule beinhaltet sowohl die Gesundheit der Schülerinnen und Schüler als auch die Gesundheit der Lehrerinnen und Lehrer sowie aller Mitarbeiterinnen und Mitarbeiter an der Schule und versucht aufgrund des heterogenen Bedingungsfeldes, die kulturellen Unterschiede mit einzubeziehen. Sie wird konsequent von der offenen Ganztagsschule OGATA im Nachmittagsbereich weitergeführt durch vielfältige Angebote. Die Gesundheitsförderung gehört fest in den Aufgabenkanon der Schule. Hierfür entscheidend ist das Wissen darum, dass Gesundheit und Leistungsfähigkeit stark miteinander korrespondieren. Lernen benötigt günstige Rahmenbedingungen, die sich zentral im Schulklima widerspiegeln.« (Stadt Lohmar 2016, S. 4)

Die Handlungsfelder, die bearbeitet werden, beinhalten Themen wie Bewegung, Ernährung, Schulklima, Entspannung und Stressregulation, Gewaltprävention, Hygiene sowie Unfallschutz.
Quelle: www.waldschule-lohmar.de

9.1 Einleitung

Schulische Prävention und Gesundheitsförderung als Bestandteil der Schulentwicklung zu verstehen, ist der vorläufig letzte Schritt in den Entwicklungen von Konzeptionen und Praxisinitiativen, die im Anschluss an die Ottawa-Charta der Gesundheitsförderung (1986) ihren Ausgang genommen haben. Vor dem Hintergrund dieser Entwicklungen soll im Folgenden die letzte Phase vorgestellt und in ihrer praktischen Bedeutsamkeit herausgearbeitet werden. Gesundheit wird hier verknüpft mit der Qualitätsentwicklung der Schulen: Mit Gesundheit gute Schule entwickeln, steht für diesen Ansatz.

9.2 Theoretischer Hintergrund

Schulische Gesundheitsförderung und Prävention sind zu einem komplexen System herangewachsen. Wenn auch ein umfassender Überblick noch aussteht, ist die Vielfalt von Akteuren im Feld der schulischen Prävention und Gesundheitsförderung beeindruckend, die mit Initiativen, Projekten, Programmen und Ansätzen – z. B. zur Ernährung, Bewegung, Lebenskompetenz, Sucht, Erlebens- und Verhaltensproblemen – präventive und gesundheitsförderliche Maßnahmen entwickeln und umsetzen. Diese reichen von einfach strukturierten Interventionen (z. B. Unterrichtseinheiten) über ein in Schulen weit verbreitetes projektorientiertes Vorgehen bis hin zu komplexen sogenannten Setting-Projekten, die die ganze Schule oder Schulnetzwerke betreffen. Dazu werden sowohl personenbezogene als auch strukturell-systemische Strategien eingesetzt, aus deren Kombination sich trotz der Vielfalt drei grundlegende Realisierungsformen der schulischen Prävention und Gesundheitsförderung ableiten lassen (Witteriede & Michaelsen-Gärtner 2010; Paulus & Dadaczynski 2016; 2020; ► Tab. 9.1).

Tab. 9.1: Realisierungsformen schulischer Gesundheitsförderung

	Verhaltensbasierter Ansatz	Gesundheitsfördernde Schule	Gute gesunde Schule
Ausgangspunkt	Gesundheitliche Problemstellung	Gesundheitliche Problemstellung	Schulpädagogische Problemstellung
Zielgruppe	Einzelne Personengruppen (z. B. Schülerinnen und Schüler)	Alle schulischen Personengruppen	Alle schulischen Personengruppen
Sichtweise von Schule	Schule als Ort, an dem man die Zielgruppe erreicht	Schule als Setting, das gesundheitsförderlich gestaltet werden kann	Schule als Institution des Bildungswesens mit Bildungs- und Erziehungsauftrag
Konzept	Gesundheitsförderung in der Schule	Gesundheitsförderung durch die Schule	Bildungsförderung durch Gesundheit
Motto	Gesundheit zum Thema einzelner Zielgruppen machen	Gesundheit zum Thema der Schule machen	Mit Gesundheit gute Schule machen
Strategie	Veränderung individueller Determinanten von Gesundheit	Veränderung strukturell-systemischer Determinanten von Gesundheit	Veränderung von individuellen Determinanten von Gesundheit sowie der Bedingungsfaktoren guter Schulen
Outcomes	Wissen, Einstellungen, Verhalten	Schulische Rahmenbedingungen und Strukturen	Wissen, Einstellungen, Verhalten sowie Qualitätsdimensionen guter Schulen

(Peter Paulus, Kevin Dadaczynski 2020: »Gesundheitsförderung und Schule« Tab 1: Interventionsansätze der schulischen Gesundheitssförderung im Vergleich. Bundeszentrale für gesundheitliche Aufklärung, Leitbegriffe der Gesundheitsförderung und Prävention. doi:10.17623/BZGA:224-i051–2.0)

Seit Mitte der 2000er Jahre begann sich die dritte Realisierungsform, die »gute gesunde Schule«, zu etablieren. Sie wurde in dem Projekt »Anschub – Allianz für nachhaltige Schulgesundheit und Bildung«, gefördert von der Bertelsmann-Stiftung, entwickelt (Paulus 2009). In ihr ist Gesundheit nicht mehr das primäre alleinige Ziel, sondern vorrangig ein Fundament, eine Ressource oder treibende Kraft schulischer Bildungs- und Erziehungsprozesse (Paulus 2010; Hundeloh 2012; Dadaczynski et al. 2015).

Dies gilt auch im Hinblick auf die Krankheitsprävention und die Förderung der Gesundheit und Leistungsfähigkeit der Lehrer*innen (DAK-Gesundheit & Unfallkasse NRW 2012). Gesundheit ist als konditionales Gut damit ein intermediäres Ziel, ein Input- und Prozessfaktor, der die Schule in allen Strukturen und Prozessen durchdringt. Grundlage für diesen Ansatz sind die Qualitätsrahmen der Bundesländer zur Qualität der schulischen Arbeit, die vielfach auf die Arbeiten von Hartmut Ditton (2000) zurückgehen.

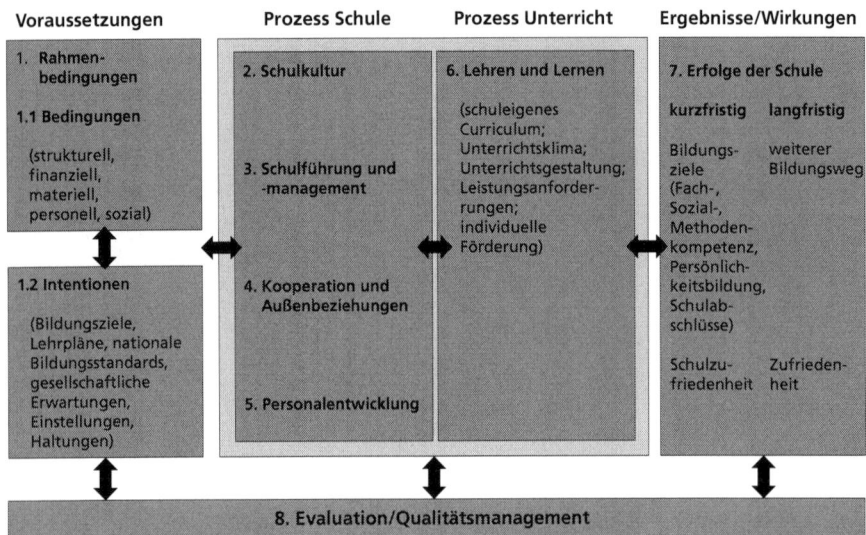

Abb. 9.1: Strukturmodell der acht Dimensionen der Schulqualität (mod. nach Ditton & Müller 2011, S. 104)

Aus Sicht der guten gesunden Schule stellt sich die Frage nach der gesundheitsgestützten Qualitätsentwicklung. Konkret: Wie können die in diesem Rahmen mit Kriterien beschriebenen und mit Indikatoren hinterlegten Qualitätsaspekte durch Gesundheitsinterventionen optimiert werden? Idealerweise sind es die Ergebnisse der Bildungs- oder Gesundheitsberichterstattung einer Schule, die Anlass zu Überlegungen bieten, wie Aspekte der Schulqualität durch Gesundheitsinterventionen verbessert werden können.

Hilfreich kann hier der Schul-Check »Gute gesunde Schule« sein, mit dem mithilfe von 41 Indikatoren geprüft werden kann, wie weit sich eine Schule schon auf dem Weg zu einer guten gesunden Schule befindet. Drei Beispiele aus der Prozessdimension »Unterricht in der guten gesunden Schule« seien hier aufgeführt. Das Kollegium wird hier danach gefragt, ob an ihrer Schule ausdrücklich auch außerschulische Lernorte mit Gesundheitsbezug (z. B. Sportvereinsangebote; Museen) genutzt werden, ob die Lehrer*innen darauf achten, dass Gesundheit fachüber-greifend unterrichtet und auch praktiziert wird und ob gesund leben lernen im Kollegium, mit den Schüler*innen und anderen Akteur*innen gemeinsam im Schulalltag praktiziert wird.

Aus dieser Perspektive haben sich schulische Prävention und Gesundheitsförde-rung ein viel umfassenderes Ziel gesetzt als nur durch Gesundheitserziehung und -bildung die Gesundheit der Schulmitglieder in der Schule zu schützen, zu erhalten oder zu fördern. Es wird vielmehr das Anliegen verfolgt, Schule in ihrem Kernge-schäft des Lehrens und Lernens mit gesundheitsbezogenen Kenntnissen und Ver-fahren darin zu unterstützen, eine gute Schule mit guten Schüler*innen sowie guten Lehrer*innen und Schulleitungen zu sein. Da sich die gute gesunde Schule nicht allein auf die Bildungsentwicklung der Schüler*innen bezieht, sondern ebenso das Wohlbefinden und die Arbeitsfähigkeit des Lehrkörpers und der Schulleitung im Blick hat, stellt sich hier auch die Frage, wie durch Gesundheitsinterventionen die Bildungswirksamkeit der Lehrer*innen unterstützt werden kann.

Diese Sichtweise der schulischen Prävention und Gesundheitsförderung hebt sich ab gegenüber den herkömmlichen, die die Schule im Dienste der Gesundheit sieht und sich verpflichtet fühlt, dem Thema der Schulgesundheit (Schüler*innen, Leh-rer*innen, Schulleitungen) verstärkt Beachtung zu schenken. In der Tabelle 9.1 sind dies die Realisierungsformen »Verhaltensbasierter Ansatz« und »Gesundheitsför-dernde Schule«, die vor allem ab Mitte der 1980er Jahre ihre Hochzeit hatten. Die »Gesundheitsfördernde Schule«, die seit Beginn der 1990er Jahre als ganzheitlicher Ansatz der schulischen Gesundheitsförderung (»Whole School Approach«) von der WHO europaweit im »Network of Health Promoting Schools« propagiert wurde, ist in Deutschland in zwei Modellversuchen mit Schulen (»Netzwerk Gesundheitsför-dernde Schulen (1993–1997) und »OPUS – Offenes Partizipationsnetz und Schul-gesundheit – Gesundheitsförderung durch vernetztes Lernen« (1997–2000)) unter Beteiligung von jeweils 15 der 16 Bundesländer umgesetzt worden (Barkholz & Paulus 1998; Barkholz et al. 2001). Im Konzept der »Gesundheitsfördernden Schule« war von Beginn an allerdings schon die Idee vorhanden, die schulische Gesund-heitsförderung mit den Kernanliegen der schulischen Qualitätsentwicklung zu verknüpfen (Paulus 1995). Diese Ausrichtung wurde aber nicht explizit verfolgt. Zu deutlich standen gesundheitsbezogene Themenstellungen der Gesundheitserzie-hung, -bildung und -förderung im Vordergrund.

Auch dieser Versuch, Schule in den Dienst der Gesundheit zu stellen, hat nicht dazu geführt, dass diesen Themen in der Schule die ihnen gebührende Aufmerk-samkeit zu Teil wurde. Gesundheit als Erziehungs- und Bildungsthema steht in Konkurrenz mit anderen pädagogischen Anliegen der Schule, die oftmals stärker gewichtet werden. Sich ihr zu widmen, erscheint vielen Lehrer*innen und Schul-leitungen als eine zusätzliche Aufgabe, die zu all den anderen zu erledigenden Aufgaben noch hinzukommt. Zudem wird das Thema als gesundheitspolitisches Anliegen wahrgenommen, dessen Lösung der Schule neben anderen gesellschaft-lichen Problemstellungen zur Bearbeitung übergeben werden soll. Aus diesem Grund haben sich nicht viele Schulen dazu entschlossen – trotz der erwähnten erfolgreichen großen bundesweiten Modellversuche –, sich zu gesundheitsfördern-den Schulen zu bekennen. Erst die paradigmatische Wende, eingeleitet durch das

Konzept der guten gesunden Schule, das Gesundheit und Bildung in der Schule mit der pädagogischen Qualitätsentwicklung verknüpft, hat Gesundheitsthemen einen Weg für die pädagogische Wirksamkeit der Gesundheit geöffnet. Im Kern ist eine Bildungsförderung durch Gesundheit beabsichtigt. Gesundheit ist in der Schule damit nicht mehr ein »Add-On«, sondern ein »Add-In«, durch das die zentralen Anliegen der Qualitätsentwicklung der Schulen unterstützt werden sollen. Eine gute gesunde Schule ist dann eine Schule, die durch Gesundheitsinterventionen ihre Bildungsqualität insgesamt verbessert und gleichzeitig damit auch die spezifischen Gesundheitsbildungsziele verwirklicht, die zum Bildungs- und Erziehungsauftrag der Schule gehören. Sie bringt damit die Themen Bildung und Gesundheit auf neuartige Weise zusammen, in dem sie konsequent Gesundheit in den Dienst des Bildungs- und Erziehungsauftrags der Schule stellt (Paulus 2003; 2010).

Die Empfehlungen der Kultusministerkonferenz von 2012 zur »Gesundheitsförderung und Prävention in der Schule« bekräftigt diesen Ansatz (Kultusministerkonferenz 2012), ebenso wie das Fachkonzept »Mit Gesundheit gute Schule entwickeln« der Deutschen Gesetzlichen Unfallversicherung von 2013 (Deutsche Gesetzliche Unfallversicherung 2013). Die Unfallkasse Nordrhein-Westfalen vergibt seit 2008 jährlich und ab 2018 zweijährlich den Schulentwicklungspreis »Gute gesunde Schule« an Schulen (siehe Fallbeispiel zu Beginn des Kapitels).

Der Beschluss der Kultusministerkonferenz führt weiter aus, dass in dieser Ausrichtung der Setting-Ansatz der Gesundheitsförderung als zentrale Strategie der Schulentwicklung geeignet ist, Maßnahmen zur Gesundheit verhältnis- und verhaltensorientiert sowie partizipativ zu gestalten und außerschulische Partner*innen ebenso wie die Eltern einbezogen werden können. Die Ressourcen von Schüler*innen, der Lehrer*innen und Schulleitungen und des gesamten schulischen Personals sollen dadurch gestärkt werden. Als relevante Themen werden Ernährungs- und Verbraucher*innenbildung, Bewegungsförderung, psychische Gesundheit, Gewalt- und Unfallprävention sowie Erste Hilfe genannt. Auch der Lebensweltansatz, den das Präventionsgesetz im SGB V, § 20 formuliert, umfasst für die »Lebenswelt des Lernens« ebenfalls diesen Ansatz der Schulentwicklung.

Aktuelle Projekte und Programme, die den Setting Ansatz der gesundheitsfördernden bzw. guten gesunden Schule verfolgen, betonen deshalb auch explizit die Ausrichtung auf die Bildungsentwicklung der Schule bzw. der Schüler*innen und ggf. auch die Förderung der Gesundheit der Lehrer*innen. Zusammenfassend: Es geht um Bildungsförderung durch Gesundheit (Paulus 2010).

Ein wichtiger Aspekt dieses Ansatzes darf aber nicht außer Acht gelassen werden. Es geht nicht nur um das *Verhalten* der an Schule beteiligten Personen (Schüler*innen, Lehrer*innen, Schulleitung, nicht unterrichtendes Personal, Eltern), sondern auch um die *Verhältnisse:* den architektonisch gestalteten Schulbau, die Gestaltung des Außengeländes und der Zuwegungen, das Rauchverbot an Schulen. Veränderung von physikalischen Umwelten, von Prozessen und Strukturen der Organisation Schule sowie gesetzliche Vorgaben wirken nach einmaliger Einrichtung und/oder Institutionalisierung oftmals für längere Zeit. Das ist ein großer Vorteil. Verhaltensänderungen müssen hingegen bei neu hinzukommenden Schüler*innengruppen immer wiederholt bzw. aufgefrischt werden, da ihre Aufrechterhaltung angesichts oftmals entgegenstehender Umwelteinflüsse gefährdet ist und sich gewohnte alltägliche Verhaltensweisen wieder durchsetzen.

Die schulische Prävention und Gesundheitsförderung mit den Zielen und Aufgaben der Schule sowie mit den gesundheitlichen Bedingungsfaktoren der individuellen Bildungsprozesse der Schüler*innen und dem Wohlbefinden und der Leistungsfähigkeit der Lehrer*innen zu verknüpfen, ist allerdings ein anspruchsvolles Unterfangen. Denn der Systemzusammenhang von Unterrichtsentwicklung (z. B. Schüler*innenorientierung, erweiterte Unterrichtsformen, Lernkultur), Organisationsentwicklung (z. B. Schulprogramm, Schulkultur, Schulmanagement) und Personalentwicklung (z. B. Kommunikationstraining, Supervision, Feedbackgespräche) kommt damit in den Blick. Gesundheit in diesem komplexen Prozess zu verankern bedeutet, schon in der ersten Phase Klarheit darüber zu gewinnen, welche Gesundheitsziele angestrebt werden sollen, um übergeordnete Bildungsziele erreichen zu können. Wichtig ist hier, vorab eine Bedarfsanalyse durchzuführen, deren Ergebnisse die Gesundheitsziele legitimieren können. Dazu benötigte Ressourcen müssen verfügbar sein und auf Seiten der Akteur*innen ist zudem sicherzustellen, dass Veränderungsbereitschaft und Erfolgszuversicht vorhanden sind.

In dieser Phase ist auch zu klären, welches Gesundheitsverständnis die Beteiligten haben, welche Bedeutung sie dem Thema der Gesundheit für sich selbst und für die Schulentwicklung beimessen und welche individuelle oder – in der Schulgemeinschaft – kollektive Selbstwirksamkeitserwartung vorherrschend ist. Mit einer ebenfalls vorgeschalteten SWOT- Analyse können in einem Vier-Felder-Schema im Freitext dazu ergänzend schulische Stärken (Strengths), Schwächen (Weaknesses), Chancen (Opportunities) und Bedrohungen/Stolpersteine (Threats) erhoben werden, die Einfluss auf die Gesundheit der Schulmitglieder haben. Die oben erwähnte Schul-Checkliste bietet auch eine gute Einstiegsmöglichkeit in diese erste Phase.

An diese Planungs- und Startphase schließt sich die Interventionsphase an, in der die vereinbarten Maßnahmen umgesetzt werden. Daran schließen sich als dritte Phase die der Evaluation und Stabilisierung an, in denen es um die Verstetigung der Veränderungsergebnisse und ggf. auch um die Verbreitung der Projektergebnisse an anderen Schulen geht. Einen strukturierten Überblick, gegliedert in acht Schritte mit vielfältigen Anregungen zur Umsetzung der guten gesunden Schule, bieten Nieskens, Schumacher & Sieland (2018; ▶ Abb. 9.2).

An der Gelingensbedingung Nr. 9 zu den Startbedingungen der jeweiligen Schule soll das Vorgehen im Programmmanagementzyklus ausschnitthaft verdeutlicht werden (Nieskens, Schumacher & Sieland 2018). Da Schulen sehr unterschiedlich sind, ist es für das Kollegium wichtig, sich über die Startbedingungen der eigenen Schule Klarheit zu verschaffen. Es geht dabei im Wesentlichen um die folgenden Fragen, die von dem Kollegium vor Projektbeginn beantwortet werden müssen: Wie schätzt das Kollegium

1. die Qualität der Schule ein,
2. die aktuelle psychische Belastung,
3. den möglichen Erfolg des Projekts und
4. die Bereitschaft, sich für das Projekt zu engagieren?

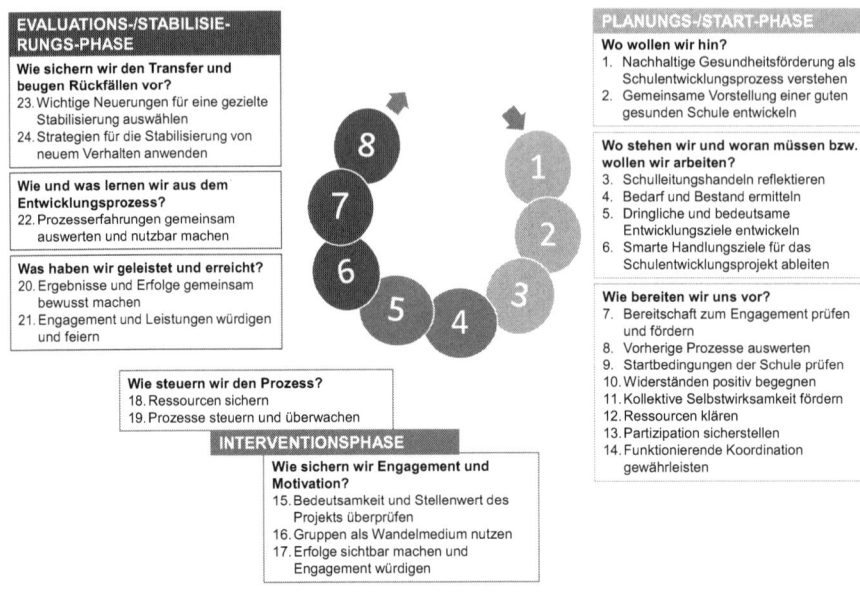

Abb. 9.2: Programmmanagementzyklus im Konzept der guten gesunden Schule (Nieskens, Schumacher & Sieland 2014, S. 16)

Die Antworten werden auf den jeweiligen Y-Achsen prozentual eingetragen. Im Vergleich mit Daten aus einem anderen Projekt der schulischen Prävention und Gesundheitsförderung kann eine zumeist grobe erste Zuordnung zu einem der dort aufgezeichneten Schultypen vorgenommen werden (Paulus, Schumacher & Sieland 2014).

1. »Die lernende Schule zeichnet sich durch eine hohe Veränderungsbereitschaft und die im Vergleich höchste Zufriedenheit mit der Schulqualität aus. Weiterentwicklung ist für diese Schule Programm, sodass die Lehrer*innen auch glauben, Veränderungsvorhaben in der Zukunft erfolgreich bewältigen zu können. Die Lehrer*innen dieser Schule sind kaum beansprucht, sodass man hier auch von einer guten gesunden Schule sprechen kann.

2. Die unachtsame Erfolgsschule besitzt ebenfalls eine hohe Schulqualität, die jedoch mit einer hohen Beanspruchung der Lehrer*innen einhergeht. Die Bereitschaft zu weiterem Engagement ist eher mittelmäßig ausgeprägt, die Erfolgszuversicht allerdings hoch. Die Kombination dieser Variablen könnte auf Erschöpfungssymptome hindeuten, die sich durch ein hohes Engagement in der Vergangenheit ergeben haben. Wenngleich Projekte in der Vergangenheit erfolgreich abgeschlossen werden konnten, scheint dies zum Teil auch auf Kosten der Gesundheit erfolgt zu sein.

3. Die träge-zufriedene Schule weist eine hohe Schulqualität und eine vergleichsweise geringe Beanspruchung der Lehrer*innen auf. Offenbar sind die Lehrer*innen dieser Schule mit ihrer Situation zufrieden und sehen keine Notwen-

digkeit für Veränderungen. Ein Projekt zur Förderung der Gesundheit und Schulqualität erscheint aus ihrer Sicht wenig erfolgsversprechend, entsprechend gering fällt auch die Bereitschaft zum Engagement der Lehrer*innen aus.

4. Die motivierte Problemschule weist eine mittlere Schulqualität auf während die Beanspruchung der Lehrer*innen vergleichsweise hoch ist. Das Kollegium erhofft sich Verbesserungen durch die Teilnahme an einem gesundheitsförderlichen Schulentwicklungsprojekt. Die Lehrer*innen sind daher relativ zuversichtlich, dass das Projekt erfolgreich sein kann und sind auch bereit, sich dafür zu engagieren.

5. Die resignierte Problemschule kennzeichnet sich durch eine niedrige Schulqualität und weist zugleich die höchsten Werte für die kognitive Beanspruchung der Lehrer*innen auf. Das Kollegium ist bezüglich der Erfolgsaussichten eines Projektes skeptisch und nur in geringem Umfang bereit, sich zu engagieren« (ebd. S. 88 ff).

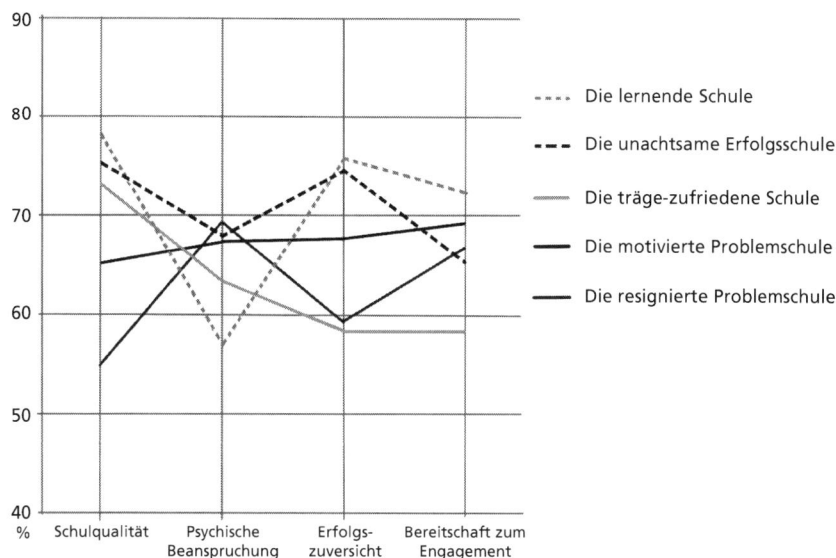

Abb. 9.3: Schultypen (Paulus, Schumacher & Sieland 2014, S. 67)

Daraus lassen sich Beratungsempfehlungen für die jeweiligen Schultypen zur Anfangsphase in Projekten ableiten. Für die resignierte Problemschule lauten sie beispielsweise folgendermaßen: Schulen sollten nur starten, wenn eine sehr enge Zusammenarbeit mit der Leitungsebene sichergestellt ist. Von Projektgruppenarbeit ist zunächst abzusehen. Bei Konflikten im Kollegium bzw. zwischen Kollegium und Schulleitung müssen diese zunächst geklärt werden, bevor mit dem Projekt begonnen wird. Eine enge externe Begleitung der Schule und schulspezifische Beratung und Unterstützung ist notwendig. Sind die o. g. Bedingungen erfüllt, empfiehlt sich:

1. »Sorgfältige Analyse der Ist-Situation: Stärken und Schwächen der Schule und deren Ursachen
2. Auswertung bisheriger Projekte: Warum sind diese gescheitert? Was kann in Zukunft besser gemacht werden?
3. Regelmäßige Reflexion des Entwicklungsprozesses und der erreichten Fortschritte
4. Themen: Schulleitbild, Konfliktmoderation, Einzel-/Gruppencoaching« (ebd. S. 88 ff.; zu den anderen Schultypen ebd.)

9.3 Studien zur Wirksamkeit von gesundheitsfördernden Schulkonzeptionen mit Bezug zur Grundschule

Zu verhaltensbezogenen Maßnahmen, die heute von einem ganzheitlichen Verständnis von Gesundheit ausgehen und stärker die Förderung gesundheitlicher Ressourcen und Schutzfaktoren betonen als traditionelle Ansätze einer Defizit- und Risikoorientierung, gibt es zahlreiche gut fundierte Belege zu deren zumindest geringer bis mittlerer Wirksamkeit in den Bereichen der Förderung der sozial-emotionalen Kompetenzen, der Prävention des Alkoholkonsums, von Ängsten und Depressionen sowie Übergewicht (Beelmann 2016; Dadaczynski & Paulus 2018). Solche Maßnahmen sind in aller Regel aber kaum nachhaltig wirksam. Sie laufen außerdem Gefahr, dass sie bei den Schüler*innen sowie bei dem pädagogischen Personal mit dem höchsten Präventions- und Förderungsbedarf die geringste Akzeptanz und damit die geringste Wirksamkeit erfahren (sogenanntes soziales Dilemma der Gesundheitsförderung).

Studien, die die Wirksamkeit solcher komplexen Interventionen wie die der guten gesunden Schule nachweisen wollen, sind selten. Dies liegt nicht nur daran, dass solche Maßnahmen eher selten sind, sondern auch, dass die Komplexität ihrer Auswirkungen nicht leicht zu erfassen ist. Die Interventionen zeigen aber signifikante (eher gering) positive Effekte, wie Langford, Bonell, Jones, Pouliou, Murphy, Waters & Campbell (2015) und Langford, Bonell, Komro, Murphy, Magnus, Waters, Gibbs & Campbell (2017) in ihrer methodisch anspruchsvollen Metaanalyse nachweisen konnten. Die Effekte ließen sich für Übergewichtsprävention (Body-Mass-Index), körperliche Aktivität, Ernährungsverhalten und Auftreten von Mobbing nachweisen, nicht aber für Merkmale der psychischen Gesundheit und auch nicht für Alkohol- und Drogenkonsum (vgl. auch Muellmann et al. 2017). Diejenigen Interventionen, die explizit auch auf Bildungsförderung durch Gesundheit ausgerichtet sind, berufen sich auf längsschnittlich gewonnene Studienergebnisse, in denen der kurz-, mittel- und langfristige Einfluss von Gesundheit (Gesundheitsverhalten, Gesundheitszustand) auf Bildungsoutcomes (Schulfreude, Schulnoten, Schulabschluss) nachgewiesen worden ist (Achermann Fawcett, Keller & Gabola 2018; Paulus, Schumacher & Sieland 2014). Die erste Prüfung eines solchen Ansatzes, dem der guten gesunden Schule, erfolgte im Rahmen des von der Bertelsmann Stiftung in den Jahren 2002 bis 2010 geförderten nationalen Programms »Anschub.de« (»Allianz für nachhaltige Schulgesundheit und Bildung in Deutschland«; Paulus 2009). Die im Prä-Post-Design über drei Messzeitpunkte durchgeführte Outcome-Evaluation nutzte eine um 40 gesundheitsbezogene Items ergänzte Fassung des Evaluationsinstruments SEIS (»Selbstevaluation in Schulen«). Über sechs pädagogische Qualitätsdimensionen der Schule ermöglicht dieses Instrument die vergleichende Analyse der Sicht von Lehrer*innen, Eltern sowie Schüler*innen. Die Evaluationsergebnisse zeigen insbesondere über einen drei-Jahres-Zyklus bei allen einbezogenen Personengruppen in unterschiedlichen SEIS-Dimensionen (z. B. Bildungs- und Erziehungsauftrag, Lehren und Lernen) positive Effekte (Paulus & Gediga 2010).

Aber auch Querschnittsbefunde sind von Interesse, wenngleich sie keine kausalen Schlüsse über Zusammenhänge von Gesundheit und Bildung zulassen (Paulus 2009). Sie dokumentieren aber, dass es solche Zusammenhänge gibt. Insgesamt ist für die ganzheitlichen Ansätze der schulischen Prävention und Gesundheitsförderung ein Mangel in der evidenzbasierten Praxis festzustellen, also von Erfahrungen, für die es wissenschaftliche Belege gibt. Dies bedeutet, dass es noch zu wenige Evaluationsstudien gibt, als dass von einem klaren Bild für erfolgreiche Umsetzungen in der Schulpraxis gesprochen werden könnte. Umgekehrt gibt es aber von den vielen Grundschulen immer wieder Berichte über gelingende Praxisprojekte im Sinn einer praxisbasierten Evidenz (siehe Schulbeispiele des Schulentwicklungspreises der Unfallkasse-Nordrhein-Westfalen; www.unfallkasse-nrw.de/sicherheit-und-gesundheitsschutz/themen/schulentwicklungspreis.html). Diese in den Schulen von den Lehrer*innen als wirksam erfahrene Projektergebnisse sind dann wissenschaftlich zu untermauern, um sie anderen Schulen zur Umsetzung empfehlen zu können.

9.4 Beispiel für ein ganzheitliches Programm zur Förderung der psychischen Gesundheit im Primarbereich

Im Folgenden wird ein schulbasiertes Programm vorgestellt, das sich sehr gut dazu eignet, die psychische Gesundheit der Schüler*innen und der Lehrer*innen mit Blick auf die Entwicklung der Unterrichts- und Schulqualität zu fördern. Es ist ein Programm, das in der Bundesrepublik in allen Bundesländern von Schulen genutzt wird und kostenlos zu beziehen bzw. herunterzuladen ist (www.mindmatters-schu

le.de). Das Programm trägt den Namen »Gemeinsam(es) Lernen mit Gefühl – Eine Ressource zur Förderung sozial-emotionalen Lernens in der Primarstufe« (Nieskens, Heinold & Paulus 2011). Es wurde gemeinsam mit Grundschullehrer*innen und Schulentwickler*innen erstellt und berücksichtigt grundlegende Erkenntnisse zum sozial-emotionalen Lernen und zur psychischen Gesundheit im Grundschulalter. Es enthält außerdem ein theoretisches Modell, das erklärt, wie Kinder Informationen aus der Umwelt verarbeiten und wie daraus Handlungen entstehen. Es geht um den Prozess sozialkognitiver Informationsverarbeitung (SKI-Modell nach Lemerise & Arenio 2000; ▶ Abb. 9.4) von der individuellen, sozialen und emotionalen Wahrnehmung einer Situation (Teilschritt 1) bis hin zur Entscheidung für eine Reaktion und deren aktive Umsetzung (Teilschritt 6).

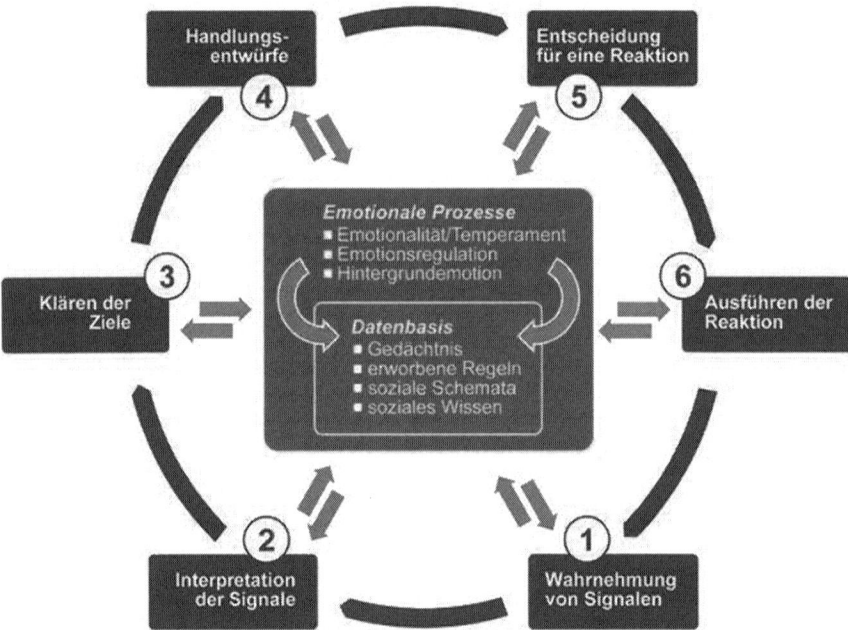

Abb. 9.4: Sozial-kognitives Informationsverarbeitungsmodell (SKI nach Lemerise & Arensio 2000, S. 113)

Das Modell, das in dem Programm ausführlich dargestellt und erläutert wird, geht davon aus, dass im Gedächtnis des Kindes, in der »Datenbasis«, individuelle Erinnerungen, soziale Schemata, erlernte Regeln u. ä. gespeichert sind. Während des Ablaufs der Informationsverarbeitung in den sechs Teilschritten ist jeder Teilschritt zunächst mit dieser Datenbasis verbunden. Gleichzeitig durchläuft jeder Teilschritt auch emotionale Filter oder Prozesse wie die derzeitige Gestimmtheit, das persönliche Temperament, mögliche Gefühlsregulationsstrategien usw., die wiederum jeden Teilschritt beeinflussen können. Wie nimmt z. B. ein Kind die Situation wahr, dass es in der Klasse von einer Gruppenaktivität, an der es gerne teilgenommen hätte, von Klassenkamerad*innen ausgeschlossen wird (»Was passiert mir gerade?

Wie finde ich das?«), wie interpretiert es das Verhalten der anderen (»Wieso haben sie sich gegen mich entschieden? Was macht diese Entscheidung mit mir?«), welche Ziele will es verfolgen (»Wonach ist mir zumute? Was will ich erreichen?«), welche Handlungsmöglichkeiten sieht es für sich (»Was kann ich tun? Welche Möglichkeiten habe ich?«), zu welchem Handeln entscheidet es sich (»Kann ich die Situation lösen? Wie geht es mir und den anderen dabei? Wie gehe ich mit einer Ablehnung um?«) und schließlich die Ausführung des Verhaltens (»Okay, ich gehe jetzt hin und frage sie, warum sie sich gegen mich entschieden haben.«).

In dem Programm sind auch zwei »Bausteine« enthalten, die sich an Lehrer*innen wenden, zum einen zur Förderung ihrer eigenen psychischen Gesundheit und Leistungsfähigkeit, zum anderen zur Unterstützung bei der Zusammenarbeit mit den Eltern im Themenfeld der Förderung der psychischen Gesundheit und Bildung der Kinder. Wesentlicher und umfangreichster Inhalt sind aber Unterrichtseinheiten, die Kinder befähigen sollen, sich psychisch gesund zu entwickeln und die ihre Lern- und Leistungsbereitschaft fördern. Im Mittelpunkt steht die Entwicklung sozialer und emotionaler Kompetenzen. Mit konstruktivistischer Didaktik und Orientierung an den unterschiedlichen Ressourcenniveaus der Schüler*innen (Sprachlichkeit/Nichtsprachlichkeit, Heterogenität, Achtsamkeit) werden deren heterogene Lernvoraussetzungen (Kompetenzniveaus) berücksichtigt. Diese Differenzierungen der Übungen ermöglichen individuelle Förderung, jahrgangsübergreifendes Unterrichten oder auch die Anwendung in Förderschulen.

Die folgenden fünf Kernkompetenzen des sozial-emotionalen Lernens werden durch das Programm gefördert, das zu verschiedenen Qualitätsaspekten evaluiert wurde (Dadaczynski 2015):

1. Ich-Bewusstsein: Kompetenz, sich des eigenen emotionalen Zustands bewusst zu sein
2. Selbstmanagement: Kompetenz, persönliche emotionale Zustände und Verhaltensweisen zu regulieren und dabei eigene Ziele zu erreichen
3. Entscheidungskompetenz: Kompetenz, sich bewusst und aktiv für Verhaltensweisen zu entscheiden, die der eigenen Person und der sozialen Situation angemessen sind
4. Beziehungskompetenz: Kompetenz, befriedigende zwischenmenschliche Beziehungen aufzubauen und zu erhalten
5. Mitgefühl: Kompetenz, den emotionalen Zustand anderer Menschen zu erkennen und zu achten

Zusammenfassung

Gesundheitsförderung und Prävention stellen sich oft sehr heterogen dar mit verschiedenen Initiativen, Projekten, Programmen und Handlungsfeldern, z. B. zu Ernährung, Bewegung, Lebenskompetenz, Sucht, Erlebens- und Verhaltensproblemen. Es lassen sich dennoch drei grundlegende Realisierungsformen ableiten vom (1) verhaltensbasierten Ansatz (Gesundheitsförderung *in* der Schule) über die (2)

»Gesundheitsfördernde Schule« (Gesundheitsförderung *durch* die Schule) hin zur (3) »Guten gesunden Schule« (Bildungsförderung durch Gesundheit).

Als umfassendste Form der Gesundheitsbildung wird die »Gute gesunde Schule« von der Kultusministerkonferenz 2012 und von Fachverbänden empfohlen. Sie bringt die Themen *Bildung* und *Gesundheit* zusammen und stellt Gesundheit in den Dienst des Bildungs- und Erziehungsauftrags. Gesundheit ist damit nicht nur Ziel, sondern wird zum Fundament, zur Ressource und treibende Kraft schulischer Bildungs- und Erziehungsprozesse – mit dem Anliegen, das Lehren und Lernen durch gesundheitsbezogene Kenntnisse und Verfahren in seiner Bildungswirksamkeit zu unterstützen. Darüber hinaus will die »Gute gesunde Schule« gesundheitsförderlicher Arbeits- und Lebensraum für alle Schulmitglieder – Schüler*innen, Lehrkräfte, Schulleitung und sonstiges Personal – sein und das Wohlbefinden sowie die Arbeitsfähigkeit des Schulpersonals systemisch aufrechterhalten und fördern.

Dies erfordert einen Systemzusammenhang von Unterrichtsentwicklung (z. B. Schüler*innenorientierung, erweiterte Unterrichtsformen, Lernkultur), Organisationsentwicklung (z. B. Schulprogramm, Schulkultur, Schulmanagement) und Personalentwicklung (z. B. Kommunikationstraining, Supervision, Feedbackgespräche), welcher idealerweise von einer gesundheitsbezogenen Schulentwicklung ausgeht.

Die Entwicklung zur »Guten gesunden Schule« ist anspruchsvoll. Zentrale Strategien sind u. a. der Setting-Ansatz, Verhaltens- und Verhältnisorientierung sowie Partizipation von Schüler*innen, Eltern und außerschulischen Partner*innen. Vorgeschaltet werden sollte eine Bedarfsanalyse (z. B. in Form einer SWOT-Analyse), die eine grobe Zuordnung zu den Schultypen »Lernende Schule«, »Unachtsame Erfolgsschule«, »Träge-zufriedene Schule«, »Motivierte Problemschule«, »Resignierte Problemschule« ermöglicht. Der Entwicklungsprozess wird dann im Wesentlichen in drei Schritten umgesetzt: (1) Indikatoren-gestützte Planungs- und Startphase, (2) Interventionsphase und (3) Evaluations- und Stabilisationsphase. Gelingensbedingungen sind eine generelle Veränderungsbereitschaft, ausreichende Ressourcen sowie Partizipation und Zusammenarbeit zwischen den Schulangehörigen, eine unterstützende Schulleitung sowie Erfolgszuversicht seitens der Beteiligten.

Der »Referenzrahmen schulischer Gesundheitsförderung« mit Indikatorenliste und Toolbox kann für Schulen eine hilfreiche Handreichung darstellen, um einzuschätzen, wie weit sich eine Schule schon auf dem Weg zur »Guten gesunden Schule« befindet.

Da die Erforschung schwierig ist, gibt es bislang nur wenig empirische Evidenz aus wissenschaftlich begleiteten Evaluationen zur Wirksamkeit des Ansatzes »Bildungsförderung durch Gesundheit«. Die vorhandenen Befunde zeigen allerdings (geringe) positive Effekte. Darüber hinaus liefern Schulbeispiele ermutigende praxisbasierte Evidenz dafür, dass die »Gute gesunde Schule« einen erfolgsversprechenden und innovativen Ansatz für die schulische Gesundheitsförderung und Prävention darstellen kann.

Aufgaben

Führen Sie eine SWOT-Analyse (Stärken, Schwächen, Möglichkeiten, Stolpersteine) für Ihre/eine Schule beispielhaft zu den beiden folgenden Fragen durch:

1. Was hat Einfluss auf die Gesundheit der Schüler*innen in Ihrer Schule?
2. Wo können Sie diese Einflussfaktoren in dem Qualitätsrahmen Ihrer Schule verorten?

Literatur

Achermann Fawcett, E., Keller, R. & Gabola, P. (2018). Bedeutung der Gesundheit von Schulleitenden und Lehrpersonen für die Gesundheit und den Bildungserfolg von Schülerinnen und Schülern. In: Allianz BGF in Schulen (Hrsg.), Wissenschaftliche Grundlage für das Argumentarium »Gesundheit stärkt Bildung«. Zürich: Pädagogische Hochschule Zürich. Online verfügbar unter: www.radix.ch/bgf.

Barkholz, U., Gabriel, R., Jahn, H. & Paulus, P. (2001). Offenes Partizipationsnetz und Schulgesundheit. Gesundheitsförderung durch vernetztes Lernen. Norderstedt: Libri.

Beelmann, A. (2016). Wirksamkeit schulischer Gesundheitsförderung und Prävention. In: L. Bilz, G. Sudek, J. Bucksch, A. Klocke, P. Kolip, W. Melzer, U. Ravens-Sieberer & M. Richter (Hrsg.), Schule und Gesundheit. Ergebnisse des WHO-Jugendgesundheitssurveys »Health Behaviour in School-aged Children«. Weinheim: Juventa, 267–283.

Dadaczynski, K., Paulus, P., Nieskens, B. & Hundeloh, H. (2015). Gesundheit im Kontext von Bildung und Erziehung – Entwicklung, Umsetzung und Herausforderungen der schulischen Gesundheitsförderung in Deutschland. Zeitschrift für Bildungsforschung, 5, 197–218.

Dadaczynski, K. & Paulus, P. (2018). Verhaltens- und Verhältnisprävention. In: C.-W. Kohlmann, C. Salewski & M. A. Wirtz (Hrsg.), Psychologie in der Gesundheitsförderung. Göttingen: Hogrefe, 257–268.

Dadaczynski, K., Paulus, P., Nieskens, B. & Hundeloh, H. (2015). Gesundheit im Kontext von Bildung und Erziehung – Entwicklung, Umsetzung und Herausforderungen der schulischen Gesundheitsförderung in Deutschland. Zeitschrift für Bildungsforschung, 5, 197–218.

Dadaczynski, K., Witteriede, H., Nieskens, B. & Paulus, P. (2015). Ganzheitliche Qualitätsentwicklung von psychosozialer Gesundheitsförderung. Das Programm MindMatters. Prävention und Gesundheitsförderung, 10, 247–252.

Ditton H. (2000). Qualitätskontrolle und Qualitätssicherung in Schule und Unterricht. Ein Überblick zum Stand der empirischen Forschung. In: Konferenz Qualität und Qualitätssicherung im Bildungsbereich; Schule, Sozialpädagogik, Hochschule, 73–92.

Ditton, H., & Müller, A. (2011). Schulqualität. In: Reinders, H., Ditton H., Gräsel, C. & Gniewosz, B., Empirische Bildungsforschung (S. 99–111). Wiesbaden: VS Verlag für Sozialwissenschaften.

Hundeloh, H. (2012). Gute gesunde Schule – mit Gesundheit gute Schule entwickeln. In: DAK Gesundheit & Unfallkasse NRW (Hrsg.), Handbuch Lehrergesundheit. 2., überarbeitete und erweiterte Auflage. Köln: Link, 25–40.

Langford, R., Bonell, C., Jones, H., Pouliou, T., Murphy, S., Waters, E. et al. & Campbell, R. (2015). The World Health Organization's Health Promoting Schools framework: a Cochrane systematic review and meta-analysis. BMC Public Health, 15, 130.

Langford, R., Bonell, C., Komro, K., Murphy, S., Magnus, D., Waters, E., Gibbs, L. & Campbell, R. (2017). The Health Promoting Schools Framework: Known Unknowns and an Agenda for Future Research. Health Education & Behavior, 44(3), 463–475.

Lemerise, E. A. & Arsenio, W. F. (2000). An integrated model of emotion processes and cognition in social information processing. Child Development, 71(1), 107–118.

Muellmann, S., Landgraf-Rauf, K., Brand, T., Zeeb, H. & Pischke, C. R. (2017). Wirksamkeit von schulbasierten Interventionen zur Prävention und/oder Reduktion psychosozialer Probleme bei Kindern und Jugendlichen: Ein Review von Reviews. Das Gesundheitswesen, 79, 252–260.

Nieskens, B., Heinold, F. & Paulus, P. (2011). Gemeinsam(es) Lernen mit Gefühl. Eine Ressource zur Förderung sozial-emotionaler Ressourcen in der Primarstufe. Lüneburg: Leuphana Universität Lüneburg

Nieskens, B., Schumacher, L. & Sieland, B. (2014). Gelingensbedingungen für die Entwicklung guter gesunder Schulen. Ein Leitfaden mit Empfehlungen, Checklisten und Arbeitshilfen. Hamburg & Düsseldorf: DAK-Gesundheit & Unfallkasse NRW.

Paulus, P. (1995). Die Gesundheitsfördernde Schule. Der innovativste Ansatz gesundheitsbezogener Interventionen in Schulen. Die Deutsche Schule, 87, 262–281.

Paulus. P. (2003). Schulische Gesundheitsförderung – vom Kopf auf die Füße gestellt. Von der Gesundheitsfördernden Schule zur »guten gesunden Schule«. In: K. Aregger & U. Lattmann (Hrsg.), Gesundheitsfördernde Schule – eine Utopie? Konzepte, Praxisbeispiele, Perspektiven. Luzern: Oberländer, 93–114.

Paulus, P. (2009). Anschub.de – ein Programm zur Förderung der guten gesunden Schule. Münster: Waxmann.

Paulus, P. (2010). Bildungsförderung durch Gesundheit. Bestandsaufnahme und Perspektiven für eine gute gesunde Schule. Weinheim: Juventa.

Paulus, P. (Hrsg.) (2017). MindMatters – Mit psychischer Gesundheit gute Schule entwickeln. Lüneburg: Leuphana Universität Lüneburg.

Paulus, P. & Dadaczynski, K. (2016). Aktuelle Trends und Herausforderungen in der schulischen Gesundheitsförderung. In: L. Bilz, G. Sudek, J. Bucksch, A. Klocke, P. Kolip, W. Melzer, U. Ravens-Sieberer & M. Richter (Hrsg.), Schule und Gesundheit. Ergebnisse des WHO-Jugendgesundheitssurveys »Health Behaviour in School-aged Children«. Weinheim: Juventa, 284–311.

Paulus, P. & Dadaczynski, K. (2020). Gesundheitsförderung und Schule. Leitbegriffe der Gesundheitsförderung. Köln: BZgA.

Paulus, P. & Gediga, G. (2010). Anschub.de. Bericht über erste Ergebnisse der Evaluation eines Programms zur Förderung der guten gesunden Schule. In: P. Paulus (Hrsg.), Bildungsförderung durch Gesundheit. Bestandsaufnahme und Perspektiven für eine gute gesunde Schule. Weinheim: Juventa, 309–326.

Paulus, P., Schumacher, L. & Sieland, B. (2014). Evaluationsbericht. »Gemeinsam gesunde Schule entwickeln«. Lüneburg: Leuphana Universität Lüneburg.

Stadt Lohmar (Hrsg.) (2016). Konzept zur Gesundheitsför4derung der GGS Lohmar Waldschule. Online verfügbar unter: http://www.waldschule-lohmar.de/Archiv/Dokumente/Gesundheitskonzept.pdf.

Witteriede, H. & Michaelsen-Gärtner, B. (2010). Schulische Gesundheitsinterventionen und Qualitätsentwicklung: ein systematischer Überblick. In: P. Paulus (Hrsg.), Bildungsförderung durch Gesundheit. Bestandsaufnahme und Perspektiven für eine gute gesunde Schule. Weinheim, München: Juventa, 11–144.

III   Anhang

Autor*innenverzeichnis

Prof. Dr. Anja Carlsohn ist Professorin für Ernährungswissenschaften am Department Ökotrophologie der HAW Hamburg. Sie studierte Ernährungswissenschaften an der Universität Potsdam und promovierte dort im Bereich der Ernährung von Nachwuchssportler*innen. Während ihrer Tätigkeit an der Hochschulambulanz Potsdam in Forschung, Lehre und Ernährungsberatung absolvierte sie das IOC Diploma in Sports Nutrition. Als Juniorprofessorin an der Pädagogischen Hochschule Schwäbisch Gmünd war sie vorrangig in den Studiengängen und Projekten der Gesundheitsförderung tätig. Heute engagiert sie sich im Schwerpunkt Ernährung & Gesundheit und leitet die AGen Sporternährung der Deutschen Gesellschaft für Ernährung (DGE) und des Deutschen Olympischen Sportbundes (DOSB). Kontaktadresse: anja.carlsohn@haw-hamburg.de

Dr. Dennis Dreiskämper ist Studiengangsleiter für das Fach Sportwissenschaft an der Westfälischen Wilhelms-Universität Münster. Er studierte die Fächer Sportwissenschaft, Latein und Geschichte und promovierte anschließend im DFG-Graduiertenkolleg Vertrauen und Kommunikation in einer digitalisierten Welt. Seit 2010 lehrt und forscht er zu den Themen motorische und psycho-soziale Entwicklung im Kindesalter, Entwicklung des physischen Selbstkonzepts, Vertrauen und gesundes Aufwachsen in Kindheit und Jugend. Im Jahr 2022 habilitiert er sich mit einer Arbeit zum physischen Selbstkonzept im frühen bis späten Kindesalter und dessen Bedeutung für motorische und gesunde Entwicklung. Dennis Dreiskämper ist Vizepräsident Gesundheit des auf Forschungstransfer spezialisieren Willibald-Gebhardt-Instituts und arbeitet in interdisziplinären Teams praxisnah mit Kommunen, Schulen, Vereinen und Verbänden zusammen. Sein Ziel ist es, Forschung zu Bedingungsfaktoren für Bewegung, Spiel und Sport und deren Bedeutung für physische, psychische und sozialen Gesundheit im Kindes- und Jugendalter erfolgreich in die Praxis umzusetzen. Kontaktadresse: dreiskamper@uni-muenster.de

Dr. Angela Frank ist Diplom-Pädagogin und war viele Jahre an den Universitäten Erlangen-Nürnberg (Grundschulpädagogik und -didaktik) und Bamberg (Elementar- und Familienpädagogik) in Forschung und Lehre beschäftigt. Sie promovierte zum Thema Belastungen, Ressourcen und Gesundheit bei Grundschulkindern und entwickelte Programme zur Persönlichkeitsförderung in Kindergarten und Grundschule mit. Dieser Fokus führte sie in die Jugendhilfe und Familienberatung und zur Tätigkeit als systemische Beraterin (DGSF) und Entspannungspädagogin. Ihre Vision für die Schule ist, dass die Förderung von Gesundheit und Persönlichkeit

in der Lehrer*innenbildung einen breiten Raum einnimmt und im Schulleben einen selbstverständlichen Platz hat – sowohl in Alltag und Unterricht als auch im Rahmen von spezifischen Projekten und Schulentwicklungsprozessen.
Kontaktadresse: Frank-Angela@web.de

Eva Göttlein ist Geschäftsführerin der Projektagentur Göttlein und geschäftsführende Gesellschafterin des Projektbüros IGS gUG in Fürth. Sie studierte Geschichte und Politikwissenschaften und absolvierte eine Ausbildung im Gesundheitsbereich. Seit 2008 beschäftigt sie sich intensiv mit dem Thema sektorenübergreifende Gesundheitsförderung und Prävention in der Kommune und leitet vielfältige Projekte und Maßnahmen in den Settings Schule und Kita. Weitere Schwerpunkte ihrer Arbeit sind die Themen Soziales, Partizipation und Kultur. Ihre Vision ist ein Schulsystem, in dem Gesundheit, Gesundheitsförderung und Prävention zur fachübergreifenden Aufgabe, als Schulfach eingeführt und von der Schulfamilie gelebt wird.
Kontaktadresse: info@goettlein.de

Dr. Eva-Maria Kirschhock ist Akademische Oberrätin am Lehrstuhl für Grundschulpädagogik und -didaktik mit dem Schwerpunkt Lehren und Lernen an der Universität Erlangen-Nürnberg. Sie studierte in Augsburg Lehramt für Grundschule und war neun Jahre als Lehrerin tätig. Seit 1994 arbeitet sie am Institut für Grundschulforschung und promovierte dort im Fach Grundschulpädagogik. Schwerpunkte in der Forschung und Lehre liegen u. a. im Bereich Schriftspracherwerb, Umgang mit Kindern mit Fluchterfahrung sowie Entwicklung von inklusiven Lernsettings im Sachunterricht. Neben einer notwendigen fachlichen Kompetenz zur Unterstützung individueller Lernprozesse ist es ihr wichtig, Studierenden Möglichkeiten an die Hand zu geben, die Persönlichkeit der Kinder zu stärken – auch im Sinne der Suchtprävention.
Kontaktadresse: eva-maria.kirschhock@fau.de

Prof. Dr. Meike Munser-Kiefer ist Professorin für Grundschulpädagogik und Grundschuldidaktik an der Universität Regensburg. Sie studierte Grundschullehramt und arbeitete als Grundschullehrerin, bevor sie an die Universität zurückkehrte und dort im Fach Grundschulpädagogik promovierte. Seitdem ist sie in der Bildungsforschung und Lehrer*innenbildung tätig. Als Expertin für Leistungs- und Persönlichkeitsförderung in der Grundschule forscht und lehrt sie u. a. zur Gesundheitsbildung, Diversität und Inklusion. 2021 wurde sie in das interdisziplinäre Netzwerk zur Gesundheitsdidaktik als Expertin für den Grundschulbereich berufen. Es ist ihr ein großes Anliegen, den Blick auf das individuelle Kind mit seinen Lernvoraussetzungen und Lernbedarfen zu richten, um Schule – hier: als gesundheitsförderlichen – Lern- und Lebensraum für alle Schüler*innen zu gestalten.
Kontaktadresse: meike.munser-kiefer@ur.de

Prof. Dr. Dr. h.c. Roland Naul war Professor für Sportwissenschaft (Sportpädagogik an Universität Duisburg Essen, 1980-2013), anschließend Senior-Professor für European Studies in Physical Education an der WWU Münster. Er fungierte viele Jahre als Präsident des Willibald Gebhardt Instituts für Forschungstransfer im Sport (Essen und Münster) und ist seit 2015 Generalsekretär des Conseil européen des recherches en éducation physique et sportive (CEREPS). 2017 erhielt er die Ehrendoktorwürde der Karls-Universität Prag und ist seit 2022 Fellow der AIESEP (International Association for Physical Education in Higher Education). Er führte zahlreiche regionale und internationale Auftrags- und Antragsprojekte zu Themen des Kinder- und Jugendsports in Schule und Sportverein durch, die auf Bundesebene vom BMBF und BMFSFJ unterstützt wurden. Seine zahlreichen Publikationen beziehen sich u. a. auf die Bereiche Sportpädagogik, Olympia, Ganztag, Gesundes Aufwachsen im Kindesalter und kommunale Gesundheit. Es ist ihm ein großes Anliegen, Gesundheit und Sportpädagogik miteinander zu verbinden, multiperspektivisch in der Forschung zu beleuchten und vielfältig praktisch zu verankern.

Prof. Dr. Peter Paulus ist Gastprofessor und Geschäftsführender Leiter des Zentrums für Angewandte Gesundheitswissenschaften (ZAG) an der Leuphana Universität Lüneburg. Er studierte Psychologie (Universität Würzburg), promovierte in den Erziehungswissenschaften (Technische Universität Braunschweig) und habilitierte sich in Pädagogischer Psychologie (Universität Göttingen). Nach Tätigkeiten in der Erziehungsberatung und als Hochschullehrer an einer Fachhochschule war er für viele Jahre in der Lehrer*innenbildung an der Leuphana Universität in Lüneburg tätig. In seinen Arbeits- und Forschungsschwerpunkten gilt sein Interesse der Untersuchung und Ermöglichung einer guten Erziehung und Bildung in den verschiedenen pädagogischen, sozialpädagogischen und sozialarbeiterischen Handlungsfeldern in der Verbindung mit Fragen der Förderung der Gesundheit (z.B. »gute gesunde Schule« und »gutes gesundes Aufwachsen«). Aktuell ist er u. a. wissenschaftlicher Leiter des bundesweiten Schulprogramms »MindMatters – mit psychischer Gesundheit gute Schule entwickeln«.
Kontaktadresse: paulus@uni.leuphana.de